高等职业教育机电类专业系列教材

机 械 制 图

主　编　高　慧
副主编　李渊志　董　俊
参　编　周克媛　李兆坤　黄　宇　许辰雨
主　审　冯海明

机械工业出版社

本书为国家特色高水平高职学校和专业建设"机电一体化技术群"平台课程的配套教材。全书由8个学习情境组成：拆装装配体、绘制简单形体、绘制盘盖类零件、绘制轴套类零件、绘制标准件与常用件、绘制箱体类零件、绘制叉架类零件、绘制装配体。每一学习情境又根据难易程度的不同，分别设置了2~4个不等，共21个具体的典型性工作任务，针对不同基础学生的实际情况，教师可根据难易程度进行取舍，以满足层次化教学的需要。全书内容及体例以启发、引导为主，方便学生自主学习，提高学习效率。

本书为学银在线的上线课程"机械制图"的配套教材，可作为高等职业院校机械类和近机类专业的教学用书（参考学时为90~120学时），也可作为相关工程技术人员培训和自我提升的参考用书。

本书配套有教学课件、微课、拓展学习资料等资源，凡选用本书作为教材的教师，可登录机械工业出版社教育服务网（www.cmpedu.com）注册后下载。咨询电话：010-88379375。

图书在版编目（CIP）数据

机械制图 / 高慧主编. -- 北京：机械工业出版社，2025.5. --（高等职业教育机电类专业系列教材）.
ISBN 978-7-111-78331-2

Ⅰ. TH126

中国国家版本馆 CIP 数据核字第 2025X4T566 号

机械工业出版社（北京市百万庄大街22号　邮政编码100037）
策划编辑：薛　礼　　　　　责任编辑：薛　礼　赵晓峰
责任校对：薄萌钰　张昕妍　　封面设计：严娅萍
责任印制：刘　媛
北京富资园科技发展有限公司印刷
2025年8月第1版第1次印刷
184mm×260mm・19.5印张・482千字
标准书号：ISBN 978-7-111-78331-2
定价：59.50元

电话服务　　　　　　　　　网络服务
客服电话：010-88361066　　机　工　官　网：www.cmpbook.com
　　　　　010-88379833　　机　工　官　博：weibo.com/cmp1952
　　　　　010-68326294　　金　书　网：www.golden-book.com
封底无防伪标均为盗版　　机工教育服务网：www.cmpedu.com

前言 PREFACE

本书是在《中共中央关于认真学习宣传贯彻党的二十大精神的决定》中有关职业教育精神的指引下，根据《国家职业教育改革实施方案》和《职业教育法》等一系列职教法规，结合当前机械制造业的新工艺、新技术、新标准等，按照目前业界所倡导使用的新型活页式、工作手册式教材的要求而编写的。本书为国家特色高水平高职学校和专业建设"机电一体化专业群"平台课程"机械制图"课程的配套教材。

本书具有如下特点：

1）本书按照"以学生为中心、以学习成果为导向"的思路进行设计，并将其"教学材料"的特征与"学习资料"的功能尽可能完美结合。

2）把"机械制图"课程原有的知识体系进行打散解构，设计、选择了具有代表性的教学载体，将传统的机械制图与识图、计算机绘图和机械零部件测绘三部分内容重新整合，使知识与技能有机地融为一体。

3）本书以企业的典型工作任务为载体，学生完成综合性学习任务的同时，也就完成了职业的一个典型工作任务，处理了一种典型"问题情境"。

4）本书内容由易到难，教师可以针对不同层次学生进行取舍，以满足分层教学的需要。

5）书中配有二维码，读者可以扫码观看微课视频。

6）本书注重对学习过程和结果的质量进行评价和总结，每个学习情境后设有评价页，可以总结反思任务完成情况、确认学习目标达成度；每个工作任务后设有成果展示区，可以展示学习成果。

7）本书融入了素质教育内容，包含对学生在爱国敬业、责任担当、感恩社会、包容奉献和人生理想等方面的思想教育与引领，努力做到"润物无声，风化于成"。

本书为学银在线的上线课程"机械制图"的配套教材，可供高等职业院校机械类或近机类专业的师生使用，也可供相关从业人员参考。

本书由北京工业职业技术学院高慧担任主编。具体编写分工为：高慧编写学习情境2、学习情境5，董俊编写学习情境1，周克媛编写学习情境8，李兆坤编写学习情境3，黄宇编写学习情境4，许辰雨编写学习情境7，北京精雕科技集团有限公司李渊志编写学习情境6。全书由高慧统稿。

北京工业职业技术学院冯海明教授对全书进行了细致的审阅，并提出了许多宝贵的意见和建议，在此表示衷心的感谢！

由于编者水平有限，书中不妥之处在所难免，恳请读者批评指正。

编　者

目录 CONTENTS

前言

学习情境 1　拆装装配体　1
工作任务 1.1　拆装千斤顶　2
工作任务 1.2　拆装减速器　14

学习情境 2　绘制简单形体　28
工作任务 2.1　抄绘简单平面图形　29
工作任务 2.2　抄绘复杂平面图形　52
工作任务 2.3　绘制垫块　62
工作任务 2.4　绘制支座　94

学习情境 3　绘制盘盖类零件　126
工作任务 3.1　绘制圆盘　127
工作任务 3.2　绘制端盖　149

学习情境 4　绘制轴套类零件　160
工作任务 4.1　绘制轴套　161
工作任务 4.2　绘制从动轴　170
工作任务 4.3　绘制齿轮　182
工作任务 4.4　绘制键连接　189

学习情境 5　绘制标准件与常用件　200
工作任务 5.1　绘制螺栓连接组件　201
工作任务 5.2　绘制滚动轴承　217
工作任务 5.3　绘制弹簧　222

学习情境 6　绘制箱体类零件　229
工作任务 6.1　绘制千斤顶底座　230
工作任务 6.2　绘制减速器箱体　236

学习情境 7　绘制叉架类零件　252
工作任务 7.1　绘制拨叉　253

工作任务 7.2　绘制支架　258

学习情境 8　绘制装配体　267

　　工作任务 8.1　绘制千斤顶　269
　　工作任务 8.2　绘制减速器　283

附录　295

参考文献　306

学习情境1

拆装装配体

【学习情境描述】

对给定的机械装配体实物（例如图1-1所示的球阀）进行拆卸和装配，分析其结构组成及特点，了解其工作原理、分类、功用；认识并学会正确使用拆卸工具；掌握装配体拆卸的步骤及注意事项；认识装配示意图、零件草图、零件工作图、装配图，以及它们在机械制造生产过程中的重要作用；能够绘制装配体的装配示意图；了解机械装配的基本知识及机械产品设计、仿制、加工、维修维护的基本过程。由此，对机械有一个大概和总体的认识。

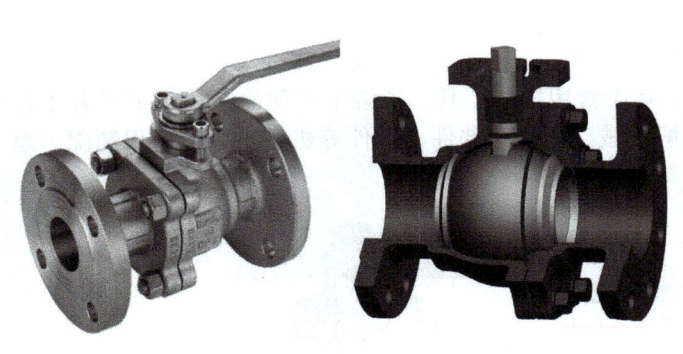 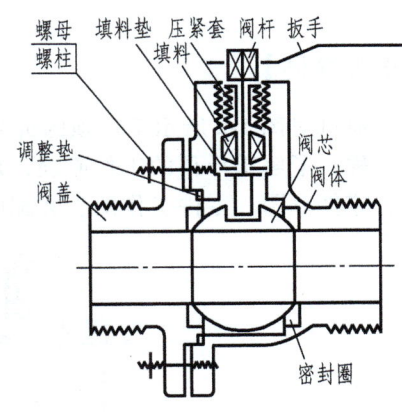

图1-1 球阀

【知识目标】

1. 典型装配体的结构组成及特点、工作原理、分类、功用。
2. 机械装配的基本知识。
3. 常用拆卸工具的种类及使用方法。
4. 机械装配体示意图、零件草图、零件工作图、装配图的作用及内容。
5. 装配体拆卸与装配的原则。

【技能目标】

1. 能够正确使用拆卸工具，根据装配体拆卸的原则拆卸装配体。
2. 能够正确使用装配工具，根据装配体装配的原则装配装配体。

机械制图

3. 能够对拆卸的装配体零件进行正确的摆放及标记。
4. 能够说出装配示意图、零件草图、零件工作图、装配图的作用及各自包含的内容。
5. 能够根据装配示意图的绘制方法及规定的符号，绘制装配体示意图。
6. 能够根据所学的知识解释有关的机械术语，并能够简要列出它们之间的关系。

【素养目标】

1. 了解我国机械行业、制造业及相关领域的发展现状、国家战略，培养对机械制造行业岗位的责任感、使命感。
2. 培养严格遵守制图标准的意识和习惯。
3. 注重培养产品的质量意识和工作的环保意识。
4. 培养利用专业知识解决实际问题的意识与能力。
5. 培养精诚团结协作、有效沟通交流的能力。
6. 传承"执着专注、精益求精"的工匠精神，培养严肃认真的工作态度和一丝不苟的工作作风。

工作任务 1.1　拆装千斤顶

【任务描述】

通过对图 1-2 所示千斤顶的拆装，熟悉常用拆装工具，了解千斤顶的结构组成及各零件的名称，了解千斤顶的工作原理，理解机械、机器、部件、零件等机械术语，认识装配示意图、零件草图、零件工作图、装配图等机械图样。

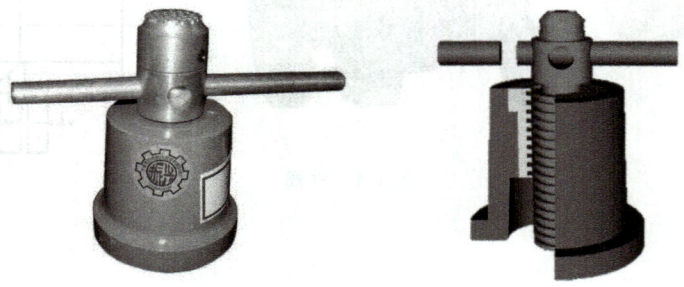

图 1-2　千斤顶

学习条件及环境要求：机械制图实训室、计算机、绘图软件（三维、二维）、多媒体、拆装工具、千斤顶模型、教材、参考书、网络课程及其他资源等。

教学时间（计划学时）：4 学时。

【任务目标】

1. 认识常用的拆装工具，并能够正确使用。
2. 叙述千斤顶的结构组成、特点及工作原理。

3. 叙述装配体的拆装原则和注意事项。
4. 列出所拆千斤顶的零件明细清单（序号、名称、数量、材料）。
5. 叙述机械、机器、部件、零件等机械术语，并列出它们之间的关系。
6. 认识各种机械图样，并能够说出它们各自的作用及内容。

【任务准备】

1. 信息收集
1）常用拆装工具的种类与正确使用、拆装原则及注意事项。
2）千斤顶的功用、结构组成、特点及工作原理等。
3）机械、机器、部件、零件等机械术语。
4）机器（部件）的制造过程。
5）机械制图国家标准中的有关基本规定。
6）装配示意图、零件草图、零件工作图、装配图的作用及内容。

2. 工具、材料
螺旋千斤顶装配体、零件明细表、A4 纸、扳手、螺钉旋具（一字、十字）、绘图铅笔（2H、H）。

3. 任务分组
学生按 4~6 人一组，明确每组的工作任务，填写分组任务表及学生小组任务分配表。每组及每个学生的任务，可以相同也可以有差异，视具体情况而定。

【引导性学习资料】

一、千斤顶的功用

千斤顶是一种起重高度小（小于 1m）的最简单的起重设备，用来支撑和起升重物。

二、千斤顶的分类及工作原理

千斤顶分为液压千斤顶和机械千斤顶两种，它们的工作原理各有不同。

液压千斤顶采用帕斯卡原理，即液体各处的压强是一致的，在平衡的系统中，小的活塞上面施加的压力比较小，而大的活塞上面施加的压力就比较大，这样能够保持液体的静止。所以通过液体的传递，可以得到不同端面上的不同的压力。我们常见的液压千斤顶就是利用这个原理来实现力的传递的。液压千斤顶的特点是结构紧凑，工作平稳，有自锁作用，故使用广泛。其缺点是起重高度有限，起升速度慢。

机械千斤顶采用机械原理，分为齿条式与螺旋式两种。机械千斤顶由于起重量小，操作费力，一般只用于机械维修工作。齿条式机械千斤顶操作简单，只需往复扳动手柄，拨爪即可推动棘轮间隙回转，小锥齿轮带动大锥齿轮，使举重螺杆旋转，从而使升降套筒起升或下降，达到撑起重物的功能，但其结构比液压千斤顶复杂。

常用的螺旋千斤顶（图 1-3），是一种结构简单的机械式千斤顶。由人力通过螺旋副传动，以螺杆或螺母套筒作为顶举件。普通螺旋千斤顶靠螺纹自锁作用支持重物，构造简单，但传动效率低，返程慢。自降螺旋千斤顶的螺纹无自锁作用，但装有制动器。放松制动器，重物即可自行快速下降，缩短返程时间，但这种千斤顶的构造较复杂。螺旋千斤顶能长期支持重物,最大起重量达100t,应用较广。螺旋千斤顶下部安装水平螺杆后,还能使重物做小距离横移。将铰杠插入螺旋杆的孔中,以旋转螺旋杆。螺旋杆具有锯齿形螺纹;螺套以过渡配合压装于底座中,并用两个圆柱端紧定螺钉止转、固定,这样螺旋杆旋转时就可使物体升降。顶垫以内圆球面和螺杆顶部接触,并能微量摆动,以适应不同情况的接触面。

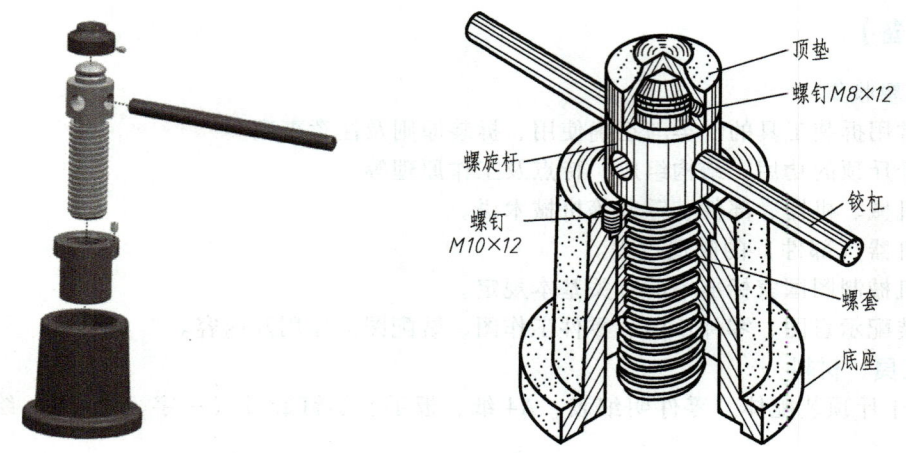

图 1-3　螺旋千斤顶的装配爆炸图及轴测剖视图

三、螺旋千斤顶的使用方法

1) 使用螺旋千斤顶前,必须检查螺旋千斤顶是否能够正常运行,各部件是否能够灵活运动,加注润滑油,并正确估计重物的重量,选用适当吨位的螺旋千斤顶,切忌超载使用。

2) 先将铰杠插入螺旋杆孔内,用手直接沿顺时针方向转动铰杠,使升降螺套快速上升顶到重物。再沿顺时针方向继续转动铰杠时,重物随之上升。当升降螺套上出现红色警戒线时,应该立即停止转动铰杠。如需下降时,反方向转动铰杠,重物便开始下降。

螺旋千斤顶虽然结构简单,使用简单方便,但实际操作时,也要注意使用方法及操作要领。

四、螺旋千斤顶的装配示意图及拆装顺序

螺旋千斤顶的装配爆炸图及轴测剖视图如图1-3所示。工作时,用可调节力臂长度的铰杠带动螺旋杆在螺套中做旋转运动,螺套作用使螺旋杆上升,装在螺旋杆头部的顶垫顶起重物。骑缝安装的螺钉M10可阻止螺套回转,顶垫与螺旋杆头部以球面接触,其内径与螺旋杆有较大间隙,既可以减小摩擦力,不使顶垫随同螺旋杆回转,又可自调心,使顶垫上平面与重物贴平,以防止顶垫脱出。

拆卸顺序依次为:铰杠→螺钉M8→顶垫→螺钉M10→螺旋杆→螺套→底座,安装顺序正好相反。

五、常用拆装工具

1. 扳手类工具

扳手是一种常用的安装与拆卸工具。它是利用杠杆原理拧转螺栓、螺钉、螺母和其他螺纹紧固件的手工工具。扳手通常在柄部的一端或两端制有夹持螺栓或螺母的开口或套孔。使用时,沿螺纹旋转方向在柄部施加外力,即能拧转螺栓或螺母。

常用扳手有：呆扳手（图1-4a）、活扳手（图1-4b）、钩形扳手、扭力扳手、内六角扳手（图1-4c）、两用扳手（图1-4d）、套筒扳手（也称为套筒，如图1-4e所示）。其中，内六角扳手的型号是按照六方的对边尺寸确定的；套筒扳手由套筒、连接件和传动附件等组成，其规格以适用的六角孔对边宽度表示，用于六角头螺栓、螺母的拆卸和安装，适用于空间狭小、位置深凹的工作场合。

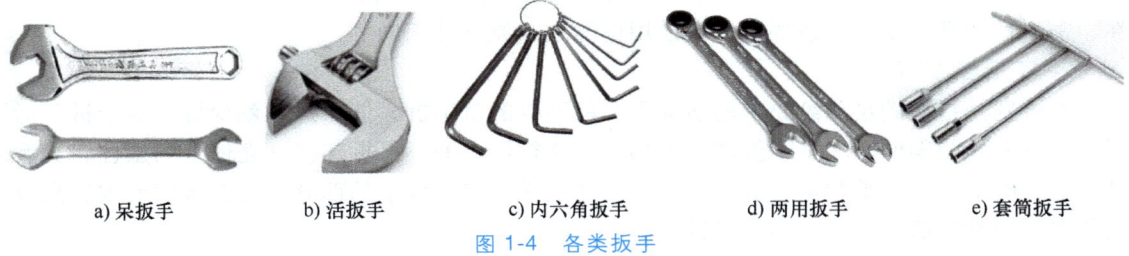

a) 呆扳手　　b) 活扳手　　c) 内六角扳手　　d) 两用扳手　　e) 套筒扳手

图1-4　各类扳手

2. 旋具类工具

旋具类工具主要是指螺钉旋具，如图1-5所示。按功能分，有普通螺钉旋具、组合型螺钉旋具和电动螺钉旋具；按其结构形状来分，有直形、L形和T形。直形是最常见的一种，头部型号有一字、十字、米字、T型（梅花型）和H型（六角）等。L形多见于六角螺钉旋具，利用其较长的杆来增大力矩，从而更省力。T形在汽修行业应用较多。

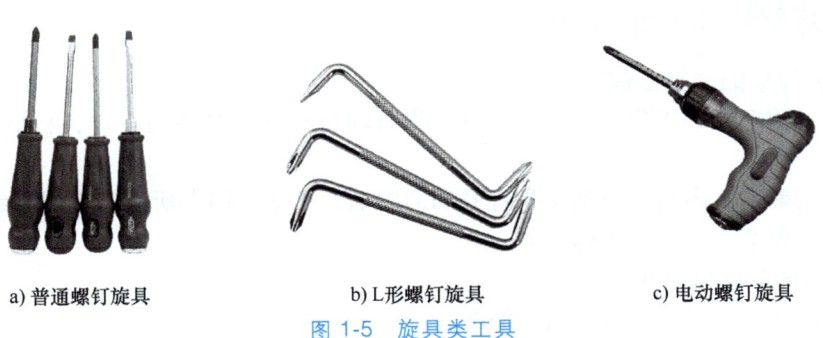

a) 普通螺钉旋具　　b) L形螺钉旋具　　c) 电动螺钉旋具

图1-5　旋具类工具

3. 敲击类工具

敲击类工具有锤子、铜棒、錾子、凿子和冲子等，如图1-6所示。锤子的种类较多，一般分为硬头锤子和软头锤子两种。硬头锤子用碳素工具钢制成。软头锤子的锤头是用铅、铜、硬木、牛皮或橡胶制成的，多用于装配和矫正工作。锤子的规格以锤头的质量来表示，有0.25kg、0.5kg和1kg等。錾子是比工件硬的呈楔形的切削手持工具，主体由一根短的金

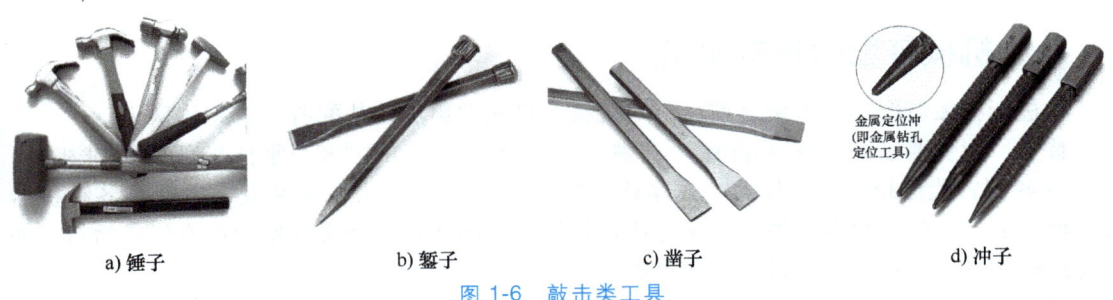

a) 锤子　　b) 錾子　　c) 凿子　　d) 冲子

图1-6　敲击类工具

属杆构成，工具的一端有锐刃。凿子是一种钢制工具，在柄或把手的末端带有刃口。金属凿子用于在金属材料上凿孔或切割。冲子是用金属做成的一种打眼器具。

六、零部件拆卸的原则

1. "恢复原机"原则

本原则要求对被拆零部件在拆卸后能够恢复到拆卸前的状态，除要保证原部件的完整性、密封性和准确度外，还要保证在使用性能上与原部件相同。

2. 不拆卸原则

本原则是指在满足测绘要求的前提下，能不拆的就不拆，能少拆的就少拆。对于拆开后不易调整复位的零件，尽量不拆卸。例如，对于机器上的不可拆连接，壳体上的螺柱，具有过盈配合的销钉、轴承和丝套等，需要调整才能满足使用要求的部分，配合精度要求较高且重新安装困难的部分，一般不进行拆卸。

3. 无损原则

本原则是指在拆卸过程中，不大力敲击，对于已锈蚀的零件，应先除锈、再拆卸，以避免零件被划伤。在测绘、保管过程中，也要注意保证零件无锈蚀、无腐蚀、无冲撞。

4. 后拆先装原则

即先拆下的零件后装配，后拆下的零件先装配，即装配顺序与拆卸顺序正好相反。

七、零部件的拆卸步骤

1. 做好拆卸前的准备工作

1）选择并清理拆卸工作场地，保护电气设备和易氧化、锈蚀的零件，将机械设备中的油液放尽。

2）画好装配示意图后，要准备带有号码的胶贴，用于对图上所有零件进行编号。

3）根据需要准备必要的拆卸工具。

2. 了解机器的连接方式

1）永久性连接：焊接、过盈量大的配合。

2）半永久性连接：过盈量较小的配合，具有过盈的过渡配合。

3）活动连接：配合的零件间有间隙，如滑动轴承的孔与其相配合的轴颈。

4）可拆卸连接：如螺纹连接、键连接和销连接等。

3. 确定拆卸的大致顺序

先将机器中的大部件解体，然后拆成组件，再将各组件拆成能够进行测绘的小套件或零件。

八、机械装配的基本知识

在进行机械装配体的拆装之前，应对机械、机械的组成及装配有一个总体认识。

首先，我们要了解什么是机械。机械（machinery）中的"机"原指局部的关键机件，"械"在我国古代原指某一整体器械或器具。"机械"一般理解为机械装置，也就是各种机器与器械。从运动学的角度来说，机械是执行机械运动的装置，用来变换能量或传递物料，如交通运输机械、工程机械、机床、起重机等。

以机械设计、加工制造及应用为根本的机械工业是一个涉及范围极其广泛、市场规模非常巨大的行业,在我国现代化建设进程及国民经济的发展中具有举足轻重的地位。

零件是组成产品的最小单元。机械装配中,一般先将零件装成套件、组件或部件,然后再装配成产品。套件也称为合件,是在一个基准零件上安装一个或若干个零件而形成的,它是最小的装配单元。套件中基准零件的作用是连接相关零件和确定各零件之间的相对位置。为形成套件而进行的装配称为套装。套件装配好之后,在后续的装配过程中将其作为一个零件,不再分开,如双联齿轮。

组件是在一个基准零件上安装若干套件及零件而形成的。组件中唯一的基准零件的作用是连接相关零件和套件,并确定它们之间的相对位置。为形成组件而进行的装配称为组装。组件中可以没有套件,即由一个基准零件和若干个零件组成。组件与套件的区别在于,组件在以后的装配中可拆卸,如机床主轴箱中的主轴组件。

部件是在一个基准零件上安装若干组件、套件和零件而形成的。部件中唯一的基准零件的作用是连接各个组件、套件和零件,并决定它们之间的相对位置。为形成部件而进行的装配称为部装。部件在产品中能完成一定的功能,如机床中的主轴箱就是一个部件。

在一个基准零件上安装若干部件、组件、套件和零件,就成为整个产品。由一系列零件或者部件,可组成一个实现某种特定功能的整体,这一系统的总称即为总成。例如汽车上的大灯总成、发动机动力总成、传动总成及齿轮总成等。为形成产品而进行的装配称为总装。总装一般来说大于或等于总成,如果总成更上一级还需要表达,可以用总装来体现。例如,卧式车床便是以床身作为基准零件,再安装上主轴箱、进给箱、溜板箱等部件及其他组件、套件、零件而构成的。总装体现了整机的意义。

综上所述:产品≥总成>部件>组件>套件>零件。相对复杂程度不同的装配组合,并不能用于比较不同的机械设备,有些机械设备的部件,可能会比另一机械设备的总成还要复杂。

九、零件的加工制造

图 1-7a 所示为一常用工具扳手的实物图。若要制造扳手,必须先将实物转换成工程界通用的技术语言——图样,这样工厂才能按照图样上的具体形状、尺寸大小和技术要求,生产出合格的扳手。图 1-7b 所示为扳手的部分图样,包括视图、必要的尺寸标注等。

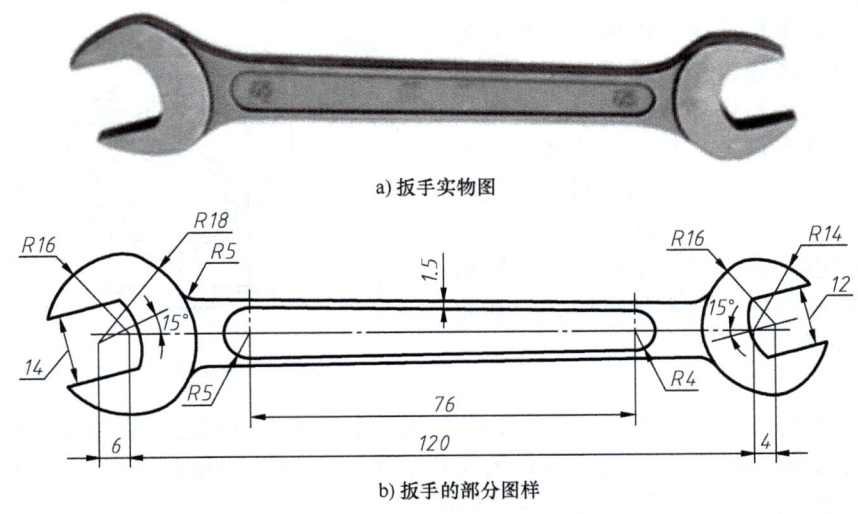

a) 扳手实物图

b) 扳手的部分图样

图 1-7 扳手

机械制图

在制造由多个零件构成的机器或部件时，除各种螺纹连接件、键、销、轴承等标准件可直接购买外，构成该机器或部件的其他所有零件（非标准件）都需要画出零件图样，并需要画出表示该机器或部件中各零件的连接方式、装配关系、工作原理和传动方式的装配图样。

在机械制造中，零件图样和装配图样统称为机械图样。机械图样，即根据正投影原理，按照技术制图、机械制图国家标准或有关规定，正确表达机械工程对象，并注有必要的技术要求的图。"机械制图"就是研究机械图样的绘制原理、方法和识读规律的一门技术性、专业性很强的机械类专业基础课程，旨在培养学生的空间思维及想象能力和绘图、识图技能，并启发学生的科学创新思维。

十、各种机械图样

1. 三维装配图及三维爆炸图

以滑动轴承为例，其三维装配图及爆炸图如图1-8所示。

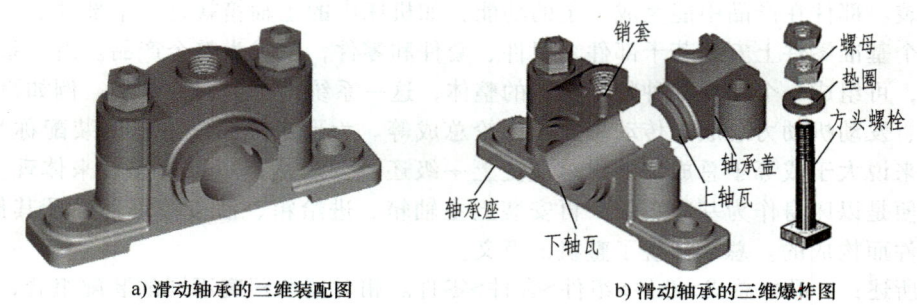

a) 滑动轴承的三维装配图　　b) 滑动轴承的三维爆炸图

图1-8　三维装配图及爆炸图

2. 装配示意图

装配示意图是以简单的线条和国家标准规定的简图符号，以示意方法表示每个零件位置、装配关系和部件工作情况的记录性图样，以确保绘制装配图和重新装配工作的顺利进行。装配示意图也是绘制装配图的重要参考资料。滑动轴承的装配示意图如图1-9所示。

3. 手绘零件草图

手绘零件草图是指徒手用铅笔绘制的零件图，不是指三维建模中的平面草图。在测绘时，因受时间及工作场地的限制，工程技术人员不使用绘图仪器，目测零件各部分大小，或用简单方法得出零件各部分比例关系，徒手在白纸或方格纸（坐标纸）上画出零件的图样，有时也简称为零件草图。滑动轴承的轴承盖及轴承座的手绘零件草图，分别如图1-10a、b所示。

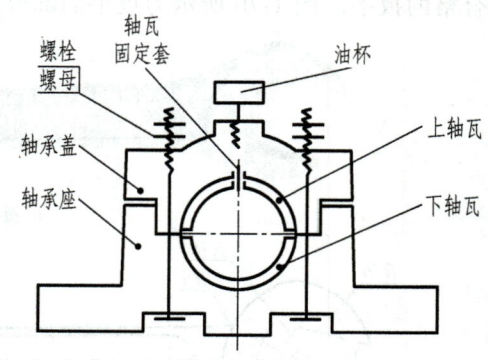

图1-9　滑动轴承的装配示意图

4. 零件图

零件图是指用尺、规等绘图工具在专用绘图纸上，或者应用绘图软件在计算机上绘制的完整表达某个零件的图样，用于零件的生产、加工、制造和检验等。图1-11所示的图样为滑动轴承的主要组成零件轴承座的零件图。

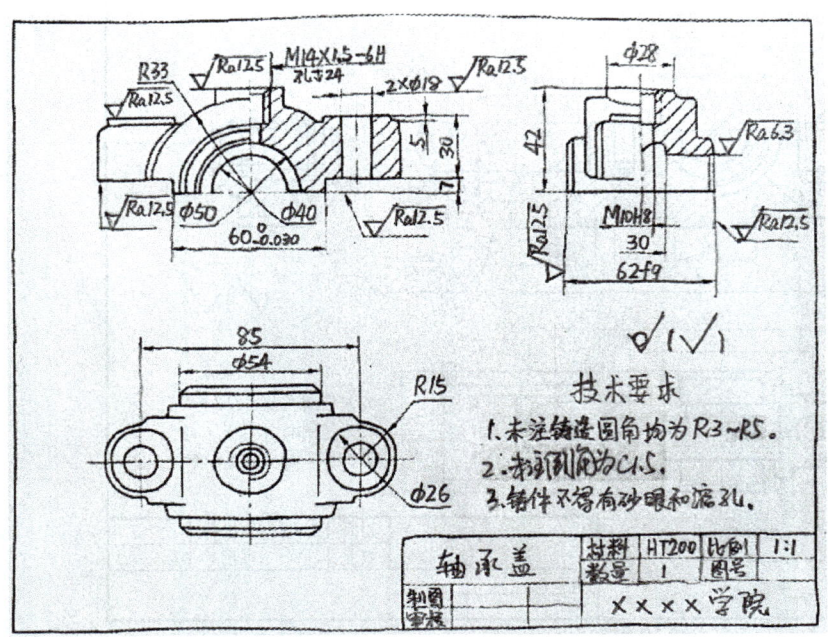
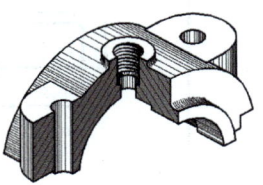

a) 轴承盖零件草图

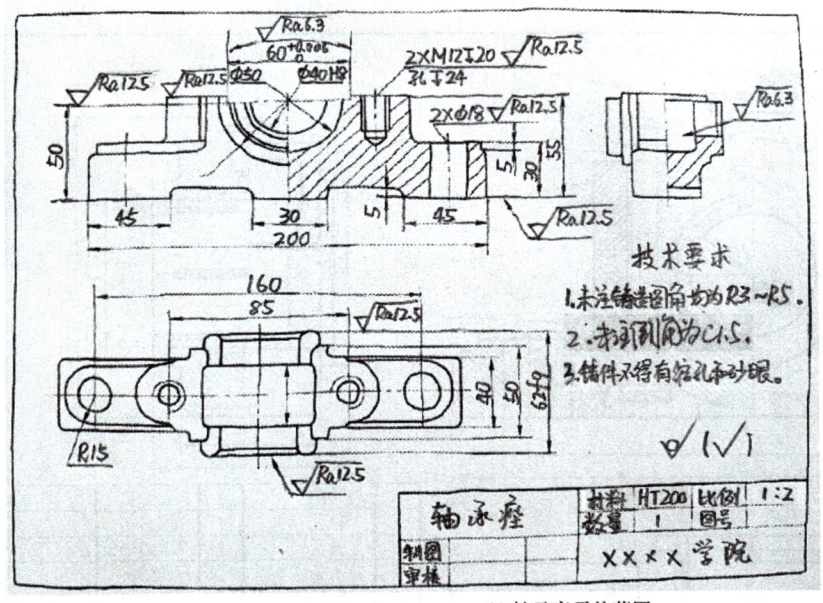
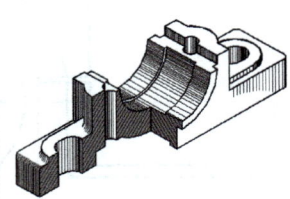

b) 轴承座零件草图

图 1-10　滑动轴承的零件草图

5. 装配图

装配图是指用尺、规等绘图工具在专用绘图纸上，或者应用绘图软件在计算机上绘制的表达整个装配体的图样，主要用作设计和绘制零件图的依据，也用于部件或机器的装配、调试和检验、安装及维修。图 1-12 所示为滑动轴承的装配图。

机械制图

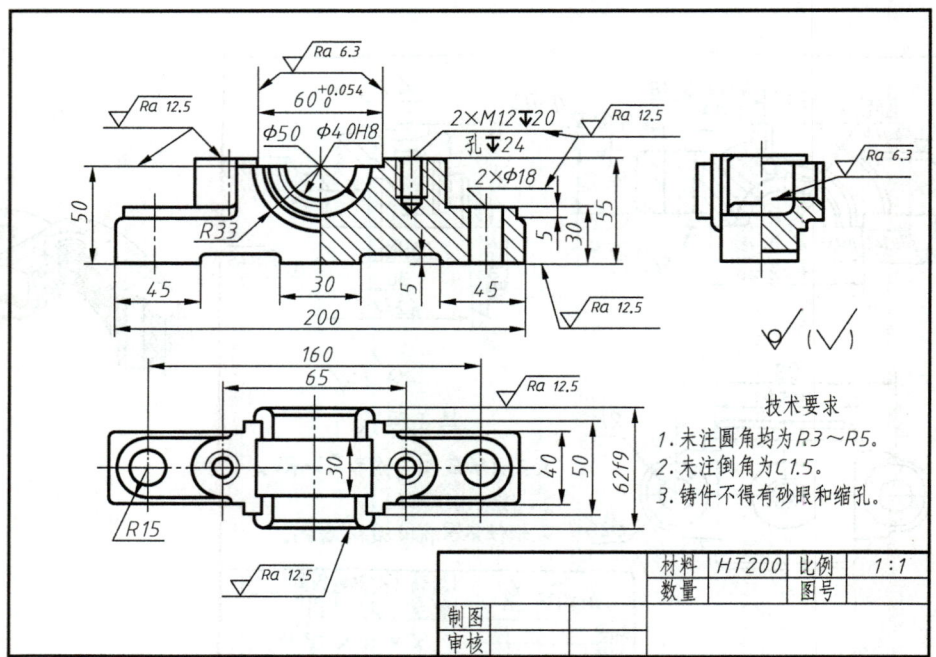

图 1-11 滑动轴承的轴承座零件图

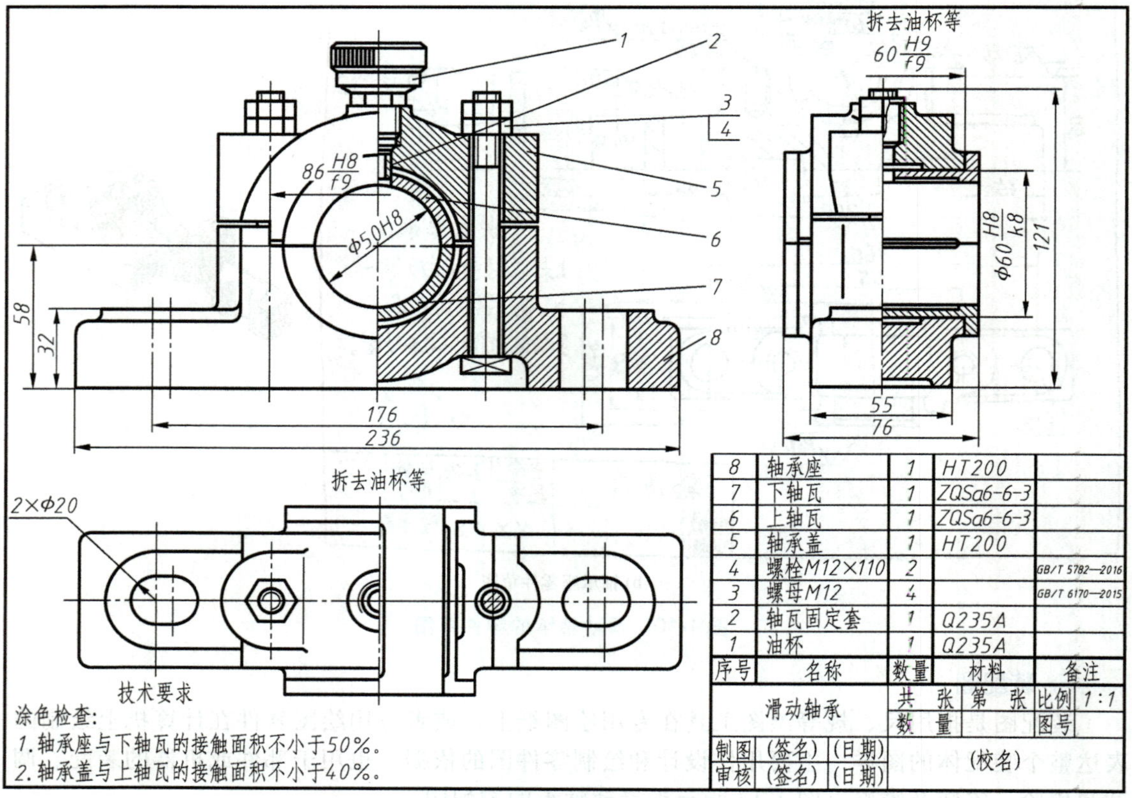

图 1-12 滑动轴承的装配图

十一、画装配示意图

滑动轴承的装配示意图如图1-9所示。装配示意图用线条和符号来表示零件间的装配关系，但目前装配示意图的符号还没有统一的规定。在工程实践中，人们创造了一些常用零件的符号，其中一些符号被广泛采用，已有约定俗成的趋势。装配示意图的画法没有严格的规定，通常一般零件，可按零件外形和结构特点用简单的线条形象地画出零件的大致轮廓；其他零件可参照有关资料的机构运动简图符号画出。对于传动部分中的一些零件、部件，可按国家标准GB/T 4460—2013《机械制图 机构运动简图用图形符号》绘制。

绘图时，可从主要零件着手，按装配顺序逐个画出。画装配示意图时，通常各零件的表达不受前后层次的限制，可把它们当作透明体，直接画出。

图上各零件的结构形状和装配关系可用较少的线条形象地表示，简单的甚至可以只用单线条来表示。目前，较为常见的有"单线+符号"和"轮廓+符号"两种画法，见表1-1。

1) "单线+符号"画法是将结构件用线条来表示，对装配体中的标准件和常用件用符号来表示的一种装配示意图画法。用这种画法绘制装配示意图时，两零件间的接触面应按非接触面的画法来绘制。

2) 用"轮廓+符号"画法绘制装配示意图时，画出部件中一些较大零件的轮廓，其他较小的零件用单线或符号来表示。

表1-1 装配示意图的画法

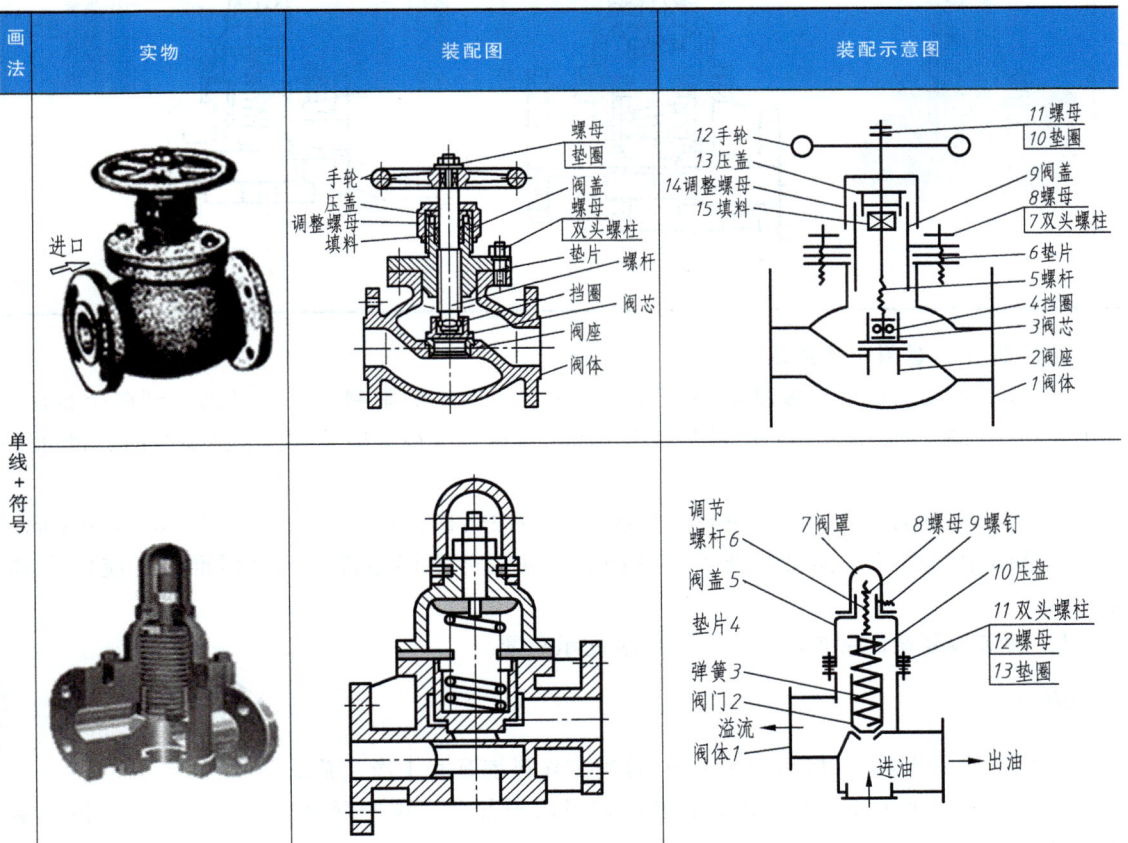

（续）

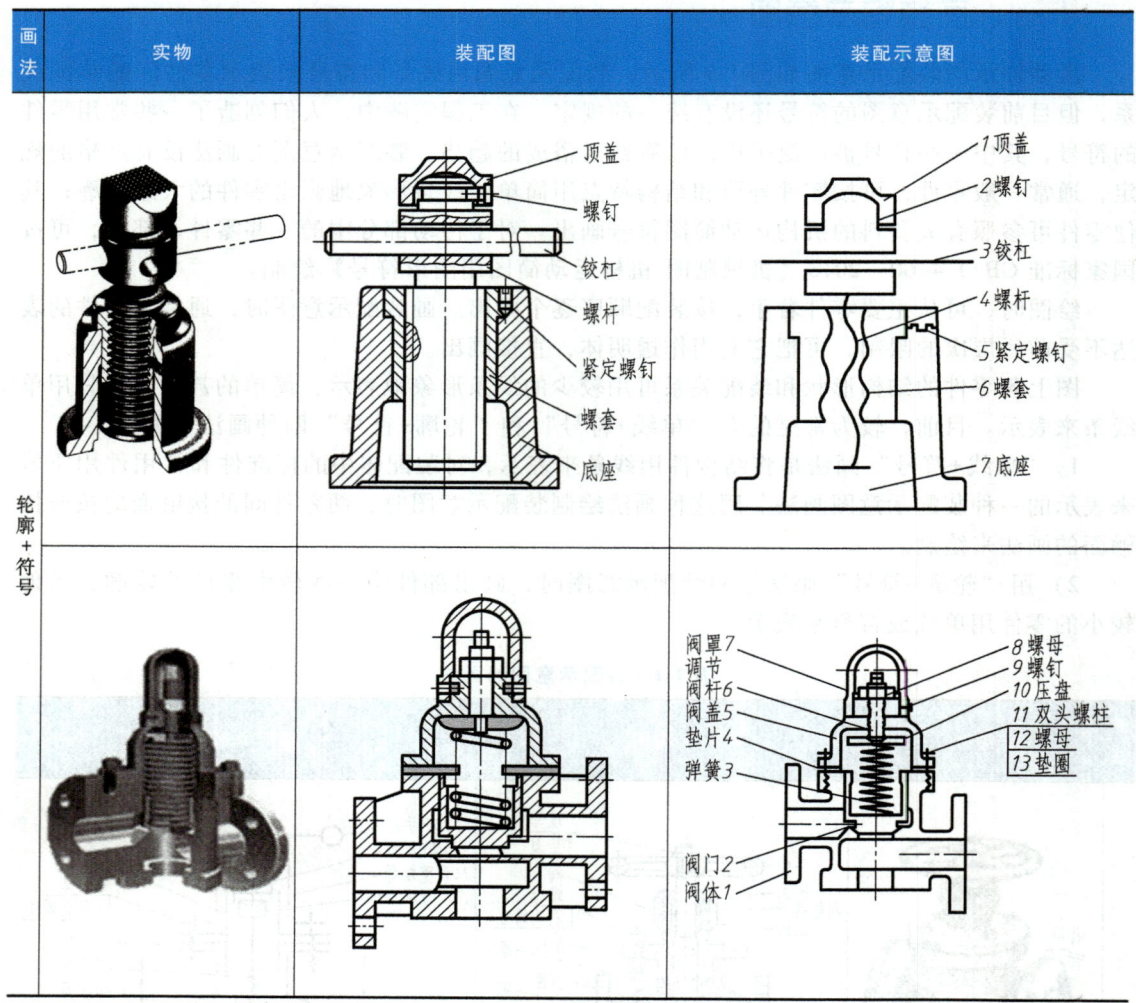

绘制装配示意图应注意以下几点：

1) 画装配示意图时，零件的表达通常不受前后层次的限制，一般只画一到两个视图，尽可能将所有零件集中在一个视图上表达。当仅仅用一个视图确实难以表达清楚时，也可补充其他视图。

2) 图形画好后，应将零件进行编号或写出零件名称，并应与所拆卸零件的号签相同，装配示意图中的两接触面之间要留有间隙，以便区分不同零件。凡是标准件，应定准其标记。

3) 拆装较复杂的部件时，必须绘制装配示意图。

【边学边练】

1. 检查所需工具、材料是否齐全；检查工作环境是否干净、整洁。

2. 先观察整个千斤顶装配体，必要时记录缺损部分，再按顺序拆卸千斤顶，将各个零件按顺序摆放整齐，并进行编号。

3. 对照装配示意图填写零件明细表，并认识每种零件。
4. 对照装配示意图，画出传动路线。
5. 对照装配示意图，按照拆卸的相反顺序，逐一装配各个零件，完成千斤顶的装配。
6. 仿照已有的千斤顶装配示意图，按照装配示意图的画图方法和步骤，依据拆卸的零件，仔细分析，按照国家标准中有关示意图的规定符号，绘制千斤顶装配示意图。

请将填写的零件明细表、绘制的装配示意图等工作任务成果资料，折叠、粘贴放置此处。

任务成果展示

【任务拓展与巩固训练】

1. 了解我国工程图学发展简史。
2. 了解有关标准的分类、分级及制定原则。
3. 了解我国标准与国际标准的关系。
4. 列出各机械装配术语之间的区别与联系。
5. 列出各种机械图样的作用与内容。

工程图学
发展简介

标准的分类、
分级及制定原则

【成风化人】

大国工匠精神

工匠精神，是指工匠对自己的产品精雕细琢、精益求精的精神理念，它代表着一个时代的气质，坚定、踏实、精益求精。"工匠精神"的核心是：不仅仅把工作当作安身立命的工具，而是树立一种对工作执着，对所做的事情和生产的产品精益求精、精雕细琢的精神。中国制造业要想跻身世界第一方阵，需要转型升级、技术创新等，要把有创新、高品质的产品奉献给消费者，必须要通过工匠的双手。中国制造的真正跃升，需要执着认真的"工匠精神"，如航天手艺人胡双钱、深海钳工管延安、火箭"心脏"焊接人高凤林及用錾子錾刻人生的孟剑锋等许许多多的普通劳动者，就是"工匠精神"的杰出代表。而如何培养"工匠精神"，则需要营造一个技术为先的环境氛围，建立高标准的操作规范，制定导向正确的绩效考核，开辟学习提升的通道，培养机制和用人机制相结合。机械制图是一门理论性与实践性都很强的课程，是对基本技能的培养和训练，不仅要求学生具有扎实的理论基础，还需要具备较强的实践操作能力及团队协作精神。要想成为优秀人才，需要我们在掌握扎实的基础理论、宽广的专业知识及过硬的实践操作能力的同时，注重培养精益求精的"工匠精神"，并立志用"工匠精神"让世界爱上"中国造"。

工匠精神的内涵是：对待他人真诚，对待生活乐观，对待挫折坚强，对待事业专注。对待工作：严谨、精益求精；专业、一丝不苟；耐心、专注、坚持；敬业、淡泊名利。

我们必须牢固树立新时代的设计思想，爱岗敬业，具备"工匠"的气质。爱护每一台教具产品，按规矩拆卸、组装；按次序摆放各类零件；按规定摆放各类工具、量具；及时清理工作场地；离开测绘现场时，必须做到关闭窗户、关闭电源，杜绝一切安全事故的发生。

机械制图

工作任务 1.2　拆装减速器

【任务描述】

通过对图 1-13 所示单级齿轮减速器的拆装，掌握拆装注意事项，了解减速器的结构组成及各零件的名称，了解机器的制造过程（二维绘图、三维建模及逆向工程）。能够区分标准件、常用件和一般零件，了解《技术制图》和《机械制图》国家标准中对图幅、比例、字体、图线及尺寸注法的基本规定，具有严格遵守制图标准的意识，并不断养成良好的习惯。

学习条件及环境要求：机械制图实训室、计算机、绘图软件（二维、三维）、多媒体、拆装工具、单级圆柱齿轮减速器模型、教材、参考书、网络课程及其他资源等。

教学时间（计划学时）：4 学时。

图 1-13　单级齿轮减速器

【任务目标】

1. 叙述减速器的结构组成、特点及工作原理。
2. 列出减速器的所有零件明细清单（包括序号、名称、数量、材料），并区分标准件、常用件和一般零件。
3. 了解《技术制图》和《机械制图》国家标准中对图幅、比例、字体、图线及尺寸注法的基本规定。
4. 叙述装配体的拆装原则和注意事项。
5. 叙述机器的制造过程（计算机二维绘图、三维建模及逆向工程在其中的作用）。
6. 具有严格遵守制图标准的意识，并不断养成习惯。

【任务准备】

1. 信息收集

1）常用拆装工具的种类与正确使用、拆装原则及注意事项。
2）减速器的结构组成、特点及工作原理。
3）机器的制造过程。
4）《技术制图》和《机械制图》国家标准中对图幅、比例、字体、图线及尺寸注法的基本规定。

2. 工具、材料

单级圆柱齿轮减速器装配体、零件明细表、A4 白纸、扳手、螺钉旋具（一字、十字）、锤子、铜棒、轴承拆卸器、绘图铅笔（2H、H）。

3. 任务分组

学生按4~6人一组，明确每组的工作任务，填写分组任务表及学生小组任务分配表。每组及每个学生的任务，可以相同也可以有差异，视具体情况而定。

【引导性学习资料】

一、减速器的功用

减速器是一种由封闭在刚性壳体内的传动零件所组成的独立部件，常用作原动机与工作机之间的减速传动装置。在原动机和工作机或执行机构之间起改变转速和传递转矩的作用，在现代机械中应用极为广泛。常用的减速器已经标准化和规格化，用户可根据各自的工作条件进行选择。产品服务领域涉及冶金、有色、煤炭、建材、船舶、水利、电力、工程机械及石化等行业。

二、减速器的分类

减速器的种类繁多，型号各异，不同的种类有不同的用途。

1）按照传动级数不同，可分为单级、二级和多级减速器，如图1-14a、b所示。

a) 单级齿轮减速器

b) 多级齿轮减速器

c) 蜗杆减速器

d) 行星齿轮减速器

图1-14 减速器的分类

2）按照传动类型（传动件），可分为圆柱齿轮减速器（轮齿有直齿、斜齿、人字齿等）、锥齿轮减速器（轮齿有直齿、斜齿、螺旋齿等）、蜗杆减速器（蜗杆上置式或下置式）和行星齿轮减速器，如图1-14c、d所示。

3）按照齿轮形状，可分为圆柱齿轮减速器、锥齿轮减速器和圆锥-圆柱齿轮减速器。

4）按照传动的布置形式，可分为展开式减速器、分流式减速器和同轴式减速器。

5）按照轴在空间的相对位置不同，可分为卧式减速器和立式减速器。

三、圆柱齿轮减速器的优点及应用

圆柱齿轮减速器的齿轮采用渗碳、淬火、磨齿加工，圆柱齿轮减速器具有承载能力高、噪声低、寿命长、体积小、效率高和重量轻等优点。它主要用于输入轴与输出轴呈垂直方向布置的传动装置中，如带式输送机及各种运输机械，也可用于其他通用机械的传动机构中，广泛应用于冶金、矿山、起重、运输、水泥、建筑、化工、纺织、印染和制药等领域。

四、零件的分类及机器（部件）的组成

零件按其标准化程度的分类及机器（部件）的组成如图1-15所示。

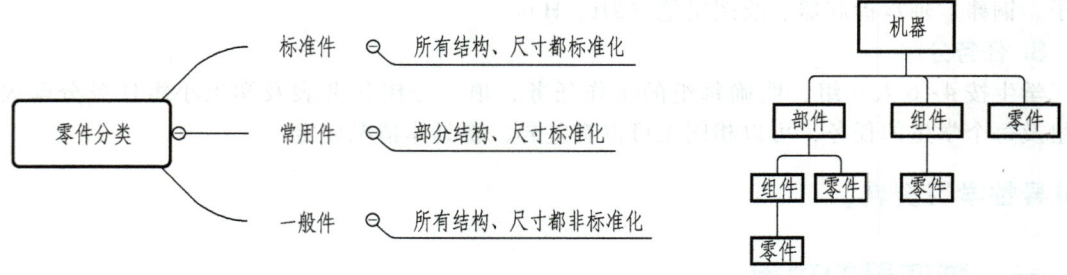

图 1-15　零件的分类及机器的组成

五、常用拆装工具

1. 手钳类工具

手钳有很多种类，如图 1-16 所示，包括钢丝钳、尖嘴钳、剥线钳、管子钳和偏口钳等。其中钢丝钳主要用于夹持弯曲金属薄片、切断金属丝。

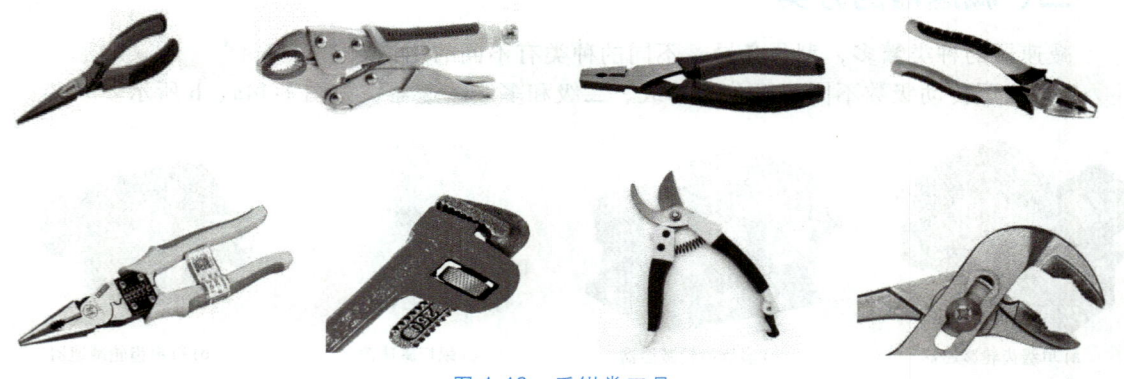

图 1-16　手钳类工具

2. 其他工具

其他工具还有毛刷和拉拔器等。拉拔器主要用于拆卸轴上的轴承和轮盘等，如图 1-17a 所示。车间常用工具如图 1-17b 所示。

a) 拉拔器

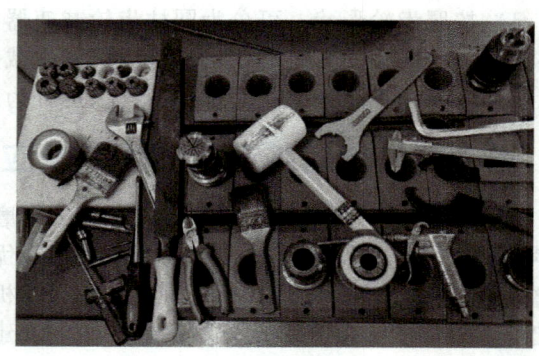

b) 车间常用工具

图 1-17　其他工具

六、零部件拆卸及装配

1. 机械零部件的拆卸

机器经过长期使用后，需要拆卸后进行检查和修配。拆卸是修配工作中的重要环节。首先，要周密地制订拆卸顺序，根据部件的整体结构、组成情况及装配工作的特点，把部件分为几个组成部分，依次拆卸。装配顺序正好与之相反。

为了便于装配体被拆后仍能顺利装配复原，对于较复杂的装配体，在拆卸过程中应尽量做好记录。最简便常用的方法就是绘制装配示意图，用以记录各种零件的名称、数量及其在装配体中的相对位置及装配连接关系，同时也可为绘制正式的装配图做好准备。

（1）机械零部件拆卸的一般规则和要求　任何机械设备都是由许多零部件组合而成的。修理时，必须经过拆卸才能对失效零部件进行修复或更换。如果拆卸不当，往往会造成零部件损坏、设备精度降低，有时甚至无法修复。机械零部件的拆卸是为了便于检查和修理，通常拆卸工作约占整个修理工作量的20%。因此，为保证修理质量，在拆卸前，必须周密计划，有步骤地进行拆卸，一般应做好以下工作，并遵循下列原则。

1) 拆卸前的准备工作。

① 拆卸场地的选择与清理。拆卸前应选择好工作地点，不要选在有风沙、尘土的地方。

② 保护措施。在清洗机器设备外部之前，应预先拆下或保护电气设备，以免受潮损坏，对于易氧化、锈蚀的零件，要及时采取相应的保护措施。

③ 拆前放油。尽可能在拆卸前将机械设备中的润滑油放出，以利于拆卸工作顺利进行。

④ 了解机械设备的结构、性能和工作原理。为避免拆卸工作中的盲目性，确保修理工作正常进行，在拆卸前，应详细了解机械设备各方面的状况，熟悉各个部分的结构特点、零部件的结构特点和配合关系，明确其用途和相互间的作用，以便合理安排拆卸步骤，选用适宜的拆卸工具或设施。

2) 拆卸的一般原则。

① 根据机械设备的结构特点，选择合理的拆卸步骤。机械设备的拆卸顺序，一般是先拆成总成，再由总成拆成部件，由部件拆成零件，或由附件到主机，由外部到内部。在拆卸比较复杂的部件时，必须熟读装配图，详细分析部件的结构及零件在部件中所起的作用，特别应注意那些装配精度要求高的零部件。这样可以避免混乱，达到便于清洗、检查和鉴定的目的，为修理工作打下良好的基础。

② 合理拆卸。在机器设备的修理拆卸中，应坚持"能不拆则不拆、该拆的必须拆"的原则。零部件符合要求不必拆卸就可不拆，这样不但可减少拆卸的工作量，还能延长零部件的使用寿命。例如：过盈配合的零部件拆装次数过多，会使过盈量消失而致使装配不紧固；对于较精密的间隙配合件，拆后再装，很难恢复已磨合的配合关系，从而会加速零件的磨损。但对于不拆开难以判断其技术状态而又可能产生故障，或无法进行必要保养的零部件，一定要拆开。

③ 正确使用拆卸工具和设备。在明确拆卸机械零部件的步骤后，合理选择和正确使用拆卸工具是很重要的。拆卸时，应尽量采用专用的或合适的工具和设备，避免乱敲乱打，以防零件损伤或变形。例如：拆卸轴套、滚动轴承、齿轮和带轮等时，应使用拉拔器；拆卸螺柱或螺母时，应尽量采用尺寸相符的呆扳手。

（2）拆卸中的注意事项

1）注意操作安全。

2）采用正确的拆卸步骤，防止零件丢失。

3）正确选择和使用拆卸工具。拆卸时尽量采用合适的专用工具，不能乱敲和猛击。用锤子直接打击拆卸零件时，应使用铜或硬木作为衬垫。连接处在拆卸之前，最好使用润滑油浸润。不易拆卸的配合件，可用煤油浸润或浸泡。

4）保管好拆卸的零件。丝杠、轴类零件应涂油后悬挂于架上，以免生锈、变形。拆卸下来的零件，应按部件归类并放置整齐，对偶件应打印记并成对存放，对有特定位置要求的装配零件需要做出标记，重要、精密的零件要单独存放。注意不要碰伤已拆卸下来的零件的加工表面，保护好贵重零件和零件的高精度表面。

5）注意特殊零件的拆卸及废件的处理。

2. 机械零部件的装配

机械产品往往由许多零件组成，装配就是把加工好的零件按一定的顺序和技术要求连接到一起，成为一部完整的机械产品，并且可靠地实现产品设计的功能。装配处于产品制造所必需的最后阶段，产品的质量最终通过装配得到保证和检验。因此，装配是决定产品质量的关键环节。研究制订合理的装配工艺，采用有效的保证装配精度的装配方法，对提高产品质量有着十分重要的意义。

（1）装配前的准备工作

1）熟悉机械设备及各部件的装配图和有关技术要求。了解机械设备及零部件的结构特点、各零部件的作用、相互连接关系及连接方式。有配合要求、运动精度较高或有其他特殊技术条件的零部件，应尤其重视。

2）根据零部件的结构特点和技术要求，确定合适的装配工艺。准备好必备的工具、量具、夹具和材料。

3）按清单清理检测各备装零件的尺寸精度与制造或修复质量，核查技术要求，凡有不合格者一律不得装配。对于螺栓、螺柱、键和销等标准件，稍有损伤者，应予以更换，不得勉强留用。

4）零件装配前必须进行清洗。对于经过钻孔、铰削和镗削等机械加工的零件，要将金属屑清除干净；润滑油道要用高压空气或高压油吹洗干净；相对运动的配合表面要保持洁净，以免因脏污、尘粒等进入而加速配合件表面的磨损。

（2）装配的一般原则 装配顺序应与拆卸顺序相反。要根据零部件的结构特点，采用合适的工具或设备，严格仔细地按顺序装配，注意零部件之间的方位和配合精度要求。

1）对于过渡配合和过盈配合零件的装配，如滚动轴承的内、外圈等，必须采用相应的铜棒、铜套等专用工具和工艺措施进行手工装配，或按技术条件借助设备进行加温加压装配。如果遇到装配困难，应先分析原因，排除故障，提出有效的改进方法，再继续装配，千万不可乱敲乱打，鲁莽行事。

2）配合表面要经过仔细检查、擦拭干净，若有毛刺，应经修整后方可装配。

3）凡是摩擦表面，装配前均应涂上适量的润滑油，如轴颈、轴承、轴套、活塞、活塞销和缸壁等。各部件的密封垫（如纸板、石棉、钢皮和软木垫等）应统一按规格制作。机械设备中的各种密封管道和部件，装配后不得有渗漏现象。

4）过盈配合件装配时，应先涂润滑油脂，以利于装配并减少配合表面的初磨损。另外，应根据零件拆卸下来时所做的各种安装记号进行装配，以防装配出错而影响装配进度。

5）当某些零部件有装配技术要求时，如装配间隙、过盈量、灵活度和啮合印痕等，应边安装边检查，并随时进行调整，以免装配后返工。

6）在装配前，要对有平衡要求的旋转零件按要求进行静平衡或动平衡试验，合格后才能装配。

7）每个部件装配完毕，必须严格仔细检查和清理，防止有遗漏或错装的零件，严防有工具、多余零件及杂物遗留在箱体内。检查无误后再进行手动或低速试运行，以防运转时发生意外。

（3）机械设备的组成及零部件的连接方式

1）机械设备的组成。按装配工艺划分，机械设备可分为零件、套件、组件及部件。在有关标准文件中也将套件、组件统称为部件。

2）零部件之间的连接方式。零部件之间的连接一般可分为固定连接和活动连接两类。每类连接又分为可拆卸和不可拆卸两种。

① 固定连接。固定连接能保证装配后零部件之间的相互位置关系不变。固定可拆卸连接在装配后可以很容易地拆卸而不致损坏任何零部件，拆卸后仍可重新装配在一起，常用的有螺纹连接和销连接等。固定不可拆卸连接在装配后一般不再拆卸，一旦拆卸，就会破坏其中的某些零部件，常用的有焊接、铆接、胶接和注塑等工艺方法。

② 活动连接。活动连接要求装配后零部件之间具有一定的相对运动关系。活动可拆卸连接常见的有圆柱面、球面和螺旋副等结构型式。活动不可拆卸连接可用铆接、滚压等工艺方法实现，如滚动轴承等的装配就属于此类连接。

（4）装配精度　机械设备的质量是依据其工作性能、使用效果、精度和寿命等指标综合评定的，主要取决于结构设计的正确性、零件的加工质量及其装配精度。

装配精度一般包括以下三个方面：

1）各部件的相互位置精度。包括距离精度、同轴度、平行度和垂直度等。

2）运动部件之间的相对运动精度。包括直线运动精度、圆周运动精度和传动精度等。例如在滚齿机上加工齿轮时，滚刀与工件的回转运动应保持严格的速比关系，若传动链的某个环节（如传动齿轮和蜗杆副等）产生了运动误差，将会影响被加工齿轮的加工精度。

3）配合表面之间的配合精度和接触质量。配合精度是指配合表面之间达到规定的配合间隙或过盈的接近程度，它直接影响配合的性质。接触质量是指配合表面之间接触面积的大小和分布情况，它主要影响配合零件之间接触变形的大小，从而影响配合性质的稳定性和寿命。

一般来说，若机械设备的装配精度要求高，则零件的加工精度要求也高。但是，如果根据生产实际情况制订出合理的装配工艺，也可以用加工精度较低的零件装配出装配精度较高的机械设备。反之，即使零件精度较高，而装配工艺不合理，也达不到较高的装配精度。因此，明确零件精度与装配精度的关系对制订机械设备的装配工艺是非常必要的。

（5）装配工艺过程　装配工艺过程一般包括以下五个部分：装配前的检验、清洗等，装配工作，校正（或调试），检验（或试车），油封和包装。

装配工艺过程通常是按工序和工步的顺序编制的。由一个工人（或一组工人）在一个工作地点或不更换设备的情况下对几个或全部零部件连续进行的装配工作，称为装配工序。使用同一工具且不改变工作方法的装配工作，称为工步。在一个装配工序中可以包括一个或几个工步。

七、典型零件拆卸

1. 轴上零件的拆卸

（1）齿轮副的拆卸　为提高传动精度，传动比为 1 的齿轮副，装配时将外齿轮的最大径向跳动处的齿间与另一个齿轮的最小径向跳动处的齿相啮合。为恢复原装配精度，拆卸齿轮副时，应在两齿轮啮合处做标记。

（2）轴承及垫圈的拆卸　精度要求高的主轴部件，主轴轴颈与轴承内圈、轴承外圈与箱体孔在轴向的相对位置是经过测量和计算后装配的，应在轴向做出标记，便于按原方向装配，保证装配精度。

（3）轴和定位元件的拆卸　拆卸齿轮箱中的轴类零件时，应先松开装在轴上不能通过轴承盖孔的齿轮、轴套等零件的轴向定位零件，如紧固螺钉、弹簧卡圈和圆螺母等，然后拆去两端轴承盖。在了解轴的阶梯方向，确定拆卸轴的移动方向后，并注意轴上的键能随轴通过各孔后，才能用木锤打击轴端，将轴拆出箱体。

2. 铆、焊件的拆卸

铆接件拆卸时可用锯、錾或者气割等方法割掉铆钉头。焊接件拆卸时可用锯、錾或者气割切割，也可用小钻头钻出排孔后再錾、再锯等方法。

3. 滚动轴承的拆卸

滚动轴承与轴、轴承座的配合一般为过盈配合。滚动轴承的拆卸一般有以下方法：

（1）使用拆卸器拆卸　滚动轴承通常都要使用拆卸器（拉拔器）拆卸。一般用一个环形件顶在轴承内圈上，拆卸器的卡爪作用于环形件，就可以将拉力传给轴承内圈，如图 1-18a 所示。

在拆卸轴承过程中，有时还会遇到轴承与相邻零件的空间较小的情况，这时要选用薄些的卡爪，将卡爪直接作用在轴圈上。

（2）使用压力机拆卸　滚动轴承也可以使用压力机拆卸。使用这种方法拆卸轴末端的轴承时，可用两块等高的半圆形垫铁或方铁，同时抵住轴承内、外圈，压力机压头施力时，着力点要正确，如图 1-18b 所示。

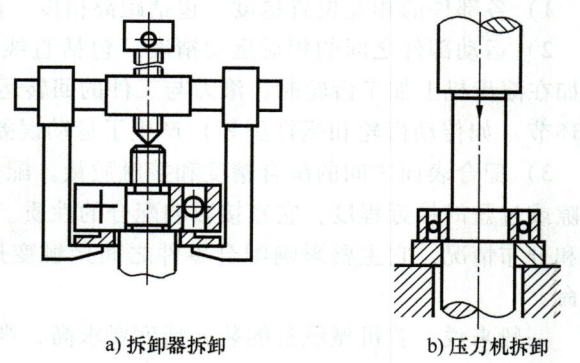

a) 拆卸器拆卸　　　b) 压力机拆卸

图 1-18　滚动轴承的拆卸

（3）使用锤子和铜棒拆卸　在没有专用工具的情况下，可以使用锤子和铜棒拆卸滚动轴承。拆卸位于轴末端的轴承时，在轴承下垫一个垫块，用铜棒抵住轴端，再用锤子敲击。

（4）利用零件自身的热胀冷缩拆卸　即对某些零件进行升温或冷却来拆卸。

八、零部件的清洗和检验

1. 零部件的清洗

从机械设备上拆卸下来的零件，其表面沾满脏污，应立即清洗，以便进行检查。清洗方法和清洗质量，对设备的修复质量、修理成本和使用寿命等都将产生重要影响。零件的清洗包括清除油污、水垢、积灰、锈层及旧涂装层等。

2. 零件的检验

零件检验的内容包括修前检验、修后检验和装配检验。

（1）修前检验　修前检验是在机械设备拆卸后进行的。对于已确定需要修复的零件，可根据零件损坏情况及生产条件确定适当的修复工艺，并提出修理技术要求；对于报废的零件，要提出需要补充的备件型号、规格和数量，没有备件时则需提供零件工作图或测绘草图。

（2）修后检验　修后检验是指检验零件加工后或修理后的质量是否达到了规定的技术要求，以确定该件是成品、废品还是返修品。

（3）装配检验　装配检验是指检查待装零件（包括修复零件和新零件）质量是否合格，能否满足装配技术要求。在装配过程中，对每道工序或工步进行检验，以免装配过程中因中间工序不合格影响装配质量。组装后，检验累积误差是否满足装配的技术要求。机械设备总装后进行试运转，检验工作精度、几何精度及其他性能，以检查修理质量是否合格，同时进行必要的调整工作。

九、编制修换零件明细表

根据零件检查的结果，可编制、填写修换零件明细表。明细表一般可分为修理零件明细表、缺损零件明细表、外购外协件明细表、标准件明细表等。

十、单级圆柱齿轮减速器的结构组成及拆装顺序

单级圆柱齿轮减速器的三维爆炸图及装配示意图如图 1-19 所示。

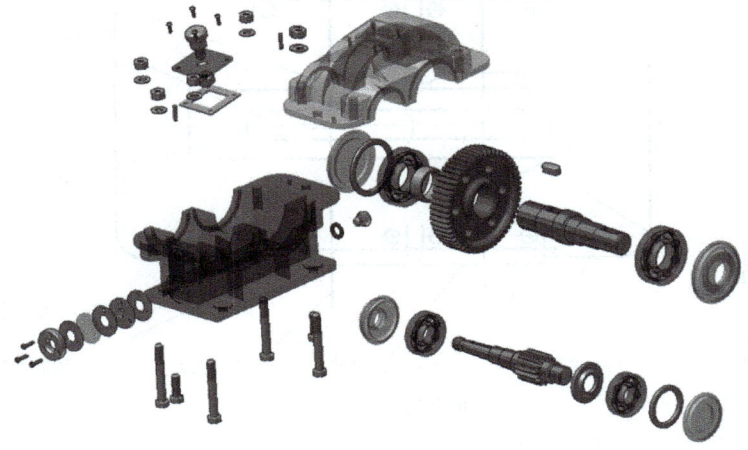

图 1-19　单级圆柱齿轮减速器的三维爆炸图及装配示意图

机械制图

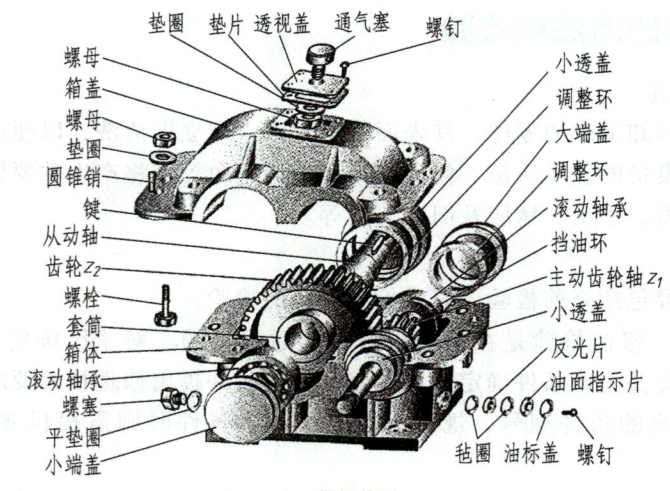

a) 三维爆炸图

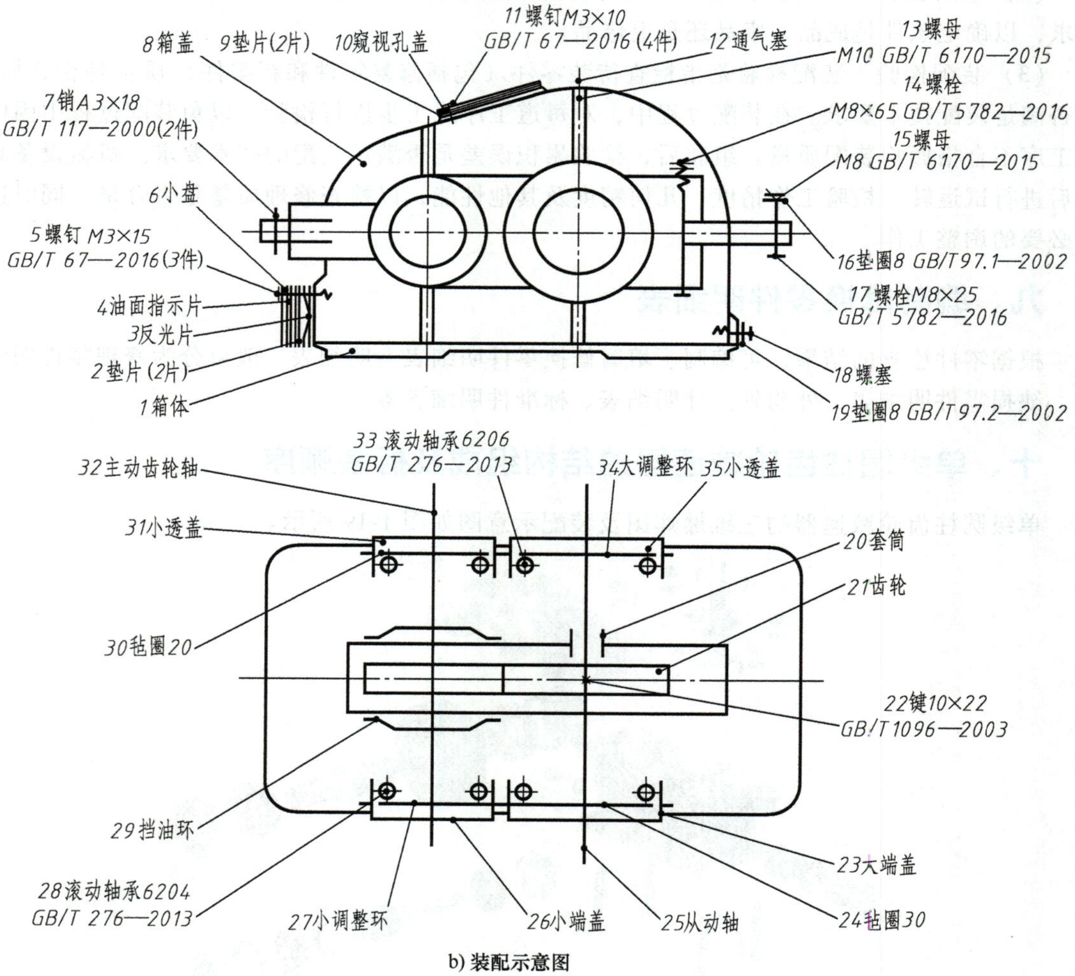

b) 装配示意图

图 1-19 单级圆柱齿轮减速器的三维爆炸图及装配示意图（续）

单级圆柱齿轮减速器零件明细见表1-2。

表1-2 单级圆柱齿轮减速器零件明细

序号	名　称	材料	件数	备注
标 准 件（14种）				
5	螺钉 M3×15 GB/T 67—2016	Q235	3	
7	销 A3×18 GB/T 117—2000	45	2	
11	螺钉 M3×10 GB/T 67—2016	Q235	4	
13	螺母 M10 GB/T 6170—2015	Q235	1	
14	螺栓 M8×65 GB/T 5782—2016	Q235	4	
15	螺母 M8 GB/T 6170—2015	Q235	6	
16	垫圈 8 GB/T 97.1—2002	Q235	6	
17	螺栓 M8×25 GB/T 5782—2016	Q235	2	
19	垫圈 8 GB/T 97.2—2002	Q235	1	
22	键 10×22 GB/T 1096—2003	45	1	
24	毡圈 30	毛毡	1	FJ145-2000
28	滚动轴承 6204 GB/T 276—2013		2	
30	毡圈 20	毛毡	1	FJ145-2000
33	滚动轴承 6206 GB/T 276—2013		2	
非 标 准 件（21种）				
1	箱体	HT200	1	测绘
2	垫片	压纸板	2	
3	反光片	铝板	1	
4	油面指示片	有机玻璃	1	
6	小盘	Q235	1	
8	箱盖	HT200	1	测绘
9	垫片	压纸板	2	
10	窥视孔盖	有机玻璃	1	
12	通气塞	Q235	1	
18	螺塞	Q235	1	
20	套筒	15	1	
21	齿轮	HT200	1	测绘
23	大端盖	HT100	1	
25	从动轴	45	1	测绘
26	小端盖	HT100	1	
27	小调整环	Q235	1	
29	挡油环	Q235	2	
31	小透盖	HT100	1	
32	主动齿轮轴	45	1	
34	大调整环	Q235	1	
35	小透盖	HT100	1	

减速器的拆卸步骤为：连接件→箱盖→轴组件→通气孔→窥视孔→油面指示孔→放油孔。

第一步，先将连接螺栓、螺钉拆下，使箱盖与箱体分离，即可画装配示意图，此时不必全部拆散。首先测量总长、总宽和总高，然后按先后次序，拧出箱盖上 4 个 M8×65 螺栓、2 个 M8×25 螺栓及 2 个定位销 A3×18。将箱盖和其上的通气塞、窥视孔盖一起卸下。齿轮减速器的输入轴总成和输出轴总成就呈现在眼前，箱体内两根传动轴平行排列，都由滚动轴承支承。通过输入轴上的小齿轮和输出轴上的大齿轮实现变速。在轴的两端分别有透盖和端盖等零件。

第二步，对于看不清楚的内部结构，再逐步拆开，边拆边画，完成整个装配示意图。在进一步拆卸前，先测量输入轴和输出轴的中心距 70mm，中心高 80mm。箱体内零件的拆卸，主要拆卸输入轴和输出轴，使用轴承拆卸工具拆下左、右端轴承，对于两轴系上的套筒、大齿轮和普通平键等零件，整个取下该轴系，即可一一卸下。其他各部分的拆卸比较简单，不再赘述。

装配顺序与拆卸顺序正好相反，后拆的零件先装，先拆的零件后装即可完成。

【边学边练】

1. 检查所需工具、材料是否齐全；检查工作环境是否干净、整洁。

2. 先观察整个装配体，必要时记录缺损部分，再按顺序拆卸装配体，将各个零件按顺序摆放整齐，并进行编号。

3. 对照装配示意图填写零件明细表，并认识每种零件，区分其中的标准件、常用件与一般零件。

4. 对照装配示意图，画出传动路线。

5. 对照装配示意图，按照拆卸的相反顺序，逐一装配各个零件，完成单级圆柱齿轮减速器的装配。

6. 仿照已有的减速器装配示意图，按照装配示意图的画图方法和步骤，依据拆卸的零件，仔细分析，按照国家标准中有关示意图的规定符号，绘制减速器装配示意图。

请将填写的零件明细表、绘制的装配示意图等工作任务成果资料，折叠、粘贴放置在此处。

任务成果展示

【任务拓展与巩固训练】

1. 标准件、常用件与一般零件的区别是什么？
2. 逆向工程是什么？
3. 在产品的设计、加工制造过程中，有哪几款常用的二维、三维计算机绘图软件？它们各自的优势是什么？
4. 工程图样的种类有哪些？

逆向工程及绘图软件

图样的认识

【成风化人】

树立远大理想，激发爱国情怀，增强民族自豪感、责任感和使命感

"机械制图"是高等工科专业学生认识机械工程的入门课程，是工程技术人员交流的"语言"。制造业和人们的生活息息相关，它是人们物质生活用品供应的基本保障。大到万吨巨轮，高精到航天飞机，小到订书机，普通到一双筷子的制造，如图1-20所示，都离不开机械专业人才。从日常生活中的机械产品，到国产大飞机C919、复兴号列车等中国制造超级工程，都会激发起我们深深的民族自豪感。

图1-20 离不开机械的物质生活用品

为什么学习这门课？工程技术人员需要通过工程图样交流自己的设计思想，工程技术人员必须具有绘制和阅读工程图样的能力，因而机械制造、机电及相关专业的学生必须学好这门课程。中国制造业近年来虽然取得了一些成绩，但与世界制造强国相比，中国的一些制造行业还缺少核心技术或关键技术，中国要实现制造强国必须正视中国制造业面临的压力。我们应树立远大理想和激发爱国情怀，勇敢地肩负起时代赋予的光荣使命，为实现中国的强国之梦打下坚实的基础。

这门课学什么？工程图样是工程界进行交流的技术语言，是传递设计思想的信息载体，是重要的技术文件。如果图样出错，生产的产品将成废品，或给生产带来损失甚至是严重的生产事故，我们必须养成严肃认真对待图样、一线一字都不能马虎的习惯，认真对待我们的学习和工作，从而培养强烈的责任感和使命感，以及良好的职业道德素养。

怎样学好这门课程？该课程实践性较强，一个人不聪明并不可怕，但必须要有目标，并肯为目标付出艰辛的劳动，同时配合正确的方法，才能超越自我，体现自我价值。我们需要

机械制图

掌握正确的学习方法，明确学习目标，敢于面对困难和挫折，培养积极乐观的心态和保持健康向上的人生态度。

【学习成果与评价反馈】

学生自评（20%）；小组互评（30%）；教师评价（50%）。

小组互评表见表1-3，学习情境总评成绩表见附录。

表1-3 小组互评表

班级_____姓名_____学号_____工作任务( )

学习情境1	拆装装配体		得分		
评价项目	评价标准	配分	学生自评（×0.2）	小组互评（×0.3）	教师评价（×0.5）
1 拆装工具的使用及零件的摆放	能够正确使用拆装工具，拆卸的零件摆放整齐、顺序编号	10			
2 装配体分析	能够说出各装配体的功用、工作原理及结构组成	10			
3 装配示意图的绘制	能够正确使用机构运动简图绘制出装配示意图	10			
4 机械图样分析	能够准确认识各种机械图样，并大致说出其用途	10			
5 拆装方法、步骤及注意事项	能够按照常用的拆装方法和步骤正确拆装装配体	10			
6 对机器、机械等装配与制造基本知识的理解	能够说出与机械有关的基本术语及其之间的关系，能够说出机械产品设计与制造的基本过程	20			
7 工作态度	态度端正，不出现无故缺勤、迟到、早退现象	10			
8 协调能力	与小组成员、同学之间能够顺畅沟通、有效交流，主动给同学答疑、协调工作	5			
9 职业素养	能够做到懂文明讲礼貌，勤俭节约，爱护公共财物及设施，保护环境	10			
10 创新能力	积极思考，主动请教别人，善于总结反思、提出有代表性的问题等	5			
	合计	100			

注：本表可根据本学习情境的工作任务的数量复印相同的份数，保证每个工作任务1份。

【总结报告】

1. 知识归纳（图 1-21）

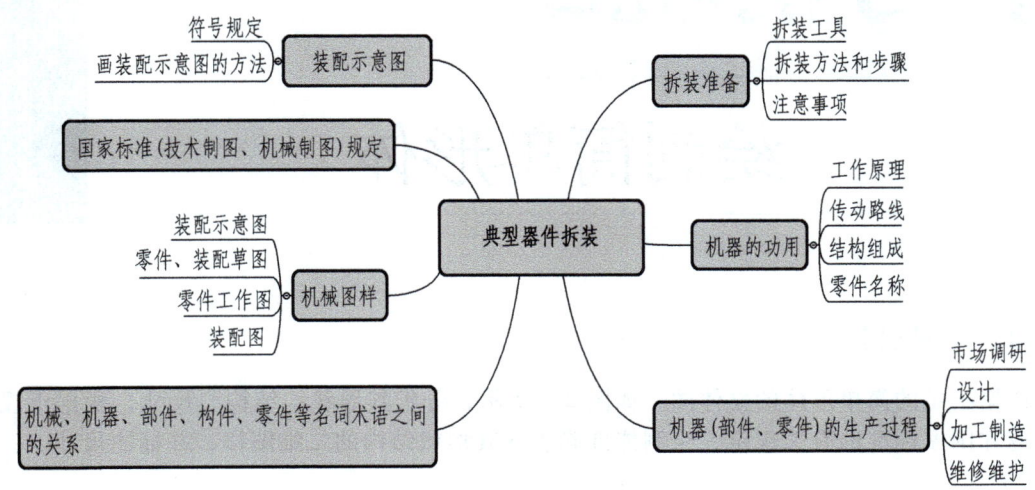

图 1-21　知识归纳思维导图

2. 自我反思

1）本学习情境涵盖了哪些知识点？
2）任务完成情况如何？应注意哪些问题？
3）工作过程中有何不足？
4）准备怎么改进？
5）还有哪些关键点不清楚？

学习情境2

绘制简单形体

【学习情境描述】

依据给定的简单形体的立体图,如图2-1所示,分析其形状、结构、尺寸,根据正投影法,遵守国家标准的有关规定,绘制能准确表达其形状结构的二维图样,并标注尺寸。

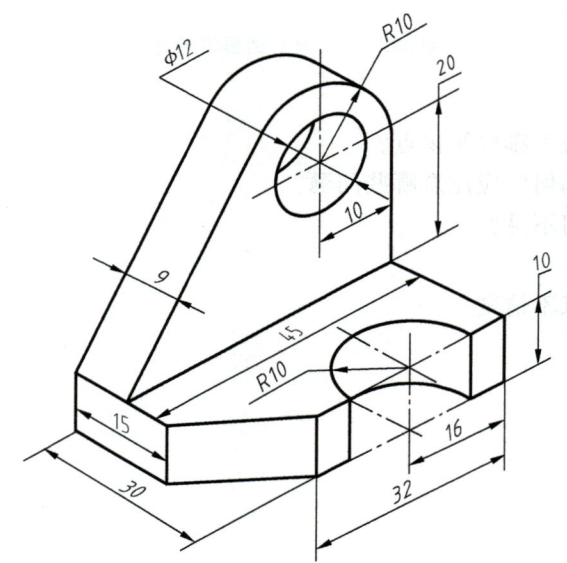

图2-1 简单形体的立体图

【知识目标】

1. 常用手工绘图工具、仪器的种类。
2. 机械制图的基本规定(图幅、比例、图线、字体、尺寸注法)。
3. 平面图形的尺寸分析、线段分析。
4. 投影的概念、原理、分类及正投影法的特性。
5. 三视图的形成及三视图之间的投影关系、方位关系。
6. 点、线、面、基本立体、组合体的三视图画法。
7. 截交线、相贯线的形成、性质及求法。

8. 基本立体、组合体三视图的尺寸标注及识图。

【技能目标】

1. 能够正确使用常用的绘图工具与仪器。
2. 能够叙述国家标准中有关图幅、比例、图线、字体及尺寸注法等的基本规定。
3. 能够绘制常用的基本几何图形（线段等分、圆周、正多边形、椭圆、圆弧连接、斜度、锥度），能够对斜度、锥度进行正确标注。
4. 在教师的指导下，能够对给定的平面图形进行正确的尺寸分析和线段分析，并能按照平面图形的抄绘方法和步骤，正确抄绘平面图形。
5. 能够叙述正投影法的基本特性及三视图之间的投影关系、对应方位关系。
6. 能够叙述点的投影特性及各种位置直线、平面的投影特性。
7. 能够叙述截交线、相贯线的特性。
8. 能够叙述平面截切圆柱、圆锥、圆球时，各种不同位置情况下的截交线形状及特点。
9. 在教师的指导下，能够应用正投影法，按照国家标准，依据给出的立体轴测图，绘制简单形体的三视图并标注尺寸。
10. 能够利用二维绘图软件，进行平面图形、简单形体三视图的抄绘。
11. 能够利用三维绘图软件，进行简单形体的三维建模。
12. 能够正确识读和绘制简单形体的三视图。

【素养目标】

1. 培育、践行社会主义核心价值观，拥有远大革命理想和爱国情怀。
2. 培养动手实践能力及规范、安全操作的职业素养。
3. 培养严格遵守职业规范、机械制图国家及行业标准的自觉意识和习惯，具有深刻的法治意识与习惯。
4. 培育爱岗敬业、诚信服务的职业素养。
5. 培养信息素养及创新思维。
6. 传承"执着专注、精益求精"的工匠精神，培养严肃认真的工作态度和一丝不苟的工作作风。

工作任务2.1　抄绘简单平面图形

【任务描述】

通过对图2-2所示简单平面图形的抄绘，熟悉常用手工绘图工具与仪器的使用，掌握国家标准《技术制图》和《机械制图》中有关图幅、比例、字体、图线及尺寸注法的规定，能够对简单平面图形进行尺寸分析和线段分析，按照基本的作图步骤进行正确抄绘。熟悉二维绘图软件的绘图界面及常用的绘图命令、编辑命令，能够使用二维绘图软件抄绘简单平面图形。

学习条件及环境要求：机械制图实训室、计算机、绘图软件（二维）、多媒体、教材、参考书、网络课程及其他资源等。

教学时间（计划学时）：8 学时。

【任务目标】

1. 能够正确使用常用的绘图工具与仪器。
2. 能够叙述国家标准中有关图幅、比例、图线、字体及尺寸注法等的基本规定。
3. 能够绘制常用的基本几何图形（线段等分、圆周、正多边形、椭圆、斜度），能够对斜度进行正确标注。
4. 在教师的指导下，能够对给定的平面图形进行正确的尺寸分析和线段分析，并能按照平面图形的抄绘方法和步骤，正确抄绘平面图形。

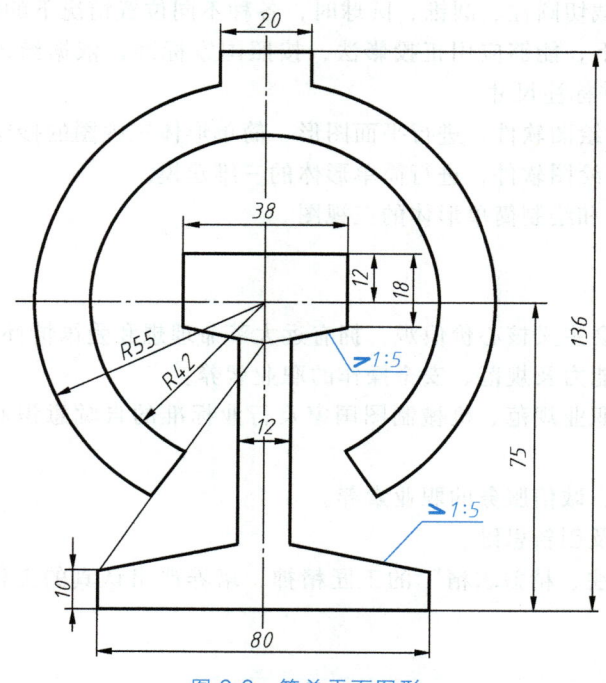

图 2-2　简单平面图形

【任务准备】

1. 信息收集

1) 常用绘图工具及仪器的正确使用方法（铅笔的削法、圆规的使用）。
2) 制图国家标准中有关图幅、比例、字体、图线及尺寸注法的基本规定。
3) 常用基本几何图形的作图方法（线段等分、圆周、正多边形、椭圆）。
4) 斜度的画法、标注方法及要求。
5) 抄绘平面图形的方法和步骤。
6) 二维 CAD 绘图软件的绘图界面及常用绘图命令、编辑命令。

2. 工具、材料

标准图纸（A3）一张、草稿纸（A4）若干张、绘图铅笔（2H、2B）、图板（A3号）、丁字尺（60mm）、计算机（包括二维CAD绘图软件）。

3. 任务分组

学生按4~6人一组，明确每组的工作任务，填写分组任务表及学生小组任务分配表。每组及每个学生的任务，可以相同也可以有差异，视具体情况而定。

【引导性学习资料】

一、机械图样

工程图样是在工程技术中，根据投影原理及国家标准规定，准确表达工程对象的形状、大小，并注有必要的技术要求的图。工程图样是设计者表达设计思想及意图，制造者领会设计意图，了解制造对象并按图样实施产品的加工、制造及检验，使用者依此使用和维修设备的重要技术资料。它与文字、语言一样，是人类表达和交流技术思想的工具。所以图样被称为工程界的技术语言，享有"工程语言"之称。

在现代生产中，无论是交通工具、机械、电气设备的设计、制造、安装，还是房屋、桥梁、道路的建造等领域，如图2-3所示，都要用到图样。图样的种类很多，不同的行业或专业，对图样有不同的要求和名称，如机械图样、建筑图样、水利图样和电气图样等。机械图样是其中的一种，用来表达机械零、部件或整台机器的形状、大小、材料、结构及技术要求等内容，是机械进行制造、生产加工、检验、使用与维修的依据。

图2-3 图样应用领域

二、图纸幅面和图框格式（GB/T 14689—2008）

1. 图纸幅面

图纸幅面是指图纸宽度与长度组成的图面。为了方便图样的绘制、使用和管理，图样均应绘制在标准的图纸幅面上。绘制图样时，应优先选用表 2-1 所规定的基本幅面（B 为图纸短边，L 为长边，而且 $L=\sqrt{2}B$），有 A0、A1、A2、A3、A4 五种基本幅面，如图 2-4 所示。必要时长边可以加长，以利于图纸的折叠和保管，但加长的尺寸必须按照 GB/T 14689—2008 的规定，由基本幅面的短边成整数倍增加得到，见表 2-2 和表 2-3。图纸的幅面尺寸如图 2-5 所示。需要说明的是，加长幅面 A3×3，实际是沿 A3 基本幅面的短边增加了 2 倍，实际长度是 A3 基本幅面短边的 3（2+1=3）倍，所以是 A3（基本幅面）×3（倍数），而不能理解成是沿 A2 基本幅面的长边增加了 50%（不能沿基本幅面的长边加长）。

幅面代号的几何含义，实际上就是对 0 号幅面的裁切次数。A1 中的"1"表示将 A0 幅面图纸的长边裁切一次，A4 中的"4"表示将 A0 幅面图纸的长边裁切四次，从图 2-4 中可以看出，A0 幅面对裁得到 A1 幅面，A1 幅面对裁得到 A2 幅面，其余类推，而且，图中粗实线所示为基本幅面（第一选择），细实线所示为表 2-2 所规定的加长幅面（第二选择），虚线所示为表 2-3 所规定的加长幅面（第三选择）。

表 2-1 基本幅面尺寸及图框尺寸（第一选择） （单位：mm）

基本幅面代号		A0	A1	A2	A3	A4
尺寸 $B×L$		841×1189	594×841	420×594	297×420	210×297
图框尺寸	a	25				
	e	20		10		
	c	10			5	

表 2-2 加长幅面尺寸（第二选择） （单位：mm）

幅面代号	A3×3	A3×4	A4×3	A4×4	A4×5
尺寸 $B×L$	420×891	420×1189	297×630	297×841	297×1051

表 2-3 加长幅面尺寸（第三选择） （单位：mm）

幅面代号	A4×9	A4×8	A4×7	A4×6	A3×7	A3×6	A3×5
尺寸 $B×L$	297×1892	297×1682	297×1471	297×1261	420×2080	420×1783	420×1486
幅面代号	A2×5	A2×4	A2×3	A1×4	A1×3	A0×3	A0×2
尺寸 $B×L$	594×2102	594×1682	594×1261	841×2378	841×1783	1189×2523	1189×1682

2. 图框格式

图框是图纸上限定绘图范围的线框。图样均应绘制在用粗实线画出的图框内。其格式分为不留装订边和留有装订边两种，但同一产品的图样只能采用一种格式。

不留装订边的图纸，其图框格式如图 2-6 所示。留有装订边的图纸，其图框格式如图 2-7 所示。优先采用不留装订边的格式。

两种图框格式的周边尺寸见表 2-1。加长幅面的图框尺寸，按照所选用的基本幅面大一号的图框尺寸来确定。例如 A3×3 的幅面，要选用 A2 的图框尺寸。

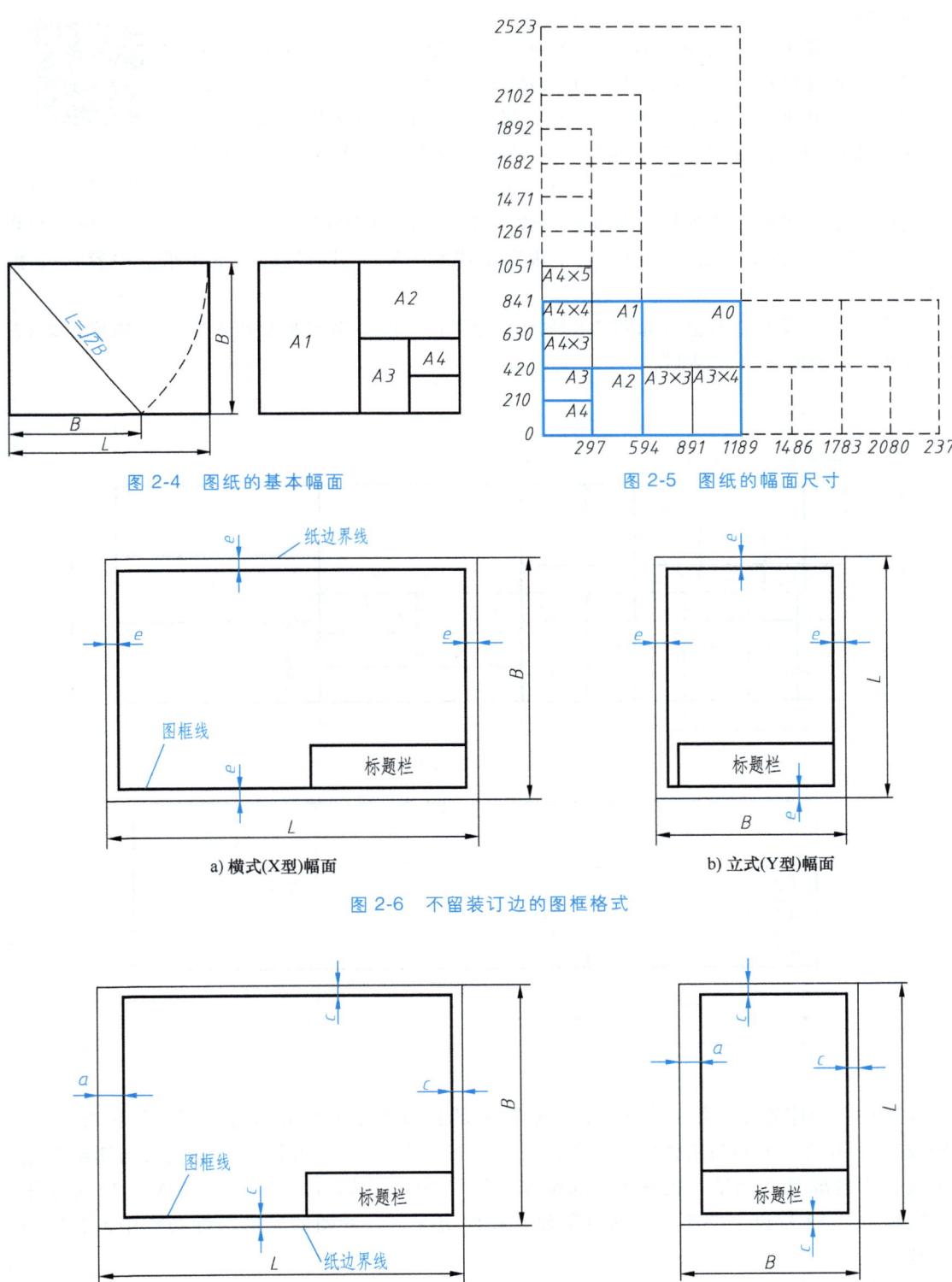

图 2-4　图纸的基本幅面

图 2-5　图纸的幅面尺寸

a) 横式(X型)幅面　　　　b) 立式(Y型)幅面

图 2-6　不留装订边的图框格式

a) 横式(X型)幅面　　　　b) 立式(Y型)幅面

图 2-7　留有装订边的图框格式

3. 标题栏

国家标准规定，在机械图样中，必须画出标题栏，用以说明图样的名称、图号、零件材料、设计单位及有关人员的签名等内容，它一般包含更改区、签字区、其他区、名称及代号区四个部分。国家标准 GB/T 10609.1—2008《技术制图 标题栏》中规定了技术图样中标题栏的基本要求、内容、尺寸与格式。

标题栏分区及附加符号

装配图中一般应有明细栏。明细栏一般配置在装配图中标题栏的上方，国家标准 GB/T 10609.2—2009《技术制图 明细栏》中规定了技术图样中明细栏的基本要求、内容、尺寸与格式。

国家标准中标题栏的格式如图 2-8 所示。为简化作图，学校制图作业中的标题栏可以按照图 2-9 所示的简化格式绘制。

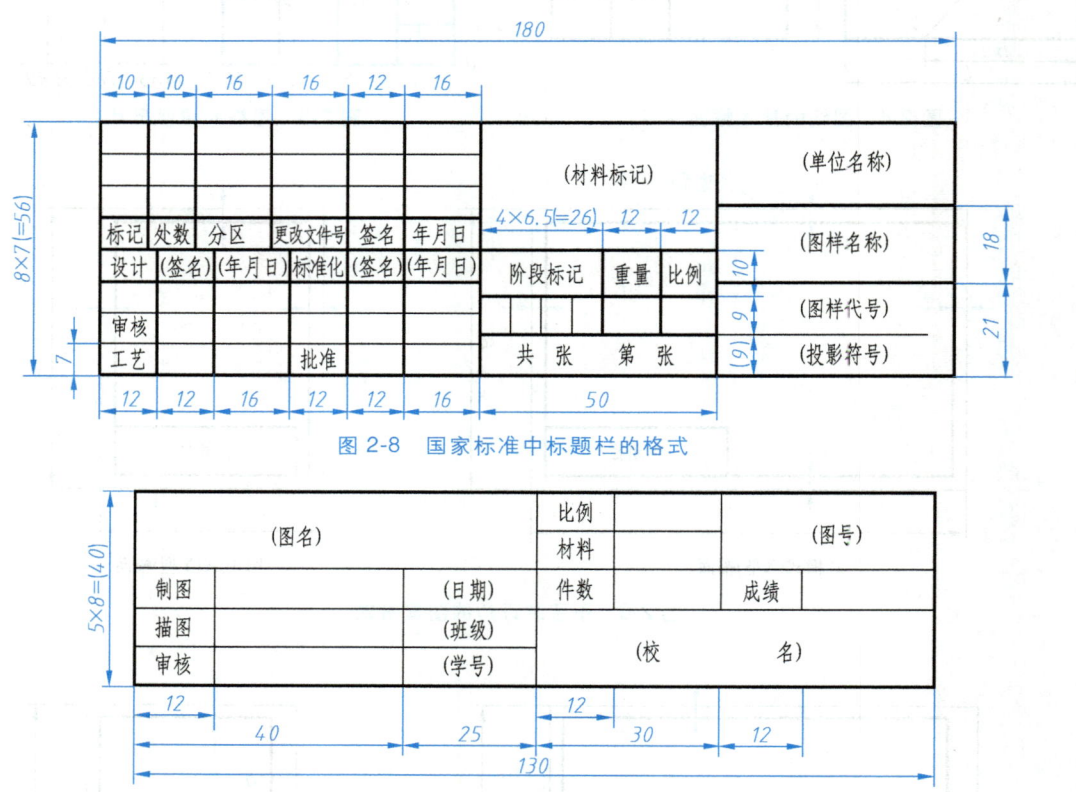

图 2-8 国家标准中标题栏的格式

图 2-9 制图作业的标题栏格式

标题栏一般应置于图纸的右下角。若标题栏的长边置于水平方向且与图纸的长边平行，则构成 X 型图纸，也称为横式幅面，如图 2-6a、图 2-7a 所示；若标题栏的长边与图纸的长边垂直，则构成 Y 型图纸，也称为立式幅面，如图 2-6b、图 2-7b 所示。一般 A0～A3 号图纸幅面宜横放，A4 号以下的图纸幅面宜竖放。在此情况下，看图的方向与标题栏中的文字方向一致。

标题栏的外框是粗实线，其右侧和下方与图框重叠在一起；框内侧的线有粗有细，大致为同一分区内的是细实线，不同分区之间的是粗实线。明细栏中的横格线是细实线，竖格线是粗实线。

实际应用中,为了利用预先印制的图纸,允许将 X 型图纸的短边置于水平位置使用,或将 Y 型图纸的长边置于水平位置使用。但此时应在图纸的下边对中符号处画出一个方向符号。

4. 附加符号

图样中的附加符号包括对中符号、方向符号、剪切符号和投影符号等,附加符号的作用、内容及规定可参考相关标准(GB/T 14689)。

三、比例(GB/T 14690—1993)

图样的比例,是图中图形与其实物相应要素的线性尺寸之比。线性尺寸是指相关的点、线、面本身的尺寸或它们的相对距离,如直线的长度、圆的直径、两平行表面的距离等。

比例的大小是指其比值的大小,如 1∶50 大于 1∶100。比例的符号为"∶",比例应以阿拉伯数字表示,如 1∶1、1∶100 等。比值为 1 的比例,称为原值比例,即 1∶1,也称为等值比例。比值大于 1 的比例,称为放大比例,如 2∶1 等。比值小于 1 的比例,称为缩小比例,如 1∶2 等。

图样不论采用放大比例还是缩小比例,也不论作图的准确程度如何,在标注尺寸时,均应按机件的实际尺寸和角度(即原值)标注。一般情况下,比例应标注在标题栏中。必要时,比例也可注写在图名的左侧或下方,如图 2-10 所示。

绘图时所用的比例,应根据图样的用途及被表达对象的复杂程度,从表 2-4 和表 2-5 中选用,并优先用表 2-4 中的常用比例。一般情况下,一个图样应选用一种比例。根据专业制图的需要,同一图样可选用两种比例,即某个视图或某一部分可采用不同的比例(如局部放大图),但必须另行标注。另行标注时,应按图 2-10 所示标注。

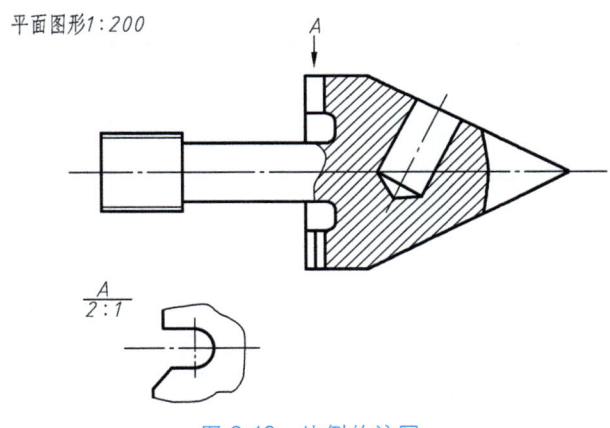

图 2-10 比例的注写

表 2-4 常用比例

种类	比例
原值比例	1∶1
缩小比例	1∶2 1∶5 1∶10 1∶2×10^n 1∶5×10^n 1∶1×10^n
放大比例	5∶1 2∶1 5×10^n∶1 2×10^n∶1 1×10^n∶1

表 2-5 可用比例

种类	比例
缩小比例	1∶1.5 1∶2.5 1∶3 1∶4 1∶6 1∶1.5×10^n 1∶2.5×10^n 1∶3×10^n 1∶4×10^n 1∶6×10^n
放大比例	4∶1 2.5∶1 4×10^n∶1 2.5×10^n∶1

四、图线及其画法（GB/T 4457.4—2002）

绘图时所采用的各种型式的线条，统称为图线。国家标准规定了技术制图所用图线的名称、型式、结构、标记和画法规则。

1. 线型及其应用

国家标准 GB/T 17450—1998《技术制图 图线》规定了 15 种基本线型，国家标准 GB/T 4457.4—2002《机械制图 图样画法 图线》规定了 9 种线型，如粗实线、细实线、细虚线、细点画线、细双点画线、波浪线、双折线、粗虚线和粗点画线等，图线种类及其应用见表 2-6，各种线型的应用示例如图 2-11 所示。

表 2-6 图线种类及其应用（摘自 GB/T 4457.4—2002 及 GB/T 14665—2012）

分类	图线名称	图线型式	线宽	一般用途
基本线型	粗实线	——————	d（优先选用 0.5mm 或 0.7mm）	可见棱边线、可见轮廓线、相贯线、螺纹牙顶线、螺纹长度终止线、齿顶圆（线）、表格图和流程图中的主要表示线、系统结构线（金属结构工程）、模样分型线、剖切符号用线
	细实线	 ——————	$d/2$	过渡线、尺寸线、尺寸界线、指引线和基准线、剖面线、重合断面的轮廓线、短中心线、螺纹牙底线、尺寸线的起止线、表示平面的对角线、零件成形前的弯折线、范围线及分界线、重复要素表示线、锥形结构的基面位置线、叠片结构位置线、辅助线、不连续同一表面连线、成规律分布的相同要素连线、投射线、网格线
	细虚线	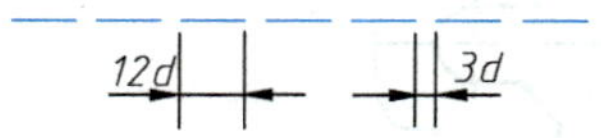 - - - 12d - - - 3d - - -	$d/2$	不可见棱边线、不可见轮廓线
	粗虚线	 - - - - - -	d	允许表面处理的表示线
	细点画线	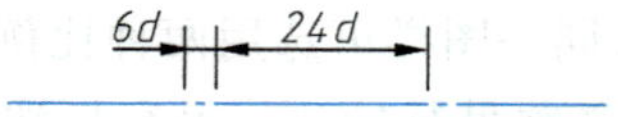 —·—·6d—·24d—·—	$d/2$	轴线、对称中心线、分度圆（线）、剖切线、孔系分布的中心线
	细双点画线	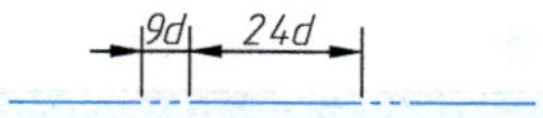 —··—9d—··24d—··—	$d/2$	轨迹线、相邻辅助零件的轮廓线、可动零件的极限位置的轮廓线、重心线、成形前轮廓线、剖切面前的结构轮廓线、毛坯图中制成品的轮廓线、特定区域线、延伸公差带表示线、工艺用结构的轮廓线、中断线
	粗点画线	 —·—·—·—	d	限定范围表示线
基本线型变形	波浪线	 ～～～～	$d/2$	断裂处的边界线；视图与剖视图的分界线
	双折线	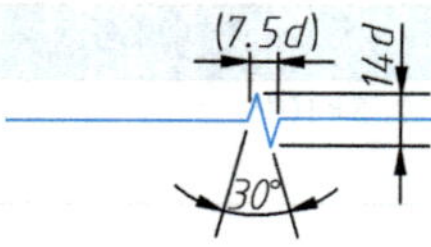 ——(7.5d)—⟨14d 30°⟩——	$d/2$	

— 36 —

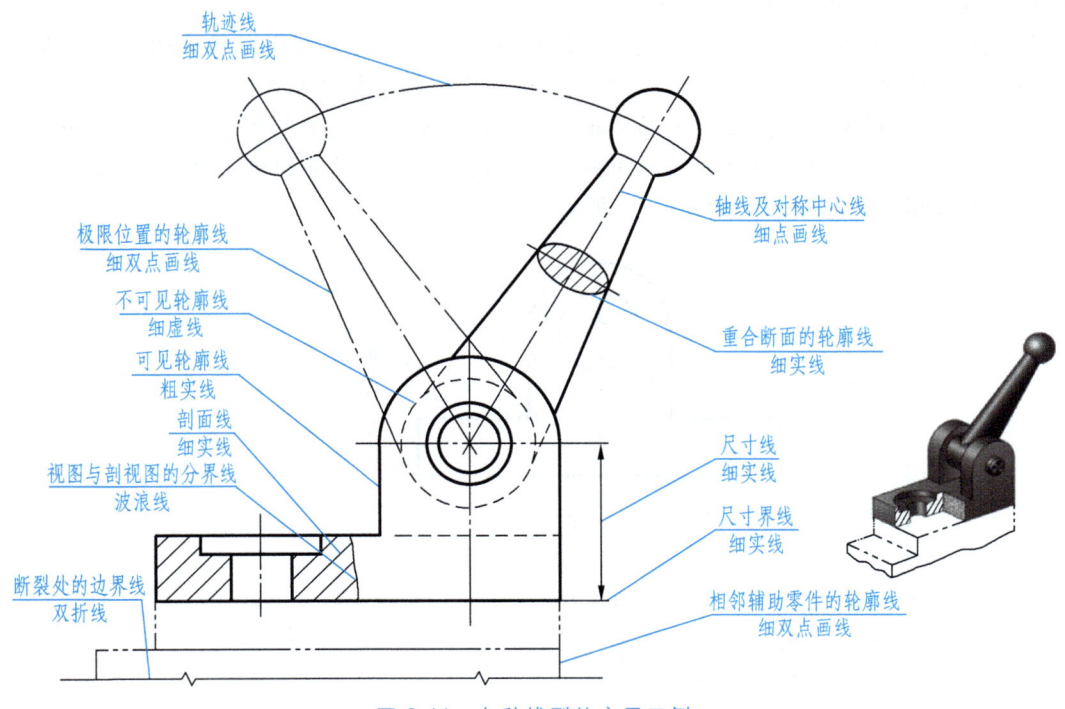

图 2-11 各种线型的应用示例

2. 常用图线的画法及应用

常用图线中双折线的画法、相邻辅助零件的线型及画法、薄壁零件成形前的弯折线画法、粗实线的应用、粗点画线的应用及剖切面之前的结构的表达等内容可参考相关标准。

3. 图线宽度

图线的宽度用 d 来表示。技术制图中有粗线、中粗线和细线之分,其宽度比例为 $4:2:1$。图线宽度数系共 9 种:0.13、0.18、0.25、0.35、0.5、0.7、1、1.4、2.0(单位均为 mm),该数系的公比为 $1:\sqrt{2}$。在机械图样中只采用粗、细两种线宽,其宽度比例为 $2:1$,粗线宽度可从表 2-7 中选择。手工绘图时,优先采用 0.5mm 和 0.7mm 的线宽;计算机绘图时,常选用 0.3mm。

表 2-7 图线宽度 (单位:mm)

粗线的宽度系列	0.25	0.35	0.5	0.7	1	1.4	2.0
对应细线的宽度系列	0.13	0.18	0.25	0.35	0.5	0.7	1

4. 图线的画法

1)在同一张图样内,同类图线的宽度应基本一致。

2)相互平行的图线(包括剖面线),其间距不宜小于粗实线宽度的两倍,且最小距离不宜小于 0.7mm。

3)虚线、点画线及双点画线的线段长度和间隔应大致相等。

4)点画线与点画线或点画线与其他图线相交时,应是长画相交。绘制圆的对称中心线时,圆心应为长画的交点。单点画线和双点画线的首末两端应是长画。在较小的图形上绘制点画线或双点画线有困难时，可用细实线代替。

5）虚线、点画线与其他图线相交（或同种图线相交）时，都应以长画相交；当虚线是粗实线的延长线时，粗实线应画到分界点，而虚线应以间隔与之相连。

6）表示图形的对称中心线、回转体轴线等的细点画线，一般要超出图形 2~5mm。

7）图线不得与文字、数字或符号重叠，不可避免时，应首先保证文字等的清晰。

各种图线相交的画法示例如图 2-12 所示。

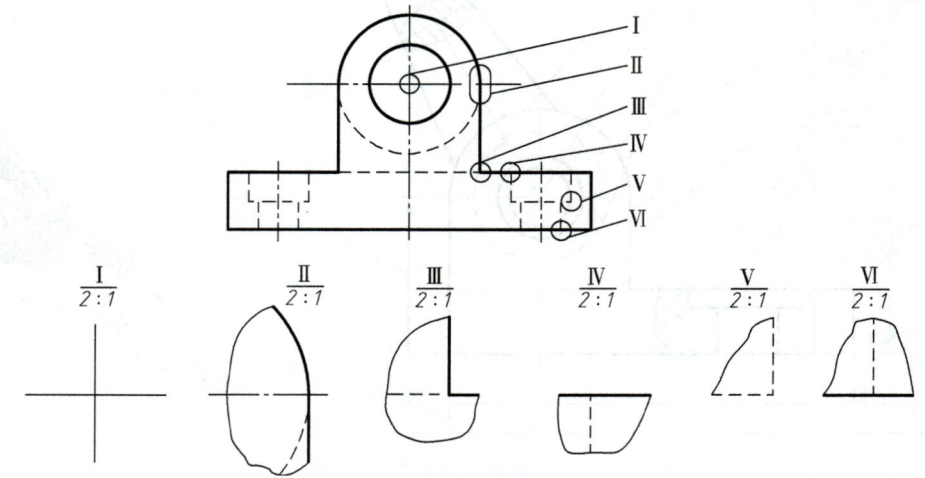

图 2-12　各种图线相交的画法示例

五、字体（GB/T 14691—1993）

1. 关于字体等名词的定义及书写规定

（1）有关定义

1）字体。图中文字、字母、数字或符号的书写形式。

2）字符。不包括汉字在内的所有字母、数字及其他符号。

3）字距。每两个汉字之间的距离。

4）字符间距。每两个字母、数字或字母与数字间的距离。

（2）书写规定

1）工程图样上的字体均应做到字体工整、笔画清晰、间隔均匀、排列整齐，标点符号应清楚正确。汉字、数字、字母等字体的大小以字号来表示，字号用字体的高度（h）来表示。图样中字体的大小应依据图纸幅面、比例等情况从国家标准规定的公称尺寸系列中选用：1.8、2.5、3.5、5、7、10、14、20（单位为 mm）。如需书写更大的字，其字体高度应按 $\sqrt{2}$ 的比率递增，并取毫米的整数。

2）字母和数字可写成直体或斜体。斜体字字头向右倾斜，与水平基准线成 75°。注意：用计算机绘制机械图样时，汉字、字母（除表示变量）、数字一般应以直体输出。

3）用作指数、分数、极限偏差、注脚等的数字及字母，一般应采用小一号的字体。

4）图样中的数学符号、物理量符号、计量单位符号及其他符号、代号，应分别符合相应的规定。

2. 汉字

图样及说明中的汉字，由于笔画较多，必须遵守中华人民共和国国务院正式公布的《汉字简化方案》中的有关规定，应采用简化汉字书写，并采用长仿宋体字。长仿宋体字的字高与字宽的比例为 $\sqrt{2}:1$，字高不应小于3.5mm。长仿宋体字的基本笔画有：点、横、竖、撇、捺、挑、折、勾等。长仿宋体字的书写要领是：横平竖直、注意起落、结构均匀、填满方格。

图线及字体的应用

3. 字体书写示例

汉字、数字、字母等字体的书写示例，见表2-8。

机械图样中字体的其他书写标准规定等内容详见相关标准。

表 2-8 字体书写示例

字体		示例
长仿宋体汉字	7号字	横平竖直注意起落结构均匀填满方格
	5号字	技术制图机械电子汽车航空船舶土木建筑矿山井坑
拉丁字母	大写斜体	ABCDEFGHIJKLMNOPQRSTUVWXYZ
	小写直体	abcdefghijklmnopqrstuvwxyz
希腊字母	大写斜体	ABΓΔEZHΘIKΛMNΞO ΠΡΣΤΥΦΧΨΩ
	小写直体	αβγδεζηθικλμνξοπρστυ φχψω
阿拉伯数字	斜体	0123456789
	直体	0123456789
罗马数字 A型字体	斜体	I II III IV V VI VII VIII IX X
	直体	I II III IV V VI VII VIII IX X
字体应用示例		10^3 S^{-1} D_1 T_d $\phi 20^{+0.010}_{-0.023}$ $7^{+1°}_{-2°}$ $\frac{3}{5}$ $\phi 25^{H6}_{m5}$ $\frac{II}{2:1}$ 10js5(±0.003) M24 R8 5% Ra 1.6 220V 5MΩ 380kPa 460r/min

六、尺寸注法（GB/T 4458.4—2003）

在图样中，图形只能表达机件的结构形状，只有标注尺寸后，才能确定零件的大小。因此，尺寸是图样的重要组成部分，尺寸标注是一项十分重要的工作，它的正确、合理与否，将直接影响图样的质量。标注尺寸必须认真仔细，准确无误，如果尺寸有遗漏或错误，会给加工带来困难和经济损失。

1. 尺寸标注的基本规则

1）机件的真实大小应以图样中所注的尺寸数值为依据，与图形的大小、所使用的比例及绘图的准确度无关。

2）图样中（包括技术要求和其他说明）的尺寸，以毫米为单位时，不需标注单位符号（或名称），若采用其他单位，则必须注明相应的单位符号。例如角度为30度10分5秒，则在图样上应标注成"30°10′5″"。

3）机件的每一尺寸，一般只标注一次，并应标注在反映该结构最清晰的图形上。

4）标注尺寸时，应尽量使用符号和缩写词。常用符号和缩写词见表2-9。

表2-9 常用符号和缩写词

名称	符号或缩写词	名称	符号或缩写词	名称	符号或缩写词
直径	φ	厚度	t	沉孔或锪平	⊔
半径	R	正方形	□	埋头孔	∨
球直径	Sφ	45°倒角	C	均布	EQS
球半径	SR	深度	↧	弧长	⌒

注：正方形符号、深度符号、沉孔或锪平符号、埋头孔符号、弧长符号的线宽为$h/10$，符号高度为h，h为图样中的字体高度。

2. 尺寸的组成

图样上的尺寸包括四个要素：尺寸界线、尺寸线、尺寸线终端和尺寸数字，如图2-13所示。

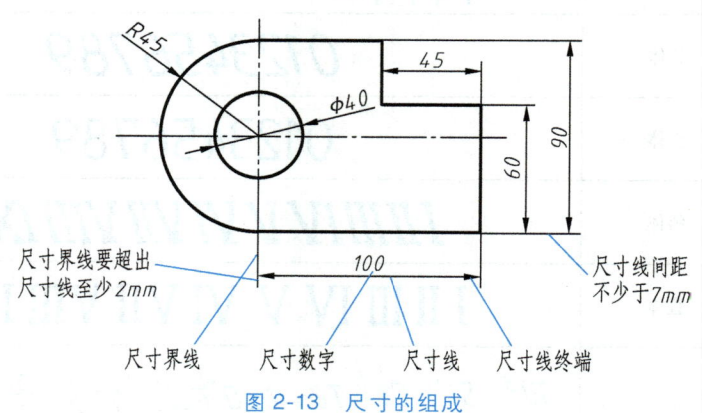

图2-13 尺寸的组成

（1）尺寸界线　尺寸界线用来表示所注尺寸的范围界限，用细实线绘制，一般应与被标注长度垂直，必要时才允许倾斜，如光滑过渡处的标注。其一端应从图样的轮廓线、轴线或对称中心线引出，另一端应超出尺寸线2~5mm。必要时可直接利用图样轮廓线、轴线或对称中心线作为尺寸界线。尺寸界线的画法如图2-14所示。

在光滑过渡处标注尺寸时，应用细实线将轮廓线延长，从它们的交点处引出尺寸界线，但两尺寸界线仍相互平行，如图2-15所示。

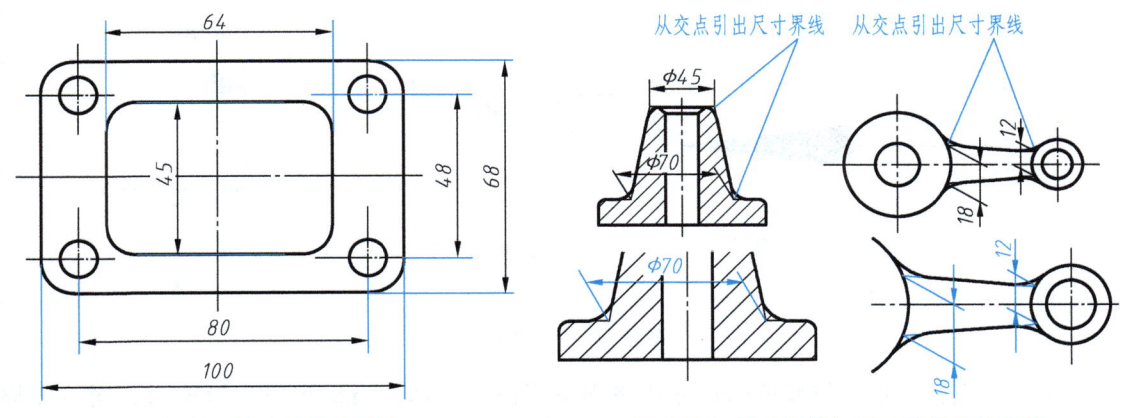

图2-14　尺寸界线的画法　　　　　　图2-15　尺寸界线与尺寸线斜交的注法

标注角度的尺寸界线应沿径向引出，如图2-16a所示；标注弦长的尺寸界线应平行于该弦的垂直平分线，如图2-16b所示；标注弧长的尺寸界线应平行于该弧所对圆心角的角平分线，如图2-16c所示，但当弧度较大时，可沿径向引出标注，如图2-16d所示。

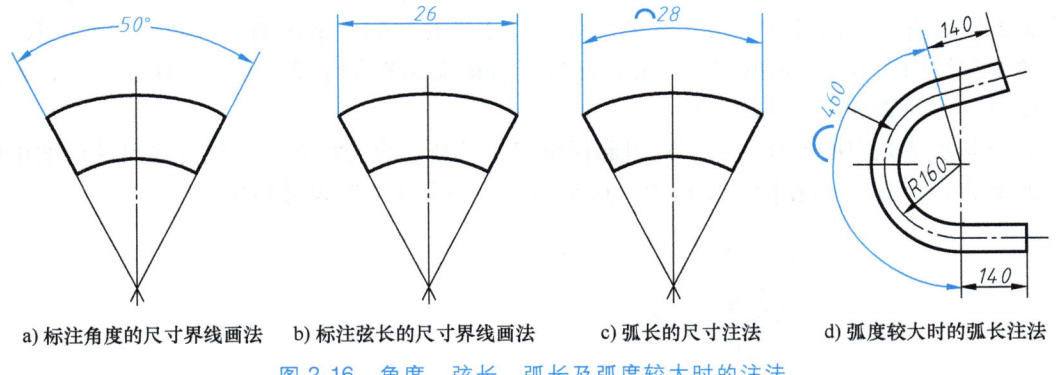

a) 标注角度的尺寸界线画法　b) 标注弦长的尺寸界线画法　c) 弧长的尺寸注法　d) 弧度较大时的弧长注法

图2-16　角度、弦长、弧长及弧度较大时的注法

（2）尺寸线　尺寸线用细实线绘制。标注线性尺寸时，尺寸线应与被标注的线段平行，与尺寸界线垂直相交，但不应超出尺寸界线。互相平行的尺寸线，应从被注的图样轮廓线由近向远整齐排列，小尺寸应离轮廓线较近，大尺寸离轮廓线较远。图样轮廓线以外的尺寸线，距图样最外轮廓线之间的距离不宜小于7mm，平行排列的尺寸线的间距为5～10mm，并应保持一致。尺寸线不能用其他图线代替，一般也不得与其他图线重合或画在其延长线上。

（3）尺寸线终端　尺寸线终端一般用箭头或细斜线绘制。一般情况下，同一张图样中只能采用一种尺寸线终端形式，并画在尺寸线与尺寸界线的相交处。箭头的形式如图2-17a所示，适用于各种类型的图样。细斜线的形式如图2-17b所示，其倾斜方向应以尺寸线为基准，沿逆时针方向旋转45°，长度应为2～3mm。在机械图样中一般采用箭头的形式，在建筑图样中采用细斜线的形式。不好的箭头形式如图2-17c所示。

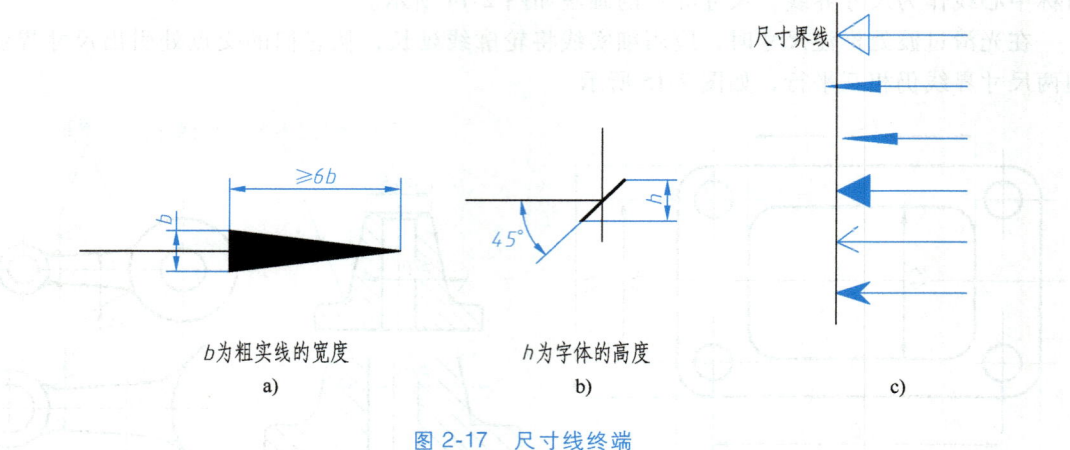

图 2-17 尺寸线终端

半径、直径、角度与弧长的尺寸线终端应用箭头表示。当采用箭头形式时，同一图样上，箭头的大小要一致，不随尺寸数值大小的变化而变化；在没有足够位置的情况下，允许用圆点或斜线代替箭头。当尺寸线终端采用细斜线形式时，尺寸线与尺寸界线应相互垂直。

（4）尺寸数字　国家标准规定图样上一律用阿拉伯数字标注实际尺寸，它与绘图所用的比例及准确度无关。图样上所标注的尺寸，除特别标明，一律以毫米（mm）为单位。

尺寸数字一般注写在尺寸线的中部。水平方向的尺寸，尺寸数字要写在尺寸线的上方，字头朝上；竖直方向的尺寸，尺寸数字要写在尺寸线的左侧，字头朝左；倾斜方向的尺寸，尺寸数字应按图 2-18a 所示的方向注写，并应尽可能避免在图示 30°范围内标注尺寸，当无法避免时可按图 2-18b 的形式注写。

对于非水平方向的尺寸，在不致引起误解时，其数字也允许水平地注写在尺寸线的中断处，如图 2-19 所示。但在同一图样中，应采用同一种方法注写尺寸数字。

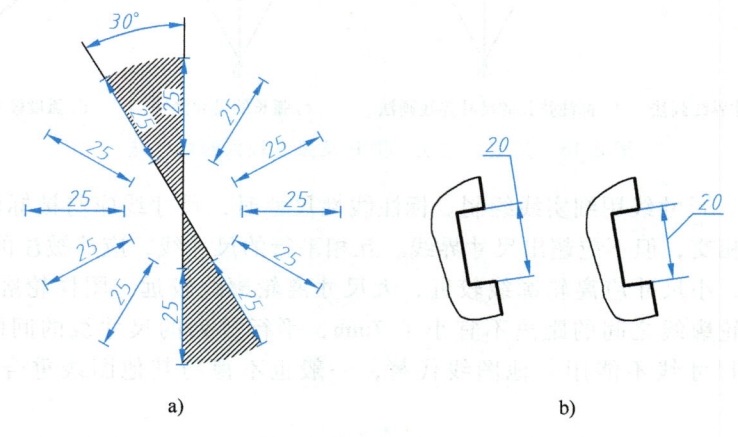

图 2-18 尺寸数字的注写方向

尺寸数字如果没有足够的注写位置时，也可引出标注，如图 2-18b 所示。尺寸数字不可被任何图线所通过，否则应将该图线断开，如图 2-20 所示。

当对称机件采用对称省略画法时，尺寸线应略超过对称中心线或断裂处的边界，仅在尺

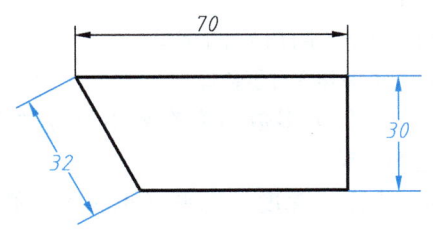
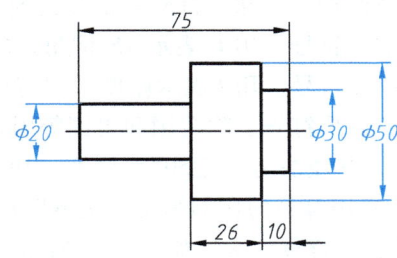

图 2-19 非水平方向的尺寸注法

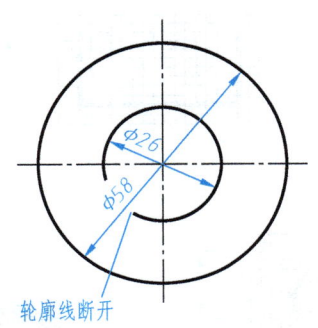
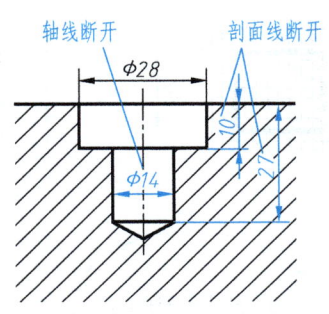

图 2-20 尺寸数字不可被任何图线通过

寸线的一端画出箭头。尺寸数字应按整体尺寸注写，其注写位置宜与对称符号对齐，如图 2-21a 所示。若没有对称符号，则可注写在整条尺寸线的中部，如图 2-21b 所示。

尺寸标注示例如图 2-22 所示。

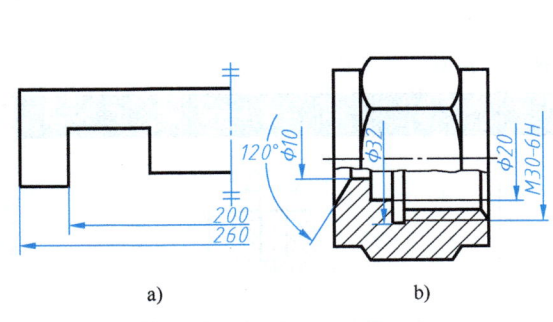
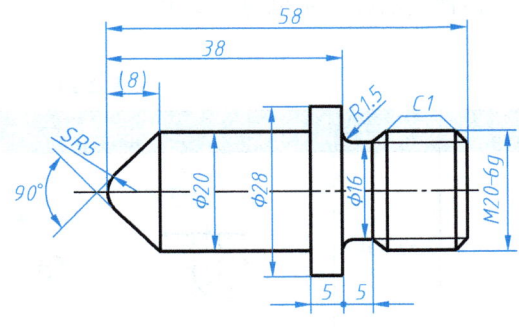

图 2-21 对称机件尺寸标注方法　　　　图 2-22 尺寸标注示例

3. 尺寸及尺寸符号

（1）尺寸　线性尺寸是物体上某两点间的距离，如物体的长、宽、高、直径、半径、中心距和弦长等，线性尺寸的单位默认为毫米。角度尺寸是两相交直线所形成的平面角或两相交平面所形成的二面角中任一正截面的平面角的大小。角度尺寸的单位一般为度、分、秒。在图样上标注角度尺寸时，角度单位必须标出。

（2）尺寸符号

1）直径符号。ISO 标准和我国国家标准都规定，用符号 ϕ 表示直径。

2）半径符号。半径符号 R 是英文 Radius（半径）的字首。

3）球面符号。球面符号 S 是英文 Sphere（球）的字首。

4）倒角符号。用 C 表示 45°倒角，C 是英文 Chamfer（倒角）的字首。

5）厚度符号。用 t 表示厚度，t 是英文 Thickness（厚度）的字首。

6）正方形符号。除英国和美国等国，ISO 标准和其他大多数国家都采用符号"□"表示正方形，其注法为"□50"，注意：切忌注成"□50×50"。

（3）常用符号的比例画法　机械图样中常用的正方形、深度、锪平（也称为沉孔）、埋头孔、弧长等符号的画法如图 2-23 所示。

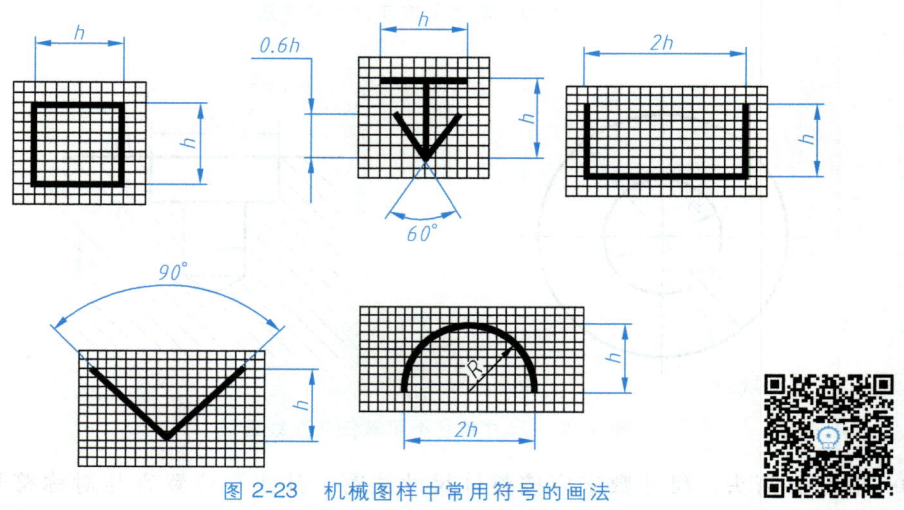

图 2-23　机械图样中常用符号的画法

尺寸标注及简化注法

4. 各种孔的标注示例

各种孔的标注示例见表 2-10。

表 2-10　各种孔的标注示例

类型		简化注法	一般注法
光孔	一般孔	4×φ5▽10	4×φ5 / 10
	精加工孔	4×φ5⁺⁰·⁰¹²₀▽10　孔▽12	4×φ5⁺⁰·⁰¹²₀ / 10, 12
	锥孔	锥销孔φ5 配作	锥销孔φ5 配作

（续）

类型		简化注法	一般注法
螺孔	穿通的螺孔	2×M8-6H	2×M8-6H
	不穿通的螺孔	2×M8-6H▼10 孔▼12	2×M8-6H
沉孔	锥形沉孔	4×φ7 ∨φ13×90°	90° φ13 / 4×φ7
	柱形沉孔	4×φ7 ⌴φ13▼3	φ13 / 4×φ7
	锪平沉孔	4×φ7 ⌴φ13	φ13 锪平 / 4×φ7

5. 尺寸简化注法

标注尺寸时，可使用单边箭头，也可采用带箭头的指引线，还可采用不带箭头的指引线。在同一图形中，对于尺寸相同的孔、槽等组成要素，可采用简化标注。标注板状零件的厚度时，可在尺寸数字前加注厚度符号"t"。阶梯轴直径的简化注法、同一基准出发的尺寸的简化注法、链式尺寸的简化注法、一组同心圆弧的简化标注、常见各种薄板的标注和倒角与退刀槽的简化标注等，详见相关标准。

6. 斜度和锥度的标注

1）斜度符号的斜线所示方向应与所标斜度的方向一致，如图2-24所示。

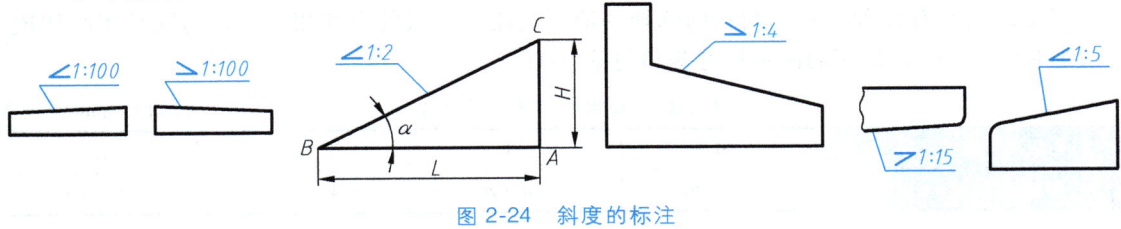

图2-24 斜度的标注

2）锥度符号的方向与图形的大小端方向要一致，如图 2-25 所示。

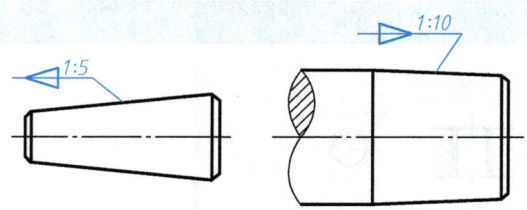

图 2-25　锥度的标注

7. 有关尺寸标注的几点说明

尺寸标注的正确与否直接影响产品的加工，对于尺寸线终端的正确形式，国家标准对弧长的尺寸注法的规定，以及当需要指明半径尺寸是由其他尺寸所确定时，应当使用尺寸线和符号"R"标出，但不要注写尺寸数字等问题，鉴于篇幅所限，详见相关标准。

七、手工绘图工具、仪器及用品

图样绘制的质量好坏与速度快慢取决于绘图工具和仪器的质量，同时也取决于能否正确使用工具和仪器。因此，要能够正确挑选绘图工具和仪器，并养成正确使用和经常维护、保养绘图工具和仪器的良好习惯。下面介绍几种常用的绘图工具和仪器、用品，以及它们的使用方法。

绘图工具介绍

1. 图板、丁字尺、三角板

（1）图板　图板是用来铺放和固定图纸的。板面要求平整光滑，图板四周一般都镶有硬木边框。图板的左边是工作边，称为导边，需要保持平直光滑。使用时，要防止图板受潮、受热。图纸要铺放在图板的左下部，用胶带粘住四角，并使图纸下方至少留有一个丁字尺宽度的空间，如图 2-26 所示。

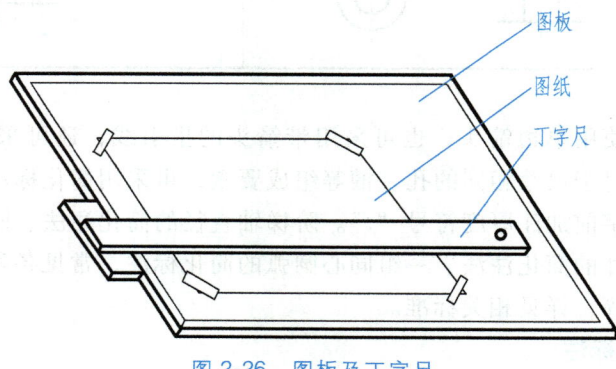

图 2-26　图板及丁字尺

图板的大小有多种规格，图板的选择一般应与绘图纸张的尺寸相适应，与同号图纸相比每边加长约 50mm。常用的图板尺寸规格见表 2-11。

表 2-11　常用的图板尺寸规格　　　　　　　　　　　　　　　（单位：mm）

图板尺寸规格代号	A0	A1	A2	A3
图板尺寸（宽×长）	920×1220	610×920	460×610	305×460

（2）丁字尺　丁字尺主要用于画水平线，它由互相垂直并连接牢固的尺头和尺身两部分组成，其中尺身沿长度方向带有刻度的侧边为工作边。绘图时，要使尺头紧靠图板左边，并沿其上下滑动到需要画线的位置，同时使笔尖紧靠尺身，笔杆略向右倾斜，即可从左向右匀速画出水平线。注意：画线时，尺头不能紧靠图板的其他边缘滑动；丁字尺不用时应悬挂起来（尺身末端有小圆孔），以免尺身翘起变形。

（3）三角板　三角板由45°和30°（60°）各一块组成一副，规格用长度 L 表示，常用的大三角板有20cm、25cm和30cm三种规格。三角板主要用于配合丁字尺画竖直线与倾斜线。画竖直线时，应使丁字尺尺头紧靠图板工作边，三角板的一直角边紧靠丁字尺的尺身，然后用左手按住丁字尺和三角板，且应靠在三角板的左边自下而上画线。画30°、45°和60°倾斜线时，均需丁字尺与一块三角板配合使用，当画其他15°整倍数的各种倾斜线时，需丁字尺和两块三角板配合使用。两块三角板配合使用，还可以画出已知直线的平行线或垂直线，如图2-27所示。

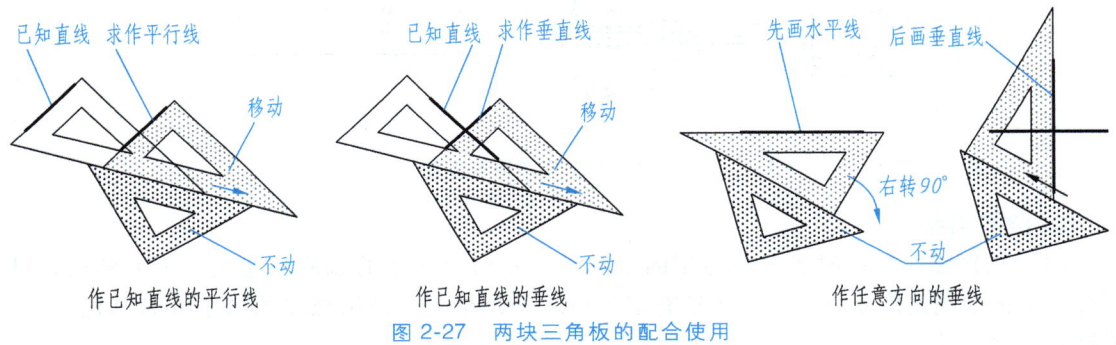

图2-27　两块三角板的配合使用

2. 比例尺

比例尺是用来按一定比例量取长度的专用量尺，可放大或缩小尺寸。

3. 圆规和分规

圆规主要用来画圆及圆弧。一般较完整的圆规应附有铅芯插腿、钢针插腿、鸭嘴笔插腿和延伸杆等，如图2-28a所示。在画图时，应使用钢针具有台阶的一端，并将其固定在圆心上，这样可不使圆心扩大，同时还应使肩台与铅芯尖平齐，针尖及铅芯都要与纸面垂直，如图2-28b所示。在一般情况下画圆或圆弧时，应使圆规按顺时针转动，并稍向前方倾斜。在画较大圆或圆弧时，应使圆规的两条腿都垂直于纸面，如图2-28c所示。在画大圆时，还应接上延伸杆，如图2-28d所示。

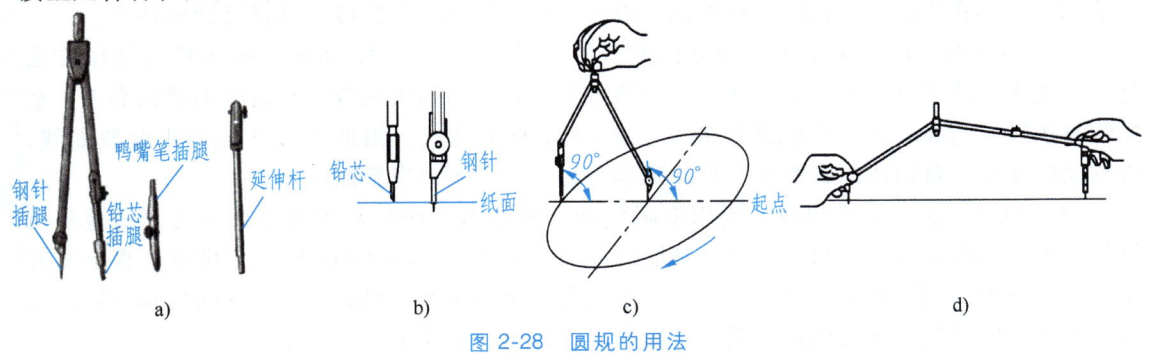

图2-28　圆规的用法

机械制图

分规主要用来量取线段长度和等分线段。弹簧分规用于精确地截取距离。普通分规的形状与圆规相似,但两腿都是钢针。为了能准确地量取尺寸,分规的两针尖应保持尖锐,使用时,两针尖应调整到平齐,即当分规两腿合拢后,两针尖必聚于一点,如图2-29a所示。等分线段时,通常用试分法,逐渐地使分规两针尖调到所需距离,然后在图纸上使两针尖沿要等分的线段依次摆动前进,如图2-29b所示。

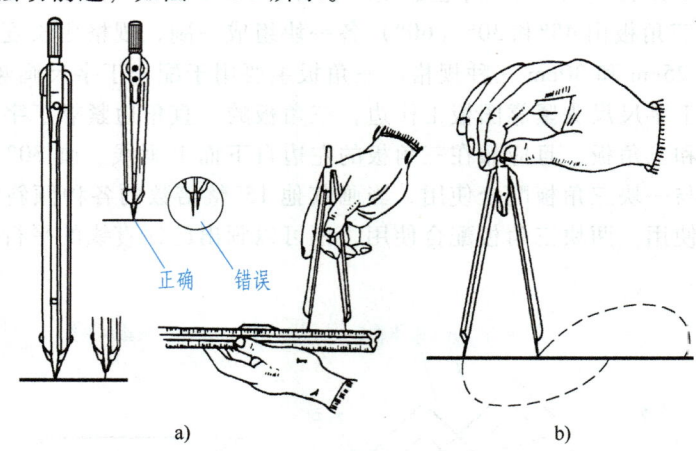

图2-29 分规及其使用方法

4. 绘图用品

(1) 绘图纸　绘图时要选用专用的绘图纸。专用绘图纸的纸质应坚实、纸面洁白,且符合国家标准规定的幅面尺寸。图纸有正反面之分,绘图前可用橡皮擦拭来检验其正反面,擦拭起毛严重的一面为反面。

(2) 铅笔　铅笔用来画图线或写字。铅笔的铅芯有软硬之分,铅笔上标注的"H"表示铅芯的硬度,"B"表示铅芯的软度,"HB"表示软硬适中,"B""H"前的数字越大,表示铅笔越软或越硬。绘制工程图时,应使用较硬的铅笔打底稿,如H、2H等,用HB铅笔写字,用B或2B铅笔加深图线。铅笔笔尖通常削成锥形或铲形或四棱柱状,笔芯露出6~8mm。画图时,应使铅笔略向运动方向倾斜,并使之与水平线大致成75°,如图2-30所示,且用力要得当。用锥形铅笔画直线时,要适当转动笔杆,以使整条线粗细均匀;用铲形或四棱柱状铅笔加深图线时,笔芯可削成与线宽一致,以使所画线条粗细一致。

(3) 擦图片　擦图片用来擦除图线。擦图片用薄塑料片或金属片制成,上面刻有各种形式的镂孔,如图2-31a所示。使用时,可选择擦图片上适宜的镂孔,盖在图线上,使要擦去的部分从镂孔中露出,再用橡皮擦拭,以免擦坏其他部分的图线,并保持图面清洁。

(4) 曲线板　曲线板是用来画非圆曲线的工具,如图2-31b所示。曲线板的使用方法是,首先求得曲线上若干点,再徒手用铅笔过各点轻轻勾画出曲线;然后将曲线板靠上,在曲线板边缘上选择一段至少能经过曲线上3~4个点的曲线,沿曲线板边缘画出此段曲线;再移动曲线板,自前段接画曲线,如此延续下去,即可画出完整曲线。

(5) 机械模板　机械模板主要用来画各种机械标准图例和常用符号,如几何公差项目符号、表面粗糙度符号、斜度符号、锥度符号和箭头等,如图2-31c所示。机械模板上刻有用以画出各种不同图例或符号的孔,其大小符合一定的比例,只要用铅笔在孔内画一周,就可以画出相应图例。使用机械模板,可提高画图的速度和质量。

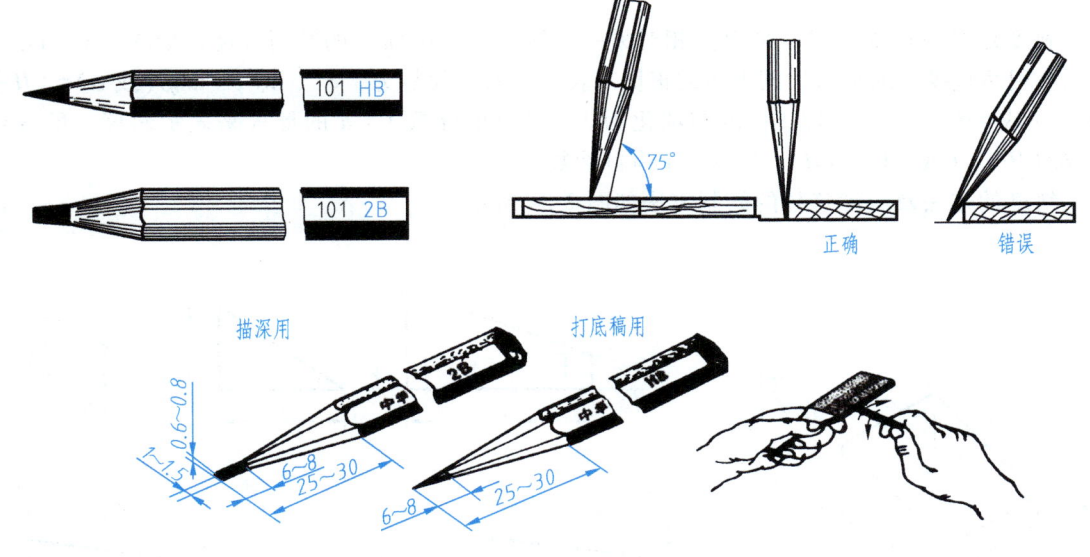

图 2-30　铅笔的使用

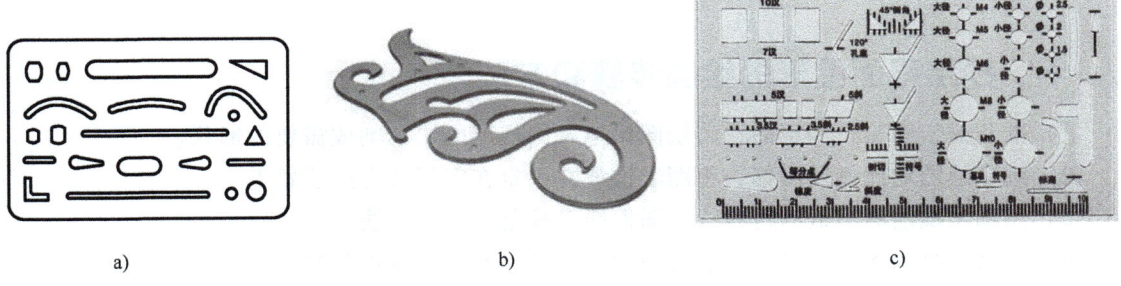

a)　　　　　　　　　　b)　　　　　　　　　　c)

图 2-31　擦图片、曲线板与机械模板

（6）其他绘图用品　除上述用品外，绘图时还需要绘图橡皮、量角器、胶带、小刀（或刀片）、砂纸及软毛刷等，如图 2-32 所示。

图 2-32　其他绘图用品

八、常用几何图形的画法

常用的几何图形画法包括等分线段、作角平分线、等分圆周作正多边形、椭圆画法等，其作图方法可通过扫描二维码观看。

等分线段和圆周　　　椭圆画法

九、斜度（GB/T 4096.1—2022、GB/T 4458.4—2003）

斜度是指一直线（或一平面）相对另一直线（或一平面）的倾斜程度，如图 2-33 所示。其大小用两直线（或平面）间夹角的正切来表示，斜度代号为"S"，即 $S=\tan\beta$（或 α）$=(H-h)/L$（或 $=H/L$），通常把比例的前项化为 1，以简单分数 $1:n$ 的形式来表示斜度，即 $S=1:L/(H-h)$（或 $=1:L/H$）$=1:n$，n 为自然数。

斜度的作法及斜度符号的绘制方法如图 2-34 所示。

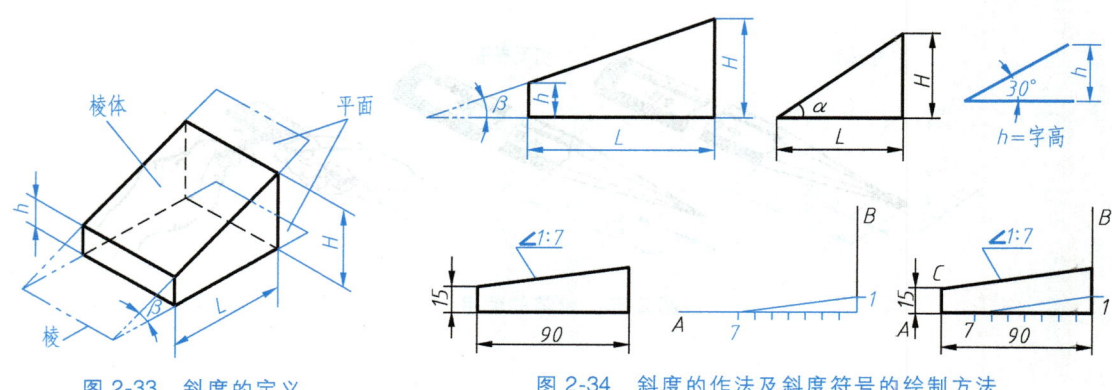

图 2-33 斜度的定义　　　　　图 2-34 斜度的作法及斜度符号的绘制方法

十、抄绘平面图形的绘图步骤和方法

1) 准备好绘图工具和用品，将绘图铅笔及圆规上的铅芯削成需要的形状。
2) 选定绘图的比例及图幅，将图纸铺放并固定在图板的合适位置上。
3) 用细实线绘制图纸的边界线、图框线及标题栏的外框线。
4) 根据所绘制图形的尺寸，布局图面，绘制出基准线及重要的图线。
5) 绘制底稿。
6) 检查、描深，标注尺寸。

【边学边练】

1. 检查所需工具、材料是否齐全；检查工作环境是否干净、整洁。
2. 先分析给定的平面图形，确定其总体尺寸，再确定绘图的比例及图幅。
3. 清理桌面（图板），铺放并固定图纸。
4. 用细实线绘制图纸的边界线、图框线及标题栏的外框线。
5. 根据所绘制图形的尺寸，布局图面，并绘制基准线及重要的图线。
6. 绘制底稿。
7. 检查、描深，标注尺寸，填写标题栏。
8. 使用二维 CAD 绘图软件抄绘平面图形，并打印或截图。

请将尺规绘制的图样折叠后粘贴在此处，或将计算机绘图软件绘制的二维图样截图并打印，而后粘贴在此处。

任务成果展示

【任务拓展与巩固训练】

1. 机械制图标准

机械制图标准简介详见参考资料。

2. 抄绘平面图形

抄绘图 2-35 所示的平面图形。

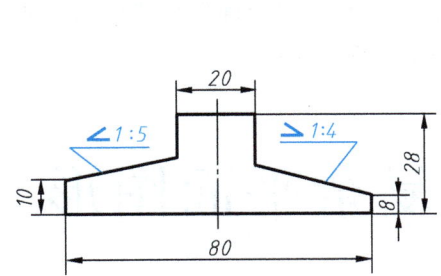
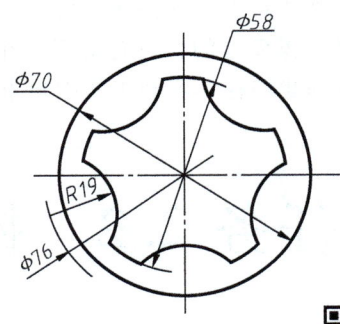

图 2-35　平面图形抄绘练习

用绘图软件绘制平面图形

3. 用计算机绘图软件绘制槽钢的平面图形

用计算机绘图软件绘制平面图形（槽钢）示例，可通过扫描二维码观看。

4. 标注尺寸的符号和缩写词新旧标准对照

标注尺寸的符号和缩写词新旧标准对照见表 2-12。

表 2-12　标注尺寸的符号和缩写词新旧标准对照

序号	符号及缩写词			序号	符号及缩写词		
	含义	现行	曾用		含义	现行	曾用
1	直径	ϕ	（未变）	9	深度	↓	深
2	半径	R	（未变）	10	沉孔或锪平	⌴	沉孔、锪平
3	球直径	$S\phi$	球 ϕ	11	埋头孔	∨	沉孔
4	球半径	SR	球 R	12	弧长	⌒	（仅变注法）
5	厚度	t	厚，δ	13	斜度	∠	（未变）
6	均布	EQS	均布	14	锥度	◁	（仅变注法）
7	45°倒角	$C2$	2×45°	15	展开长	⌕	（新增）
8	正方形	□	（未变）	16	型材截面形状	GB/T 4656 —2008	GB/T 4656.1 —2000

5. 用计算法作圆的任意等分

利用弦长表，计算出每一等分所对应的弦长，用分规直接作图。详见参考资料。

【成风化人】

有标必遵

在机械制图的实践中，按照国家标准进行图样绘制的重要性不言而喻。图样的线型、图线的粗细与深浅，不仅仅是技术层面的要求，更是对规范、严谨态度的体现。在绘制图样时，必须严格遵守国家标准的线型规定，每一种线型都有其特定的意义和作用。这种标准化不仅使得图样更加清晰易懂，还促进了技术人员之间的有效沟通。这种规范性不仅是对技术的尊重，更是对工作态度的严格要求。

在绘制图样时，我们不仅要注重整体布局和比例关系，更要关注到每一条线、每一个细节的处理。这种对细节的关注，可以培养我们的耐心、细致和精益求精的精神。这与"工匠精神"是不谋而合的，只有对每一个环节都精益求精，才能确保最终产品的质量和可靠性。这也鼓励我们在学习和工作中追求极致，不断超越自我。

工作任务 2.2　抄绘复杂平面图形

【任务描述】

通过对图 2-36 所示复杂平面图形的抄绘，进一步熟悉常用手工绘图工具与仪器的使用，进一步掌握国家标准《技术制图》和《机械制图》中对图幅、比例、字体、图线及尺寸注法的规定，能够对复杂平面图形进行尺寸分析和线段分析，按照基本的作图步骤进行正确抄绘，并进一步熟练掌握二维绘图软件的常用绘图命令和编辑命令，能够使用二维绘图软件抄绘复杂平面图形。

学习条件及环境要求：机械制图实训室、计算机、绘图软件（二维）、多媒体、教材、参考书、网络课程及其他资源等。

教学时间（计划学时）：8 学时。

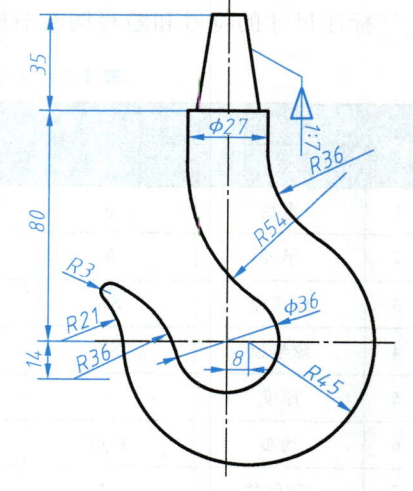

图 2-36　复杂平面图形

【任务目标】

1. 能够正确、熟练使用常用的绘图工具与仪器。
2. 能够详细叙述国家标准中对图幅、比例、图线、字体及尺寸注法等的基本规定。
3. 能够绘制常用的基本几何图形（线段等分、圆周、正多边形、椭圆、连接圆弧、斜度、锥度），能够对斜度、锥度进行正确绘制和标注。
4. 在教师的指导下，能够对给定的平面图形进行正确的尺寸分析和线段分析，并能按照平面图形的抄绘方法和步骤正确抄绘平面图形。

【任务准备】

1. 信息收集

1）CAD 制图国家标准中对图幅、比例、字体、图线及尺寸注法的基本规定。
2）常用基本几何图形的作图方法（线段等分、圆周、正多边形、椭圆）。
3）锥度的画法与标注要求。
4）圆弧连接的画法。
5）平面图形的尺寸分析和线段分析。
6）抄绘平面图形的步骤和方法。
7）二维 CAD 绘图软件的常用绘图命令及编辑命令。

2. 工具、材料

标准图纸 A4（A3）一张、草稿纸若干张、绘图铅笔（2H、2B）、图板（A3 号）、丁字尺（60mm）、计算机（包括二维、三维 CAD 绘图软件）。

3. 任务分组

学生按 4~6 人一组，明确每组的工作任务，填写分组任务表及学生小组任务分配表。每组及每个学生的任务，可以相同也可以有差异，视具体情况而定。

【引导性学习资料】

一、机械工程 CAD 制图规则简介（GB/T 14665—2012）

国家标准 GB/T 14665—2012《机械工程 CAD 制图规则》规定了机械工程中采用计算机辅助设计（Computer Aided Design，简称 CAD）时的制图规则，它适用于在计算机及其外围设备中进行显示、绘制、打印的机械工程图样及有关技术文件。

1. 图线

CAD 中的图线除应遵照 GB/T 17450—1998《技术制图 图线》和 GB/T 4457.4—2002《机械制图 图样画法 图线》中的规定外，还应符合以下规定：

（1）图线组别　CAD 中的图线组别，按表 2-13 的规定选取。

表 2-13　CAD 中的图线组别

组别	1	2	3	4	5	一般用途
线宽/mm	2.0	1.4	1.0	0.7	0.5	粗实线、粗点画线、粗虚线
	1.0	0.7	0.5	0.35	0.25	细实线、波浪线、双折线、细虚线、细点画线、细双点画线

（2）重合图线的优先顺序　当两条以上不同类型的图线重合时，应遵守以下优先顺序：可见轮廓线和棱线（粗实线）→不可见轮廓线和棱线（细虚线）→剖切线（细点画线）→轴线和对称中心线（细点画线）→假想轮廓线（细双点画线）→尺寸界线和分界线（细实线）。

2. 字体

CAD 中的字体应符合 GB/T 14665—2012 的规定：机械工程 CAD 制图中，数字一般应以正体输出；字母除表示变量外，一般应以正体输出；汉字在输出时一般采用正体，并采用国家正式公布和推行的简化字；小数点、标点符号应占一个字位（省略号和破折号占两个字位）。字高与图幅的关系见表2-14。

表 2-14 字高与图幅的关系 （单位：mm）

图幅	A0	A1	A2	A3	A4
字母与数字的高度 h	5			3.5	
汉字的高度 h	7			5	

二、锥度（GB/T 157—2001、GB/T 4458.4—2003）

锥度是指正圆锥的底圆直径与圆锥高度之比，如图 2-37 所示。对于锥台，锥度为两底圆直径之差与其锥台高度之比。锥度的代号为"C"，即 $C = D/H = (D-d)/L = 2\tan(\alpha/2)$。与斜度相似，通常把比例的前项化为1，以简单分数 $1:n$ 的形式来表示锥度，即 $C = 1:H/D$ 或 $C = 1:L/(D-d) = 1:n$，n 为自然数。

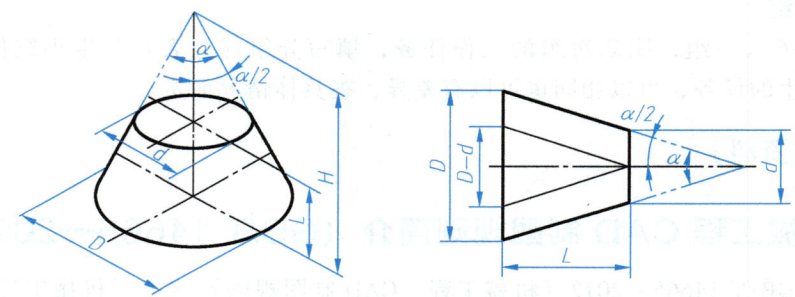

图 2-37 锥度的定义

锥度的作法及锥度符号的绘制方法如图 2-38 所示。

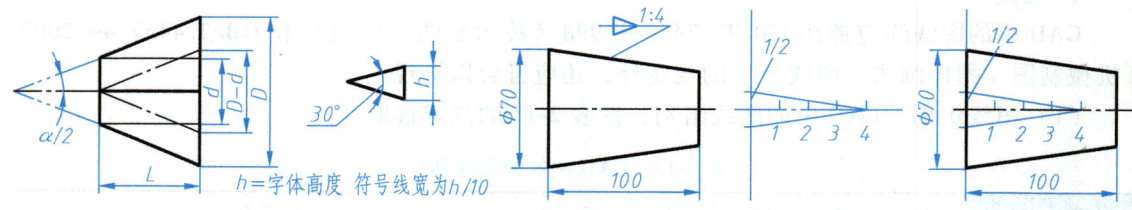

图 2-38 锥度的作法及锥度符号的绘制方法

三、圆弧连接

绘制平面图形时，经常需要用圆弧将两条直线、一个圆弧与一条直线或两个圆弧光滑地连接起来，如图 2-39a 所示，这种连接作图称为圆弧连接。用来连接已知直线或已知圆弧的圆弧称为连接圆弧。圆弧连接的要求就是光滑，而要做到光滑连接就必须使连接圆弧与已知直线、圆弧相切，切点称为连接点，如图 2-39b 所示。为了能准确连接，作图时必须先求出连接圆弧的圆心，再找连接点（切点），最后作出连接圆弧。

1. 用圆弧连接两直线

如图 2-40 所示，已知直线 AC 和 CB，连接圆弧的半径为 R，求作连接圆弧。

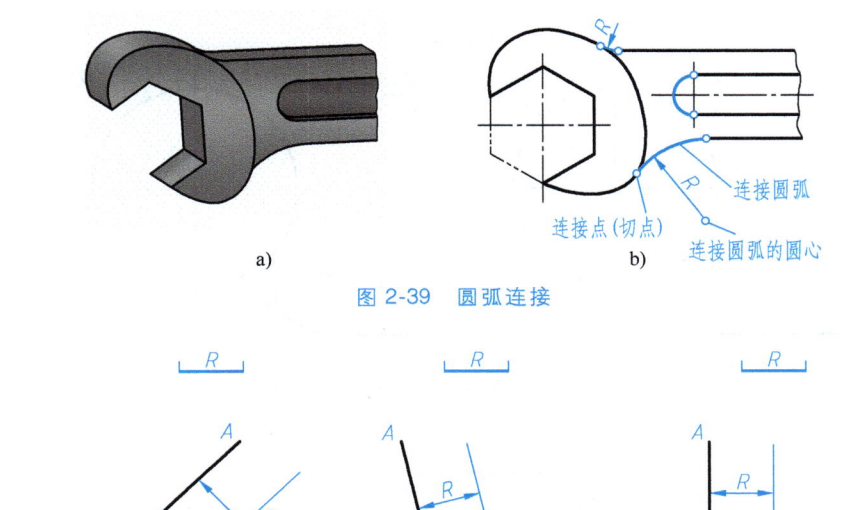

图 2-39 圆弧连接

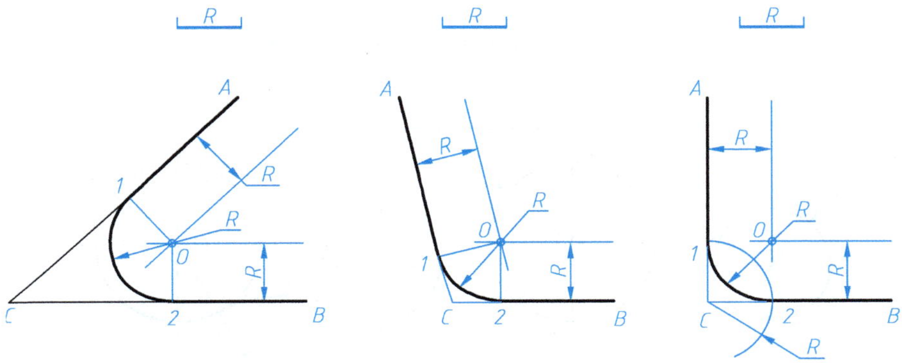

图 2-40 用圆弧连接两直线

作图步骤如下:
1) 在直线 AC 上任找一点并以其为垂足作直线 AC 的垂线,再在该垂线上找到与垂足的距离为 R 的另一点,并过该点作直线 AC 的平行线。
2) 用同样的方法作出距离等于 R 的直线 BC 的平行线。
3) 两平行线的交点 O 即为连接圆弧的圆心。
4) 自点 O 分别向直线 AC 和 BC 作垂线,得垂足 1、2,即为连接圆弧的连接点(切点)。
5) 以 O 为圆心,以 R 为半径作圆弧,完成连接作图。

2. 用圆弧连接一直线和一圆弧

如图 2-41 所示,已知连接圆弧的半径为 R,被连接的已知圆弧的圆心为 O_1、半径为 R_1 以及直线 AB,求作连接圆弧(要求与已知圆弧外切)。

作图步骤如下:
1) 作已知直线 AB 的平行线,间距为 R,再以 O_1 为圆心,以 $R+R_1$ 为半径作圆弧,该圆弧与所作平行线的交点 O 即为连接圆弧的圆心。
2) 由点 O 作直线 AB 的垂线得垂足 2,连接 OO_1,与圆弧 O_1 交于点 1,点 1、2 即为连接圆弧的连接点(两个切点)。
3) 以 O 为圆心,以 R 为半径作圆弧,完成连接作图。

3. 用圆弧连接两圆弧

(1) 与两个圆弧外切连接 如图 2-42 所示,已知连接圆弧的半径为 R,被连接的两个圆弧的圆心分别为 O_1、O_2,半径分别为 R_1、R_2,求作连接圆弧。

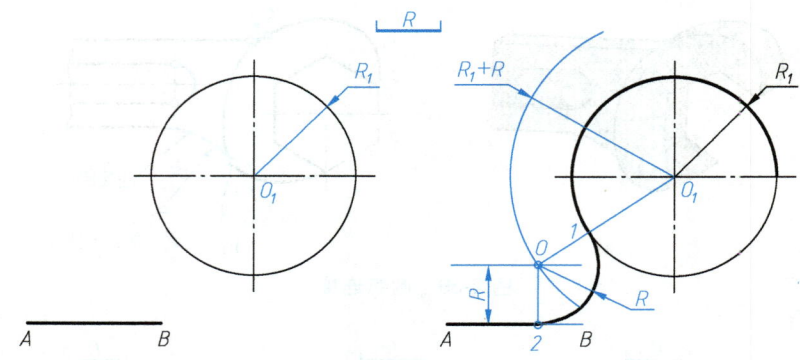

图 2-41 用圆弧连接一直线和一圆弧

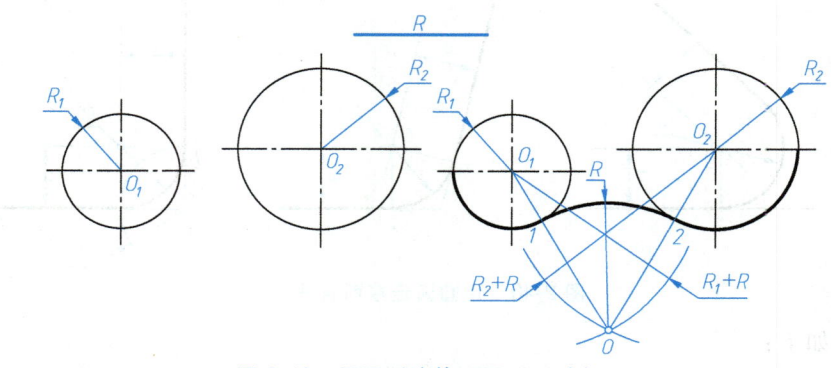

图 2-42 用圆弧连接两圆弧（外切）

作图步骤如下：

1）以 O_1 为圆心，以 $R+R_1$ 为半径作一圆弧，再以 O_2 为圆心，以 $R+R_2$ 为半径作另一圆弧，两圆弧的交点 O 即为连接圆弧的圆心。

2）作连心线 OO_1，它与圆弧 O_1 的交点为 1，再作连心线 OO_2，它与圆弧 O_2 的交点为 2，则点 1、2 即为连接圆弧的连接点（外切的切点）。

3）以 O 为圆心，以 R 为半径作圆弧，完成连接作图。

（2）与两个圆弧内切连接　如图 2-43 所示，已知连接圆弧的半径为 R，被连接的两个圆弧的圆心分别为 O_1、O_2，半径分别为 R_1、R_2，求作连接圆弧。

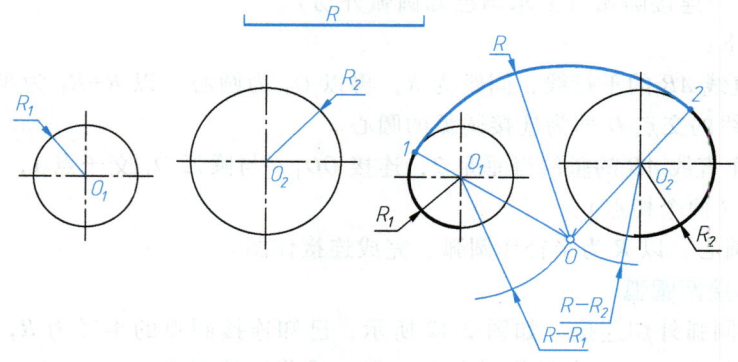

图 2-43 用圆弧连接两圆弧（内切）

作图步骤如下：

1）以 O_1 为圆心，以 $R-R_1$ 为半径作一圆弧，再以 O_2 为圆心，以 $R-R_2$ 为半径作另一圆弧，两圆弧的交点 O 即为连接圆弧的圆心。

2）作连心线 OO_1，它与圆弧 O_1 的交点为 1，再作连心线 OO_2，它与圆弧 O_2 的交点为 2，则点 1、2 即为连接圆弧的连接点（内切的切点）。

3）以 O 为圆心，以 R 为半径作圆弧，完成连接作图。

（3）与一个圆弧外切，与另一个圆弧内切（混合连接） 如图 2-44 所示，已知连接圆弧的半径为 R，被连接的两个圆弧的圆心分别为 O_1、O_2，半径分别为 R_1、R_2，求作连接圆弧，使其与圆弧 O_1 内切，与圆弧 O_2 外切。

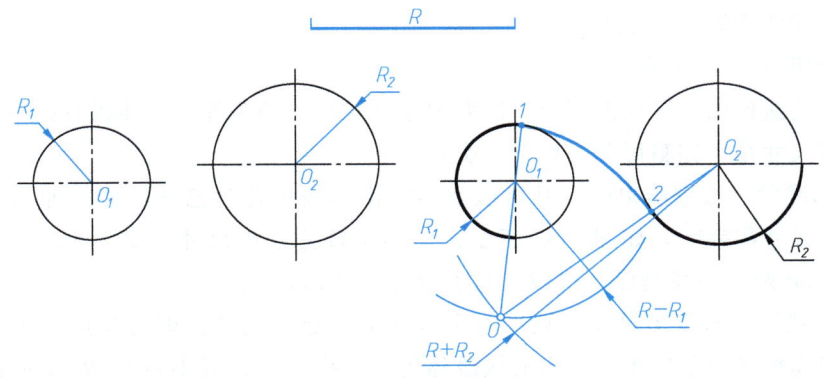

图 2-44 用圆弧连接两圆弧（外切+内切）

作图步骤如下：

1）分别以 O_1、O_2 为圆心，以 $R-R_1$、$R+R_2$ 为半径作两个圆弧，两圆弧的交点 O 即为连接圆弧的圆心。

2）作连心线 OO_1，与圆弧 O_1 相交于点 1，再作连心线 OO_2，与圆弧 O_2 相交于点 2，则点 1、2 即为连接圆弧的连接点（1 为内切切点，2 为外切切点）。

3）以 O 为圆心，以 R 为半径作圆弧，完成连接作图。

四、平面图形的分析与画法

平面图形是由若干段线段所围成的，而线段的形状与大小是根据给定的尺寸确定的。现以图 2-45 所示的平面图形为例，说明尺寸与线段的关系。

1. 平面图形的尺寸分析

（1）尺寸基准 尺寸基准是标注尺寸的起点。平面图形的长度方向和高度方向都要确定一个尺寸基准。尺寸基准常常选用图形的对称中心线、底边、侧边、图中圆周或圆弧的中心线等。在图 2-45 所示的平面图形中，水平中心线 B 是高度方向的尺寸基准，端面 A 是长度方

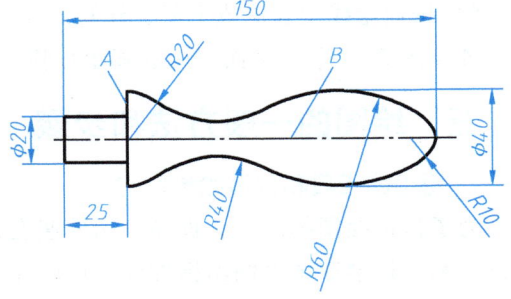

图 2-45 平面图形的尺寸与线段分析

向的尺寸基准。

（2）定形尺寸和定位尺寸　定形尺寸是确定平面图形各组成部分大小的尺寸，如图 2-45 中的"$R60$""$R40$""$R10$""$\phi20$"等；定位尺寸是确定平面图形各组成部分相对位置的尺寸，如图 2-45 中的"$\phi40$"和长度"25"等，该图中还有的定位尺寸需经计算后才能确定，如 $R10$mm 圆弧的定位尺寸，其圆心在水平中心线 B 上，且到端面 A 的距离为 $[150-(25+10)]$mm = 115mm。从尺寸基准出发，通过各定位尺寸，可确定图形中各组成部分的相对位置；通过各定形尺寸，可确定图形中各组成部分的大小。

（3）尺寸标注的基本要求　平面图形的尺寸标注要做到正确、完整、清晰。尺寸标注应符合国家标准的规定；标注的尺寸应完整，没有重复和遗漏的尺寸；标注的尺寸要清晰、明显，并标注在便于看图的地方。

2. 平面图形的线段分析

在绘制有连接作图的平面图形时，需要根据已知尺寸的条件进行线段分析。平面图形中的线段，根据尺寸是否完整可分为以下三类：

（1）已知线段　根据给出的尺寸可以直接画出的线段称为已知线段。即这个线段的定形尺寸和定位尺寸都完整。如图 2-45 所示，圆心位置分别由尺寸"25"和"150"确定的 $R20$mm、$R10$mm 两个圆弧是已知线段（也称为已知圆弧）。

（2）中间线段　有定形尺寸，缺少一个方向上的定位尺寸，即定位尺寸不完整，需要依靠一端相切或相接的条件才能画出的线段称为中间线段。如图 2-45 中 $R60$mm 的圆弧是中间线段（也称为中间弧）。

（3）连接线段　图 2-45 中 $R40$mm 圆弧的圆心，其两个方向上的定位尺寸均未给出，需要用与两端相邻线段的连接条件来确定其位置，这种只有定形尺寸而没有定位尺寸的线段称为连接线段（也称为连接圆弧）。

3. 平面图形的画法

1) 对平面图形进行尺寸分析和线段分析，找出尺寸基准和圆弧连接的线段，拟定作图顺序。

2) 选定比例，画底稿。先画平面图形的对称中心线、轴线或基准线，再顺次画出已知线段、中间线段、连接线段。

3) 画尺寸线和尺寸界线，并校核修正底稿，清理图面。

4) 按规定线型加深或上墨，注写尺寸数字，再次校核修正。

抄绘图 2-45 所示平面图形的画图步骤，如图 2-46 所示。

五、绘图的一般方法和步骤

1. 用绘图工具和仪器绘制图样

为了保证绘图的质量，提高绘图的速度，除正确使用绘图仪器、工具，熟练掌握几何作图方法和严格遵守国家制图标准外，还应注意下述的绘图步骤和方法。

（1）准备工作

1) 收集阅读有关的文件资料，对所绘图样的内容及要求进行了解，在学习过程中，要

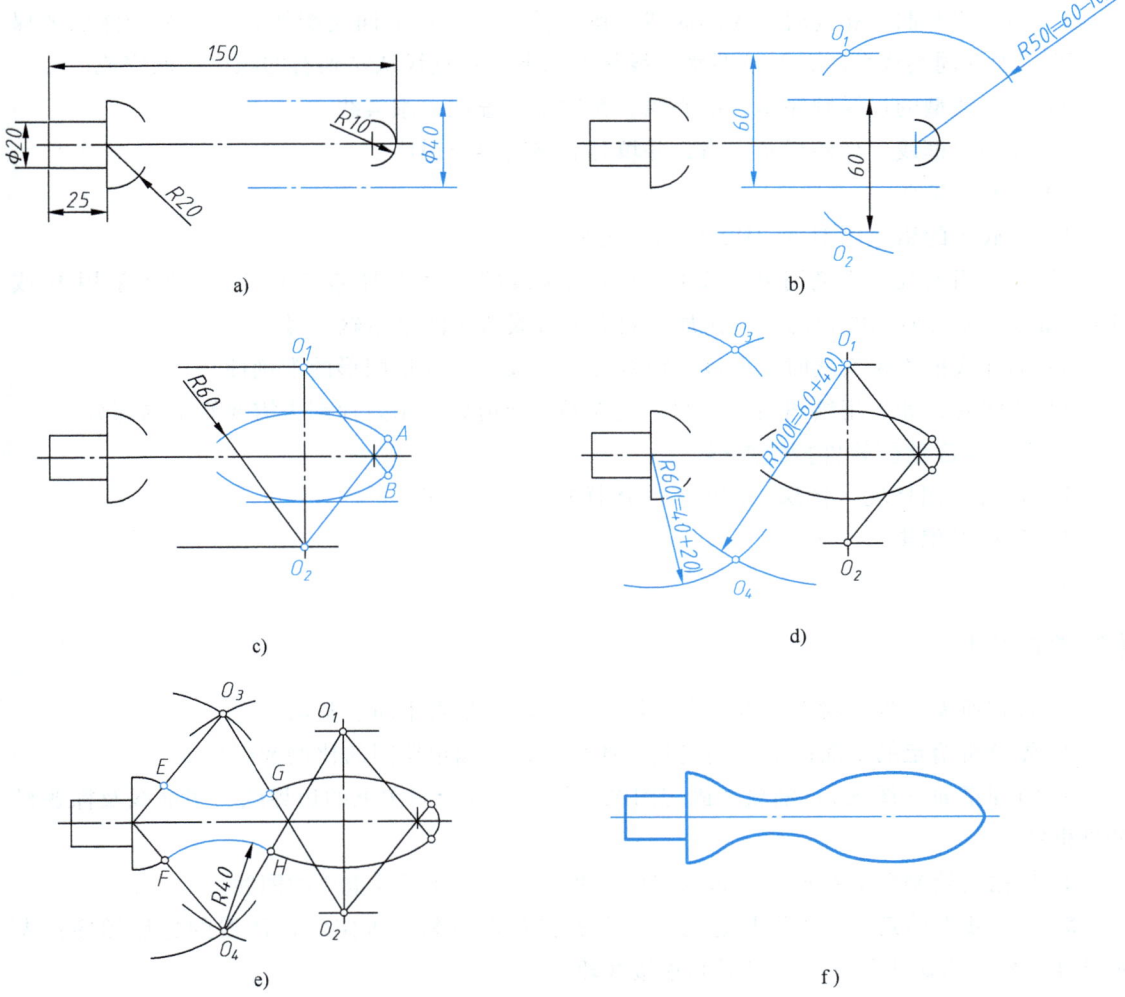

图 2-46 平面图形的画图步骤

了解任务的内容、目的和要求，在绘图之前做到心中有数。

2）准备必要的绘图仪器、工具和用品。

3）将图纸用胶带固定在图板上，位置要适当。一般将图纸粘贴在图板的左下方，图纸左边至图板边缘 3~5cm，图纸下边至图板边缘的距离略大于丁字尺的宽度。

（2）画底稿

1）按制图标准的要求，先绘制图纸的边界线（当选用的图纸为标准幅面的图纸时，不必绘制）、图框线及标题栏。

2）根据图样的数量、大小及复杂程度选择比例，安排图位，定好图形的中心线。

3）画图形的主要轮廓线，再由大到小，由整体到局部，直至画出所有轮廓线。

4）画尺寸界线、尺寸线及其他符号等。

5）仔细检查，擦去多余的底稿线。

（3）用铅笔加深

1）当直线与曲线相连时，先画曲线后画直线。加深后的同类图线，其粗细和深浅要保持一致。加深同类线型时，要按照水平线从上到下，垂直线从左到右的顺序一次完成。

2）各类线型的加深顺序是：中心线、粗实线、虚线、细实线。

3）加深图框线、标题栏及表格，并填写表格内容及说明。

（4）注意事项

1）画底稿的铅笔用 H 至 2H，线条要轻而细。

2）加深粗实线的铅笔用 B 或 2B，加深细实线的铅笔用 H 或 2H。写字的铅笔用 H 或 HB。加深圆弧时所用的铅芯，应比加深同类型直线所用的铅芯软一号。

3）加深或描绘粗实线时，要以底稿线为中心线，以保证图形的准确性。

4）修图时，如果用绘图墨水绘制，应等墨线干透后，用刀片刮去需要修整的部分。

2. 用 CAD 绘图软件抄绘图样

1）设置绘图环境（图层、图幅、字体样式和标注样式）。

2）绘图及编辑。

3）检查。

【边学边练】

1. 检查所需工具、材料是否齐全；检查工作环境是否干净、整洁。

2. 先分析给定的平面图形，确定其总体尺寸，再确定绘图的比例及图幅。

3. 清理桌面（图板），铺放并固定图纸，用细实线绘制图纸的边界线、图框线及标题栏的外框线。

4. 根据所绘制图形的尺寸，布局图面，并绘制出基准线及重要的图线。

5. 进一步对给定的平面图形进行尺寸分析和线段分析，确定绘制图线的先后顺序：先画已知线段，再画中间线段，最后画连接线段。

6. 绘制底稿。

7. 检查、描深，标注尺寸，填写标题栏。

8. 使用二维 CAD 绘图软件抄绘平面图形，并打印或截图。

请将尺规绘制的图样折叠后粘贴在此处，或将计算机绘图软件绘制的二维图样截图打印后粘贴在此处。

任务成果展示

_____
_____

【任务拓展与巩固训练】

1. 按 1∶1 的比例绘制图 2-47 所示吊钩的平面图形

2. 用 4∶1 的比例绘制图 2-48 所示的平面图形，并标注全部尺寸

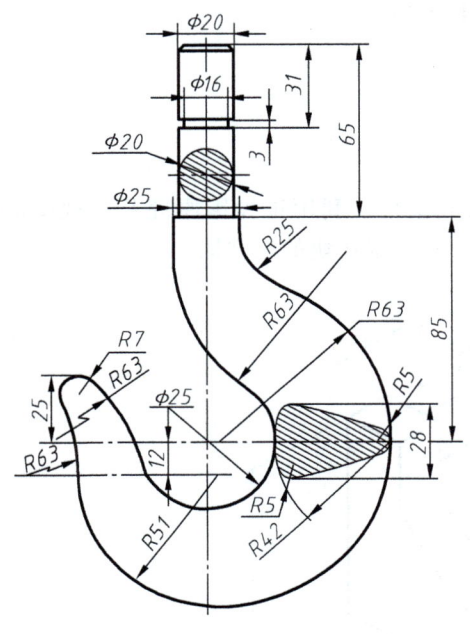
图 2-47　吊钩的平面图形

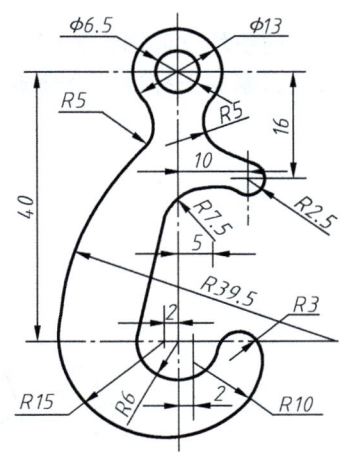
图 2-48　平面图形

【成风化人】

不以规矩，不成方圆

古人云："不以规矩，不成方圆。"这句话体现了我国古代人民对作图的理解和严格要求。在古代"规"和"矩"是两种工具，用来校正方圆。我们立身处世乃至治国安邦，都必须遵守一定的准则和法规。

机械图样是机械工程技术界的通用语言，最重要的原因就在于它是按照统一规范绘制的，即遵守《机械制图》和《技术制图》的国家标准。标准具有科学性和严肃性，一名合格的机械专业人员必须牢牢记住这些标准，并需严格遵守、执行标准。

"作图犹如做人"。规矩是人类生存与活动的前提和基础，对于个人来说，是一种约束、一种原则。家有家规，国有国法。在家庭中，每个家庭成员遵守家规家训，才能拥有良好、和谐的家风；在学校，自觉遵守校规校纪，才能拥有纪律严明、严谨向学的学风；在工作单位，严格遵守企业的规章制度，遵守岗位的操作规定，企业才能高质量、高效率运转，避免安全事故；在社会中，每个人都遵纪守法，社会才能繁荣、稳定、有序。如果不知道如何规范自己的行为，或者明知而不为，则不仅自身安全得不到保障，而且会影响、干扰他人。例如如果违反了交通法规，会造成道路交通混乱，严重时甚至受到法律的惩罚。所以我们必须无条件地严格遵守各种标准规定，养成良好的学习和行为习惯，增强遵纪守法的意识，做一个高素质的人。

工作任务 2.3 绘制垫块

【任务描述】

根据给定的垫块立体图，如图 2-49 所示，分析其结构，利用正投影原理及三视图的投影规律，按照国家制图标准，合理确定其表达方案，并绘制垫块的三视图。

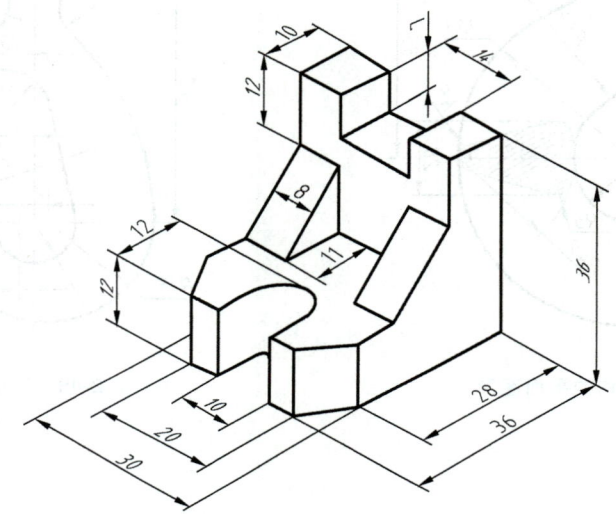

图 2-49 垫块

学习条件及环境要求：机械制图实训室、计算机、绘图软件（三维、二维）、多媒体、适量垫块模型、教材、参考书、网络课程及其他资源等。

教学时间（计划学时）：8 学时。

【任务目标】

1. 能够正确使用常用的绘图工具与仪器。
2. 能够叙述投影的概念及正投影的投影特性。
3. 能够叙述三视图的形成及其投影规律（三等定律及方位关系）。
4. 能够根据简单立体的轴测图绘制其三视图，并进行尺寸标注。
5. 在教师的指导下，能够对给定的简单组合体进行正确的形体分析，并按照组合体三视图的作图方法和步骤，正确绘制其三视图。

【任务准备】

1. 信息收集

1）投影基础（投影的定义、分类和投影特性）。
2）三视图（三投影面体系的建立、三视图的形成、分角以及三视图的投影规律）。

3）几何要素（图素）点、线、面的投影（特殊位置的点、线、面的投影特性）。

4）平面基本几何体的投影。

5）平面基本几何体表面取点及尺寸标注。

6）截交线的概念、性质、作图方法和步骤。

7）平面基本几何体截交线的作图方法和步骤。

8）简单组合体三视图的画图、看图及尺寸标注。

9）手工绘制简单组合体三视图的方法和步骤。

10）CAD 绘图软件绘制简单组合体三视图的方法和步骤。

2. 工具、材料

标准图纸 A4（A3）一张、草稿纸若干张、绘图铅笔（2H、2B）、图板（A3 号）、丁字尺（60mm）、计算机（包括二维、三维 CAD 绘图软件）。

3. 任务分组

学生按 4~6 人一组，明确每组的工作任务，填写分组任务表及学生小组任务分配表。每组及每个学生的任务，可以相同也可以有差异，视具体情况而定。

【引导性学习资料】

一、投影法概述

1. 投影的概念

在日常生活中，物体在日光或灯光的照射下，会在地面或墙面上留下影子，如图 2-50a 所示。这个影子只能反映物体的轮廓，却无法表达物体的形状和大小。人们对自然界的这一物理现象经过科学的抽象，逐步归纳概括，总结出了影子与物体之间的几何关系，进而形成了投影法。在图 2-50b 中，把光源抽象为一点，称为投射中心，把光线抽象为投射线，把物体抽象为形体（只研究其形状、大小、位置，而不考虑其物理性质和化学性质的物体），把地面抽象为投影面，假设光线能穿透物体，而将物体表面上的各个点和各条线都投射在投影面上，从而得到由点、线的投影组成的能够反映物体形状和大小的投影（图），这种把空间形体转化为平面图形的方法称为投影法。

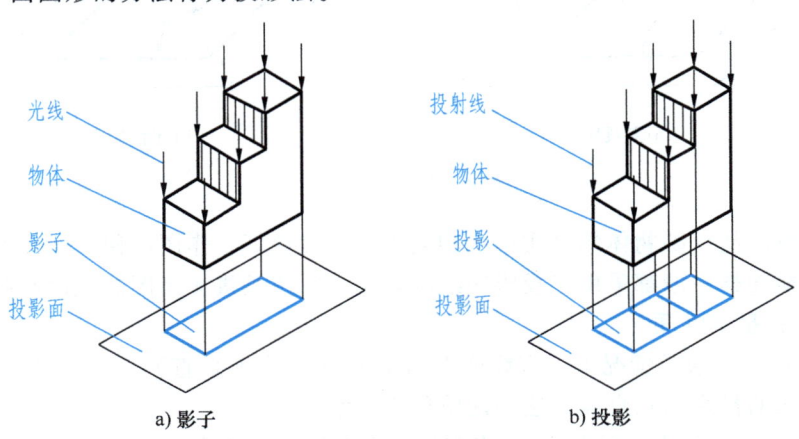

a）影子　　　　　　　　b）投影

图 2-50　影子与投影

要产生投影,必须具备三个要素:投射线、形体、投影面。

2. 投影的分类

根据投射线之间的相互关系(平行或汇交),可将投影法分为中心投影法和平行投影法。

(1)中心投影法　投射中心 S 位于有限远处,所有的投射线都汇交于 S 点,由此得到投影的方法,称为中心投影法,如图 2-51 所示。在此条件下,物体投影的大小,随物体距离投射中心 S 及投影面 P 远近的变化而变化,因此,用中心投影法得到的物体的投影虽具有较强的立体感,但不能反映该物体的真实形状和大小,且度量性差,作图比较复杂,在机械图样中很少采用。

(2)平行投影法　把投射中心 S 移到离投影面无限远处,则投射线可看成互相平行,由此产生投影的方法称为平行投影法。因投射线互相平行,所得投影的大小与物体离投射中心及投影面的远近均无关。

在平行投影法中,根据投射线与投影面之间是否垂直,又分为斜投影法和正投影法两种。投射线与投影面倾斜时称为斜投影法,如图 2-52a 所示,用斜投影法所得到的图形称为斜投影(图);投射线与投影面垂直时称为正投影法,如图 2-52b 所示,用正投影法所得到的图形称为正投影(图)。

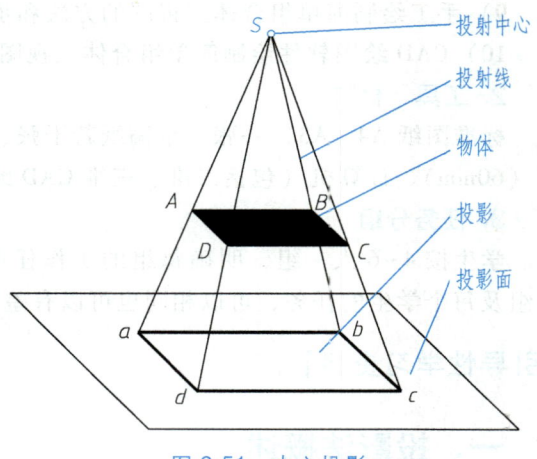

图 2-51　中心投影

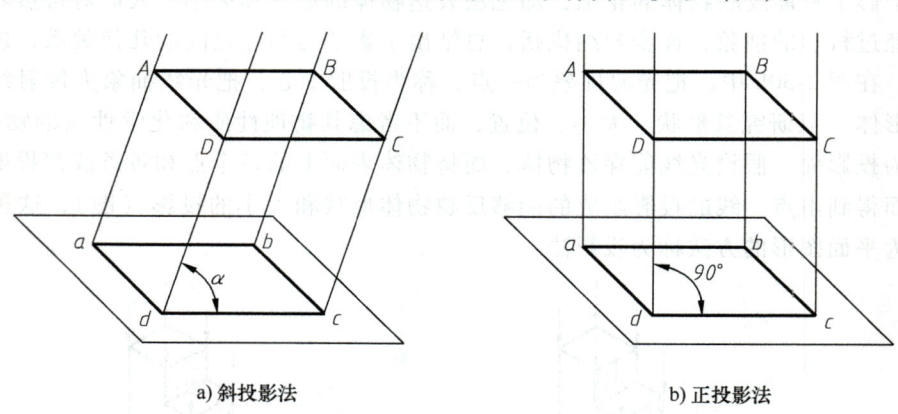

a) 斜投影法　　　　b) 正投影法

图 2-52　平行投影

由于正投影图能反映物体的真实形状和大小,度量性好,作图简便,所以在工程上应用十分广泛,机械图样一般都采用正投影法绘制。正投影法是机械制图的理论基础。

3. 正投影的基本性质

(1)同素性　在通常情况下,直线或平面不平行(或不垂直)于投影面,因而点的投影仍是点,直线的投影仍是直线。这一性质称为同素性。

(2)显实性(真形性、真实性)　当直线或平面平行于投影面时,它们的投影反映实长或实形。如图 2-53a 所示,直线 AB 平行于水平面,其投影 ab 反映 AB 的真实长度,即 ab = AB。如图 2-53b 所示,平面 ABC 平行于水平面,其投影反映实形,即三角形 abc ≌ 三角形 ABC。这一性质称为显实性。

(3) 积聚性 当直线或平面平行于投射线（同时也垂直于投影面）时,其投影积聚为一点或一条直线,这样的投影称为积聚投影。如图 2-54a 所示,直线 AB 平行于投射线,其投影积聚为一点 a（b）；如图 2-54b 所示,平面三角形 ABC 平行于投射线,其投影积聚为一条直线 ac。正投影的这种性质称为积聚性。

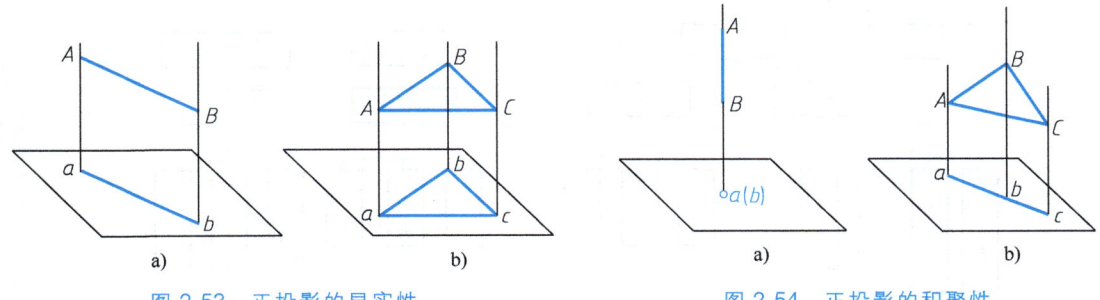

图 2-53 正投影的显实性　　　　　　　图 2-54 正投影的积聚性

(4) 类似性（仿形性） 当直线或平面倾斜于投影面时,直线在该投影面上的投影短于实长,如图 2-55a 所示；而平面在该投影面上的投影将发生变形,比原实形要小,但与原形对应各线段间的比值保持不变,所以在轮廓间的平行性、凸凹性、直曲等方面均不变,如图 2-55b 所示。这种情况下,直线和平面的投影不反映实长或实形,投影形状是空间形状的类似形,因而把正投影的这种性质称为类似性。

(5) 平行性 当空间两直线互相平行时,它们在同一投影面上的投影仍互相平行。如图 2-56a 所示,空间两直线 AB∥CD,则平面 ABba∥平面 CDdc,两平面与投影面的交线 ab、cd 必互相平行。这一性质称为平行性。注意：当两平行线确定的平面垂直于投影面时,两平行线在该投影面的投影重合。

(6) 从属性与定比性 若点在直线上,则点的投影必定在直线的投影上。如图 2-56b 所示,$C \in AB$,则 $c \in ab$,这一性质称为从属性。

点分线段的比例等于点的投影分线段的投影所成的比例,如图 2-56b 所示,$C \in AB$,则 $AC:CB = ac:cb$,这一性质称为定比性。

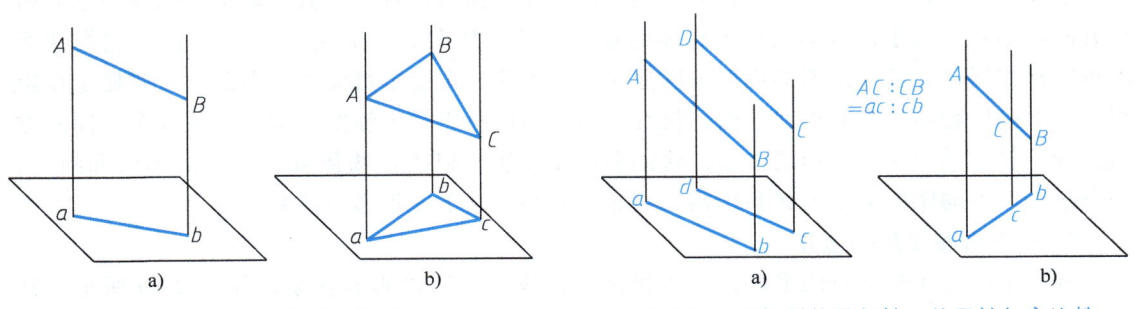

图 2-55 正投影的类似性　　　　　　　图 2-56 正投影的平行性、从属性与定比性

4. 国家标准中投影的分类

在国家标准 GB/T 14692—2008 中，投影法的分类如图 2-57 所示。

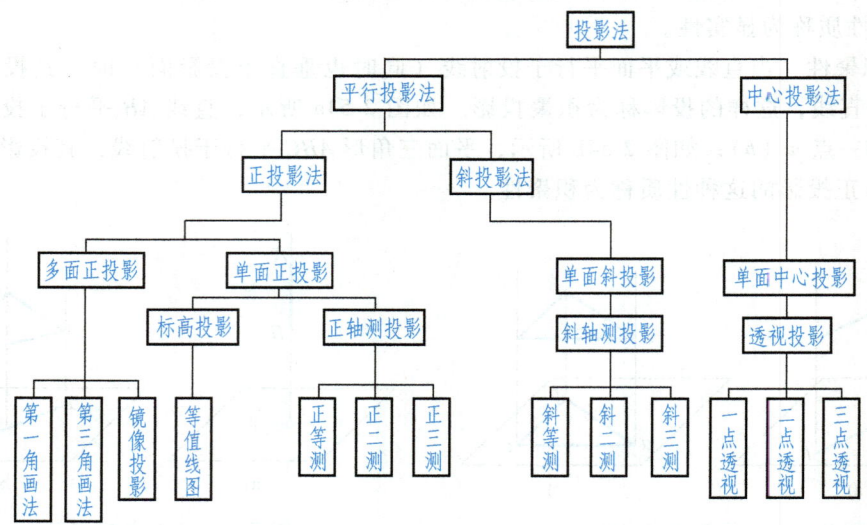

图 2-57　投影法的分类

5. 工程上常用的投影图

如前所述，工程技术图样是用来表达工程对象的形状、结构和大小的，一般要求根据图样就能够准确清楚地判断或度量出物体的形状和大小，但有时也要求图样的直观性好，易读懂，富有立体感。因此，为满足不同的需要，常用的投影图有正投影图、轴测投影图、透视投影图和标高投影图等。

常用投影图及投影法

由于多面正投影图被广泛地用来绘制工程图样，所以正投影图是本书介绍的主要内容，后面所说的投影，如无特殊说明均指正投影。

二、物体的三视图

用正投影法绘制物体的投影图时，可把人的视线假想成相互平行且垂直于投影面的一组投射线。但用正投影法绘制一个投影图来表达物体的形状往往是不够的，如图 2-58 所示，四个形状不同的物体在投影面上具有相同的正投影，单凭这个投影图来确定物体的唯一形状，是不可能的。

如果对一个较为复杂的形体，即便是向两个投影面进行投影，其投影也只能反映它的两个方向的形状和大小，也不能确定物体的唯一形状。如图 2-59 所示的三个形体，它们的两面投影都相同，要凭这两面的投影来区分它们的形状，也是不可能的。因此，若要使正投影图唯一地确定物体的完整形状结构，仅有一面或两面投影是不够的，常需要从几个不同的方向进行投射，采用多面投影的方法，获得多面正投影，以表示物体各个方向的形状和结构，综合起来反映物体的完整形状和结构。为此，我们设立了三投影面体系。

1. 三投影面体系的建立

将三个两两互相垂直的平面作为投影面，组成一个三投影面体系，如图 2-60 所示。其中水平投影面用 H 标记，简称为水平面或 H 面；正立投影面用 V 标记，简称为正面或 V 面；

侧立投影面用 W 标记，简称为侧面或 W 面。两投影面的交线称为投影轴，H 面与 V 面的交线为 OX 轴，代表左右即长度方向；H 面与 W 面的交线为 OY 轴，代表前后即宽度方向；V 面与 W 面的交线为 OZ 轴，代表上下即高度方向。三条投影轴两两互相垂直并汇交于原点 O。

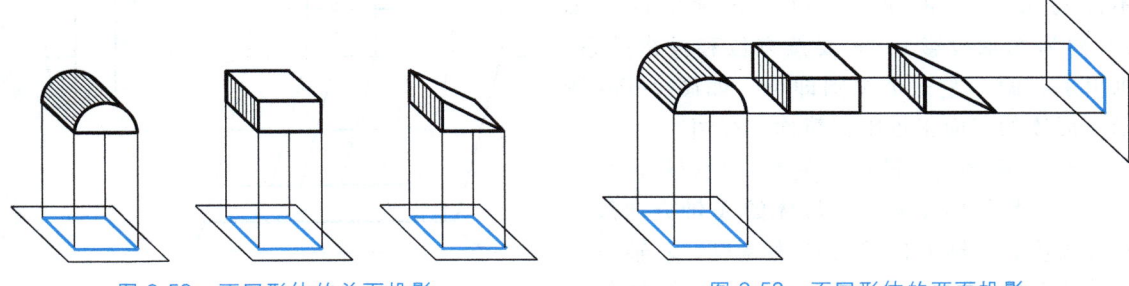

图 2-58　不同形体的单面投影　　　　　　图 2-59　不同形体的两面投影

因为平面没有大小，三投影面体系将空间分成了八个部分，即左上前、左上后、左下后、左下前、右上前、右上后、右下后、右下前，也即八个分角（第一分角、第二分角……），左上前方对应第一分角，左下后方对应第三分角。

2. 三视图的形成

根据相关标准和规定，用正投影法将物体向投影面投射，所绘制的物体的投影（图）称为视图。

将物体放置于三投影面体系的第一分角中，并注意安放位置适宜，即把形体的主要表面与三个投影面对应平行，用正投影法进行投射，即可得到三个方向的正投影图，如图 2-61 所示。从前向后投射，在 V 面上得到正面投影，称为主视图；从上向下投射，在 H 面上得到水平投影，称为俯视图；从左向右投射，在 W 面上得到侧面投影，称为左视图。这样就得到了物体的主、俯、左三个视图。

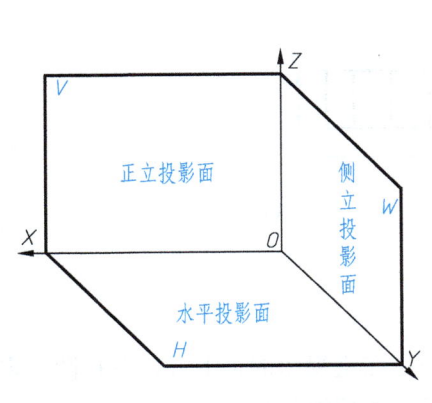

图 2-60　三投影面体系

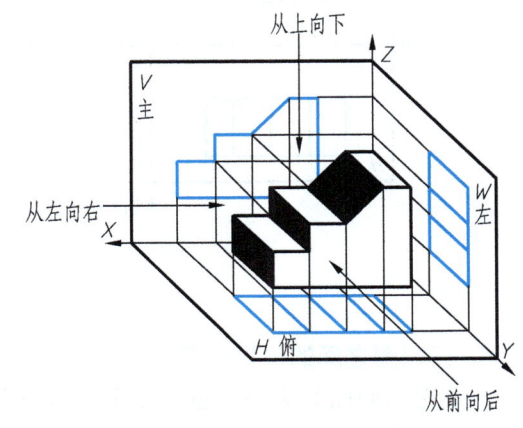

图 2-61　三视图的形成

为了把三个投影面上的投影画在一张二维平面的图纸上，我们假设沿 OY 投影轴将三投影面体系剪开，保持 V 面不动，H 面绕 OX 轴向下旋转 90°，W 面绕 OZ 轴向后旋转 90°，展开三投影面体系，使三个投影面处于同一个平面内，如图 2-62 所示。需要注意的是：这时

OY 轴分为两条，一条随 H 面旋转到 OZ 轴的正下方，用 OY_H 表示；一条随 W 面旋转到 OX 轴的正右方，用 OY_W 表示，如图 2-63a 所示。

实际绘图时，不必画出投影面的边框，也不注写 H、V、W 字样，也不必画出投影轴（又称为无轴投影），只要按方位和投影关系，画出主、俯、左三个视图即可，如图 2-63b 所示。形体的三面正投影图简称三视图。

3. 三视图之间的投影关系（投影规律）

在三投影面体系中，形体的 X 轴方向尺寸称为长度，Y 轴方向尺寸称为宽度，Z 轴方向尺寸称为高度，如图 2-63b 所示。在形体的三面投影中，水平投影和正面投影在 X 轴方向都反映物体的长度，它们的左右位置应对正，即

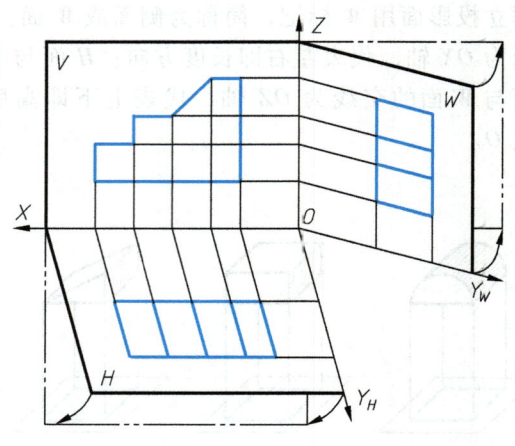

图 2-62　三投影面体系的展开

"长对正"；正面投影和侧面投影在 Z 轴方向都反映物体的高度，它们的上下位置应对齐，即"高平齐"；水平投影和侧面投影在 Y 轴方向都反映物体的宽度，这两个宽度一定相等，即"宽相等"。也即主俯视图长对正，主左视图高平齐，俯左视图宽相等，称为"三等关系"，也称为"三等规律"，它是三视图之间最基本的投影关系，是画图和读图的基础。应当注意，这种关系无论是对整个物体还是对物体局部的每一点、线、面均符合。

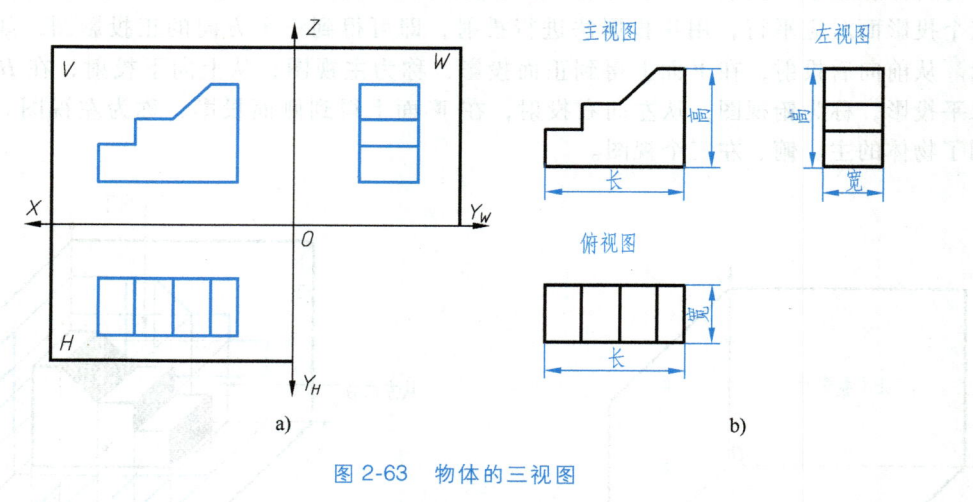

图 2-63　物体的三视图

4. 三视图之间的位置关系

在看图和画图时必须注意，以主视图为准，俯视图一定在主视图的正下方，左视图一定在主视图的正右方。画三视图时，应按上述位置配置，且不需标注其名称。

5. 物体与三视图之间的方位关系

物体在三投影面体系中的位置确定后，相对于观察者而言，它在空间上就有上、下、左、右、前、后六个方位，如图 2-64a 所示。每个投影都可反映其中四个方位。V 面投影反映形体的上、下和左、右关系，H 面投影反映形体的前、后和左、右关系，W 面投影反映形

体的前、后和上、下关系，如图 2-64b 所示。而且，俯、左视图远离主视图的一侧反映的是物体的前面，靠近主视图的一侧反映的是物体的后面。

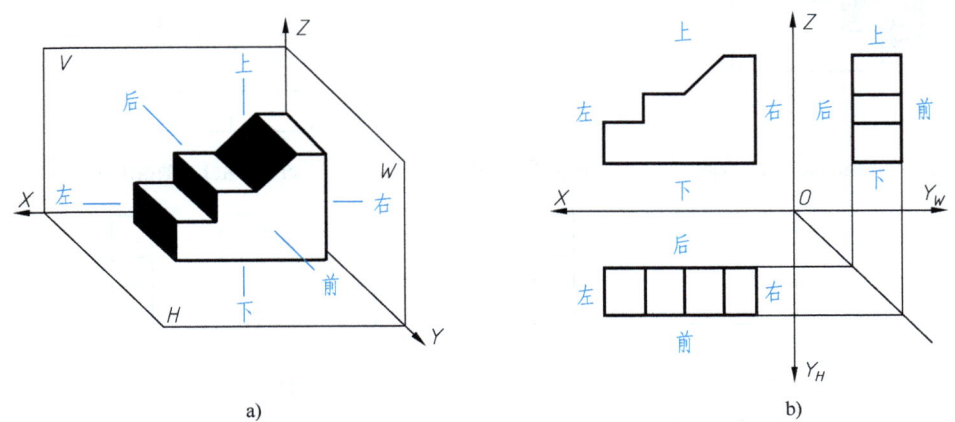

图 2-64　三视图之间的方位关系

6. 画三视图的方法与步骤

绘制形体的三视图时，应将形体上的棱线和轮廓线都画出来，并且按投射方向，可见的线用粗实线表示，不可见的线用虚线表示，当虚线和（粗）实线重合时只画出（粗）实线。

绘图前，应先将反映物体形状特征最明显的方向作为主视图的投射方向，并将物体放正（注意：投射过程中不可再转动物体），然后用正投影法分别向各投影面进行投射，如图 2-64a 所示。先画出正面投影，然后根据"三等关系"，画出其他两面投影。"长对正"可用靠在丁字尺工作边上的三角板，将 V、H 面两投影对正。"高平齐"可以直接用丁字尺将 V、W 面两投影拉平。"宽相等"可利用过原点 O 的 45°斜线，用丁字尺和三角板将 H、W 面投影的宽度相互转移，如图 2-64b 所示，或采用以原点 O 为圆心作圆弧的方法，得到引线在侧立投影面上与"等高"水平线的交点，连接关联点而得到侧面投影。

三面投影之间存在着必然的联系。只要给出物体的任何两面投影，就可求出第三面投影。

画三视图时，对于物体的每一个组成部分，最好是三个视图配合着画，不要把一个视图全部画完，再去画另一个视图。这样不仅可以提高绘图速度，还能避免漏线、多线。画物体的某一部分三视图时，应先画反映形状特征的视图，再按投影关系画出其他视图。物体三视图的画图步骤如图 2-65 所示。

点、线、面是构成自然界中一切有形物体（简称形体）的基本几何元素，它们是不能脱离形体而孤立存在的。基本体是指形状简单且规则的形体，任何机件都可以看成是由若干个基本体组合而成的形体。因此，学习和掌握基本几何元素及基本体的投影特性和规律，能够为正确理解和表达机件打下坚实的基础。

三、点的投影

点是最基本的几何元素，为进一步研究正投影的规律，首先要从点的投影开始。

机械制图

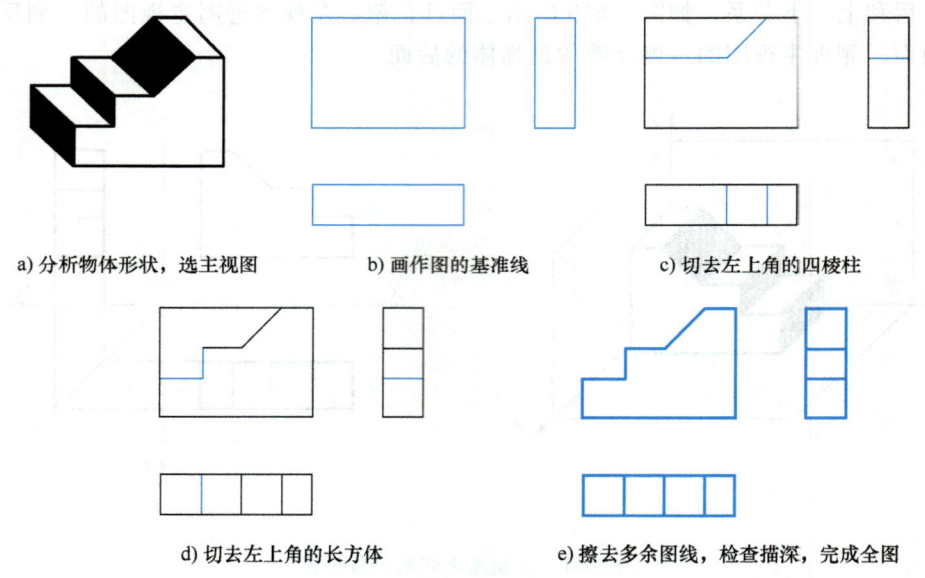

图 2-65 三视图的画图步骤

1. 点的三面投影及其规律

将空间点 A 放置在三投影面体系中，过点 A 分别作垂直于 H 面、V 面、W 面的投射线，投射线与 H 面的交点（即垂足）a 称为 A 点的水平投影（H 投影）；投射线与 V 面的交点 a' 称为 A 点的正面投影（V 投影）；投射线与 W 面的交点 a" 称为 A 点的侧面投影（W 投影）。

在投影图中，统一规定：空间点用大写字母表示，点在 H 面的投影用相应的小写字母表示；在 V 面的投影用相应的小写字母右上角加一撇表示；在 W 面的投影用相应的小写字母右上角加两撇表示。如图 2-66a 所示，空间点 A 的三面投影分别用 a、a'、a" 表示。

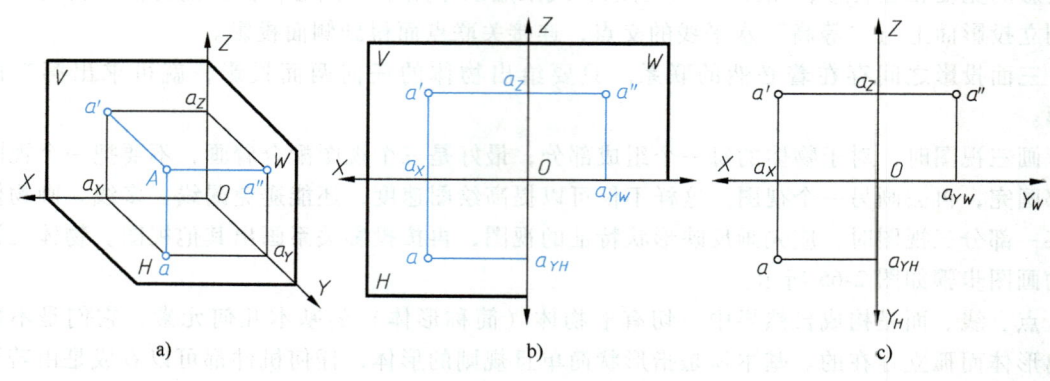

图 2-66 点的三面投影

将三投影面展开，就得到点 A 的三面投影，如图 2-66b 所示。在点的投影中一般只画出投影轴，不画投影面的边框，如图 2-66c 所示。

在图 2-66a 中，过空间点 A 的两条投射线 Aa 和 Aa' 所构成的矩形平面 Aaa_Xa' 与 V 面和 H 面互相垂直且相交，因而它们的交线 aa_X、$a'a_X$ 与 OX 轴必然互相垂直且相交于一点 a_X。当 V

面不动,将 H 面绕 OX 轴向下旋转 90°而与 V 面在同一平面上时,a'、a_X、a 三点共线,即 $a'a_Xa$ 成为一条垂直于 OX 轴的直线,如图 2-66b 所示。同理可证,连线 $a'a_Za''$ 垂直于 OZ 轴。

在图 2-66a 中,Aaa_Xa' 是一个矩形平面,线段 Aa 表示 A 点到 H 面的距离,$Aa = a'a_X$。线段 Aa' 表示 A 点到 V 面的距离,$Aa' = aa_X$;同理可得,线段 Aa'' 表示 A 点到 W 面的距离,$Aa'' = aa_Y$。点 a_Y 在投影面展开后,分别记为 a_{YH} 和 a_{YW} 两点,所以有 $aa_{YH} \perp OY_H$,$a''a_{YW} \perp OY_W$。

通过以上分析,可得出点的投影特性如下:

1) 点的两面投影的连线垂直于相应的投影轴。
① $a'a \perp OX$,即点 A 的 V 面和 H 面投影连线垂直于 X 轴。
② $a'a'' \perp OZ$,即点 A 的 V 面和 W 面投影连线垂直于 Z 轴。
③ $aa_{YH} \perp OY_H$,$a''a_{YW} \perp OY_W$,$Oa_{YH} = Oa_{YW}$,即点 A 的 H 面和 W 面投影连线垂直于 Y 轴。

2) 点的投影到投影轴的距离,反映该点到相应的投影面的距离。
① $aa_X = a''a_Z = Aa'$,反映 A 点到 V 面的距离。
② $a'a_X = a''a_{YW} = Aa$,反映 A 点到 H 面的距离。
③ $a'a_Z = aa_{YH} = Aa''$,反映 A 点到 W 面的距离。

根据上述投影特性可知,由点的两面投影就可确定点的空间位置,故只要已知点的任意两面投影,就可以运用投影规律求出该点的第三面投影。

【例 2-1】 已知点 A 的水平投影 a 和正面投影 a',求其侧面投影 a''。
解题过程通过扫描二维码观看。

点的投影例题 1

2. 点的投影与其直角坐标的关系

若将三投影面体系中的三个投影面看作是直角坐标系中的三个坐标面,则三条投影轴相当于坐标轴,原点相当于坐标原点。如图 2-67 所示,空间点 A(x, y, z) 到三个投影面的距离可以用直角坐标来表示,即

1) 空间点 A 到 W 面的距离,等于点 A 的 X 轴坐标 x,即 $a'a_Z = a_XO = aa_{YH}$。
2) 空间点 A 到 V 面的距离,等于点 A 的 Y 轴坐标 y,即 $a_Xa = Oa_{YH} = Oa_{YW} = a_Za''$。
3) 空间点 A 到 H 面的距离,等于点 A 的 Z 轴坐标 z,即 $a'a_X = a_ZO = a''a_{YW}$。

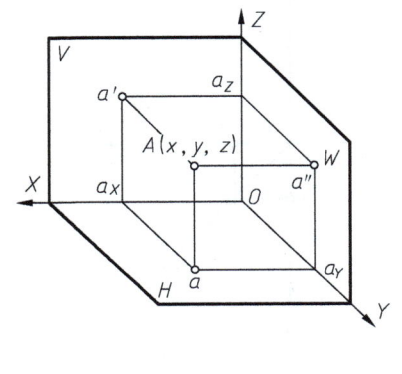

a)

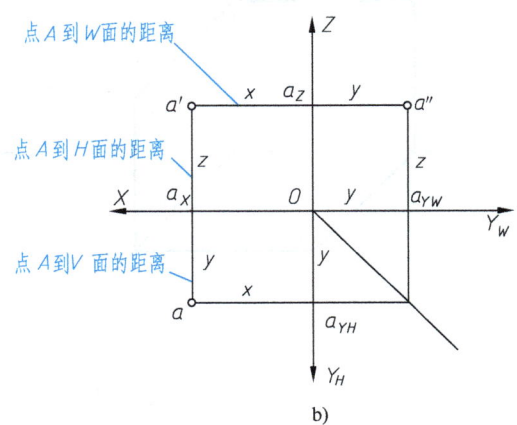

b)

图 2-67 点的投影与其直角坐标的关系

由此，若已知点的直角坐标，则可以作出点的三面投影。而点的任何一面投影都反映了点的两个坐标，点的两面投影即可反映点的三个坐标，也就确定了点的空间位置。

【例 2-2】 已知点 $A(50，40，45)$，作其三面投影图。解题过程通过扫描二维码观看。

点的投影例题 2

3. 特殊位置点的投影

1）投影面上的点。当点的三个坐标中有一个坐标为零时，该点在某一投影面上。如图 2-68a 所示，点 A 在 V 面上（$y_A=0$），点 B 在 H 面上（$z_B=0$），点 C 在 W 面上（$x_C=0$）。对于点 A 而言，其 V 面投影 a' 与点 A 重合，H 面投影 a 在 OX 轴上，W 面投影 a'' 在 OZ 轴上。同样可得出 B、C 两点的投影，如图 2-68b 所示。

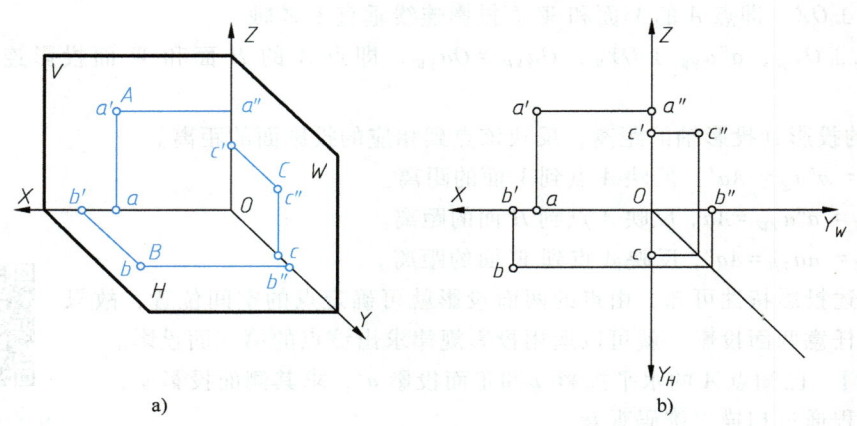

图 2-68 投影面上的点

2）投影轴上的点。当点的三个坐标中有两个坐标为零时，该点在某一投影轴上。如图 2-69a 所示，点 A 在 X 轴上，点 B 在 Y 轴上，点 C 在 Z 轴上。对于点 A 而言，其 H 面投影 a、V 面投影 a' 都与点 A 重合，都在 OX 轴上；其 W 面投影 a'' 与原点 O 重合。同样可得出 B、C 两点的投影，如图 2-69b 所示。

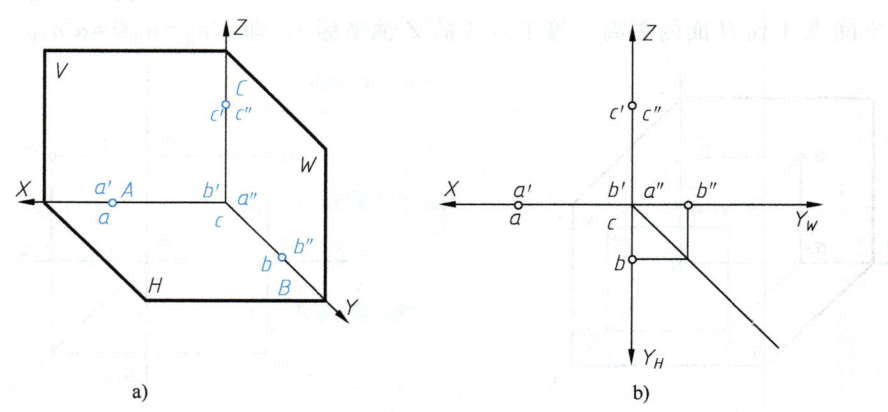

图 2-69 投影轴上的点

4. 两点的相对位置

空间两点的相对位置，是以其中一个点为基准，来判断另一个点在该点的前或后、左或右、上或下。

空间两点的相对位置可以根据其坐标关系来确定：x 坐标大者在左，小者在右；y 坐标大者在前，小者在后；z 坐标大者在上，小者在下。也可以根据它们的同面投影来确定：V 面投影反映它们的上下、左右关系，H 面投影反映它们的左右、前后关系，W 面投影反映它们的上下、前后关系。

若要知道空间两点的确切位置，则可利用两点的坐标差来确定。

如图 2-70a 所示，已知 A、B 两点的三面投影。$x_A > x_B$ 表示点 A 在点 B 之左，$y_A > y_B$ 表示点 A 在点 B 之前，$z_A < z_B$ 表示点 A 在点 B 之下，即点 A 在点 B 的左前下方，也即点 B 在点 A 的右后上方，如图 2-70b 所示。若已知 A、B 两点的坐标，则可知点 A 在点 B 左（右）方 $x_A - x_B$ 处（负数为反方向），点 A 在点 B 前（后）方 $y_A - y_B$ 处（负数为反方向），点 A 在点 B 上（下）方 $z_A - z_B$ 处（负数为反方向）。反之，如果已知两点的相对位置，以及其中一点的投影，也可以作出另一点的投影。

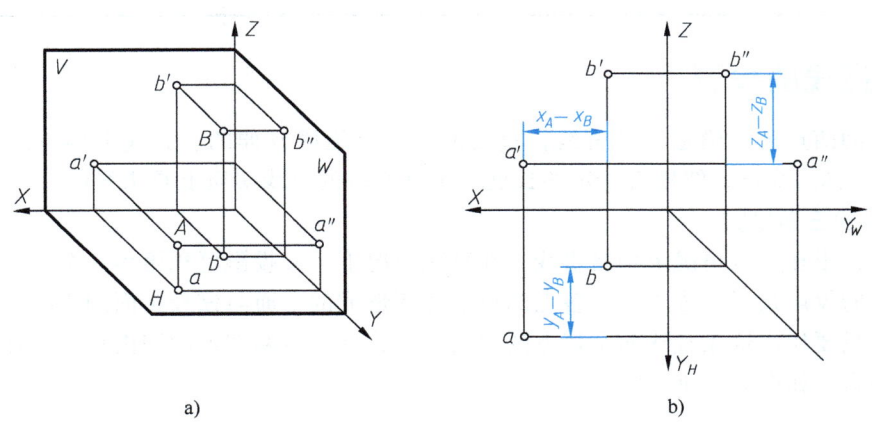

图 2-70 根据两点的投影判断其相对位置

若两个点处于某一投影面的同一投射线上，则两个点在这个投影面上的投影重合，这个重合的投影称为重影，空间的两点互为重影点。当然，重影点一定是相对某一个投影面的。

在表 2-15 中，当点 A 位于点 B 的正上方时，即它们在同一条垂直于 H 面的投射线上，其 H 投影 a 和 b 重合，A、B 两点是 H 面的重影点。由于点 A 在上，点 B 在下，向 H 面投射时，投射线先遇点 A，后遇点 B，所以点 A 的投影 a 可见，点 B 的投影 b 不可见。为了区别重影点的可见性，将不可见点的投影用字母加括号表示，如重影点 $a(b)$。点 A 和点 B 为 H 面的重影点时，它们的 x、y 坐标相同，z 坐标不同。

同理，当点 C 位于点 D 的正前方时，它们是相对于 V 面的重影点，其 V 面投影为 $c'(d')$。当点 E 位于点 F 的正左方时，它们是相对于 W 面的重影点，其 W 面投影为 $e''(f'')$。

表 2-15 投影面上的重影点

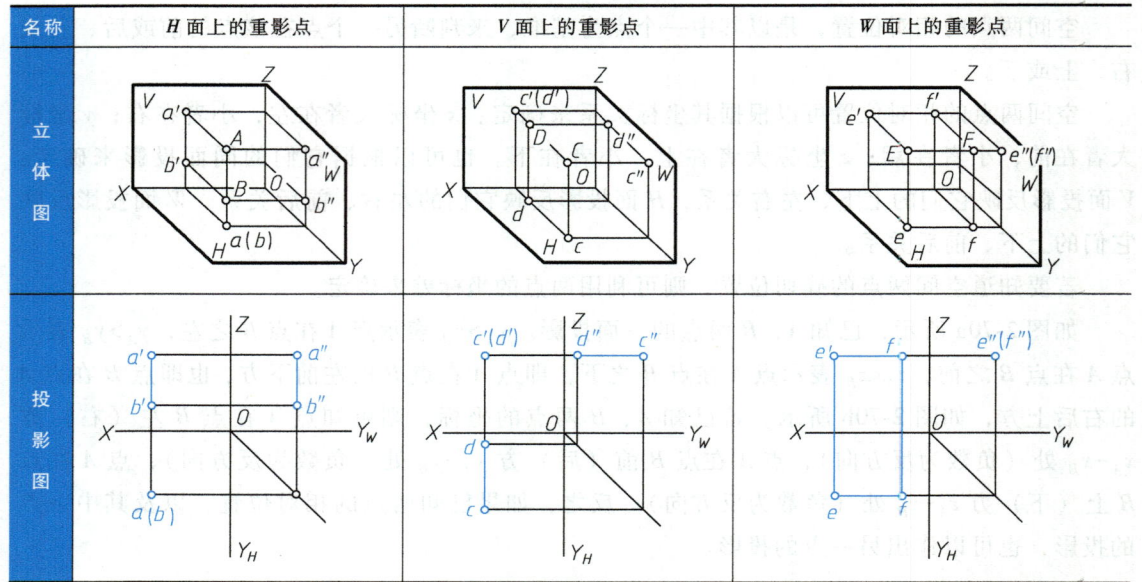

四、直线的投影

不重合的两点可以确定一条直线,直线的长度是无限延伸的。直线上两点之间的部分(一段直线)称为线段,线段有一定的长度。本书所讲的直线实质上是指线段。

1. 直线的三面投影

直线的投影在一般情况下仍是直线,在特殊情况下,其投影可积聚为一个点。直线在某一投影面上的投影是通过该直线上各点的投射线所形成的平面与该投影面的交线。作某一直线的投影,只要作出这条直线两个端点的三面投影,然后将两端点的同面投影相连,即得直线的三面投影,如图 2-71 所示。

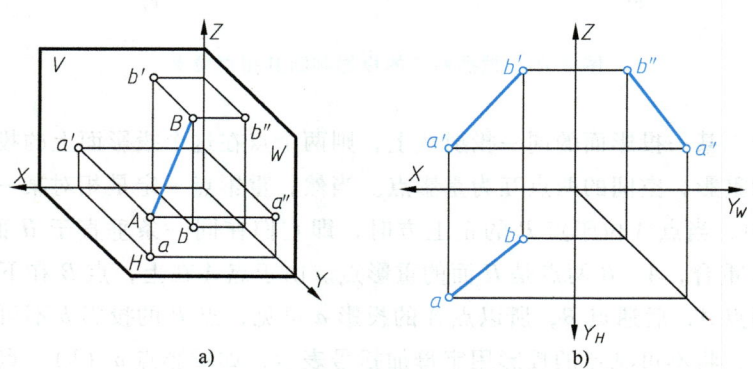

图 2-71 直线的三面投影

2. 直线上点的投影

如果点在直线上,则点的三面投影就必定在直线的三面投影上,这一性质称为点的从属性。一直线上的两线段之比,等于其同面投影之比,这一性质称为点的定比性。

如图 2-72a 所示，已知直线 AB 的两面投影，点 C 在 AB 上且分 AB 为 AC：CB = 2：3，求点 C 的三面投影。利用直线上点的从属性及定比性，以及点的投影特性，其投射过程如图 2-72a 所示，其投影如图 2-72b 所示，

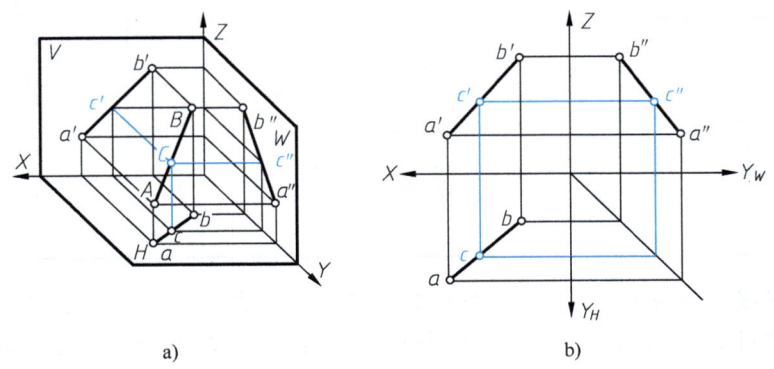

a)   b)

图 2-72 直线上点的投影

3. 各种位置直线的投影特性

按直线与三个投影面之间的相对位置，将空间直线分为两大类，即特殊位置直线和一般位置直线。特殊位置直线又分为投影面平行线和投影面垂直线。直线与投影面之间的夹角，称为直线的倾角。直线对 H 面、V 面、W 面的倾角分别用希腊字母 α、β、γ 表示。

（1）投影面平行线　平行于一个投影面而与另外两个投影面都倾斜的直线，称为投影面平行线。投影面平行线可分为水平线、正平线和侧平线三种，如图 2-73 所示。

1）平行于 H 面，同时倾斜于 V、W 面的直线称为水平线，见表 2-16 中 AB 线。

2）平行于 V 面，同时倾斜于 H、W 面的直线称为正平线，见表 2-16 中 CD 线。

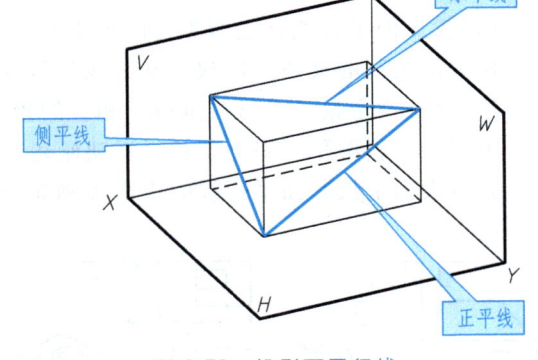

图 2-73 投影面平行线

3）平行于 W 面，同时倾斜于 H、V 面的直线称为侧平线，见表 2-16 中 EF 线。

表 2-16 投影面平行线

名称	水平线	正平线	侧平线
立体图			

(续)

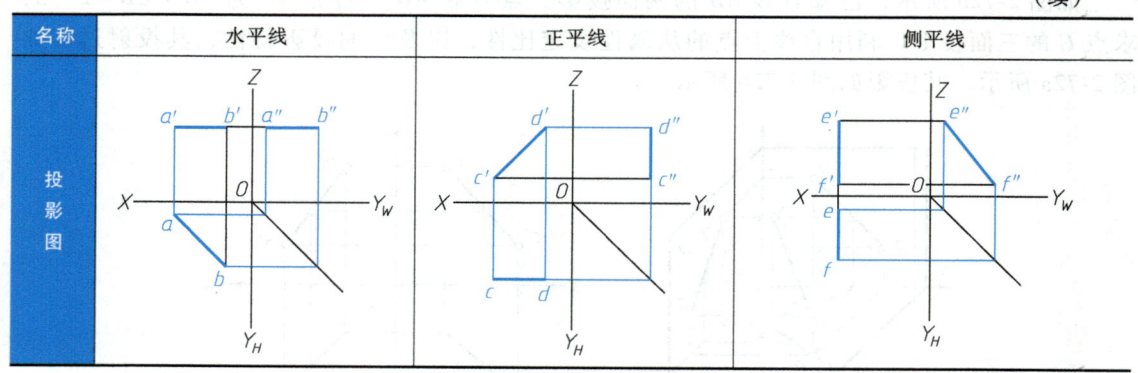

下面以水平线为例说明投影面平行线的投影特性。在表 2-16 中,由于水平线 AB 平行于 H 面,同时又倾斜于 V、W 面,因而其 H 面投影 ab 与直线 AB 平行且相等,即 ab 反映直线的实长。投影 ab 倾斜于 OX、OY_H 轴,ab 与 OX 轴的夹角反映直线对 V 面的倾角 β 的实形,与 OY_H 轴的夹角反映直线对 W 面的倾角 γ 的实形,AB 的 V 面投影和 W 面投影分别平行于 OX、OY_W 轴,同时垂直于 OZ 轴。同理,可分析出正平线 CD 和侧平线 EF 的投影特性。

综合表 2-16 中的水平线、正平线和侧平线的投影规律,可归纳出投影面平行线的投影特性如下:

1)投影面平行线在它所平行的投影面上的投影反映实长,且倾斜于投影轴,该投影与相应投影轴之间的夹角,反映空间直线与另外两个投影面的倾角。

2)其余两个投影平行或垂直于相应的投影轴,其长度小于实长。

也即:一斜两平,斜为实长,反映倾角。

立体表面上投影面平行线的投影实例如图 2-74 所示。

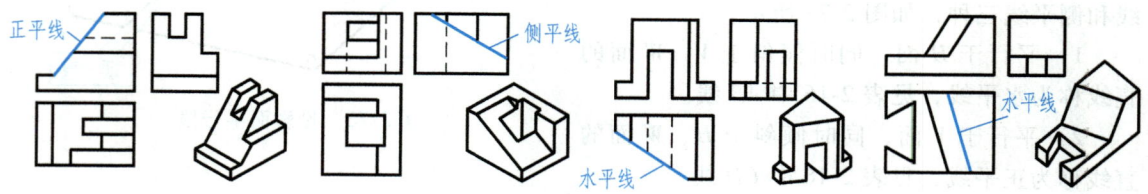

图 2-74 立体表面上投影面平行线的投影实例

(2)投影面垂直线 垂直于某一个投影面(同时必定平行于另外两个投影面)的直线,称为投影面垂直线,它分为铅垂线、正垂线和侧垂线三种,如图 2-75 所示。

1)垂直于 H 面的直线称为铅垂线,见表 2-17 中 AB 线。
2)垂直于 V 面的直线称为正垂线,见表 2-17 中 CD 线。
3)垂直于 W 面的直线称为侧垂线,见表 2-17 中 EF 线。

下面以铅垂线为例说明投影面垂直线的投影特性。在表 2-17 中,因直线 AB 垂直于 H 面,所以 AB 的 H 面投影积聚为一点 $a(b)$;因 AB 垂直于 H 面的同时必定平行于 V 面和 W 面,所以由平行投影的显实性可知 $a'b' = a''b'' = AB$,并且 $a'b'$ 垂直于 OX 轴,$a''b''$ 垂直于 OY_W 轴,它们同时平行于 OZ 轴。

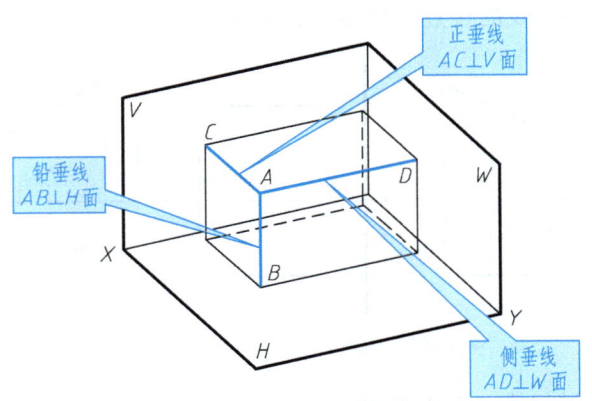

图 2-75 投影面垂直线

表 2-17 投影面垂直线

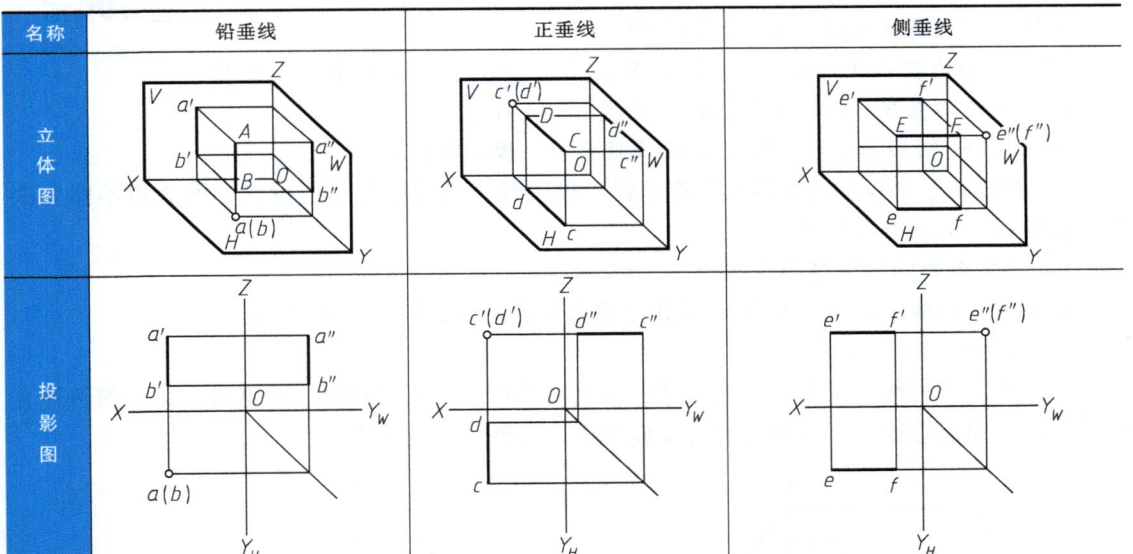

综合表 2-17 中的铅垂线、正垂线和侧垂线的投影规律,可归纳出投影面垂直线的投影特性如下:

1) 直线在它所垂直的投影面上的投影积聚为一点。
2) 直线的另外两个投影平行或垂直于相应的投影轴,且反映实长。

也即:一点两线,线垂直于轴,等于实长。

立体表面上投影面垂直线的投影实例如图 2-76 所示。

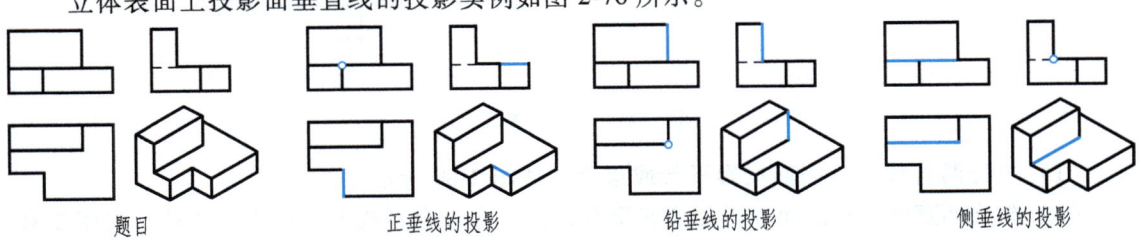

图 2-76 立体表面上投影面垂直线的投影实例

【例 2-3】 判断下列直线的位置，如图 2-77 所示。

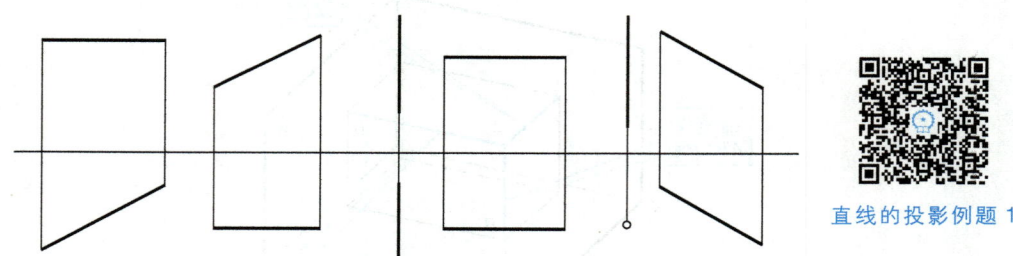

直线的投影例题 1

图 2-77 判断直线的位置举例

解题过程及答案通过扫描二维码观看。

【例 2-4】 已知直线 AB 的水平投影 ab，AB 对 H 面的倾角为 30°，端点 A 距水平面的距离为 10，A 点在 B 点的左下方，求 AB 的正面投影 a'b'。

直线的投影例题 2

解题过程及答案通过扫描二维码观看。

（3）一般位置直线　与三个投影面都倾斜（既不平行又不垂直）的直线称为一般位置直线，简称一般直线，如图 2-78a 所示。

从图 2-78b 可以看出，一般位置直线具有以下投影特性：

1）直线在三个投影面上的投影都倾斜于投影轴，其投影与相应投影轴的夹角不能反映其与相应投影面的真实倾角。

2）三个投影的长度都小于实长。

一般位置直线（线段）的实长及其与投影面的夹角，如图 2-79 所示。

4. 两直线的相对位置

空间两直线的相对位置可分为三种：两直线平行、两直线相交、两直线交叉。前两种直线又统称为同面直线，后一种又称为异面直线。其投影特点如下：

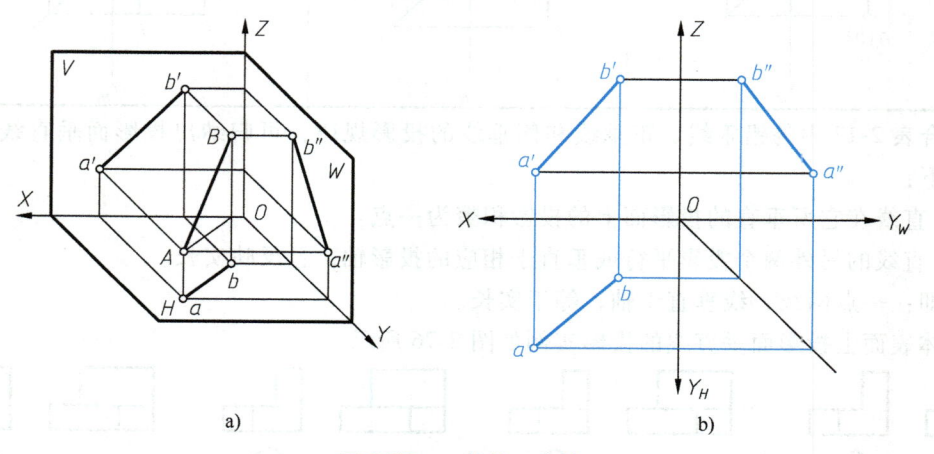

图 2-78 一般位置直线

（1）平行两直线　其同面投影平行或重合，如图 2-80 所示。

（2）相交两直线　其同面投影相交或重合，且交点符合直线上点的投影规律。如图 2-81 所示，AB 与 CD 的交点 E 的投影符合点的投影规律，其投影连线垂直于相应的投影轴。

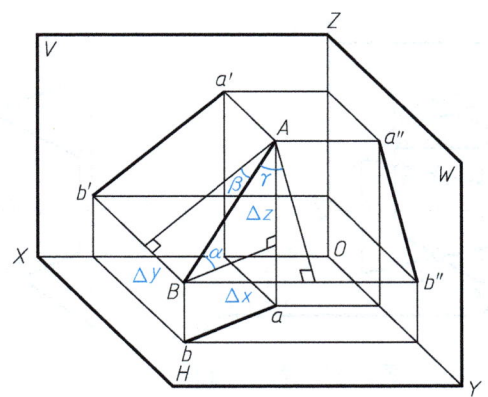

图 2-79 一般位置线段的实长及其与投影面的夹角

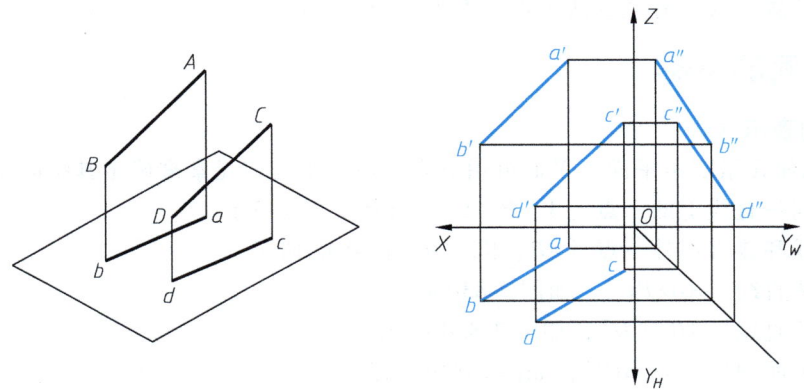

图 2-80 平行两直线的投影

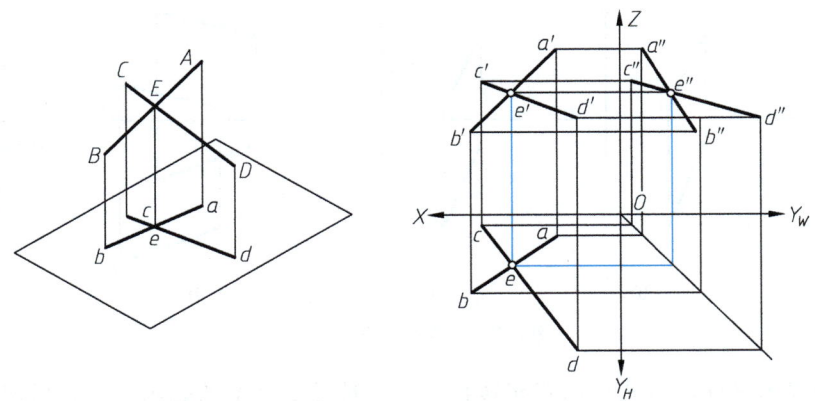

图 2-81 相交两直线的投影

（3）交叉两直线　其同面投影相交或平行，且交点不符合直线上点的投影规律，如图 2-82 所示。

思考：如何判断直线与投影面的关系？

1）投影面平行线：有一个投影倾斜于投影轴，另两个投影平行于投影轴。

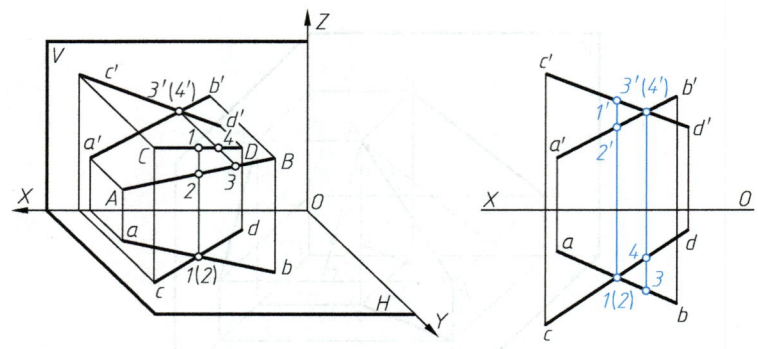

图 2-82 交叉两直线的投影

2）投影面垂直线：有一个投影积聚为一点。

3）一般位置直线：有至少两个投影不平行于投影轴。

五、平面的投影

1. 平面的表示方法

（1）用几何元素表示平面　平面可用下列任何一组几何元素来确定其空间位置：

1）不在同一直线上的三点 [A、B、C]，如图 2-83a 所示。

2）一直线和该直线外一点 [AB、C]，如图 2-83b 所示。

3）相交两直线 [$AB×BC$]，如图 2-83c 所示。

4）平行两直线 [$AB/\!/CD$]，如图 2-83d 所示。

5）任意平面图形 [$\triangle ABC$]，如图 2-83e 所示。

在投影图上可以用上述任何一组几何元素的投影表示平面。

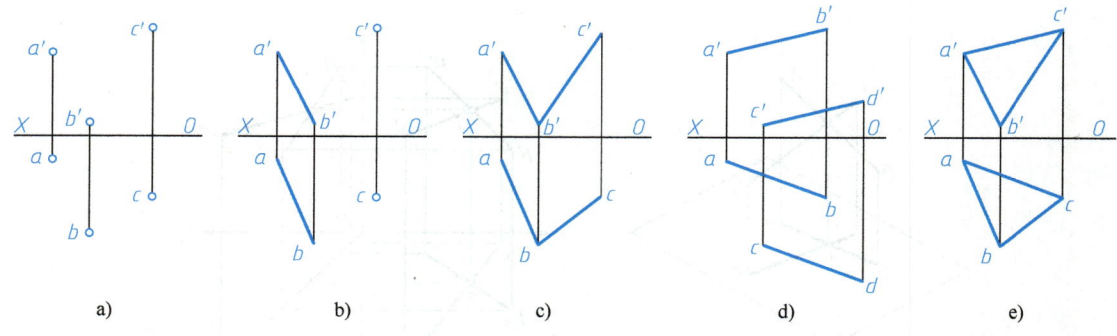

图 2-83 平面的表示方法

以上五种表示平面的方式可以互相转化，第一种是最基本的表示方式，后四种都是由其演变而来的。众所周知，在空间不属于同一直线上的三点能唯一地确定一个平面。对同一平面来说，无论采用哪一种方式表示，它所确定的空间平面的位置是始终不变的。需要强调的是，前四种只确定平面的位置，第五种不但能确定平面的位置，而且能表示平面的形状和大小，所以一般常用平面图形来表示平面。

（2）用迹线表示平面　平面的空间位置还可以由它与投影面的交线来确定，平面与投影面的交线称为该平面的迹线。如图 2-84a 所示，平面 P 与 H 面的交线称为水平迹线，用 P_H 表示；平面 P 与 V 面的交线称为正面迹线，用 P_V 表示；平面 P 与 W 面的交线称为侧面迹线，用 P_W 表示。其展开投影如图 2-84b 所示。

特殊位置平面（这里为侧垂面）的迹线表示法，如图 2-85 所示。

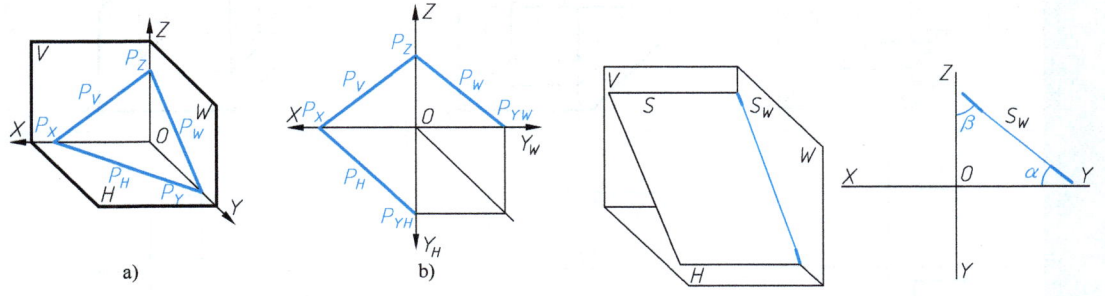

图 2-84　平面的迹线表示法　　　　图 2-85　侧垂面的迹线表示法

一般情况下，相邻两条迹线相交于投影轴上，它们的交点也就是平面与投影轴的交点。在投影图中，这些交点分别用 P_X、P_Y、P_Z 来表示。如图 2-84a 所示的平面 P，实质上就是相交两直线 P_H 与 P_V 所表示的平面，也就是说由三条迹线中的任意两条就可以确定平面的空间位置，其投影如图 2-84b 所示。

由于迹线位于投影面上，它的一个投影与自身重合，另外两个投影与投影轴重合，通常用只画出与自身重合的投影并加标记（如 P_V、P_H、P_W）的方法来表示迹线，凡是与投影轴重合的投影均不标记。特殊位置平面中有积聚性的迹线，其两端用短粗实线表示，中间用细实线相连，并标出迹线符号，如图 2-85 所示。

2. 各种位置平面的投影特性

根据平面与投影面的相对位置不同，将空间平面分为两大类，即特殊位置平面和一般位置平面。特殊位置平面又分为投影面平行面和投影面垂直面。

（1）投影面平行面　平行于一个投影面（同时必然垂直于另外两个投影面）的平面，称为投影面平行面。它分为水平面、正平面和侧平面三种。

1）平行于 H 面的平面称为水平面，见表 2-18 中的平面 P。

2）平行于 V 面的平面称为正平面，见表 2-18 中的平面 Q。

3）平行于 W 面的平面称为侧平面，见表 2-18 中的平面 R。

下面以水平面为例说明投影面平行面的投影特性。在表 2-18 中，水平面 P 平行于 H 面，同时与 V 面、W 面垂直。其水平投影反映图形的实形，V 面投影和 W 面投影均积聚成一条直线，且 V 面投影平行于 OX 轴，W 面投影平行于 OY_W 轴，它们同时垂直于 OZ 轴。同理可分析出正平面、侧平面的投影特性。

综合表 2-18 中水平面、正平面和侧平面的投影规律，可归纳出投影面平行面的投影特性如下：

1）投影面平行面在它所平行的投影面上的投影反映实形。

2）投影面平行面在另外两个投影面上的投影积聚为一条直线，且分别平行于相应的投影轴。

也即：一形两线，反映实形，线平行于轴。

表 2-18 投影面平行面

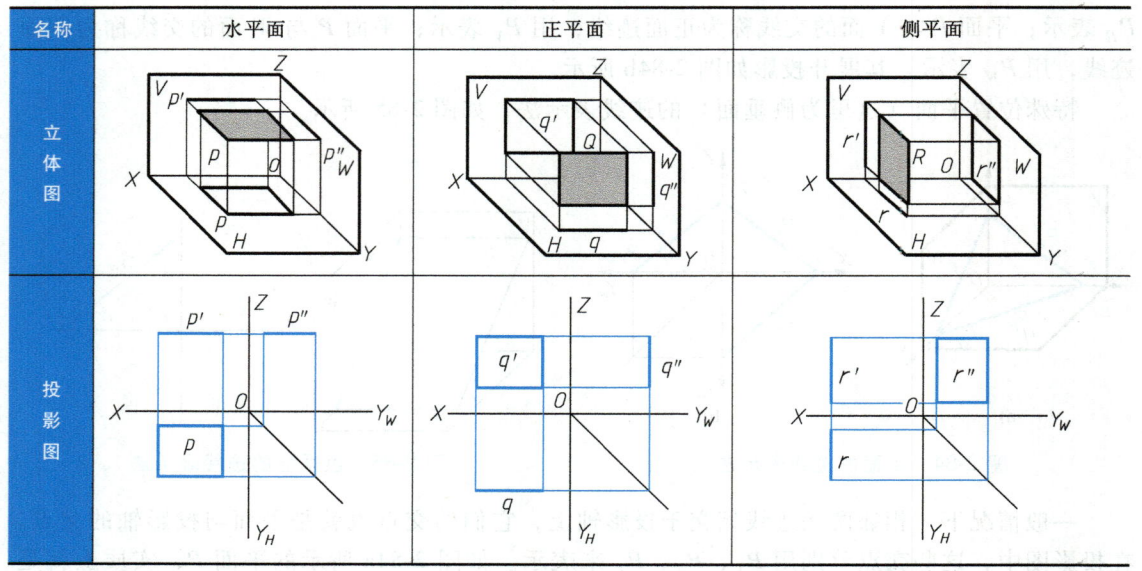

立体表面上投影面平行面的投影实例如图 2-86 所示。

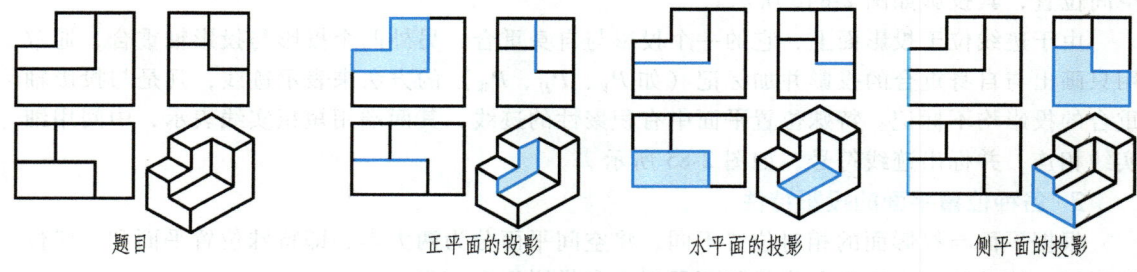

题目　　　　　正平面的投影　　　　水平面的投影　　　　侧平面的投影

图 2-86　立体表面上投影面平行面的投影实例

（2）投影面垂直面　垂直于一个投影面，并且同时倾斜于另外两个投影面的平面，称为投影面垂直面。它分为铅垂面、正垂面和侧垂面三种。

1）垂直于 H 面，同时倾斜于 V 面和 W 面的平面称为铅垂面，见表 2-19 中的平面 P。
2）垂直于 V 面，同时倾斜于 H 面和 W 面的平面称为正垂面，见表 2-19 中的平面 Q。
3）垂直于 W 面，同时倾斜于 H 面和 V 面的平面称为侧垂面，见表 2-19 中的平面 R。

表 2-19 投影面垂直面

名称	铅垂面	正垂面	侧垂面
立体图			

(续)

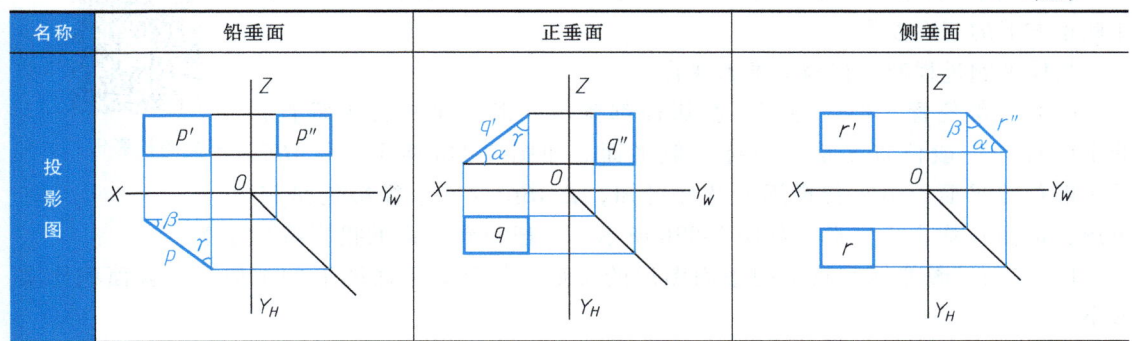

平面与投影面的夹角称为平面的倾角,平面与 H 面、V 面、W 面的倾角分别用 α、β、γ 表示。在表 2-19 中,平面 P 垂直于水平面,其水平面投影积聚为一倾斜直线 p,倾斜直线 p 与 OX 轴、OY_H 轴的夹角分别反映铅垂面 P 与 V 面、W 面的倾角 β 和 γ,由于平面 P 倾斜于 V 面、W 面,所以其正面投影和侧面投影均为其类似形。

综合表 2-19 中的铅垂面、正垂面和侧垂面的投影规律,可归纳出投影面垂直面的投影特性如下:

1) 投影面垂直面在它所垂直的投影面上的投影积聚成一直线,此直线与相应投影轴的夹角反映该平面对另外两个投影面的倾角。

2) 投影面垂直面在另外两个投影面上的投影为原平面图形的类似形,面积比实形小。

也即:一线两形,不反映实形。

立体表面上投影面垂直面的投影实例如图 2-87 所示。

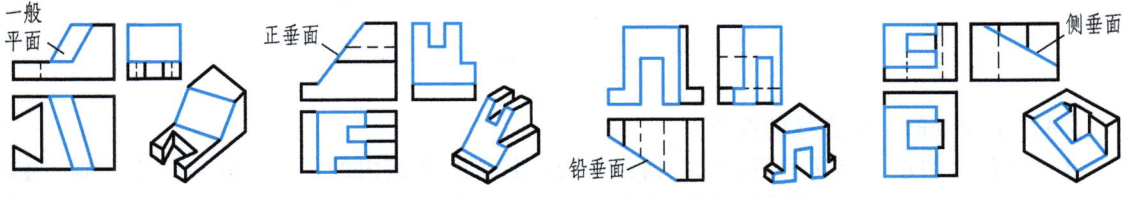

图 2-87 立体表面上投影面垂直面的投影实例

以上两种特殊位置的平面如果不需表示其形状和大小,只需确定其位置,可用迹线来表示,且只用有积聚性的迹线即可。如图 2-88a 所示为铅垂面 P,不需图 2-88b 所示那样把所有迹线都画出,只需画出 P_H 就能确定空间平面 P 的位置,如图 2-88c 所示。

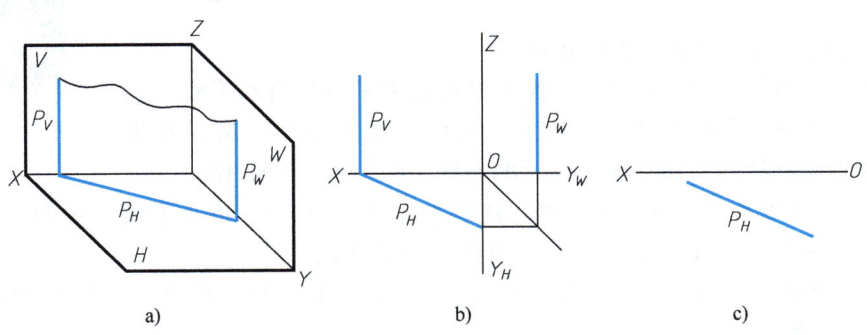

图 2-88 特殊位置平面的迹线表示法

【例2-5】 已知正方形平面 ABCD 垂直于 V 面及 AB 的两面投影，求作此正方形的三面投影。

具体解题过程通过扫描二维码观看。

平面的投影例题1

（3）一般位置平面　与三个投影面都倾斜（既不平行又不垂直）的平面称为一般位置平面，简称一般平面。如图 2-89a 所示，△ABC 是一般位置平面，由平行投影的特性可知，△ABC 的三个投影仍是三角形，但面积均小于实形，如图 2-89b 所示。一般位置平面的投影特性如下：

1）三面投影都不反映空间平面图形的实形，都是原平面图形的类似形，且面积比实形小。

2）三面投影都不反映该平面与投影面的倾角。

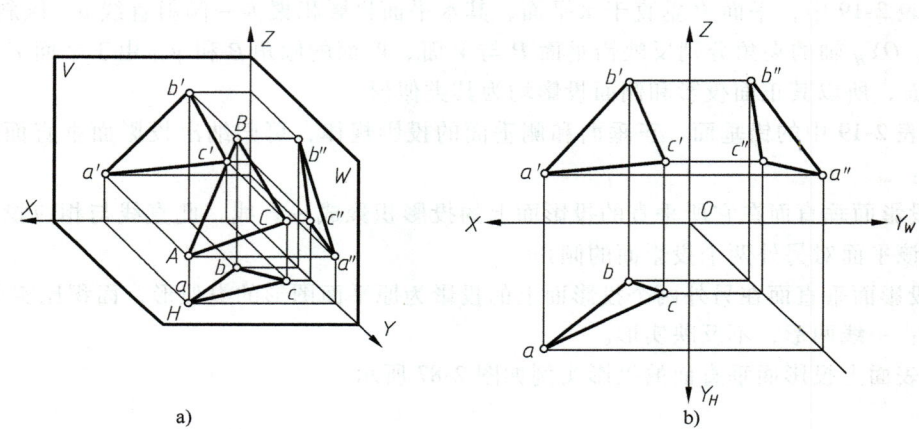

图 2-89　一般位置平面

（4）平面上的点和直线的投影

1）平面上的点。点在平面上的几何条件为：若点在平面内的任一已知直线上，则点必在该平面上。

2）平面上的直线。直线在平面上的几何条件为：若一直线经过平面上的两个已知点，或经过平面上的一个已知点且平行于该平面上的另一已知直线，则此直线必定在该平面上。

【例2-6】 已知平面 ABC 上点 E 的正面投影 e′，求点 E 的水平投影 e。

具体解题过程通过扫描二维码观看。

平面的投影例题2

（5）平面上的投影面平行线　平面上的投影面平行线有水平线、正平线和侧平线三种，它们既具有平面上的直线的投影特性，又具有投影面平行线的投影特性。图 2-90a 所示的直线 EF，就是平面 ABC 上的一条水平线，图 2-90b 所示的直线 GH，就是平面 ABC 上的一条正平线。平面的迹线是平面上特殊的投影面平行线，也是平面与该投影面的交线。

属于平面 P 的水平线 AB、CD 和正平线 EF、GH，如图 2-91 所示。读者可试着自行绘制其两面或三面投影。

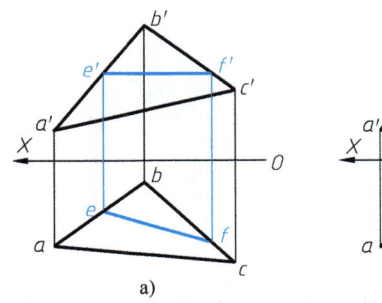
a)
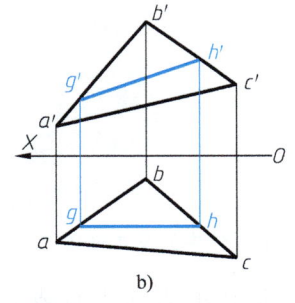
b)

图 2-90 平面上的投影面平行线的投影

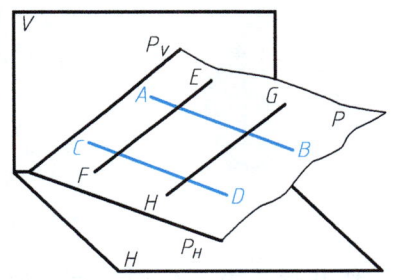

图 2-91 属于平面 P 的水平线和正平线

六、基本体的投影

前面已讨论了立体表面几何元素（点、直线和平面）的投影规律以及定位和度量问题，这是画法几何的基础。下面将用所学的知识去研究有关立体的投影问题。在生产实践中，我们会接触到各种形状的机件，这些机件的形状虽然复杂多样，但都是由一些简单的立体经过叠加、切割或相交等形式组合而成的，如图 2-92 所示。我们把这些形状简单且规则的立体称为基本几何体，简称为基本体。

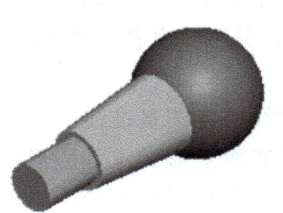

图 2-92 机件的组成

基本体的大小、形状是由其表面限定的，按其表面性质的不同可分为平面立体和曲面立体。表面都是由平面围成的立体称为平面立体（简称为平面体），如棱柱、棱锥和棱台等。表面都是由曲面或是由曲面与平面共同围成的立体称为曲面立体（简称为曲面体），其中围成立体的曲面是回转面的曲面立体，又称为回转体，如圆柱、圆锥、圆球和圆环等。

这里只介绍简单平面立体的投影，对于简单曲面立体的投影将在后面介绍。

平面立体主要有棱柱和棱锥两种，棱台是由棱锥截切得到的。常见平面立体中的基本形体如图 2-93 所示。平面立体上相邻两面的交线称为棱线。因为围成平面立体的表面都是平面多边形，而平面图形是由直线段围成的，直线段又是由其两端点所确定的，所以绘制平面立体的投影，实际上就是画出各平面间的交线和各顶点的投影。在平面立体中，可见棱线用粗实线表示，不可见棱线用细虚线表示，以区分可见表面和不可见表面。

（1）棱柱　棱柱分直棱柱（侧棱与底面垂直）和斜棱柱（侧棱倾斜于底面）。棱柱上、下底面是两个形状相同且互相平行的多边形，各个侧面都是矩形（对直棱柱而言）或平行四边形（对斜棱柱而言），上、下底面是正多边形的直棱柱，称为正棱柱。下面以正六棱柱为例，绘制棱柱的投影。

1）安放位置。安放形体时，要考虑两个因素：一要使形体处于稳定状态；二要考虑形

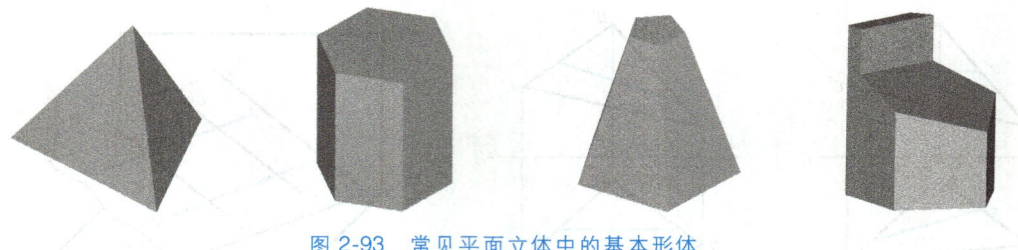

图 2-93　常见平面立体中的基本形体

体的工作状况。为了作图方便，应尽量使形体的表面平行或垂直于投影面。为此，将图 2-94a 所示的正六棱柱的上、下底面平行于 H 面放置，并使其前后两个侧面平行于 V 面，进而绘制正六棱柱的三面投影。

2）投影分析。图 2-94b 所示为正六棱柱的三面投影。因为上、下两底面是水平面，前、后两个棱面为正平面，其余四个棱面是铅垂面，所以它的水平投影是一个正六边形，它是上、下底面的重合投影，反映了实形，正六边形的六个边即为六个侧棱面的积聚投影，正六边形的六个顶点分别是六条侧棱的水平积聚投影。该正六棱柱的前、后棱面是正平面，其正面投影反映实形，其余四个侧棱面是铅垂面，因而正面投影是其类似形。合在一起，正六棱柱的正面投影是三个并排的矩形线框。中间的矩形线框为前、后棱面反映实形的重合投影，左、右两侧的矩形线框为其余四个侧棱面的重合投影。此线框的上、下两边即为上、下两底面的积聚投影。正六棱柱的侧面投影是两个并排的矩形线框，是四个铅垂棱面的重合投影。

3）棱柱投影的作图步骤如下：
① 布置图面，画中心线和对称线等作图基准线。
② 画水平投影，即反映上、下底面实形的正六边形。
③ 根据正六棱柱的高，按投影关系画正面投影。
④ 根据正面投影和水平投影，按投影关系画侧面投影。
⑤ 检查并描深图线，完成作图。

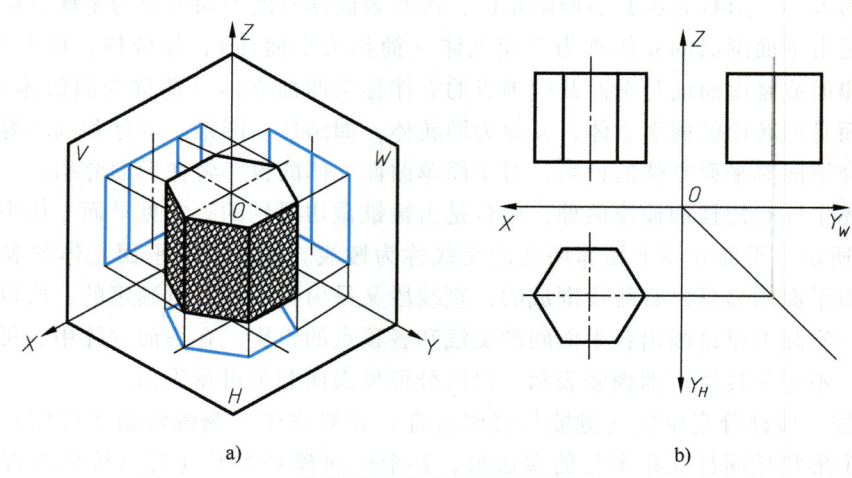

a)　　　　　　　　　　　　　　b)

图 2-94　正六棱柱的投影

（2）棱锥　棱锥的底面为多边形，各侧面为若干具有公共顶点的三角形。当棱锥的底面是正多边形，各侧面是全等的等腰三角形时，称为正棱锥。下面以正三棱锥为例，绘制棱锥的投影。

1）安放位置。将图 2-95a 所示的正三棱锥的底面平行于 H 面放置，并使其后面的侧棱面垂直于 W 面，进而绘制正三棱锥的三面投影。

2）投影分析。图 2-95b 所示为正三棱锥的三面投影。因为底面是水平面，所以其水平投影是一个正三角形（反映实形），其正面投影是一条直线（有积聚性）。连接锥顶和底面三角形各顶点的同面投影，即为正三棱锥的正面和侧面投影。其中，水平投影为三个三角形的线框，它们分别表示三个侧棱面及底面的投影。正面投影是两个并排的三角形，它是三棱锥前面两个侧棱面与后面侧棱面的重合投影。侧面投影是一个三角形，它是前面左右两侧棱面的重合投影，右边侧棱面是不可见的，而后面侧棱面因与 W 面垂直，其投影积聚为一条直线。

3）棱锥投影的作图步骤如下：

① 布置图面，画中心线和对称线等作图基准线。
② 画水平投影。
③ 根据正三棱锥的高，按投影关系画正面投影。
④ 根据正面投影和水平投影，按投影关系画侧面投影。
⑤ 检查并描深图线，完成作图。

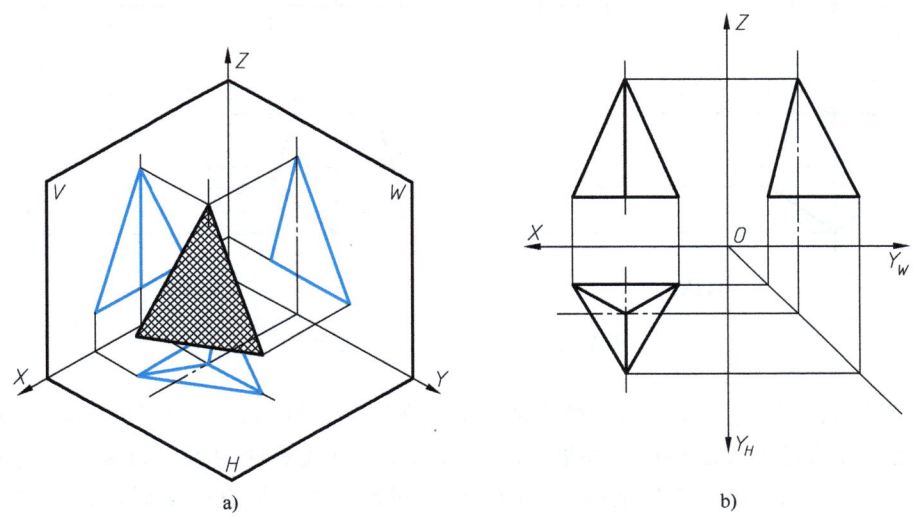

图 2-95 正三棱锥的投影

【例 2-7】 作四棱台的正投影图。

具体解题过程通过扫描二维码观看。

（3）平面立体上点和线的投影 平面立体的表面都是平面多边形，在其表面上取点、取线的作图问题，实质上就是平面上取点、取线作图的应用。其作图的基本原理就是：平面立体上的点和线一定在立体表面上。由于平面立体的各表面存在着相对位置的差异，必然会出现表面投影的相互重叠，从而产生各表面投影的可见与不可见问题，因此对于平面立体表面上的点和线，还应考虑它们的可见性问题。

平面立体的投影例题1

判断平面立体表面上点和线可见与否的原则是：如果点、线所在表面投影可见，那么点、线的同面投影一定可见，否则不可见。当然，如果点、线所在表面的投影具有积聚性，则不必判断其投影的可见性，这对所有立体都适用。

立体表面取点、取线的求解问题一般是指已知立体的三面投影和它表面上某一点（线）的一面投影，求该点（线）的另两面投影，这类问题的求解方法如下：

1）从属性法。当点（线）位于立体表面的某条棱线上时，那么点的投影必定在棱线的同面投影上，即可利用线上点的从属性求解。

2）积聚性法。当点（线）所在的立体表面对某投影面的投影具有积聚性时，那么点（线）的投影必定在该表面在这个投影面的积聚投影上。

如图2-96a所示，在五棱柱后侧棱面上给出了点 A 的正面投影 a'，在上底面上给出了点 B 的水平投影 b。可以利用棱面和底面投影的积聚性直接作出点 A 的水平投影 a 及点 B 的正面投影 b'，再进一步作出另外一面的投影，如图2-96b所示。

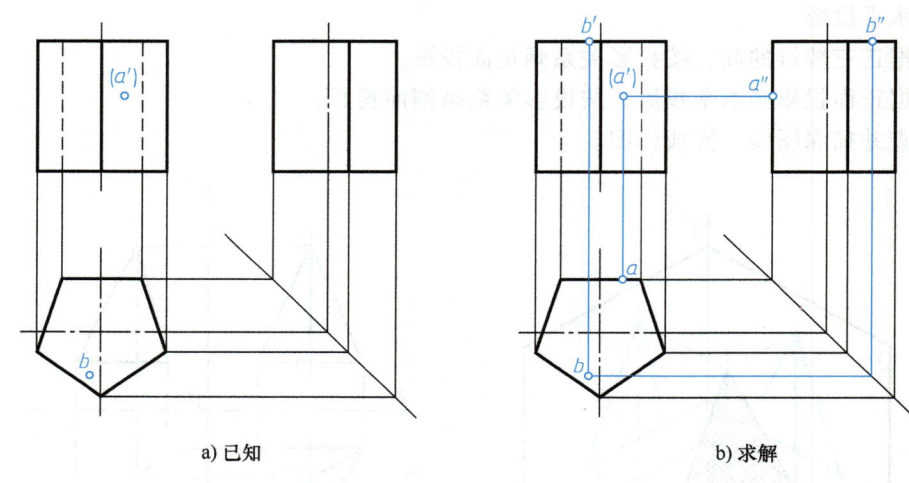

a) 已知   b) 求解

图2-96 在五棱柱的表面定点

3）辅助线法。当点（线）所在的立体表面无积聚性投影时，必须利用作辅助线的方法来求解。这种方法是先过已知点（如果是线，则取线上有代表性的点，如端点、转向点等）在立体表面作一辅助直线，求出辅助直线的另两面投影，再依据点的从属性，求出点（线）的各面投影。

如图2-97a所示，在三棱锥的 SEG 棱面上给出了点 A 的正面投影 a'，又在 SFG 棱面上给出了点 B 的水平投影 b。为了作出点 A 的水平投影 a 和点 B 的正面投影 b'，可以运用在平面上定点的方法，即首先在平面上画一条过该点的辅助线，然后在此辅助线上定点。

图2-97b所示为投影的画法，图中过点 A 作一条平行于底边 EG 的辅助线，而过点 B 作一条通过锥顶的辅助线，所求的投影 a、b' 都是可见的，再依据投影原理作出整个立体及表面上点的侧面投影，注意 b'' 不可见。

【例2-8】 已知三棱锥的三面投影及其表面上的线段 EF 的投影 ef，求出线段的其他投影。

具体解题过程通过扫描二维码观看。

平面立体的投影例题2

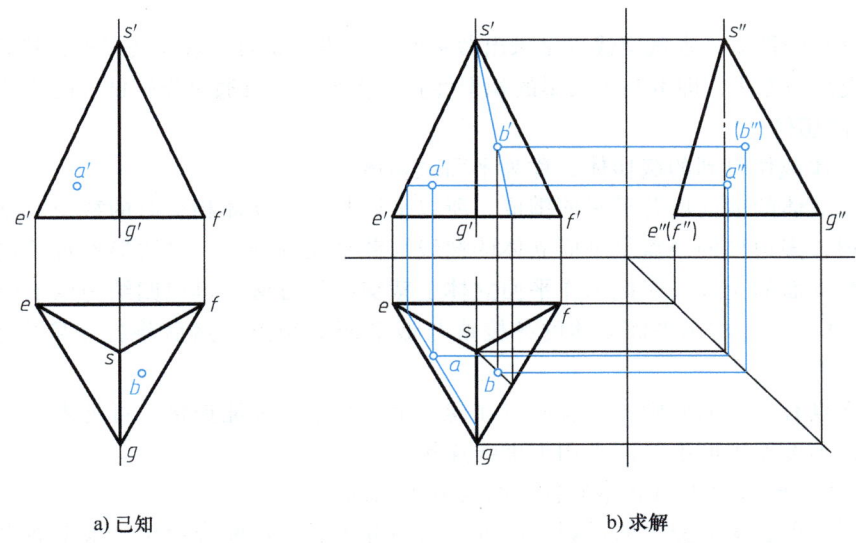

a) 已知　　　　　　　　　　b) 求解

图 2-97　三棱锥表面上点的投影

七、截切体

基本体被平面截切后的剩余部分，称为截切体，也称为截断体。由于被平面或曲面截切，会在表面上产生相应的截交线。了解截交线的性质及投影画法，将有助于我们对机件形状结构的正确分析与表达。

1. 截切体的有关概念及性质

如图 2-98 所示，五棱柱被平面 P 截为两部分，其中用来截切立体的平面称为截平面；立体被截切后的部分称为截切（断）体；立体被截切后的断面称为截断面；截平面与立体表面的交线称为截交线。

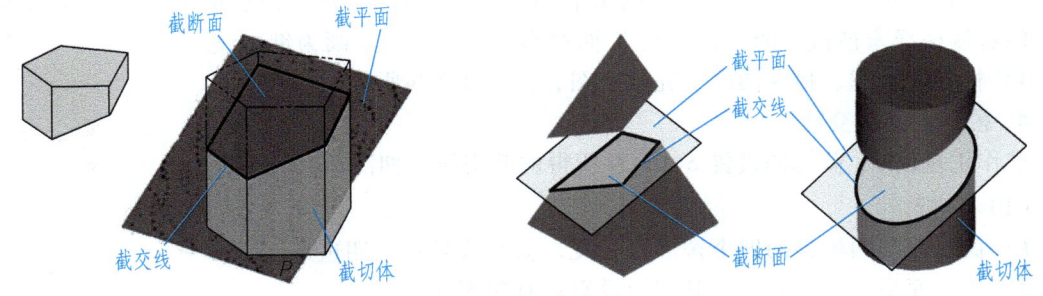

图 2-98　立体的截交线

尽管立体的形状不尽相同，分为平面立体和曲面立体，尺寸也有大有小，截平面与立体表面的相对位置也各不相同，由此产生的截交线的形状也千差万别，但所有的截交线都具有以下基本性质：

1) 共有性。截交线是截平面与立体表面的共有线，是截平面与立体表面共有点的集合。截交线上的每一个点，既在截平面上，又在立体表面上。

2) 封闭性。由于立体表面是有范围的，所以截交线是封闭的平面图形（平面多边形或平面曲线）。

根据截交线的性质，求截交线就是求出截平面与立体表面的一系列共有点，然后依次连接即可。求截交线的方法，即可利用投影的积聚性直接作图，也可通过作辅助线的方法求出。

2. 平面截切体

由平面立体截切得到的截切体，称为平面截切体。

因为平面立体的表面由若干平面围成，所以平面与平面立体相交时的截交线是一个封闭的平面多边形，多边形的顶点是平面立体的棱线与截平面的交点，多边形的每条边是平面立体的表面与截平面的交线。因此求作平面立体上截交线的方法，可以归纳为以下两种。

1）交点法。即先求出平面立体的各棱线与截平面的交点，然后将各点依次连接起来，即得截交线。

连接各交点有一定的原则：只有两点在同一个表面上时才能连接，可见表面上的两点用粗实线连接，不可见表面上的两点用细虚线连接。

2）交线法。即求出平面立体的各表面与截平面的交线。

一般常用交点法求截交线的投影。两种方法不分先后，可配合运用。求平面立体截交线的投影时，要先分析平面立体在未截切前的形状是怎样的，它是怎样被截切的，以及截交线有何特点等，然后再作图。具体应用时，通常利用投影的积聚性辅助作图。

3. 棱柱上的截交线

如图 2-99a 所示，求作五棱柱被正垂面 P_V 截断后的投影。

（1）分析　截平面与五棱柱的五个侧棱面均相交，与顶面不相交，故截交线为五边形 $ABDEC$。

（2）作图

1）由于截平面为正垂面，故截交线的 V 面投影 $a'(b')(d')e'c'$ 已知，于是截交线的 H 面投影 $abdec$ 也确定。

2）运用交点法，依据"主左视图高平齐"的投影关系，作出截交线的 W 面投影 $a''b''d''e''c''$。

3）五棱柱截去左上角，截交线的 H 面和 W 面投影均可见。截去的部分，棱线不再画出，但右侧棱线未被截去的一段，在 W 面投影中不可见，应画为细虚线。

4）检查、整理、描深图线，完成全图，如图 2-99b 所示。

4. 棱锥上的截交线

求作正垂面 P_V 截切四棱锥 S-$ABCD$ 所得的截交线，如图 2-100a 所示。

（1）分析

1）截平面与四棱锥的四个棱面都相交，截交线是一个四边形。

2）截平面是一个正垂面，其正面投影具有积聚性。

3）截交线的正面投影与截平面的正面投影重合，即截交线的正面投影已确定，只需求出水平投影及侧面投影。

（2）作图

1）因为 P_V 具有积聚性，所以 P_V 与 $s'a'$、$s'b'$、$s'c'$ 和 $s'd'$ 的交点 $1'$、$2'$、$3'$ 和 $4'$ 即为空间点 Ⅰ、Ⅱ、Ⅲ 和 Ⅳ 的正面投影。

2）利用从属关系，向下引铅垂线求出相应的点 1、2、3 和 4。

3）运用交点法，依据"主左视图高平齐"的投影关系，作出截交线的 W 面投影 $1''2''3''4''$。

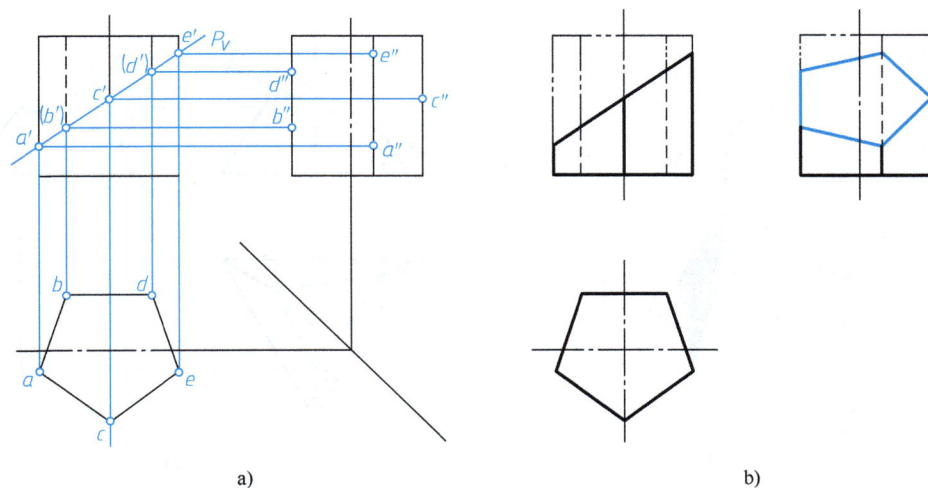

a)   b)

图 2-99 作五棱柱的截交线

4）四边形 1234 为截交线的水平投影。线段（1′）2′3′（4′）为截交线的正面投影。截交线侧面投影均可见。

5）检查、整理、描深图线，完成全图，如图 2-100b 所示。

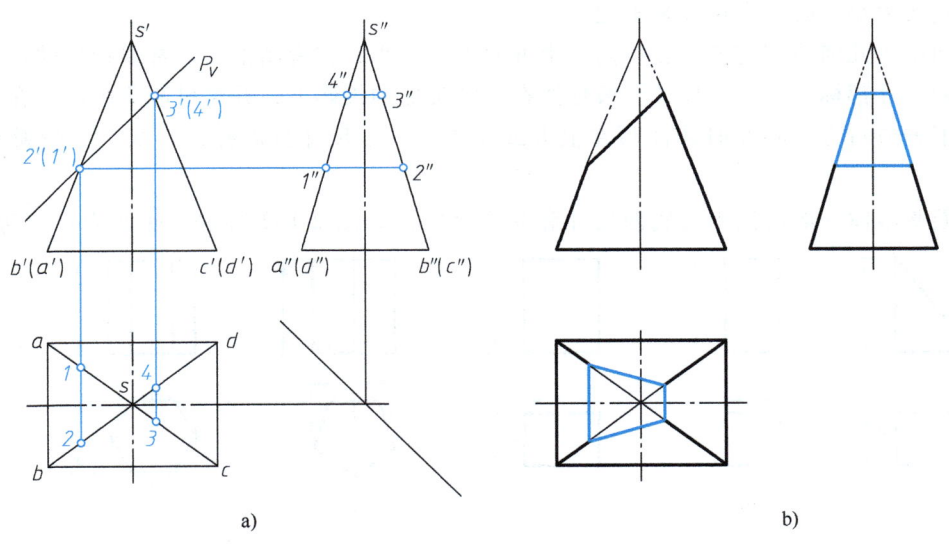

a)   b)

图 2-100 正垂面 P_V 与四棱锥 S-ABCD 的截交线

图 2-101a 所示为正三棱锥被正垂面 P_V 截切的立体图，图 2-101b 所示为求作截交线的过程。

5. 带缺口的平面立体的投影

绘制带缺口的立体的投影，在工程制图中经常出现，其实质仍然是求平面截切（交）立体的问题。

【例 2-9】 已知带有缺口的正六棱柱的 V 面投影，求其 H 面和 W 面投影。

具体解题过程通过扫描二维码观看。

平面立体的投影例题 3

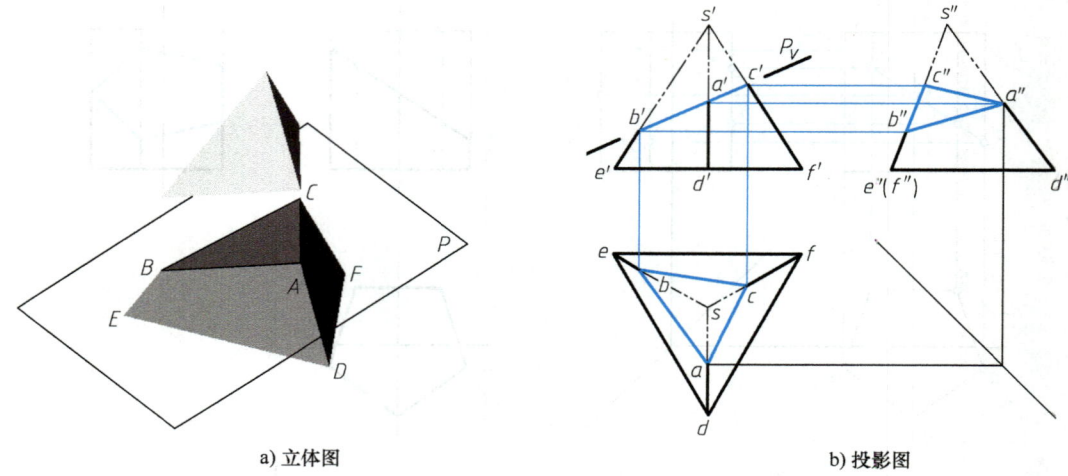

a) 立体图 b) 投影图

图 2-101 三棱锥的截交线

八、基本体的尺寸标注

形体的视图，只能表达形体的形状及各部分的相对位置关系，但不能确定其真实大小。形体的真实大小，必须由尺寸来确定。

任何基本几何体都有长、宽、高三个方向上的大小，在视图上，通常要把反映这三个方向大小的尺寸都标注出来。尺寸一般标注在反映实形的投影上，并尽可能集中注写在一两个投影的下方或右方，必要时才注写在上方或左方。一个尺寸只需标注一次，尽量避免重复标注。

平面基本体一般应注出其底面尺寸和高度尺寸，如图 2-102 所示。底面为正多边形时，

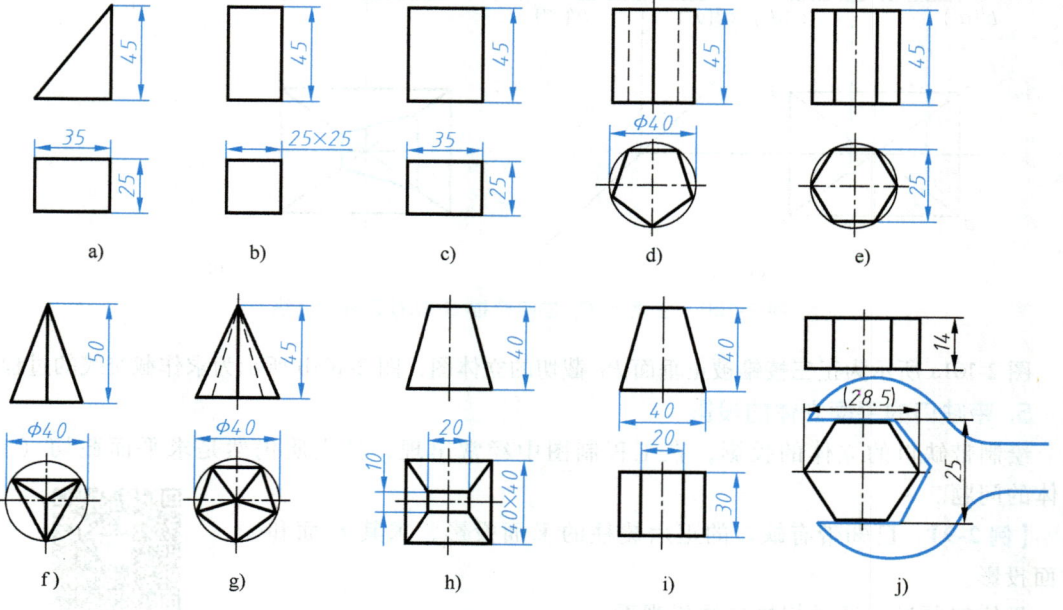

图 2-102 平面基本体的尺寸标注

可标注其外接圆直径；底面为正方形时，可采用"25×25"或"□25"形式标注；正六棱柱的底面也可标注其对边距，如图 2-102e 所示，或者外接圆直径与对边距同时标注，如图 2-102j 所示，但这属于重复尺寸，在这种情况下，将外接圆直径加上括号即可。

【边学边练】

1. 检查所需工具、材料是否齐全；检查工作环境是否干净、整洁。

2. 对给定的垫块零件进行形体分析，了解其总体形状和结构，其组合形式如何？由哪几个部分组成？每一部分的形状、结构如何？各部分之间的相对位置关系及表面连接关系如何？

3. 先安放好垫块（平稳且兼顾长度方向的尺寸），并确定其主视图的投射方向，再根据其大小确定各个视图的总体尺寸，然后选定绘图的比例及图幅。

4. 清理桌面（图板），铺放并固定图纸，用细实线绘制图纸的边界线、图框线及标题栏的外框线。

5. 根据所绘制图形的尺寸，布局图面，绘制基准线及重要的图线。

6. 进一步对给定的垫块零件进行形体分析，确定绘图的先后顺序：先画尺寸大的、主要的结构，后画尺寸小的、次要的结构。

7. 绘制底稿。各部分结构都要三个视图对应着画，一般从最能反映其形状结构特征的视图入手。

8. 检查、描深，标注尺寸，填写标题栏。

9. 使用二维 CAD 绘图软件绘制垫块的三视图，并打印或截图。

10. 使用三维 CAD 绘图软件绘制垫块的三维模型，并截图或打印。

请将尺规绘制的图样折叠后粘贴在此处，或将计算机绘图软件绘制的二维或三维图样，截图打印后粘贴在此处。

任务成果展示 _____

_____

_____

【任务拓展与巩固训练】

1. 投影法的常用术语及定义

投影法的有关术语及定义参见相关标准（GB/T 14692—2008，GB/T 16948—1997）。

2. 画形体三视图时的注意事项

1）画三视图时，物体的每一组成部分，最好三个视图配合着画。不要先把一个视图画完后，再画另一个视图。这样不仅可以提高绘图速度，还能避免漏线、多线。画物体某一部分的三视图时，应先画反映形状特征的视图，再按投影关系画出其他视图。

2）画三视图时，图线重合的情况处理可参见 GB/T 14665—2012《机械工程 CAD 制图规则》。

机械制图

【成风化人】

要多角度看问题

通过对物体投影基础知识、三视图形成及投影规律的学习，我们知道一个视图只能反映物体一个方位的形状，不能完整反映物体的结构形状。如俯视图是圆形的几何体有很多，如球体、圆锥、圆台和圆柱等，如果再加上主视图和左视图是圆形的限定，那么答案只有一个，即球体。工程上为了准确表达物体的形状，常需要从几个不同方向进行投射，绘制三视图是一种常用的方法。三视图是观测者从前面、上面、左面三个不同方向和角度观察同一个空间几何体而画出的图形，三个视图各有表达的重点，同时，主、俯、左三个视图遵循"长对正、高平齐、宽相等"的投影规律，它们是一个有机联系的整体，共同表达物体的形状结构。因此，看图时，应将几个视图联系起来才能正确地想象立体的空间形状。同样，我们分析问题时，也需要学会多角度观察、全面思考，不能主观、片面、孤立、静止地看问题，要从事物的联系、变化、全面、发展地看问题。如图2-103所示，从正面看与从背面看，结果完全不同。

图 2-103　看问题要多角度

工作任务 2.4　绘制支座

【任务描述】

根据给定的支座立体图，如图2-104所示，分析其结构，利用正投影原理及三视图的形成规律，按照国家制图标准，合理确定安放位置和主视图的投射方向，并绘制支座的三视图。

学习条件及环境要求：机械制图实训室、计算机、绘图软件（三维、二维）、多媒体、适量支座模型、教材、参考书、网络课程及其他资源等。

教学时间（计划学时）：8学时。

【任务目标】

1. 能够正确使用常用的绘图工具与仪器。
2. 能够叙述截交线与相贯线的概念。
3. 能够叙述求平面立体与曲面立体截交线及相贯线的方法与步骤。
4. 能够叙述圆柱、圆锥、圆球分别被不同位置的平面截切后得到的截交线的形状特点。
5. 了解组合体的概念、形体分析法及线面分析法。
6. 能够叙述组合体三视图的画图步骤、方法及尺寸标注。
7. 能够根据组合体的轴测图选择合适的投射方向，绘制其三视图，并进行正确、合理的尺寸标注。
8. 能够叙述轴测图的形成、分类、特点及正等测图、斜二测图的画图方法及步骤，并能够正确绘制。
9. 在教师的指导下，能够对给定的复杂组合体，进行正确的形体分析，按照组合体三视图的作图方法和步骤，正确绘制其三视图。

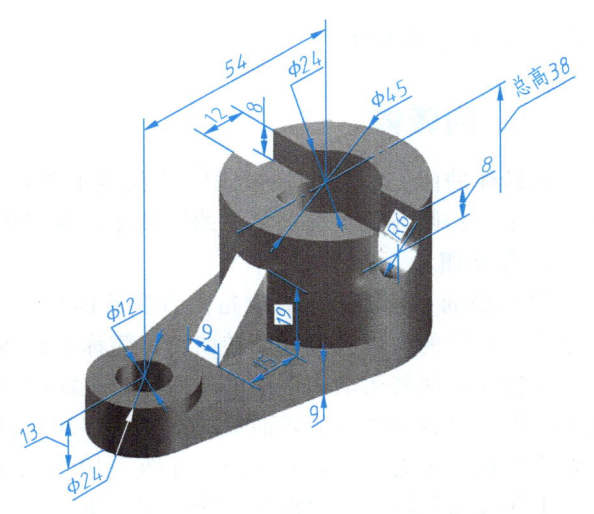

图 2-104　支座立体图

【任务准备】

1. 信息收集

1）曲面基本几何体的投影。
2）曲面基本几何体表面取点及尺寸标注。
3）不同位置的平面截切圆柱、圆锥得到截交线的情况分类、形状特点、作图方法和步骤。
4）相贯线的概念、性质、作图方法和步骤。
5）圆柱与圆柱相贯、圆柱与圆锥相贯的作图方法和步骤。
6）较复杂组合体三视图的画图、看图、尺寸标注的方法、步骤及注意事项。
7）手工绘制复杂组合体的三视图。
8）CAD绘图软件绘制复杂组合体的三视图及三维模型。

2. 工具、材料

标准图纸A4（A3）一张、草稿纸若干张、绘图铅笔（2H、2B）、图板（A3号）、丁字尺（60mm）、计算机（包括二维、三维CAD绘图软件）。

3. 任务分组

学生按4~6人一组，明确每组的工作任务，填写分组任务表及学生小组任务分配表。每组及每个学生的任务，可以相同也可以有差异，视具体情况而定。

【引导性学习资料】

一、回转体

回转体的曲表面是由一母线（直线或曲线）绕定轴回转一周而形成的回转面，圆柱、圆锥、圆球和圆环是工程上常见的回转体，其回转面都是光滑曲面。

1. 基本概念

（1）曲面　曲面可以看成是由直线或曲线在空间按一定规律运动而形成的。若是做回转运动而形成的曲面则称为回转曲面，简称回转面。

由直线做回转运动而形成的曲面称为直线回转面。例如：圆柱面是一条线段围绕一条轴线始终保持平行和等距旋转而成的，如图 2-105a 所示；圆锥面是一条线段与轴线交于一点，并始终保持一定夹角旋转而成的，如图 2-105b 所示。

由曲线做回转运动而形成的曲面称为曲线回转面。如球面是由一个圆或半圆弧线以直径为轴旋转而成的，如图 2-105c 所示。

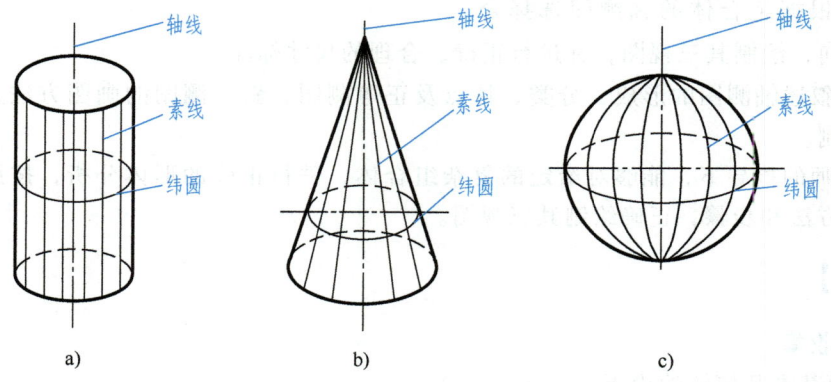

图 2-105　曲面及常见的回转体

（2）素线与轮廓线　形成回转面的母线，它们在曲面上的任何位置时，称为素线。例如：圆柱体的素线都是互相平行的直线，如图 2-105a 所示；圆锥体的素线是汇集于锥顶的倾斜线，如图 2-105b 所示；圆球体的素线是通过球体上下顶点的半圆弧线，如图 2-105c 所示。

一般将确定曲面范围的外形线称为轮廓线（或转向轮廓线），轮廓线也是可见与不可见部分的分界线。轮廓线的确定与投影面体系及物体的摆放位置有关，当回转体的旋转轴在投影面体系中摆放的位置合理时，轮廓线与素线重合，这种素线称为轮廓素线。在三投影面体系中，常用的六条轮廓素线为：最前边素线、最后边素线、最左边素线、最右边素线、最上边素线和最下边素线。

（3）纬圆　由回转体的形成可知，母线上任意一点的运动轨迹都为圆，该圆垂直于旋转轴线，一般把这样的圆称为纬圆，如图 2-105 所示。

2. 回转体三视图及表面点的投影

（1）圆柱体及其三视图　将圆柱体按图 2-106a 所示位置向三个投影面投射，展开后得到图 2-106b、c 所示圆柱体的三视图及其圆柱表面上点 A 的三面投影。

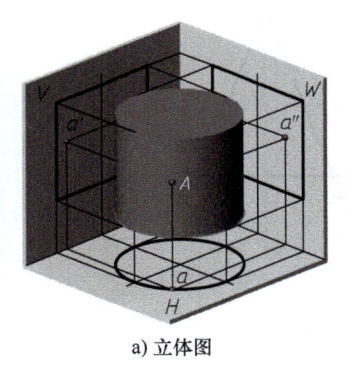 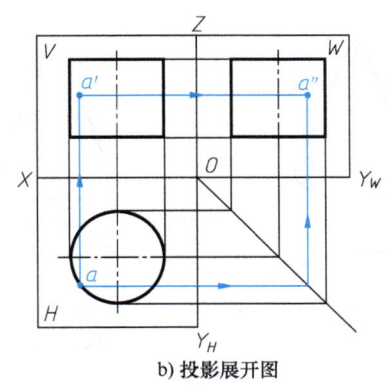 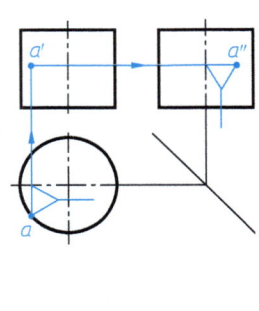

a) 立体图　　　　　　　　　b) 投影展开图　　　　　　　　c) 三视图

图 2-106　圆柱体及其三视图

因点 A 在左前半圆柱面上，所以 a′ 及 a″ 均为可见，又因整个圆柱面在 H 面上的投影积聚为整个圆周，所以 a 的可见性不必判断。

（2）圆锥体及其三视图　将圆锥体按图 2-107a 所示位置向三个投影面投射，展开后得到图 2-107b、c 所示圆锥体的三视图及其圆锥表面上点 A 的三面投影。a 可见，又因点 A 在右半锥面上，所以 a″ 不可见，标记为（a″）。

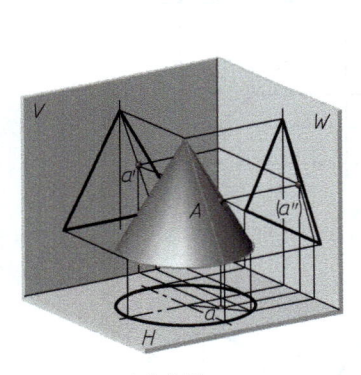 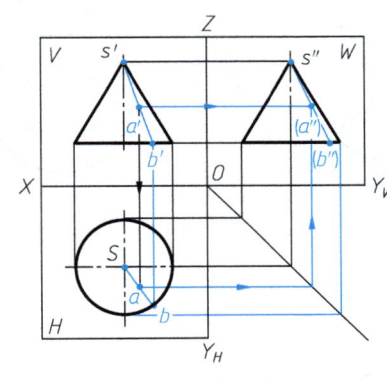 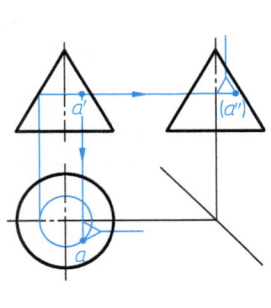

a) 立体图　　　　　　　　　b) 投影展开图　　　　　　　　c) 三视图

图 2-107　圆锥体及其三视图

作圆锥表面上点的投影，有以下几种方法。

方法一：辅助素线法。由于过锥顶的圆锥面上的任何素线均为直线，如图 2-108 所示，故可过点 A 及锥顶 S 作锥面的素线 SⅠ。即先过 a′ 作 s′1′，由 1′ 求出 1 和 1″，连接 s1 和 s″1″，分别为辅助线 SⅠ 的水平投影和侧面投影。则点 A 的水平投影和侧面投影必在 SⅠ 的同面投影上，从而即可求出 a 和 a″。a 可见，又因点 A 在左半圆锥面上，所以 a″ 可见。

方法二：辅助纬圆（回转圆）法。圆锥面上任一点必然在与其高度相同的纬圆上，因此只要求出过该点的纬圆的投影，即可求出该点的投影，如图 2-109 所示。

由上述两种作图法可以看出，当某点的任意投影为已知时，均可用辅助素线法或辅助纬圆法求出其余两面投影。

（3）圆球体及其三视图　将圆球体按图 2-110a 所示位置向三个投影面投射，展开后得到图 2-110b 所示圆球体的三视图及其圆球表面上点 A 的三面投影。因点 A 在上半球面上，所以 a 可见；因点 A 在后半球面上，所以 a′ 不可见；又因点 A 在右半球面上，所以 a″ 也不可见。

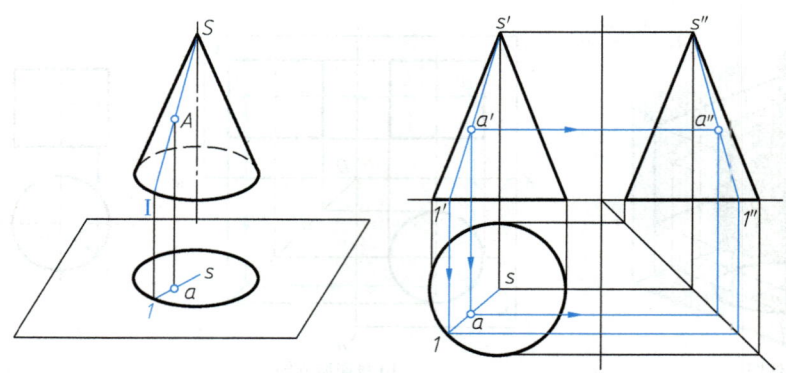

图 2-108 辅助素线法求圆锥表面上的点

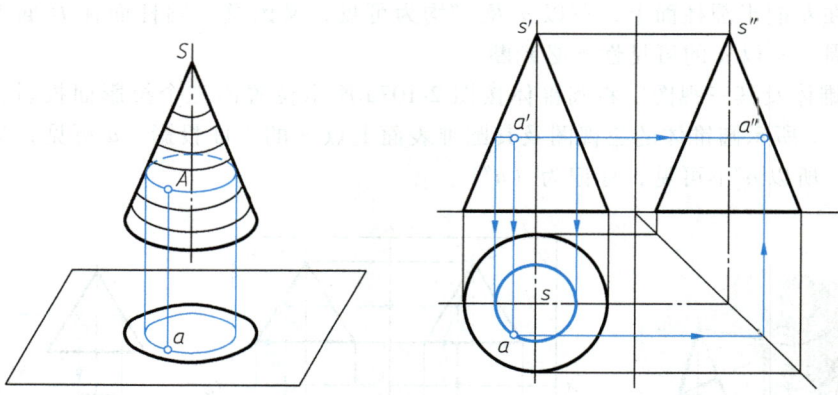

图 2-109 辅助纬圆法求圆锥表面上的点

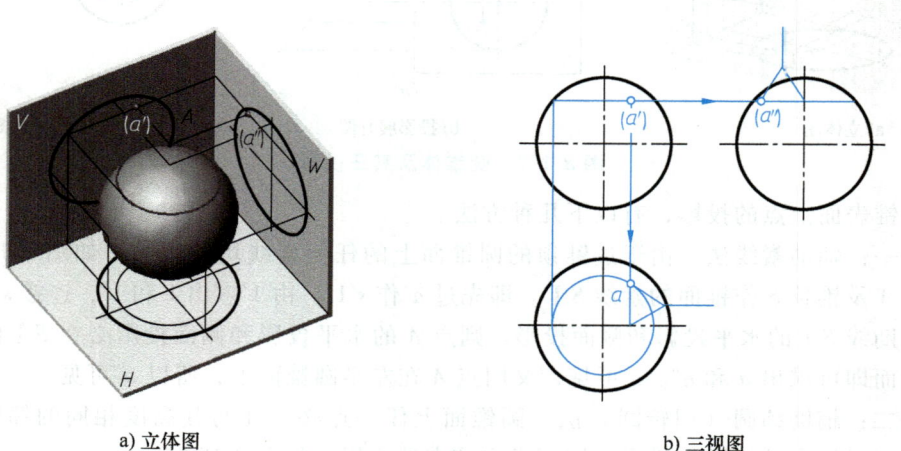

a) 立体图　　　　　　　　　　b) 三视图

图 2-110 圆球体及其三视图

由于圆球的三面投影均无积聚性，所以在圆球表面上取点、线时，除属于转向轮廓上的特殊点可直接求出之外，其余处于一般位置的点，都需要作辅助线（纬圆）作图，并标明可见性。如图 2-111 所示，因点 A 在上半球面上，所以 a 可见；因点 A 在前半球面上，所以 a′可见；又因点 A 在左半球面上，所以 a″可见。

（4）圆环体及其三视图　圆环体由环面围成，其三面投影中，两个投影为长圆形（内环面用细虚线表示），一个投影为同心圆，如图2-112所示。

3. 回转体上点和线的投影

由回转体的投影可知，表达一个立体的形状不一定要全部画出三个视图，有时根据需要可以只画一个视图或两个视图。光滑连接点的同面投影，即可得到线的投影。

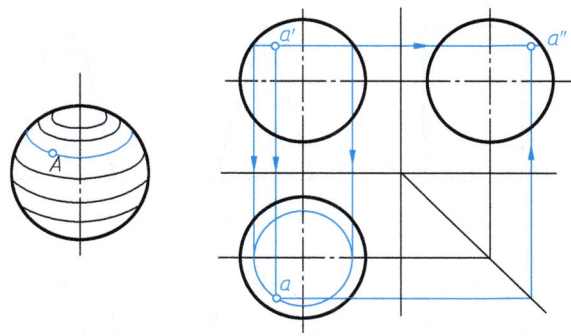

图 2-111　圆球表面上取点

a）立体图

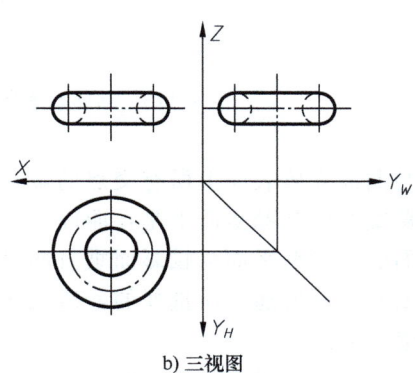

b）三视图

图 2-112　圆环体及其三视图

求曲面上点的投影的方法主要有辅助素线法和辅助纬圆法两种，在采用这两种方法时应着重掌握以下概念：

1）某一点在曲面上，则它一定在该曲面的某条素线或某个纬圆上。

2）求一点的投影时，要先求出它所在的素线或纬圆的投影。

3）为了熟练地掌握在各种曲面上作辅助素线或辅助纬圆的投影，必须了解各种曲面的形成规律和特性。

4. 回转体的尺寸标注

标注回转体尺寸时，一般应注出其径向（直径）尺寸，径向尺寸具有双向尺寸功能，不仅可以减少一个方向的尺寸，而且可以省略一个投影；还需要标注轴向尺寸。圆柱、圆锥、圆台在直径数字前加注符号"ϕ"，而圆球在直径数字前加注符号"$S\phi$"，如图2-113所示。

二、曲面截切体

由曲面立体截切得到的截切体，称为曲面截切体。

平面与曲面立体相交，所得的截交线一般为封闭的平面曲线。截交线上的任一点都可看作是曲面立体表面上的某一条线（素线或纬圆曲线）与截平面的交点，都是截平面与曲面立体表面的共有点。求出足够多的共有点，然后依次光滑连接起来，即得截交线。截交线可

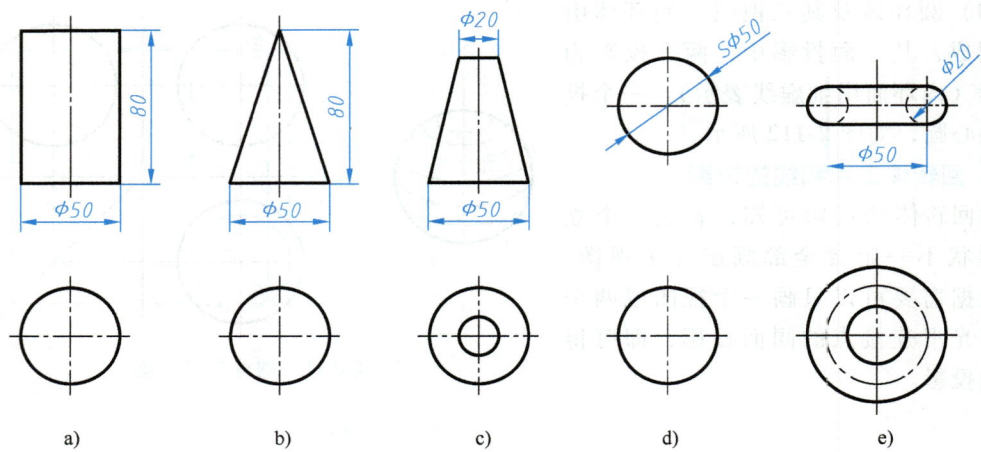

图 2-113 回转基本体的尺寸标注

以看作是截平面与曲面立体表面上所有交点的集合。

求曲面立体截交线的问题实质上是在曲面上定点的问题,基本方法有辅助素线法、辅助纬圆法和辅助平面法。当截平面为投影面垂直面时,可以利用投影的积聚性来求点;当截平面为一般位置平面时,需要通过所选择的素线或纬圆作辅助平面来求点。

1. 圆柱上的截交线

平面与圆柱体相交,根据截平面与圆柱轴线相对位置的不同,所得到的截交线主要有以下三种情况,如图 2-114 及表 2-20 所示。

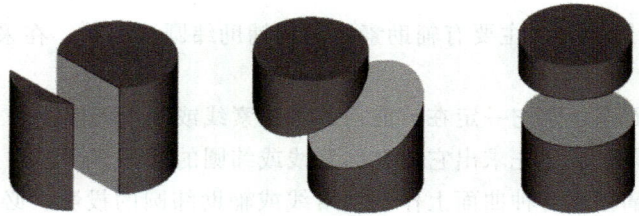

图 2-114 圆柱上的截交线

表 2-20 圆柱上的截交线

截平面的位置	截平面与圆柱轴线平行	截平面与圆柱轴线倾斜	截平面与圆柱轴线垂直
	矩形	椭圆	圆
截交线空间形状			

截平面的位置	截平面与圆柱轴线平行	截平面与圆柱轴线倾斜	截平面与圆柱轴线垂直
投影图			

当截平面经过圆柱的轴线或平行于轴线时，截交线为矩形。

当截平面倾斜于圆柱的轴线时（不与顶面相交），截交线为椭圆，此椭圆的短轴平行于圆柱的底圆平面，其长度等于圆柱的直径；椭圆长轴与短轴的交点（椭圆中心），在圆柱的轴线上，长轴的长度随截平面相对轴线的倾角不同而变化。

当截平面垂直于圆柱的轴线时，截交线为一个圆。

如图 2-115a 所示，求正垂面与圆柱的截交线。

(1) 分析

1) 圆柱轴线垂直于 H 面，其水平投影积聚为圆。

2) 截平面 P 为正垂面，与圆柱轴线斜交，交线为椭圆。当截平面与圆柱轴线的夹角 α 小于 45°时，截交线椭圆的长轴平行于 V 面，短轴垂直于 V 面，且短轴长度为圆柱的底圆直径。椭圆的 V 面投影积聚为一条直线，与 P_V 重合。椭圆的 H 面投影在圆柱面的同面投影上，为一个圆，故只需作图求出截交线的 W 面投影。

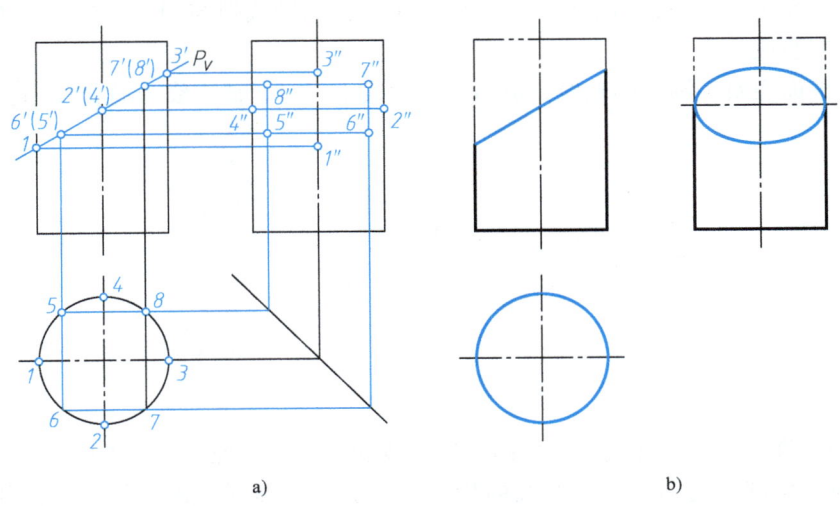

图 2-115 正垂面与圆柱的截交线

(2) 作图

1) 求特殊点。这些点包括轮廓线上的点、特殊素线上的点、极限点及椭圆长短轴的端点。最左点Ⅰ（也是最低点）和最右点Ⅲ（也是最高点），最前点Ⅱ和最后点Ⅳ，它们是轮廓线上的点，又是椭圆长短轴的端点，可以利用投影关系直接求出其水平投影和侧面投影。

2）求一般点。为了作图准确，在截交线上特殊点之间选取一些一般位置点。图 2-115 中选取了Ⅴ、Ⅵ、Ⅶ、Ⅷ四个点，由水平投影 5、6、7、8 和正面投影（5′）、6′、7′、(8′)，求出侧面投影 5″、6″、7″、8″。

3）判别可见性。由分析可知，截交线的侧面投影均为可见。

4）连点。将所求各点的侧面投影顺次光滑连接，即为椭圆形截交线的 W 面投影。

5）检查、整理、描深图线，完成全图，如图 2-115b 所示。

从上面示例可以看出，截交线椭圆在平行于圆柱轴线但不垂直于截平面的投影面（这里指 W 面）上的投影一般仍是椭圆。椭圆的长、短轴在该投影面上的投影，仍为椭圆投影的长、短轴。当截平面与圆柱轴线的夹角 $α$ 大于 45°时，截交线椭圆投影的长轴垂直于 V 面，短轴平行于 V 面，长轴长度为圆柱的底圆直径，正好与夹角 $α$ 小于 45°时相反。当 $α$ = 45°时，椭圆的投影为一个与圆柱底圆相等的圆。

【例 2-10】 圆柱被铅垂面和正平面截切的作图。

具体解题过程通过扫描二维码观看。

圆柱截切

2. 圆锥上的截交线

当平面与圆锥截交时，根据截平面与圆锥轴线相对位置的不同，可产生五种不同形状的截交线，如图 2-116 及表 2-21 所示。

1）当截平面垂直于圆锥的轴线时，截交线必为一个圆。

2）当截平面通过圆锥的轴线或锥顶时，截交线必为等腰三角形。

3）当截平面倾斜于圆锥的轴线但不过锥顶，并与所有素线相交时，截交线必为一个椭圆。

4）当截平面平行于圆锥的轴线，或者倾斜于圆锥的轴线但与两条素线平行时，截交线必为双曲线+直线段。

5）当截平面倾斜于圆锥的轴线，但与一条素线平行时，截交线为抛物线+直线段。

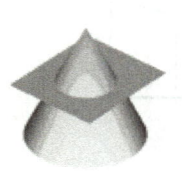    

圆　　　　　等腰三角形　　　　　椭圆　　　　双曲线+直线段　　　抛物线+直线段

图 2-116　圆锥上的截交线

平面截切圆锥所得的截交线圆、椭圆、抛物线和双曲线，统称为圆锥曲线。当截平面倾斜于投影面时，椭圆、抛物线、双曲线的投影，一般仍为椭圆、抛物线和双曲线，但有变形。例如，圆的投影可能为椭圆，椭圆的投影也可能成为圆。

如图 2-117a 所示，已知圆锥的三面投影和正垂面的投影，求截交线的投影及实形。

（1）分析

1）因截平面 P 是正垂面，P_V 与圆锥的轴线倾斜并与所有素线相交，故截交线为椭圆。

2）P 面与圆锥最左、最右素线的交点，即为椭圆长轴的端点Ⅰ、Ⅳ，即椭圆长轴平行于 V 面，椭圆短轴ⅤⅥ垂直于 V 面，且平分ⅠⅣ。

3）截交线的 V 面投影重合在 P_V 上，H 面投影、W 面投影仍为椭圆，椭圆的长、短轴仍投影为椭圆投影的长、短轴。

（2）作图

1）求长轴端点。在 V 面上，P_V 与圆锥的投影轮廓线的交点，即为长轴端点的 V 面投影 1′、4′；Ⅰ、Ⅳ的 H 面投影 1、4 在水平中心线上，$\overline{14}$ 就是投影椭圆的长轴。

2）求短轴端点。椭圆短轴端点Ⅴ、Ⅵ的投影 5′、（6′）必积聚在 $\overline{1'4'}$ 的中点；过 5′（6′）作纬圆求出水平投影 5、6，之后求出 5″6″。

3）求最前、最后素线与 P 面的交点Ⅱ和Ⅲ。在 P_V 与圆锥正面投影的轴线交点处得 2′、（3′），向右得到其侧面投影 2″、3″，向下得到水平投影 2、3。

4）求一般点Ⅶ、Ⅷ。先在 V 面定出点 7′、（8′），再用辅助纬圆法求出 7、8，并进一步求出 7″、8″。

5）连接各点并判别可见性。在 H 面投影中依次连接各点，即得椭圆的 H 面投影；同理得出椭圆的 W 面投影。

6）求截面的实形（略）。

7）检查、整理、描深图线，完成全图，如图 2-117b 所示。

表 2-21 圆锥上的截交线

截平面的位置	截平面与圆锥轴线垂直（$\theta=90°$）	截平面过圆锥的锥顶（$\theta<\alpha$）	截平面与圆锥轴线倾斜（$\theta>\alpha$）	截平面与圆锥轴线平行或倾斜（$\theta<\alpha,\theta=0$）	截平面与圆锥素线平行（$\theta=\alpha$）
截交线空间形状	圆	等腰三角形	椭圆	双曲线+直线段	抛物线+直线段
投影图	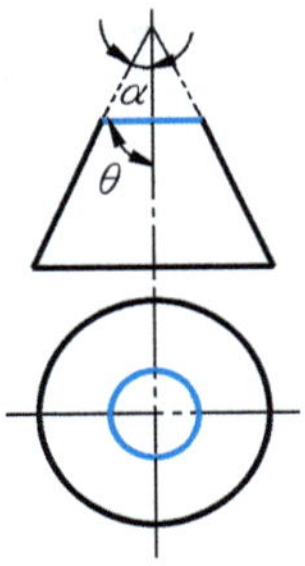	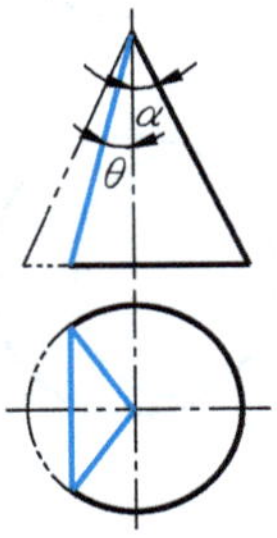	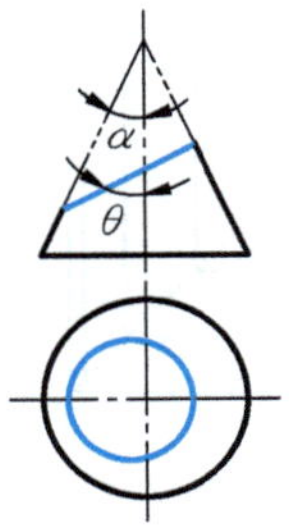	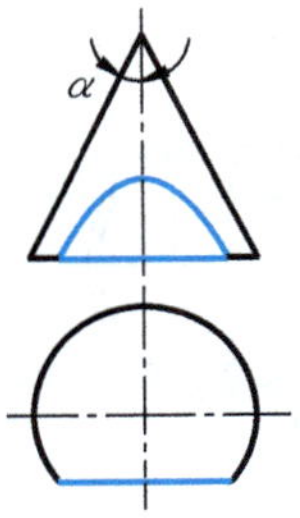	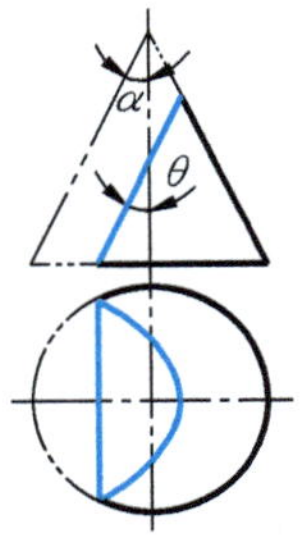

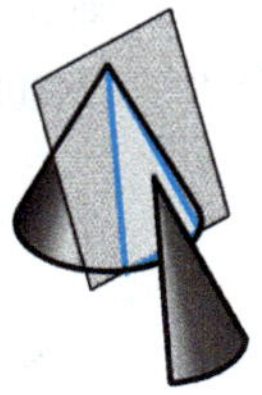

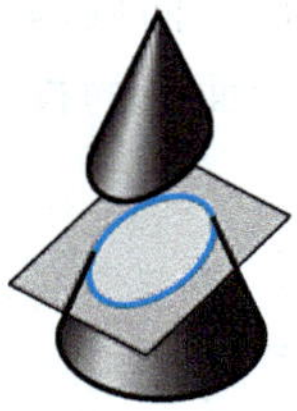

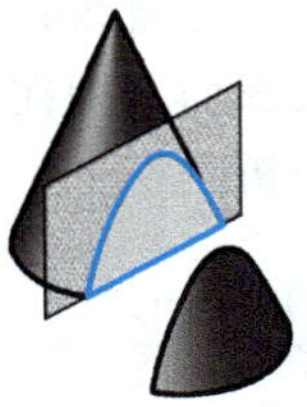

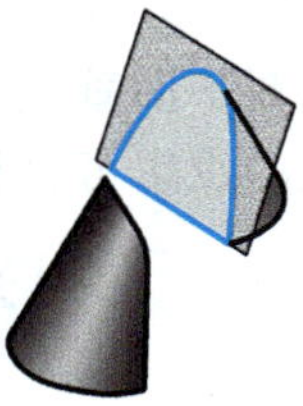

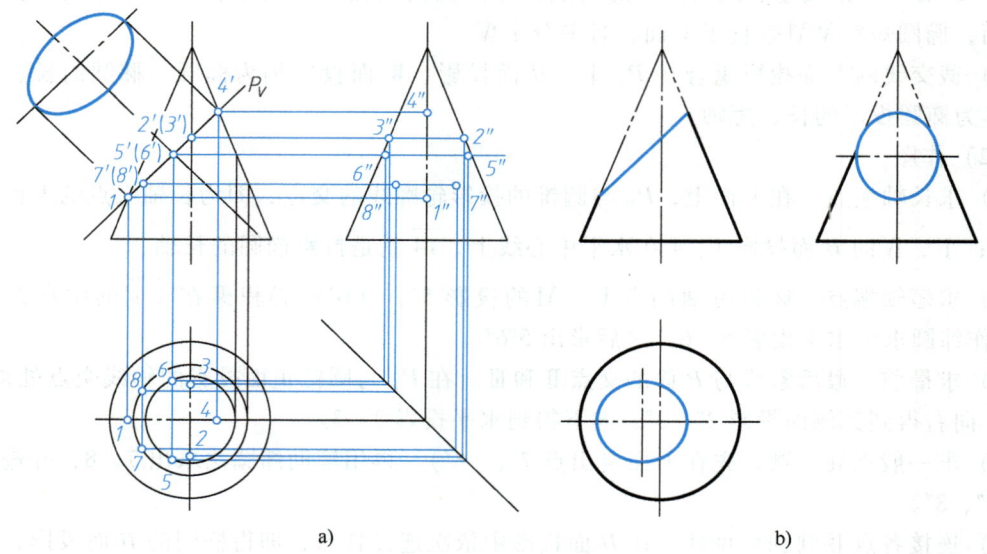

图 2-117 正垂面与圆锥的截交线

【例 2-11】 求作侧平面或正平面与圆锥的截交线。
具体解题过程通过扫描二维码观看。

3. 圆球上的截交线

球体上的截切面不论其角度如何，所得截交线的形状都是圆。截平面与球心的距离决定截交圆的大小，经过球心的截交圆最大。截平面的位置不同，截交线的投影可能为圆，也可能是椭圆或直线。

圆锥截切

当截平面与水平投影面平行时，其水平投影是圆，反映实形，其正面投影和侧面投影都积聚为一条水平直线；当截平面与 V 面（或 W 面）平行时，截交线在相应投影面上的投影是圆，其他两面投影是直线；如果截平面倾斜于投影面，则在该投影面上的投影为椭圆；如果截平面垂直于投影面，则在该投影面上的投影积聚为一条直线。如图 2-118 所示，其上各点的投影可自行分析。

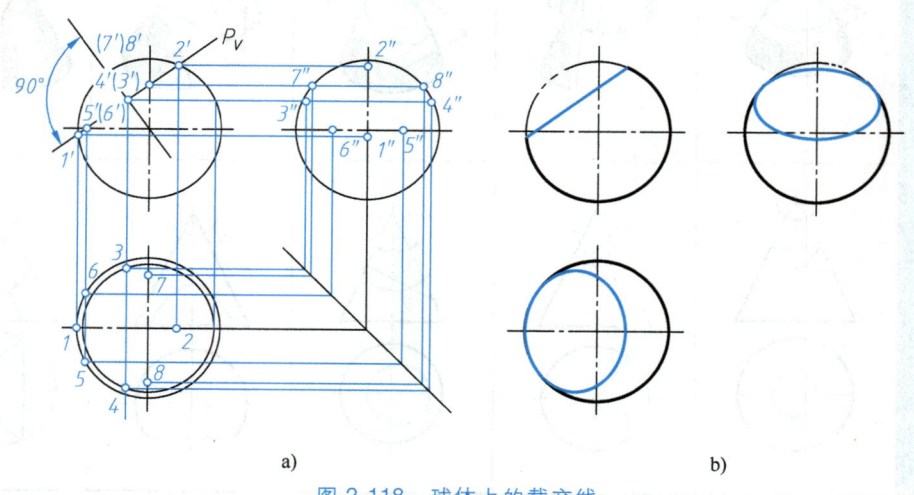

图 2-118 球体上的截交线

图 2-119 所示为圆球被两个水平面和两个侧平面截切的示例。

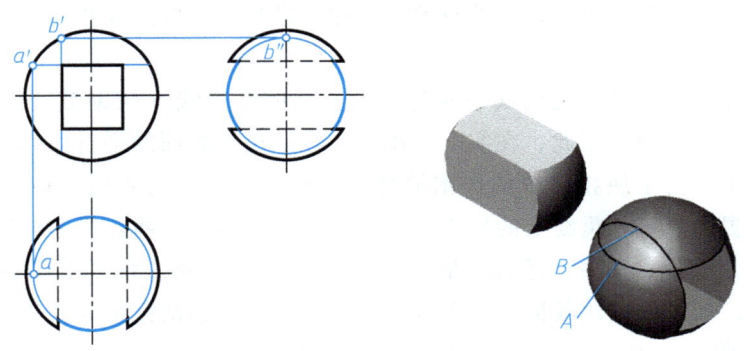

图 2-119 圆球被两个水平面和两个侧平面截切的示例

4. 带缺口的曲面立体的投影

【例 2-12】 已知圆柱切割体的正面投影和水平投影，补画出侧面投影。

【例 2-13】 求切割后圆锥的投影。

【例 2-14】 已知半球体被切割后的正面投影，画出其水平投影及侧面投影。

以上各例题的具体解题过程通过扫描二维码观看。

带切口的圆柱

带切口的圆锥

三、相贯体

两立体相交后得到的立体，称为相贯体。两立体的表面相交，会在表面上产生相应的相贯线（表面交线）。了解相贯线的性质及投影画法，将有助于对机件形状结构的正确分析与表达。

球体切口

1. 相贯线的有关概念及性质

两立体因相贯而表面产生的交线称为相贯线。相贯线的形状取决于两相交立体的形状、大小及其相对位置。这里仅讨论几种常见的回转体相贯的问题。两回转体相交得到的相贯线，具有以下性质：

1）相贯线是相交两立体表面共有的线，是两立体表面一系列共有点的集合，同时也是两立体表面的分界点。

2）由于立体占有一定的空间范围，所以相贯线一般是封闭的空间曲线。

根据相贯线的性质，求相贯线的问题归纳为求出相交两立体表面上一系列共有点的问题。求相贯线的方法，可采用表面取点法。相贯线可见性的判断原则是：相贯线同时位于两个立体的可见表面上时，其投影才是可见的；否则不可见。

2. 立体表面的相贯线

两曲面立体表面的相贯线，一般是封闭的空间曲线，特殊情况下可能为平面曲线或直线。组成相贯线的所有相贯点，均为两曲面立体表面的共有点。因此，求相贯线时，可先求出一系列的共有点，然后依次光滑连接各点，即得相贯线。

求相贯线的方法通常有以下两种：

第一种：积聚投影法。相交两曲面体，如果有一个表面投影具有积聚性，就可利用该曲面体投影的积聚性，作出两曲面的一系列共有点，然后依次连成相贯线。

第二种：辅助平面法。根据三面共点原理，作辅助平面与两曲面相交，求出两辅助截交线的交点，即为相贯点。

选择辅助平面的原则是：辅助截平面与两个曲面的截交线（辅助截交线）的投影都应是最简单易画的直线或圆。因此，在实际应用中往往采用投影面的平行面作为辅助截平面。

在作图过程中，为了使相贯线的作图清楚、准确，在求共有点时，应先求特殊位置的点，再求一般位置的点。相贯线上的特殊点包括可见性分界点、曲面投影轮廓线上的点、极限位置点（最高、最低、最左、最右、最前、最后）等。根据这些点不仅可以掌握相贯线投影的大致范围，而且可以比较恰当地选取求一般位置点的辅助截平面的位置。

如图 2-120a 所示，求作两轴线正交的圆柱体的相贯线。

（1）分析　两圆柱相交时，根据两轴线的相对位置关系，可分为三种情况：正交（两轴线垂直相交）、斜交（两轴线倾斜相交）、侧交（两轴线垂直交叉）。

1）根据两立体轴线的相对位置，确定相贯线的空间形状。

2）由图可知，两个直径不同的圆柱垂直相交，大圆柱为水平位置，小圆柱为铅垂位置，由上至下完全贯入大圆柱，所得相贯线为一条封闭的空间曲线。

3）根据两立体与投影面的相对位置确定相贯线的投影。

4）相贯线的水平投影积聚在小圆柱的水平投影上（整个圆），相贯线的侧面投影积聚在大圆柱的侧面投影上（即小圆柱侧面投影轮廓之间的一段大圆弧）。因此，余下的问题只是根据相贯线的已知两投影求出它的正面投影。

（2）作图

1）求特殊点。正面投影中两圆柱投影轮廓相交处的 1′、5′两点分别是相贯线上的最左、最右点（同时也是最高点），它们的水平投影落在小圆柱的最左、最右两边素线的水平投影上，1″、（5″）重影。

2）3、7 两点分别位于小圆柱的水平投影的圆周上，它们是相贯线上的最前点和最后点，也是相贯线上最低位置的点。可先在小圆柱和大圆柱侧面投影轮廓的交点处定出 3″和 7″，然后在正面投影中找到 3′和（7′）（前、后重影）。

3）求一般点。在大圆柱侧面投影（圆弧）上的几个特殊点之间，选择适当的位置取几个一般点的投影，如 2″、（4″）、（6″）、8″等，再按投影关系找出各点的水平投影 2、4、6、8，最后作出它们的正面投影 2′、4′、(6′)、(8′)。

4）连点并判别可见性。连接各点成相贯线时，应沿着相贯线所在的某一曲面上相邻排列的素线（或纬圆）顺序光滑连接。

例题中相贯线的正面投影可根据侧面投影中小圆柱的各素线排列顺序依次连接 1′、2′、3′、4′、5′、(6)′、(7′)、(8′)、1′各点。由于两圆柱前、后完全对称，故相贯线前、后相同的两部分在正面投影中重影（可见者为前半段）。

5）检查、整理、描深图线，完成全图，如图 2-120b 所示。

【例 2-15】　求圆柱与圆锥的相贯线。

具体解题过程通过扫描二维码观看。

圆柱与圆锥
的相贯线

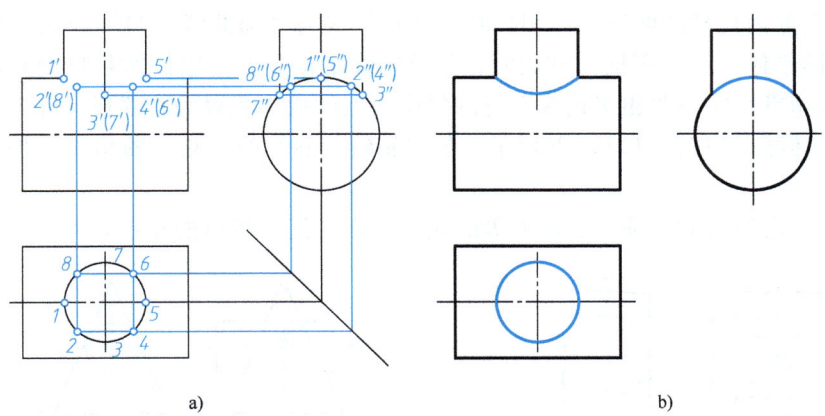

图 2-120 轴线正交的两圆柱体相贯

3. 曲面立体相贯线的特殊情况

（1）相贯线为直线

1）两锥体共顶时，其相贯线为过锥顶的两条直素线，如图 2-121a 所示。

2）两圆柱体的轴线平行时，其相贯线为平行于轴线的直线，如图 2-121b 所示。

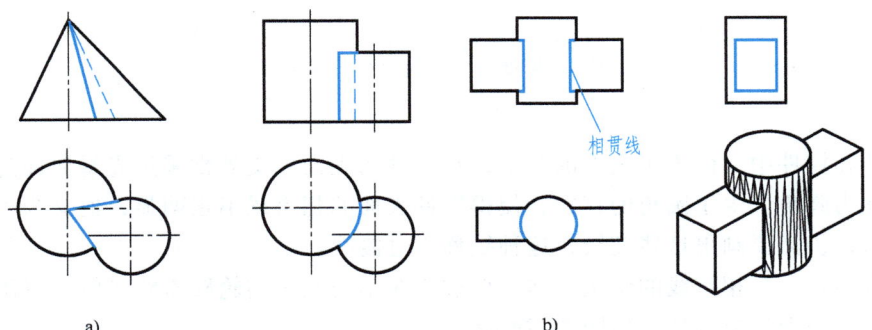

图 2-121 相贯线为直线的情况

（2）相贯线为平面曲线

1）当两回转体具有公共轴线时，其相贯线为垂直于轴线的圆。相贯线在与轴线平行的投影面上的投影为垂直于轴线的直线，相贯线在与轴线垂直的投影面上的投影为圆的实形，如图 2-122a、b 所示。

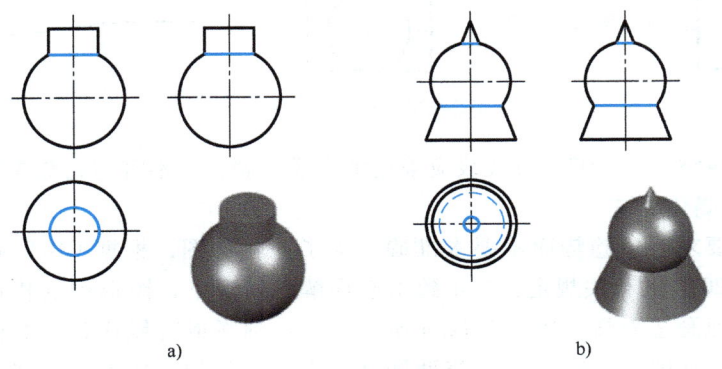

图 2-122 相贯线为平面曲线的情况（一）

2）具有公共内切球的两回转体相交时，其相贯线为平面曲线。当轴线相交的两圆柱体（或圆柱体与圆锥体）公切于同一球面时，如果轴线是正交的，它们的相贯线是两个大小相等的椭圆，该相贯线在与两相交轴线平行的投影面上的投影积聚为直线段，在其他投影面上的投影为圆或椭圆，如图 2-123a、b 所示。如果轴线是斜交的，它们的相贯线是两个大小不等的椭圆。

这种有公共内切球的两圆柱、圆锥等的相贯，常应用于管道的连接。

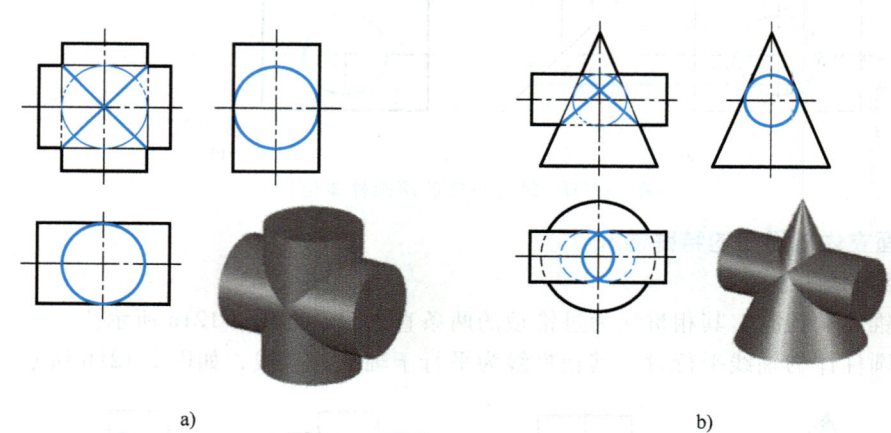

a)　　　　　　　　　　　　　　　　b)

图 2-123　相贯线为平面曲线的情况（二）

4. 过渡线

在锻件和铸件中，由于工艺上的要求，在零件的表面相交处常采用光滑曲面过渡，这个过渡曲面称为圆角。由于圆角的存在，使得零件表面的相贯线不很明显，但又为了区分不同形体的表面，仍需要画出这些交线，这种线称为过渡线。

过渡线的画法与相贯线的画法一样。但过渡线不与圆角的轮廓素线接触，只画到两立体表面轮廓素线的理论交点处，如图 2-124 所示。

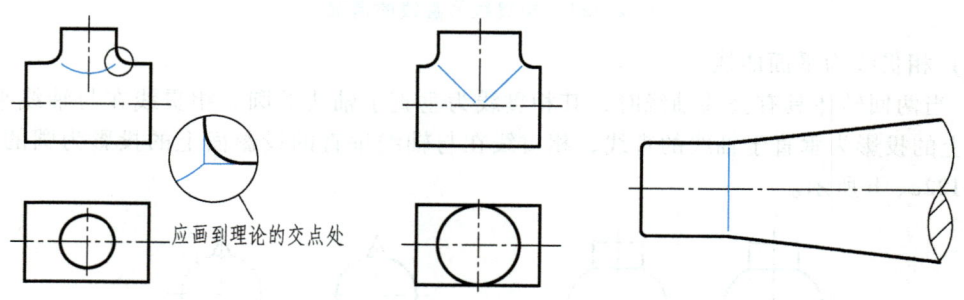

图 2-124　过渡线的画法

依据 GB/T 4458.1—2002，过渡线应采用细实线绘制，且不宜与轮廓线相连。

5. 相贯线的简化画法

画相贯线只要求表达趋势而不要求准确。为了简化作图，根据 GB/T 4458.1—2002 及 GB/T 16675.1—2012 的相关规定：在不致引起误解的情况下，图形中的相贯线和过渡线可以简化，即用近似画法来画，如图 2-125a 所示，可用圆弧或直线代替非圆曲线，也可以采用模糊画法画出，如图 2-125b 所示。当两圆柱正交且直径相差较大时，其相贯线的投影可采用近似画法，具体画法是：以两圆柱中半径较大的圆柱的半径为半径画出一段圆弧，如图 2-126 所示；但当两圆柱的直径相差不大时，不宜采用这种方法。

螺纹孔的相贯线绘制：相贯线画在螺纹图样表达的粗实线上，且只画一条，如图 2-127 所示。

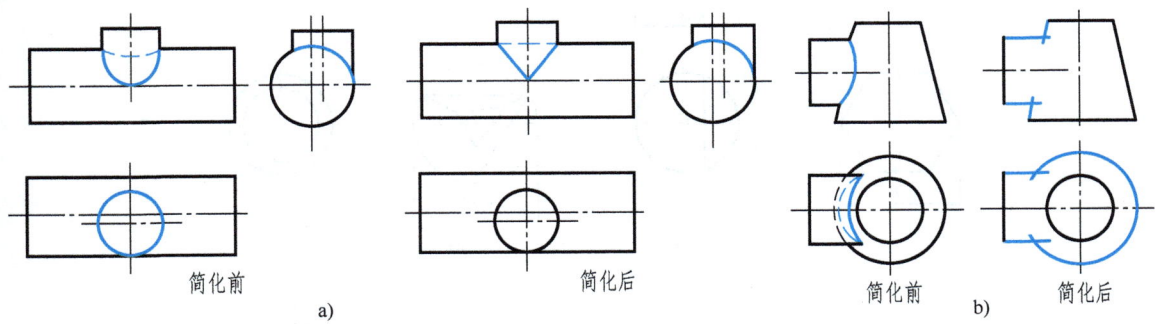

图 2-125 相贯线的简化画法（一）

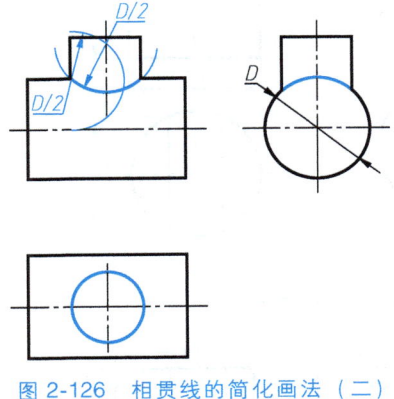

图 2-126 相贯线的简化画法（二）

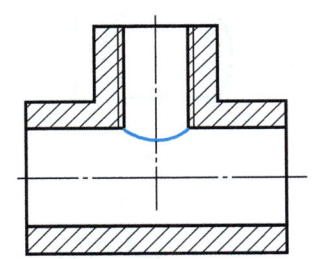

图 2-127 螺纹孔的相贯线绘制

四、截切体和相贯体的尺寸标注

1. 截切体（常常是带有切口和穿孔的基本体）的尺寸标注

对于截切体，由于被截平面截切，往往会出现切口和穿孔的结构，因此，除了要注出基本形体的尺寸外，还应注出截平面的位置尺寸，但不必注出截交线的尺寸，即只需注出截平面的定位尺寸。因为基本体与截平面的相对位置一旦确定，截切体的形状与大小，也即截交线的形状与大小就能完全确定。

1）带斜面和切口的基本体。这类形体除了注出基本体的尺寸外，还要标出确定斜面和切口平面位置的尺寸。注意：因为切口交线是由截平面位置确定的，是截平面截切形体而产生的截交线，因此不需要注其尺寸，如图 2-128 所示。

2）带凹槽和穿孔的基本体。这类形体除了注出基本体的尺寸外，还必须注出槽和孔的大小及位置尺寸，如图 2-129 所示。

2. 相贯体的尺寸标注

对于相贯体，因为是由两个基本立体相交得到的，也只有当相交两基本立体的形状、大

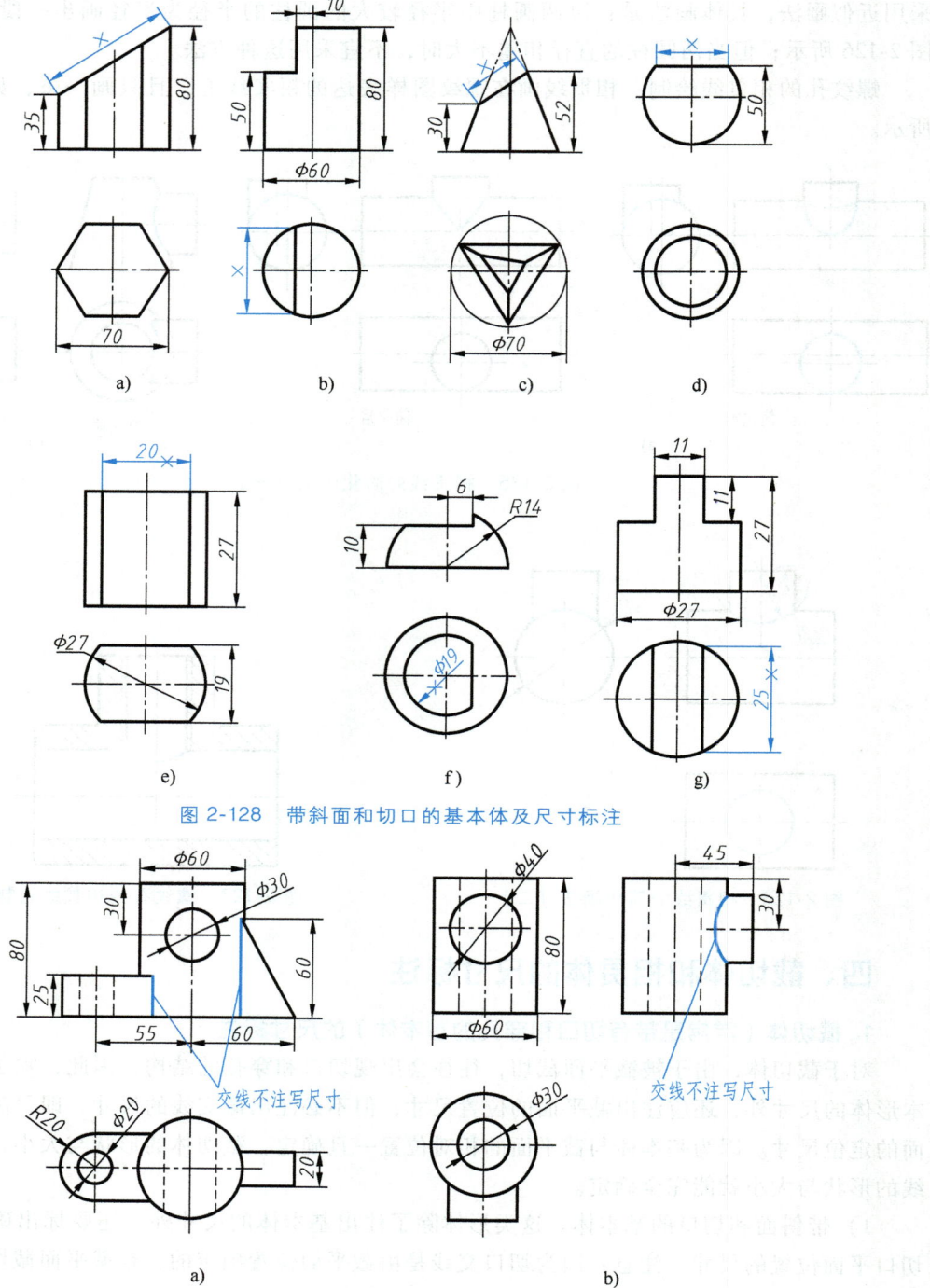

图 2-128 带斜面和切口的基本体及尺寸标注

图 2-129 带凹槽和穿孔的基本体及尺寸标注

小及相对位置确定以后，形成的相贯线的形状、大小及相对位置才能完全确定。所以，除了要注出相交两基本立体的尺寸外，还应注出确定两基本立体相对位置的尺寸。同样，也不必注出相贯线的尺寸，即只需注出相贯的基本立体的定形尺寸和确定它们相对位置（轴线位置）的定位尺寸，如图 2-130 所示。

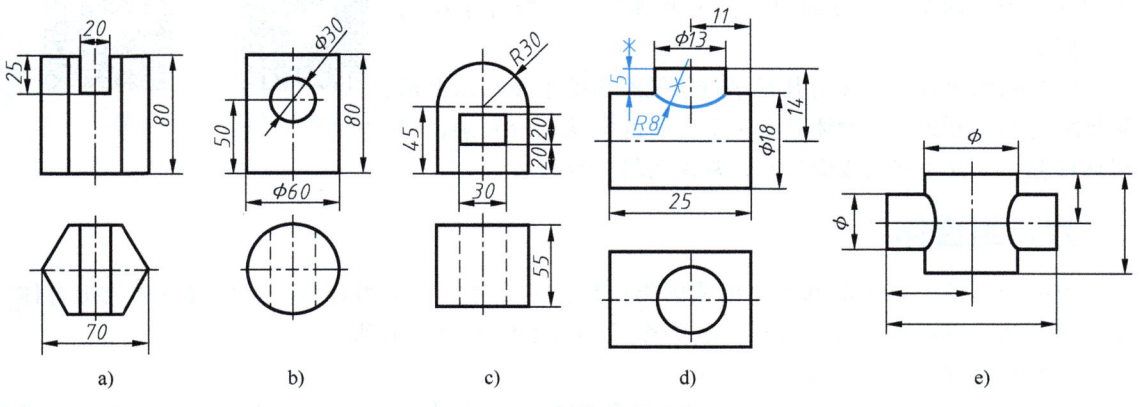

图 2-130　相贯体的尺寸标注

五、轴测图

工程上常用的图样是按照正投影法绘制的多面投影（图），它能够完整而准确地表达出形体各个方向的形状和大小，而且作图方便。但在图 2-131a 所示的三面正投影中，每个投影只能反映形体长、宽、高三个方向中的两个，立体感不强，故缺乏投影知识的人不易看懂，需运用正投影原理，对照几个投影，才能想象出形体的形状结构。当形体复杂时，其正投影就更难看懂。为了帮助看图，工程上常采用轴测投影图（简称"轴测图"），如图 2-131b 所示，来表达空间形体。

轴测投影的基本知识

轴测图是一种富有立体感的投影图，因此也被称为立体图。它能在一个投影面上同时反映出空间形体三个方向上的形状结构，可以直观形象地表达客观存在或构想的三维物体，接近于人们的视觉习惯。但由于它属于单面投影图，有时对形体的表达不够全面，而且其度量性差，作图较为复杂，因而在应用上有一定的局限性，常作为工程设计和工业生产中的辅助图样。

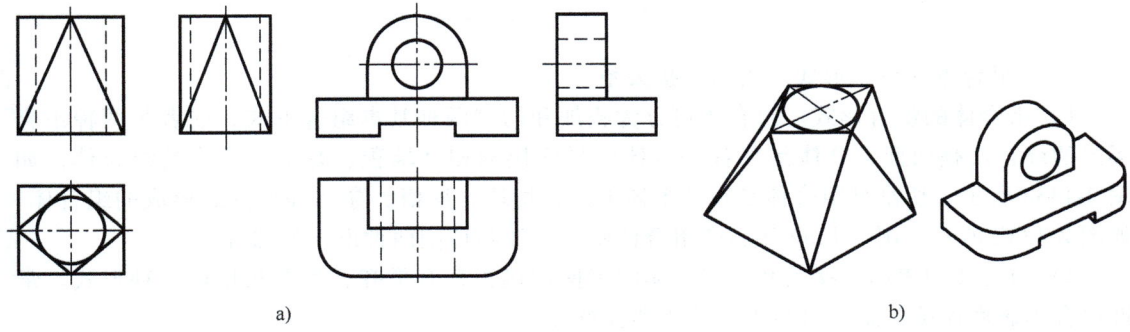

图 2-131　多面正投影图与轴测投影图

对于轴测图，需要重点掌握正等测与斜二测的画法。轴测投影的基本知识及正等测、斜二测的画法详见有关标准（GB/T 4458.3—2013）。

由于正等测中各个方向的椭圆画法相对比较简单,所以当物体两个或两个以上方向都有圆或圆弧时,一般都采用正等测画法。

斜二测的优点是物体上凡是平行于投影面的平面在图上都能反映实形,因此,当物体只有一个方向的形状比较复杂,特别是只有一个方向有圆或圆弧时,常采用斜二测画法。

 正等测的画法　 斜二测的画法

六、组合体

由两个或两个以上的基本体组成的类似机件的形体,称为组合体。这里着重研究组合体视图的画法、看图方法和尺寸标注,为今后学习零件图奠定基础。

1. 组合体的形体分析和组合形式

(1) 组合体的形体分析　任何复杂的物体都可以看成是由若干个基本几何体组合而成的。这些基本体可以是完整的,也可以经过钻孔、切槽等加工。如图 2-132a 所示的支座,可看成由圆筒、底板、肋板、耳板和凸台组合而成,如图 2-132b 所示。在绘制组合体视图时,应首先将组合体分解成若干简单的基本体,并按各部分的位置关系和组合形式画出各基本体的投影,综合起来,即得到整个组合体视图。这种假想把复杂的组合体分解成若干个简单形体,分析它们的形状、组合形式、相对位置和表面连接关系,使复杂问题简单化的思维方法,称为形体分析法。它是组合体画图、尺寸标注和看图的基本方法。

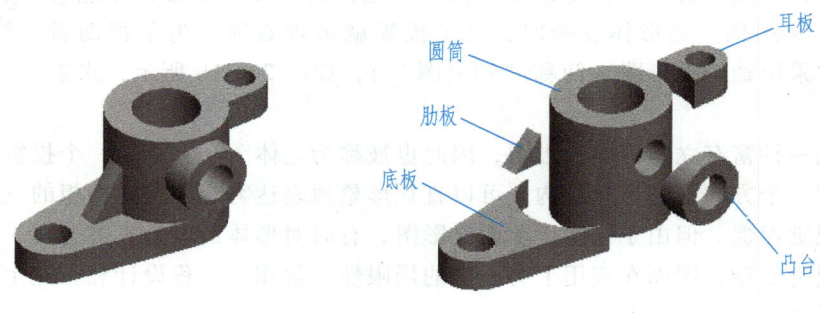

a) 直观图　　　　　b) 分解图

图 2-132　支座的形体分析

(2) 组合体的组合形式及表面连接关系

1) 组合体的组合形式。组合体可分为叠加和切割两种基本组合形式,或者是两种组合形式的综合。叠加型组合体是将各基本体以平面接触相互堆积、叠加后形成的组合体,如图 2-133a 所示。切割型组合体是在基本体上进行切块、挖槽、穿孔等切割后形成的组合体,如图 2-133b 所示。图 2-133c 所示的组合体则是叠加和切割两种形式的综合。

2) 组合体的表面连接关系。组合体的表面连接关系有平齐、相交和相切三种形式。掌握组合体表面连接关系,对画图和看图都很重要。

① 当组合体中两基本体的表面平齐(共面)时,在视图中不应画出分界线,如图 2-134 所示。

② 当组合体中两基本体的表面相交时,在视图中的相交处应画出交线,如图 2-135～图 2-137 所示。

a) 叠加型组合体

b) 切割型组合体

c) 综合型组合体

图 2-133　组合体的组合形式

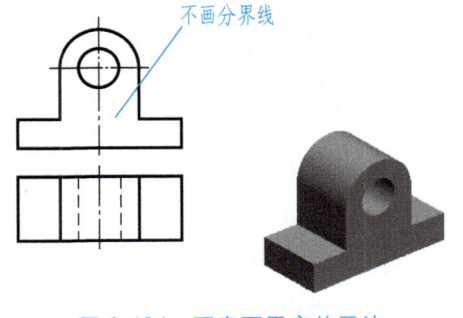
图 2-134　两表面平齐的画法

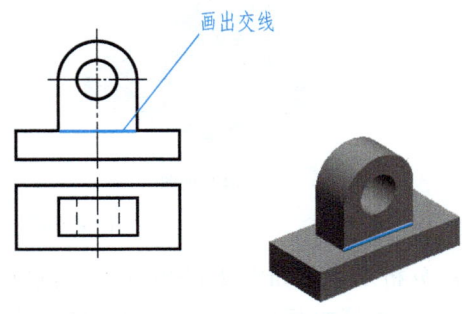
图 2-135　平面与平面相交

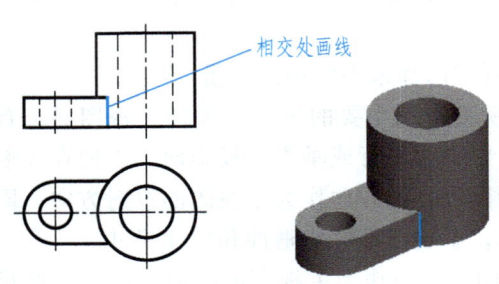
图 2-136　平面与曲面相交

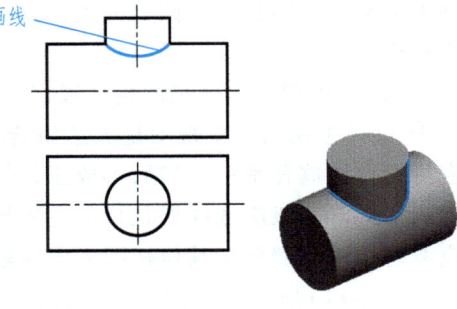
图 2-137　曲面与曲面相交

③ 当组合体中两基本体的表面相切时，在视图中的相切处不应画线，如图 2-138 所示。

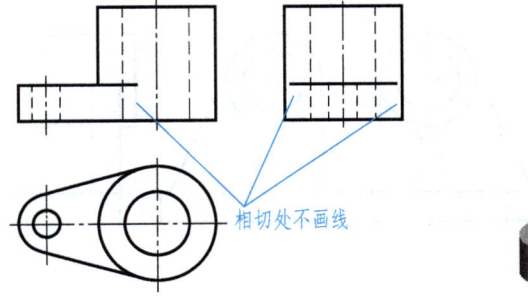
图 2-138　两表面相切的画法

2. 组合体视图的画法

画组合体的视图时，首先要运用形体分析法将组合体合理地分解为若干个基本体，并按照各基本体的形状、组合形式、形体间的相对位置和表面连接关系，逐步地作图。下面结合实例，介绍组合体视图的画法。

（1）叠加型组合体视图的画法　以图 2-139a 所示的机座为例，介绍叠加型组合体视图的画图方法和步骤。

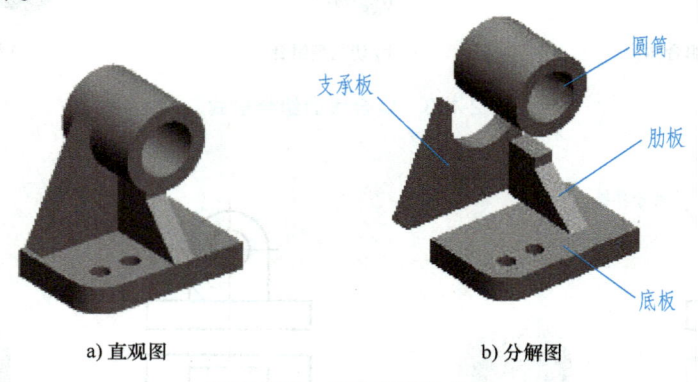

a) 直观图　　　　　b) 分解图

图 2-139　机座的形体分析

1) 分析形体。如图 2-139b 所示，机座可分解为底板、圆筒、支承板和肋板四部分。底板上有直径相等的两个圆孔和 1/4 圆角，圆筒、支承板和肋板由上而下依次叠加在底板上面。支承板与底板的后表面平齐，圆筒与支承板的后表面不平齐，支承板的左右侧面与圆筒的外表面相切，肋板位于圆筒的正下方并与支承板垂直相交，其左右侧面、前面与圆筒的外表面相交。

2) 选择视图。选择视图包括确定主视图的投射方向和采用的视图数量。

① 选择主视图。主视图是表达组合体的一组视图中最主要的视图。选择主视图时，首先应将组合体放置平稳，然后再放正，使组合体主要平面平行或垂直于投影面，以便在投射时得到实形。一般应选择形状特征最明显、位置特征最多的方向作为主视图的投射方向，同时应考虑作图时避免在其他视图上出现较多的虚线，影响图形的清晰性和标注尺寸。

如图 2-140 所示，分别以支座的 A、B、C、D 四个方向作为主视图的投射方向，比照后确定主视图。可以看出，A 向作为投射方向最能反映机座各组成部分的主要形状特征和较多的位置特征，符合选择主视图的要求。

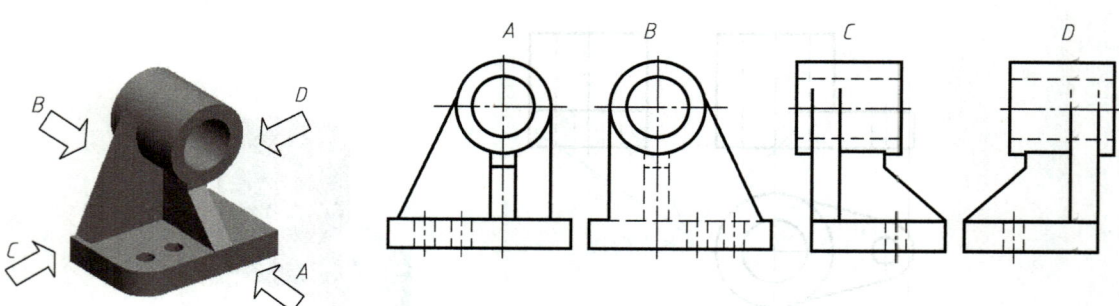

图 2-140　主视图投射方向的选择

② 确定视图数量。确定其他视图数量的原则是：用最少的视图最清楚地表达组合体各组成部分的形状结构、相对位置和表面连接关系。

主视图投射方向选定后，根据机座的表达需要，确定画出俯视图来表达底板的形状和两孔的相对位置，画出左视图来表达肋板的形状，以及支承板和圆筒的宽度。所以，机座需要用主、俯、左三个视图才能表达清楚。

3）选比例、定图幅。选定视图后，要根据组合体的实际大小，按国家标准规定选择比例和图幅。一般情况下，应采用1∶1的比例作图。选择图幅时，应留有足够的空间以标注尺寸。

4）布置视图。根据组合体的总长、总宽和总高确定各视图在图框内的具体位置，使视图分布均匀。因此，画图时应首先画出各视图两个方向的基准线。常用的基准线是视图的对称中心线，大圆柱体的轴线及表示大的底面或端面的线，如图2-141a所示。

5）画底稿。底稿中的图线应分出线型，线要画得细而轻淡，以便修改和保持图面整洁。

6）检查、描深。底稿完成后，要仔细检查全图，改正错误。准确无误后，按国家标准规定的线型加粗、描深。描深时应先画圆或圆弧，后画直线；先画细虚线、细点画线、细实线，后画粗实线，如图2-141f所示。

机座的画图方法和步骤如图2-141所示。画图时应注意以下几点：

1）画图时，应运用形体分析法，将组合体的各组成部分从主要部分到次要部分、从大形体到小形体，逐个画出它们的三视图。绘图时，应先画出反映形状特征的视图，再画其他视图，三个视图应配合画出，各视图注意保持"长对正、高平齐、宽相等"，如图2-141b、c、d、e所示。

2）在作图过程中，每增加一个组成部分，要特别注意分析该部分与其他部分之间的相对位置关系和表面连接关系，同时注意被遮挡部分应改为虚线，避免画图时出错。

（2）切割型组合体视图的画法 以图2-142所示的组合体为例，介绍切割型组合体视图的画图方法和步骤。

1）分析形体。该组合体的原始形体是四棱柱，在此基础上用不同位置的截平面分别切去形体1（四棱柱）、形体2（三棱柱）、形体3（四棱柱），最后形成切割型组合体，如图2-142所示。

2）画原始形体的三视图。先画基准线，布好图，再画出原始形体的三视图，如图2-143a、b所示。

3）画截平面的三视图。画各截平面的三视图时，应从各截平面具有积聚性和反映其形状特征的视图开始画起，如图2-143c、d、e所示。

4）检查、描深。各截平面的投影完成后，仔细检查各投影是否表达正确，是否有缺漏和多余的图线，准确无误后，按国家标准规定的线型加粗、描深，如图2-143f所示。

3. 组合体的尺寸标注

（1）尺寸标注的基本要求

1）正确。标注的尺寸数值应准确无误，标注方法要符合国家标准中有关尺寸注法的基本规定。

2）完整。标注尺寸必须能唯一确定组合体及各基本形体的大小和相对位置，做到无遗

机械制图

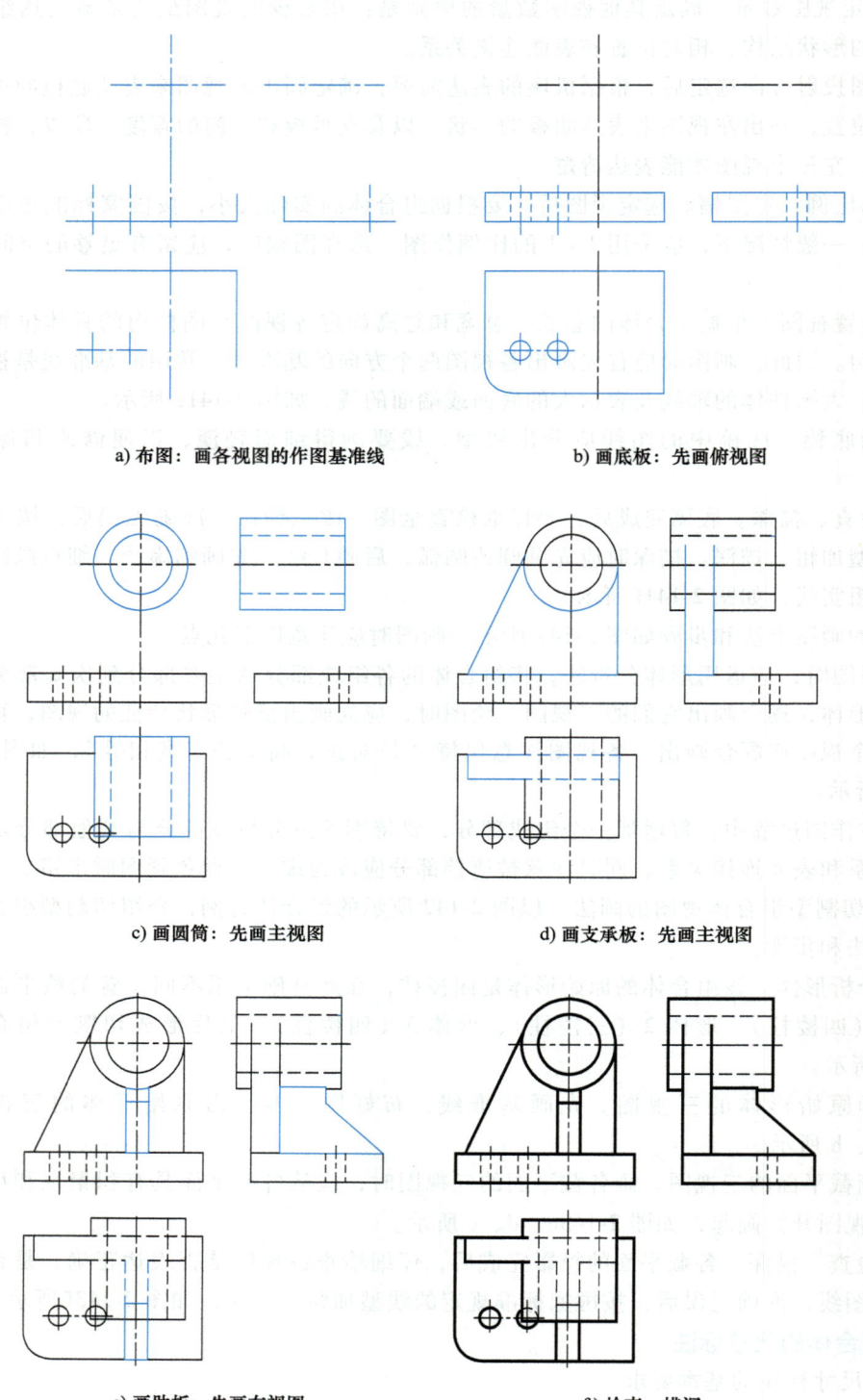

a) 布图：画各视图的作图基准线

b) 画底板：先画俯视图

c) 画圆筒：先画主视图

d) 画支承板：先画主视图

e) 画肋板：先画左视图

f) 检查、描深

图 2-141　机座的画图方法和步骤

绘制简单形体　学习情境2

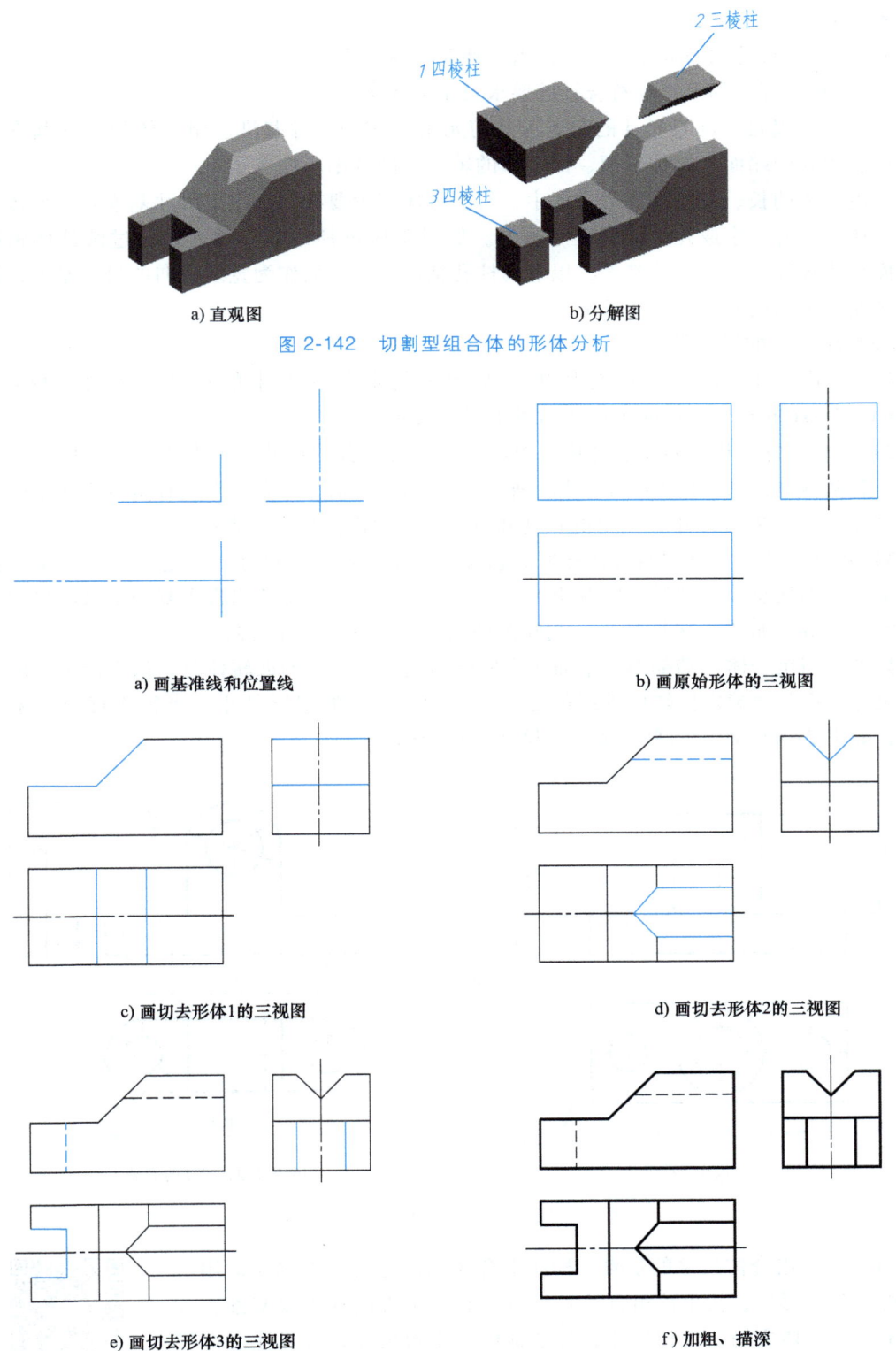

a) 直观图　　　　　　　　　　　　　b) 分解图

图 2-142　切割型组合体的形体分析

a) 画基准线和位置线　　　　　　　　b) 画原始形体的三视图

c) 画切去形体1的三视图　　　　　　d) 画切去形体2的三视图

e) 画切去形体3的三视图　　　　　　f) 加粗、描深

图 2-143　切割型组合体视图的画图方法和步骤

漏,不重复。

3）清晰。尺寸的布局要整齐、清晰,便于查找和看图。

4）合理。标注的尺寸要符合设计要求及工艺要求。

（2）尺寸基准　测量尺寸的起点（几何元素）称为尺寸基准。组合体的尺寸基准常选其底面、重要的端面、对称平面、回转体的轴线及圆的中心线等。

在组合体的长、宽、高三个方向中,每个方向至少要有一个主要尺寸基准。当形体较复杂时,还允许有一个或几个辅助尺寸基准。如图2-144a所示组合体,以通过圆柱体轴线的侧平面作为长度方向的尺寸基准,以过圆柱孔轴线的正平面作为宽度方向的尺寸基准,以底板的底面作为高度方向的尺寸基准。

（3）组合体的尺寸种类

1）定形尺寸。即确定组合体中各基本体的形状和大小的尺寸。如图2-144b中,$R14$mm、$2\times\phi 10$mm、$\phi 16$mm等尺寸均属于定形尺寸。

2）定位尺寸。即确定组合体中各组成部分相对位置的尺寸。基本体的定位尺寸最多有三个,若基本体在某方向上处于叠加、平齐、对称、同轴之一者,则应省略该方向上的一个定位尺寸。如图2-144a中,圆筒的长度和宽度方向的定位尺寸均省略。

3）总体尺寸。即确定组合体外形的总长、总宽和总高的尺寸。若定形、定位尺寸已标注完整,在加注总体尺寸时,应对相关的尺寸做适当调整,避免出现重复和多余的尺寸,造成封闭尺寸链。如图2-144a所示,删除圆柱的高度尺寸,标注总高。

另外,当组合体的端部不是平面而是回转面或有同轴孔的回转体时,该方向上一般不注总体尺寸,而是由确定回转面轴线的定位尺寸和回转面的定形尺寸（半径或直径）来间接确定,如图2-144b所示的总高及总长尺寸,不能标注。

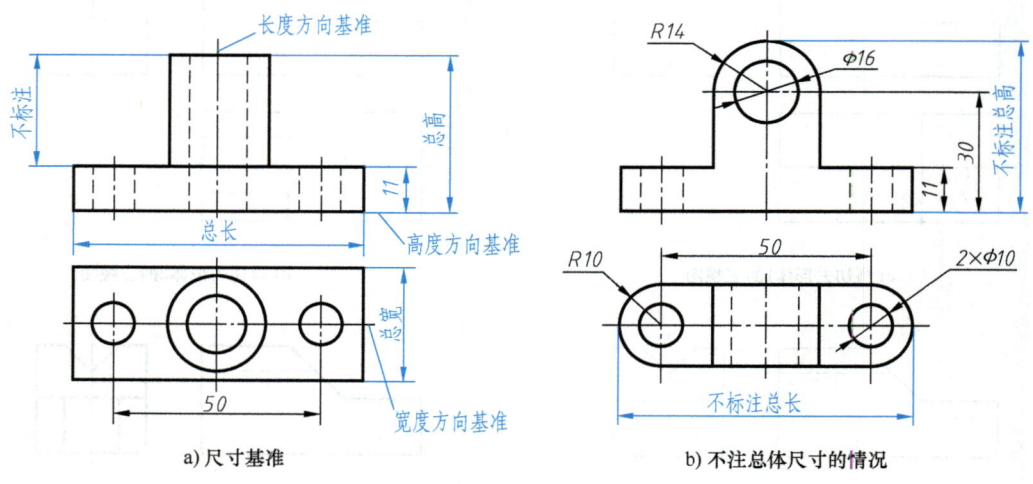

a) 尺寸基准　　　　b) 不注总体尺寸的情况

图2-144　组合体的尺寸

（4）标注组合体尺寸的步骤　标注组合体的尺寸时,首先应运用形体分析法分析形体,找出该组合体长、宽、高三个方向的主要基准,分别注出各基本体之间的定位尺寸和各基本体的定形尺寸,再标注总体尺寸并进行调整,最后校对全部尺寸。

组合体的尺寸标注

（5）组合体尺寸标注注意事项

1）尺寸应标注在反映形体特征明显的视图上。

2）同一形体的定形尺寸和定位尺寸应尽量标在同一视图上。

3）对于回转体，直径尽量标在非圆视图上，半径必须标在反映圆弧的视图上。

4）内、外形尺寸应分别标注在视图的两侧。

5）对称结构的尺寸应以尺寸基准对称面为对称线直接注出，不应在尺寸基准两侧分别注出。

6）同一个方向上连续标注的几个尺寸应该尽量配置在少数几条线上，避免注出封闭尺寸。同时，相互平行的尺寸，要使小尺寸靠近图形，大尺寸依次向外排列，避免尺寸线和尺寸界线相交。

组合体尺寸标注示例详见参考资料。

4. 识读组合体视图

画组合体的视图是将三维形体用正投影的方法表示成一组二维图形。而识读组合体的视图，则是将多个（一组）二维图形，依据它们之间的投影关系，想象出三维立体的形状结构。可以说，读图是画图的逆过程。所以，读图同样也要运用形体分析法。但对于复杂的形体，还要对局部结构进行线面分析，想象出局部结构的形状，从而想象出组合体的空间形状。

前面介绍了利用形体分析法画图的方法，在识读组合体视图时，形体分析法仍然是主要的方法。利用形体分析法识读组合体的步骤可以概括为4个字，即"分""对""想""合"，具体解释如下：

1）"分"是指将组合体的视图分解为若干个线框。如果是大框接小框，则组合体为叠加型；如果是大框包小框，则一般为切割型组合体。

2）"对"是指把已分好的线框，按三视图的投影关系对投影，逐个找出各线框在各视图中"长对正、高平齐、宽相等"的投影关系，然后进行分析。

3）"想"是指通过投影分析，想象出各个线框所对应的基本体的形状结构。

4）"合"是指在把各线框所代表的基本体按照其相对位置关系进行组合，并注意它们之间的表面连接形式，进而想象出整体形状。

（1）识读组合体视图的基本要领

1）熟悉各种位置基本体的视图特点。要识读组合体，必须掌握基本体在各种位置视图的特点，包括对不完整的基本体视图的正确认识。

2）应几个视图联系起来读图。

3）明确视图中线框和图线的含义。

读组合体的视图

（2）读图的方法和步骤

1）形体分析法。看叠加型组合体的视图时，根据投影规律，分析基本体的三视图，从图上逐个识别出基本体的形状和相互位置，再确定它们的组合形式及其表面连接关系，综合想象出组合体的形状。应用形体分析法读图的特点是：从整体出发，在视图上分线框。

2）线面分析法。读图时，在应用形体分析法的基础上，对一些较难看懂的部分，特别是对切割型组合体的被切割部位,还要根据线面的投影特性,分析视图中线和线框的含义,弄清组合体表面的形状和相对位置,综合起来想象出组合体的形状。应用线面分析法读图的特点是:从面出发,在视图上分线框。

(3)已知组合体两视图补画第三视图　已知组合体两视图补画第三视图,也就是常说的"知二求三",它与补画视图当中缺漏的图线一起,是读图和画图综合训练时最有效的两种形式,其一般的方法和步骤为:根据已知视图,用形体分析法和必要的线面分析法分析想象组合体的形状结构,在明确组合体形状结构的基础上,按投影关系补画出所缺的视图。

补画视图时,应根据各组成部分逐步进行。对叠加型组合体,先画局部后画整体。对切割型组合体,先画整体后切割,并按先实后虚,先外后内的顺序进行。

【例2-16】　已知机座的主、俯视图,想象该组合体的形状并补画左视图。

【例2-17】　已知切割型组合体的主、左视图,想象该组合体的形状并补画俯视图。

扫描二维码可观看解题过程。

补画第三视图

【边学边练】

1. 检查所需工具、材料是否齐全;检查工作环境是否干净、整洁。

2. 对给定的支座零件进行形体分析,了解其总体形状和结构,其组合形式如何?由哪几个部分组成?每一部分的形状、结构如何?各部分之间的相对位置关系及表面连接关系如何?

3. 先安放好支座(平稳且兼顾长度方向的尺寸)并确定其主视图的投射方向,再根据其大小确定各个视图的总体尺寸,然后选定绘图的比例及图幅。

4. 清理桌面(图板),铺放并固定图纸,用细实线绘制图纸的边界线、图框线及标题栏的外框线。

5. 根据所绘制图形的尺寸,绘制基准线及重要的图线,以布局图面。

6. 进一步对给定的支座零件进行形体分析,确定绘图的先后顺序:先画尺寸大的、主要的结构;后画尺寸小的、次要的结构;先画实线,后画虚线。

7. 绘制底稿。各部分结构都要三个视图对应着画,一般从最能反映其形状结构特征的视图入手。

8. 检查、描深,标注尺寸,并填写标题栏。

9. 使用二维CAD绘图软件绘制支座的三视图,并打印或截图。

10. 使用三维CAD绘图软件绘制支座的三维模型,并截图或打印。

请将尺规绘制的图样折叠后粘贴在此处,或将计算机绘图软件绘制的二维或三维图样,截图打印后粘贴在此处。

任务成果展示
_____
_____

【任务拓展与巩固训练】

1. 绘制轴承座的三视图

根据轴承座的立体图，如图 2-145 所示，绘制其三视图。

2. 根据组合体的两个视图绘制其第三视图

用计算机绘图软件补画组合体的第三视图，详见参考资料。

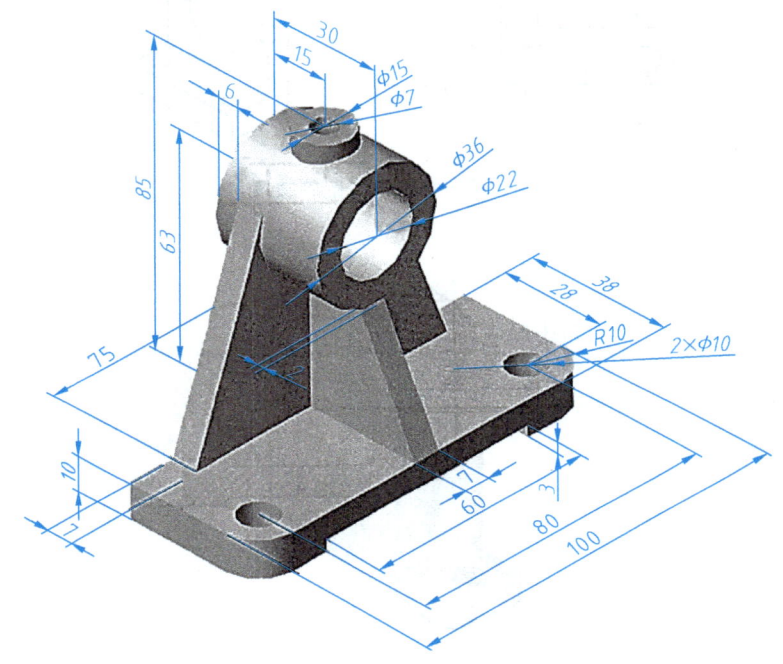

图 2-145 轴承座

3. 轴测图的术语、定义补充

GB/T 4458.3—2013《机械制图 轴测图》给出了新的定义：

1）正等轴测图（简称正等测）。用正投影法得到的轴测投影，称为正轴测投影。三个轴向伸缩系数均相等的正轴测投影，称为正等轴测投影。此时三个轴间角相等。绘制正等轴测图时，其轴间角和轴向伸缩系数（p、q、r）按相关的规定。

2）斜二等轴测图（简称斜二测）。轴测投影面平行于一个坐标平面，且平行于坐标平面的那两个轴的轴向伸缩系数相等的斜轴测投影，称为斜二等轴测投影。绘制斜二等轴测图时，其轴间角和轴向伸缩系数（p_1、q_1、r_1）按相关的规定。

注意：正等测的轴向伸缩系数用 p、q、r 表示，斜二测的轴向伸缩系数用 p_1、q_1、r_1 表示。

4. 根据给定的三视图绘制物体的正等轴测图（比例 2∶1）

给定形体的三视图如图 2-146 所示，根据其绘制形体的正等轴测图（比例 2∶1）。

5. 认识轴承座零件

轴承座零件的各部分结构名称如图 2-147 所示。

机械制图

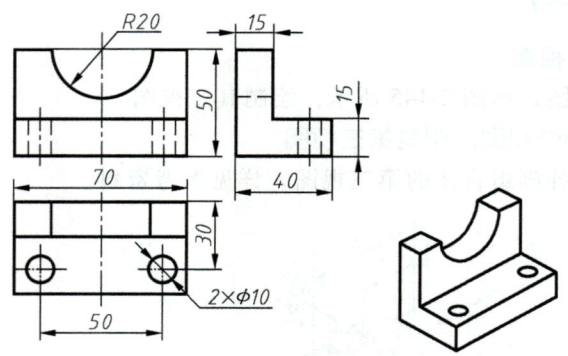

图 2-146　给定三视图的物体

图 2-147　轴承座零件的各部分结构名称

6. 求截交线的一般步骤

1）根据立体与截平面的位置分析截交形状。
2）求截交线上各顶点的投影。
3）判别可见性后，按顺序连接各点投影。
4）擦去被截掉部分的投影，按虚实加深图线：定形、找点、判断、连接、整理。

总结：

平面立体表面取点方法：特殊面利用积聚投影直接确定；一般面利用辅助线先取线再定点。

曲面立体表面取点方法：圆柱体利用积聚投影直接确定；圆锥体利用辅助素线或纬圆法求解；球体只能运用辅助纬圆法求解。

【成风化人】

兼顾个人与集体

在绘制及识读较复杂的组合体视图时，需要将几个视图联系起来才能想象出立体的空间形状，这和辩证唯物主义普遍联系与发展的观点相一致。我们需要不断培养逻辑思维能力和辩证思维能力，用唯物辩证法的思想看待和处理问题，树立正确的人生观、价值观和世界观，促进自己的身心和人格健康发展。

我们在利用形体分析法分析组合体与其组成形体之间的关系时，能够深切地感受到整体与局部及个体之间不可分割的关系。为此，我们要学会使用科学的方法论来分析问题和解决问题。同样，大到国家，小到家庭及个人之间，都是水乳交融的关系，只有国家强大了、富裕了，我们普通老百姓的日子才能一步一个台阶地好起来，真的是"没有国，哪有家，没有家，哪有你我他"。

严谨细致，明察秋毫

在组合体绘图与识图的练习中，补画视图中缺漏的图线及补画第三视图，是训练和培养空间思维和想象力最有效的两种方法和手段，不仅需要我们掌握已学过的基本几何体理论，拥有一定的空间想象能力，还需要具有耐心细致的工作作风。只有这样才能明察秋毫，根据已给出的视图，读懂图，并能正确地补画出缺漏的图线或视图。无论在工作还是生活中，细心是必不可少的，"明察秋毫，重视细节"成为帮助人们走向成功的秘钥。那么，如何在工作和生活中做到细心呢？首先，要认真观察，善于观察，养成"好"观察的习惯。细节通常隐藏在不容易被发现的地方，只有认真观察，集中精力，重视眼前，才能抓住它。其次，要有一定的知识能力储备，否则即使抓住了细节，也不一定能正确地处理它。再次，要多思考，提前对工作任务进行系统、翔实的规划，才能不遗漏细节，达到事半功倍的效果。

严肃认真，谨防"差之毫厘，谬以千里"。结合组合体的尺寸标注，可培养我们良好的职业道德素养和认真负责、严谨细致的工作作风。工程图样是指导生产的技术性文件，缺少尺寸无法生产，尺寸多余会产生矛盾，尺寸标注错误则会出废品，我们必须重视尺寸标注和工程图样的绘制。"勿以恶小而为之，勿以善小而不为"，职业道德行为的最大特点就是自觉性和习惯性，而良好习惯的培养要从小事做起，从细微处入手，有意识地培养自己的良好习惯和自觉的行为。

"毫"与"厘"是两种极小的长度单位，稍微有一丝一毫的差错，结果都会造成很大的错误。例如：一位考生，差 0.5 分，可能由此而落榜；一位运动员，差 0.5s，可能由此而与冠军无缘……在制图工作中，图样一旦出现错误，生产的产品将成废品，有时一些精密零件的尺寸，只因为一丝一毫的偏差，就会给生产带来了巨大损失，甚至是严重的生产事故。因此，我们必须从现在开始，养成严肃认真对待图样，一线一字都不能马虎的意识与习惯。

"差之毫厘，谬以千里"，还说明事物的发展是从量变开始，量变到一定程度，必然引起质变。由此也说明在科学实践、认识思维过程中，必须要有实事求是的科学态度，它主要体现了量变引起质变的哲学原理：在关键节点附近，事物微小的量变能够引起巨大的质变。俗话说的"一根稻草压倒了一头骆驼"，也是这个道理。当然，量变和质变的辩证关系是既相互对立，又相互统一的，它们之间既相互转化、相互依赖，又相互渗透。其辩证关系原理的现实意义就在于：量变阶段不能急于求成，平时要善于积累；面临质变不能犹豫不决，关键时刻冲上去。因此，请各位同学谨记：机遇偏爱有准备的头脑！

机械制图

【学习成果与评价反馈】

学生自评（20%）；小组互评（30%）；教师评价（50%）。
小组互评表见表 2-22，学习情境总评成绩表见附录。

表 2-22 小组互评表

班级_____ 姓名_____ 学号_____ 工作任务（ ）

学习情境 2	绘制简单形体	配分	得分		
评价项目	评价标准		学生自评 (×0.2)	小组互评 (×0.3)	教师评价 (×0.5)
1 平面图形的抄绘	能够对给定的平面图形进行正确的尺寸分析和线段分析，按照正确的抄绘步骤进行平面图形的抄绘	10			
2 投影基础及基本几何要素的投影	能够说出正投影法的投影特性；能够说出点的投影规律；能够说出各种位置（尤其是特殊位置）的直线及平面的投影特性；能够在平面上取点、取线（投影）	15			
3 基本体的投影	能够正确作出常见基本几何体的三视图并能够在其表面进行取点、取线；能够说出截交线与相贯线的性质；能够说出用各种与轴线不同位置的平面截切圆柱、圆锥、圆球得到的截交线的形状特点，并能够正确作图	20			
4 组合体及轴测图	能够正确进行主视图投射方向及另两个视图的选取，能够对简单机件进行正确的形体分析并进行三视图的绘制及尺寸标注；能够绘制简单形体的正等测及斜二测	15			
5 CAD 绘图软件的使用	能够较熟练地使用二维绘图软件的常用绘图及编辑命令，能够使用三维绘图软件进行简单形体的三维建模	10			
6 图样的总体质量	能够正确选用图幅、图线、字体和比例，能够正确标注尺寸，图面整洁、布局合理、内容完整	10			
7 工作态度	态度端正，不出现无故缺勤、迟到、早退现象	5			
8 协调能力	与小组成员、同学之间能够顺畅沟通、有效交流，协调工作	5			
9 职业素养	能够做到懂文明讲礼貌，勤俭节约，爱护公共财物及设施、保护环境	5			
10 创新能力	积极思考、善于提问，提出有代表性的问题等	5			
合计		100			

注：本表可根据本学习情境的工作任务的数量复印相同的份数，保证每个工作任务 1 份。

【总结报告】

1. 知识归纳（图 2-148）

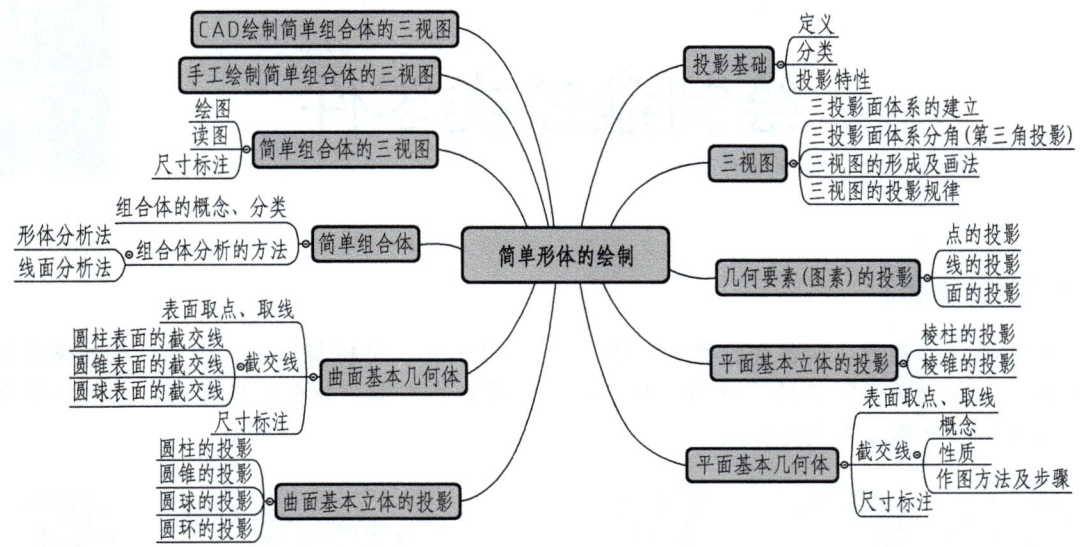

图 2-148　知识归纳思维导图

2. 自我反思

1）本学习情境掌握了哪些知识点？学会了哪些技能？
2）任务完成情况如何？应注意哪些问题？
3）还有哪些知识与技能尚未完全明白？
4）工作过程中有何不足？准备怎么改进？
5）对教学的意见与建议。

学习情境 3

绘制盘盖类零件

【学习情境描述】

依据给定的圆盘、端盖和轮类等零件,如图 3-1 所示,分析其形状、结构,按照国家制图标准,根据盘盖类零件的形状结构特点,确定其表达方案,并合理地标注尺寸和技术要求,绘制圆盘和端盖等的零件图。

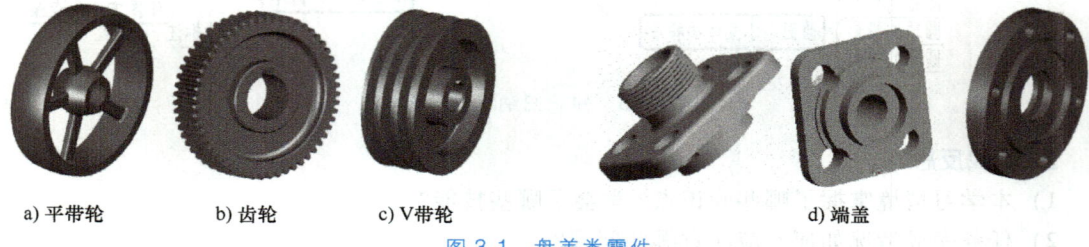

a) 平带轮　　　　b) 齿轮　　　　c) V带轮　　　　　　　　d) 端盖

图 3-1　盘盖类零件

【知识目标】

1. 盘、盖、轮类零件的形状、结构特点。
2. 剖视图的概念、剖切方法、规定画法及标注规定。
3. 盘盖类零件的常用表达方案。
4. 零件表面结构(表面粗糙度)的概念、评定参数。
5. 互换性、极限与配合的概念及术语(公称尺寸、极限尺寸和允许变动范围等)。
6. 零件几何公差(平面度和平行度)、基准的概念及标注。
7. 零件图中其他技术要求(材料、热加工和热处理)的有关知识。
8. CAD 绘图软件中对剖视图标注、图案填充、表面结构标注、尺寸公差标注、几何公差标注、技术要求注写等所使用的命令与操作。

【技能目标】

1. 能够叙述盘盖类零件的结构特点。
2. 根据盘盖类零件的结构特点,能够叙述盘盖类零件图绘制时常用的表达方案。
3. 根据对互换性、极限与配合的理解,能够对零件图上的尺寸公差进行正确的选择和标注。

4. 根据对表面结构要求的理解，能够对零件图上的表面结构进行正确的选择和标注。
5. 根据对几何公差的理解，能够对零件图上的几何公差项目进行正确的选择和标注。
6. 能够在教师的指导下，手工绘制盘盖类零件的零件图，包括剖视图标注、剖面符号绘制、表面结构标注、尺寸公差标注、几何公差标注、技术要求注写等，尽量做到正确、清晰，符合国家标准。
7. 能够在教师的指导下，使用 CAD 绘图软件绘制盘盖类零件的零件图，包括剖视图标注、图案填充、表面结构标注、尺寸公差标注、几何公差标注、技术要求注写等，尽量做到正确、清晰，符合国家标准。

【素养目标】

1. 培养动手（手、脑并用）实践能力及规范操作的职业素养。
2. 培养严格遵守制图标准的自觉意识、习惯及德法兼修的职业素养。
3. 培养产品的质量、竞争及效益意识；培养工作的环保意识。
4. 培养严肃认真的工作态度和一丝不苟的工作作风。

工作任务 3.1　绘制圆盘

【任务描述】

依据给定的圆盘零件，如图 3-2 所示，分析其结构，按照国家制图标准，根据盘盖类零件的结构特点，合理确定表达方案，并分析其尺寸和技术要求，绘制圆盘的零件图。

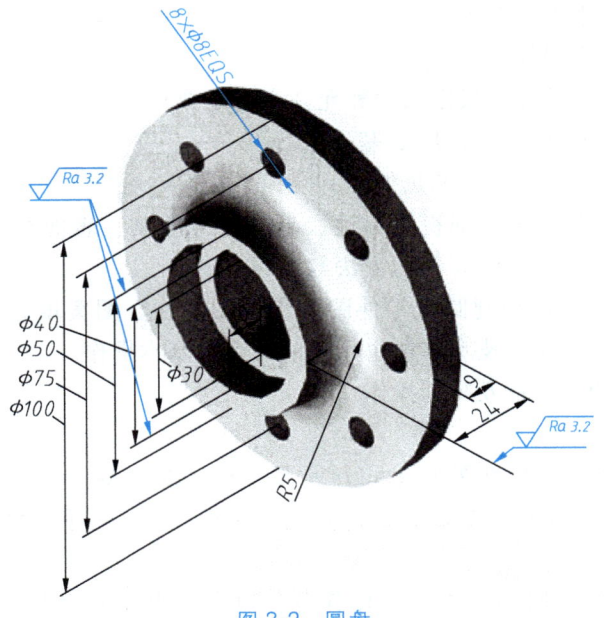

图 3-2　圆盘

机械制图

学习条件及环境要求：机械制图实训室、计算机、绘图软件（三维、二维）、多媒体、圆盘零件模型若干、教材、参考书、网络课程及其他资源等。

教学时间（计划学时）：8 学时。

【任务目标】

1. 根据盘类零件的结构特点，能够叙述盘类零件绘制时常用的表达方案。
2. 根据对互换性、极限与配合的理解，能够对盘类零件图上的尺寸公差进行正确选择和标注。
3. 根据对表面结构要求的理解，能够对盘类零件图上的表面结构进行正确选择和标注。
4. 根据对几何公差的理解，能够对盘类零件图上的几何公差项目进行正确选择和标注。
5. 能够在教师的指导下，手工绘制圆盘的零件工作图，包括剖视图标注、剖面符号绘制、表面结构标注、尺寸公差标注、几何公差标注、技术要求注写等，尽量做到正确、清晰，符合国家标准。
6. 能够在教师的指导下，使用二维 CAD 绘图软件绘制圆盘的零件工作图，包括剖视图标注、图案填充、表面结构标注、尺寸公差标注、几何公差标注、技术要求注写等，尽量做到正确、清晰，符合国家标准。
7. 能够在教师的指导下，使用三维建模软件，创建圆盘零件模型。

【任务准备】

1. 信息收集

1) 盘类零件的形状和结构特点（回转体、简单工艺结构倒角、圆角）。
2) 剖视图（单一剖、全剖）的概念、剖切方法、规定画法及标注。
3) 盘类零件的常用表达方案。
4) 表面结构（表面粗糙度）。
5) 尺寸公差（公称尺寸、极限尺寸和允许变动范围）。
6) 几何公差（平面度和平行度）、基准。
7) 技术要求（材料、热加工和热处理）。
8) 手工绘制圆盘零件图（剖视图标注、剖面符号绘制、表面结构标注、尺寸公差标注、几何公差标注、技术要求注写）的方法与步骤。
9) 二维 CAD 绘图软件绘制圆盘零件图（剖视图标注、图案填充、表面结构标注、尺寸公差标注、几何公差标注、技术要求注写）的命令与基本操作。
10) 三维建模中的孔特征及阵列操作。

2. 工具、材料

圆盘零件或模型若干、标准图纸（A3）一张、草稿纸（A4）若干张、绘图铅笔（2H、2B）、图板（A3 号）、丁字尺（60mm）、计算机（包括二维、三维 CAD 绘图软件）。

3. 任务分组

学生按 4~6 人一组，明确每组的工作任务，填写分组任务表及学生小组任务分配表。每组及每个学生的任务，可以相同也可以有差异，视具体情况而定。

【引导性学习资料】

一、盘盖类零件

零件的种类很多，形状结构也千差万别。但根据它们在机器（或部件）中的作用、形状结构及加工制造方面的特点，通过比较、归纳，可大致将一般零件分为盘盖（轮盘）、轴套、叉架和箱体四类典型零件。每一类的典型零件都有其常用的视图表达方法。

盘盖类零件一般包括法兰盘、端盖、压盖、泵盖和各种轮子等。它们在机器中主要起轴向定位、防尘、密封及传递转矩等作用。盘盖类零件的主体一般为不同直径的回转体或其他形状的扁平板状，其厚度相对于直径小得多（径向尺寸远大于轴向尺寸），大部分是铸件，常有凸台、凹坑，均匀分布有安装孔、轮辐和键槽等结构。

二、零件图的作用和内容

零件是构成机器的基本要素，可以概括地分为两大类：一类是在各种机器中都能用到的零件（如齿轮、轴等），称为通用零件（标准件一般都是通用件，但是通用件不一定是标准件）；另一类是在一定类型的机器中才会用到的零件（如枪栓、螺旋桨等），称为专用零件。此外，将一些协同工作的零件组成的零件组合体称为部件或组件（如联轴器、减速器等）。零件是加工制造的最小单元。表达单个零件的结构形状、尺寸和技术要求的图样称为零件图。

1. 零件图的作用

加工和制造各种不同形状的机器零件时，一般是先根据零件图对零件材料和数量的要求进行备料，然后按图样中零件的形状、尺寸与技术要求进行加工制造，同时还要根据图样上的全部技术要求，检验被加工零件是否达到规定的质量指标。因此，零件图是设计部门提交给生产部门的重要资料，它反映了设计者的意图，表达了对零件的要求，是生产中进行加工制造与检验零件质量的重要技术性文件。

2. 零件图的内容

图 3-3 所示是齿轮泵中泵盖的零件图，从图中可以看出零件图应包括以下四方面的内容。

（1）一组视图　用一组视图（包括视图、剖视图、断面图、局部放大图等表达方法）完整、准确、清晰、简便地表达出零件的结构形状。图 3-3 所示的泵盖用主、左两个视图来表达，主视图采用全剖视图（这里采用了两相交平面全剖的剖切方法），左视图采用视图表达。

（2）完整的尺寸　零件图中应正确、完整、清晰、合理地标注出表示零件各部分的形状大小和相对位置的尺寸，为零件的加工制造提供依据。图 3-3 所示泵盖的主视图中标注的尺寸 10mm、25mm 和左视图中标注的尺寸 42mm、R43mm 确定了泵盖的轮廓形状，中间的两个不通孔为 ϕ22H7，中心距为 42mm，其上 6 个沉孔的形状和位置通过主视图中的尺寸 ϕ6.6mm、ϕ11mm、深度 6.8mm 及左视图中的 R33mm 来确定。

（3）技术要求　用规定的符号、代号、标记和简要的文字表明制造和检验零件时应达到的各项技术指标和要求。如图 3-3 中所注出的表面粗糙度 Ra0.8μm、Ra1.6μm 等，以及

机械制图

技术要求"时效处理,不得有砂眼、裂纹、缩孔等铸造缺陷"等。

(4)标题栏 在图幅的右下角按标准格式画出标题栏,以填写零件的名称、材料、图样的编号、比例及设计、审核、批准人员的签名、日期等其他说明性的文字。

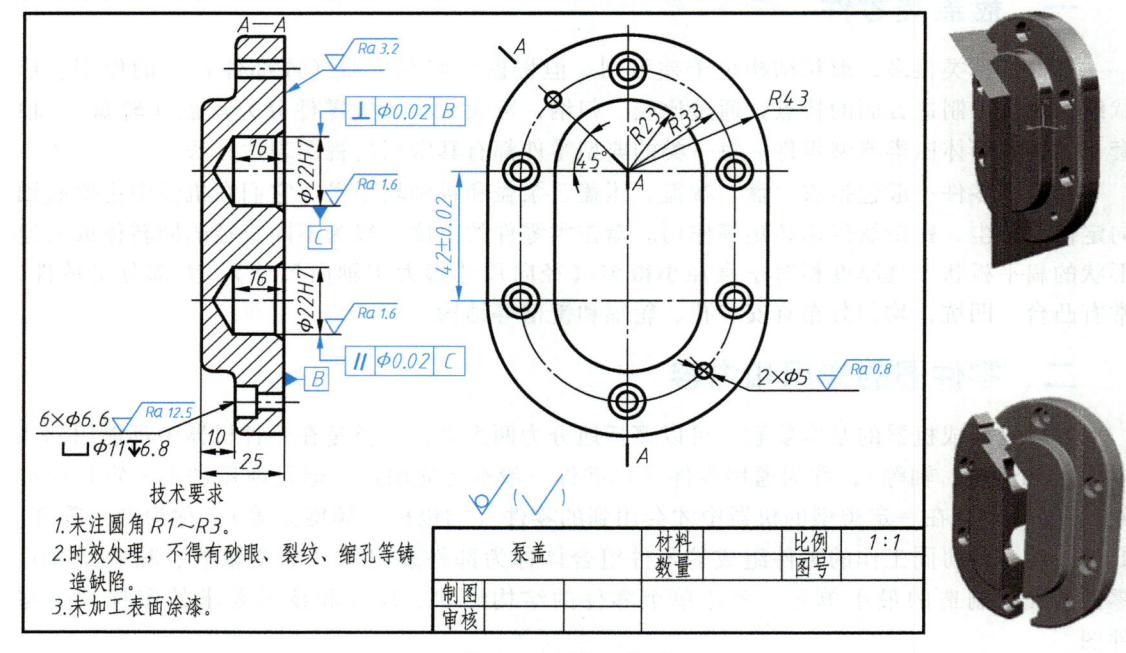

图 3-3 泵盖零件图

三、零件图的视图选择与表达

零件图要求将零件的形状结构完整、清晰地表达出来,并力求简便。因此,合理地选择主视图和其他视图,用最少数量的视图最清楚地表达零件的内外形状和结构,必须确定一个比较合理的表达方案。

1. 主视图的选择

主视图是一组视图的核心,选择主视图时,应首先确定零件的安放位置和投射方向。

(1)确定零件的安放位置 在放置零件时,主视图要尽可能地反映零件的主要加工位置或在机器中的工作位置,同时要将零件的主要结构放正,并且使零件尽可能地安放平稳。为此,应遵循以下原则。

1)零件的加工位置原则。指零件在主要加工工序中的装夹位置。主视图与加工位置一致主要是为了使制造者在加工零件时看图方便。如轴、套、轮盘等零件的主要加工工序是在车床或磨床上进行的,因此这类零件的主视图应将其轴线水平放置。如图 3-4 所示的轴,A 向作为主视图投射方向时,能较好地反映零件的加工位置。

2)零件的工作位置原则。指零件在机器或部件中工作时的位置。如支座、箱壳等零件,它们的结构形状比较复杂,加工工序较多,加工时的装夹位置经常变化,因此在画图时应使这类零件的主视图与工作位置一致,以方便零件图与装配图直接对照。如图 3-5 所示的起重吊钩、球阀阀芯等零件,都是按照零件的工作位置安放的实例。还有图 3-7 所示的车床尾架体,A 向作为主视图投射方向时,能较好地反映零件的工作位置。

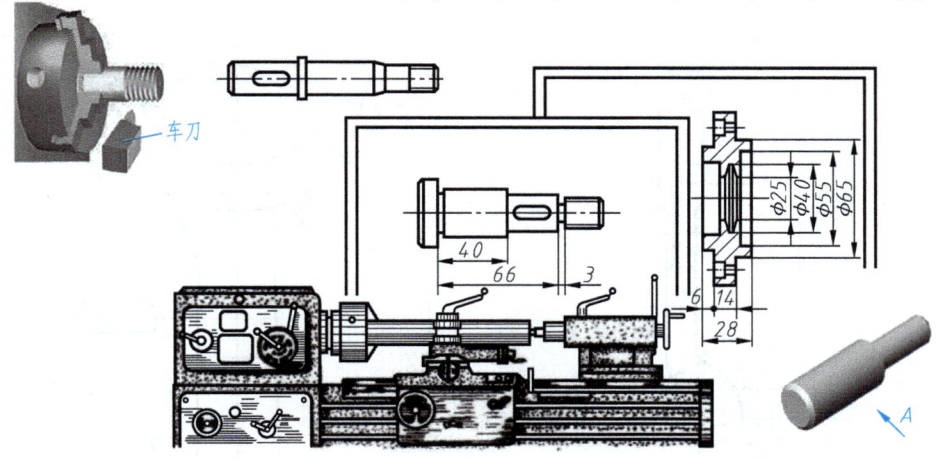

图 3-4 轴的主视图选择

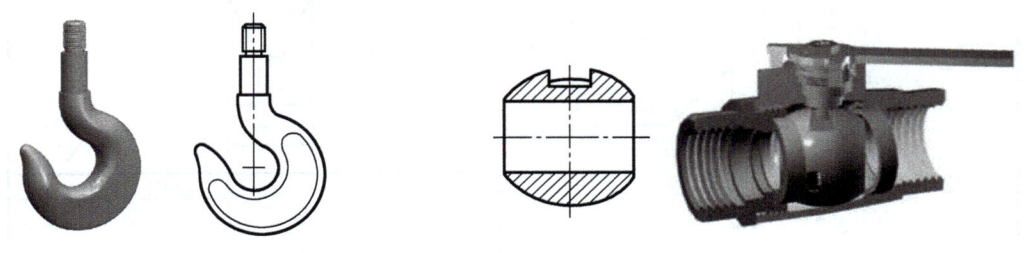

a) 吊钩及按吊钩的工作位置选择主视图　　　　b) 阀芯及按阀芯的工作位置选择主视图

图 3-5 吊钩及阀芯零件表达实例

3）主体放正原则。将零件的主体结构摆放在平行或垂直于基本投影面的位置，尤其是对一些形状、结构不规则的零件，如叉架类零件，要将其主要结构的轴线或端面平行或垂直于基本投影面。如图 3-6 所示的拨叉，就是将其最上方的工作部分的轴线水平放置，且左右端面与侧平面平行。

4）自然平稳安放原则。即将零件处于自然放置稳当的位置。如图 3-7 所示的车床尾架体和滑动轴承座，按照图示位置放置，底部面积较大，重心也较低，处于平稳状态，若反向或侧立，则不平稳。

（2）主视图的投射方向　一般应将最能反映零件形状结构和相互位置关系的方向作为主视图的投射方向。如图 3-4 所示的轴和图 3-7a 所示的车床尾架体，将 A 向作为主视图的投射方向，能较好地反映该零件的结构形状和各部分的相对位置。

2. 视图表达方案的选择

主视图确定以后，要分析该零件在主视图上还有哪些尚未表达清楚的结构，对这些结构的表达，应以主视图为基础，选用其他视图并采用合适的表达方法表达出来，使每个视图都有表达的侧重点，几个视图互为补充，共同完成零件结构形状的表达。同时，在选择视图时，应优先选用基本视图和在基本视图上做适当的剖视，在充分表达清楚零件结构形状的前提下，尽量减少视图数量，力求画图和读图简便。

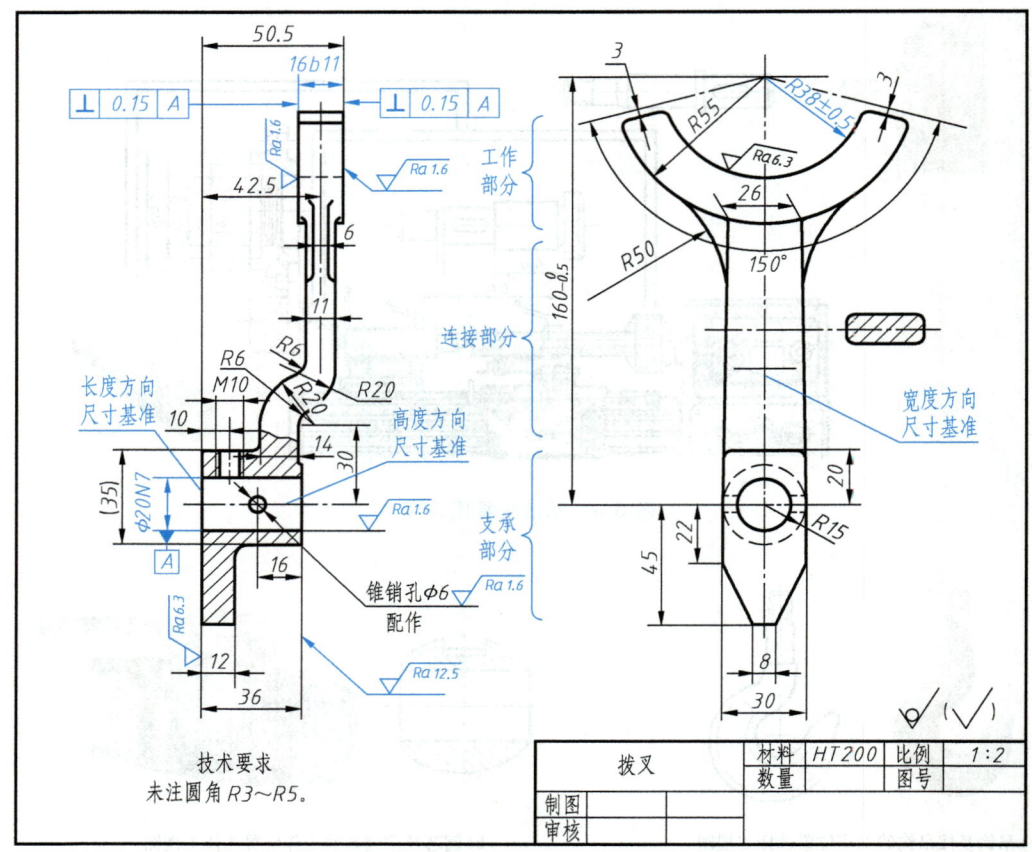

图 3-6 拨叉零件图

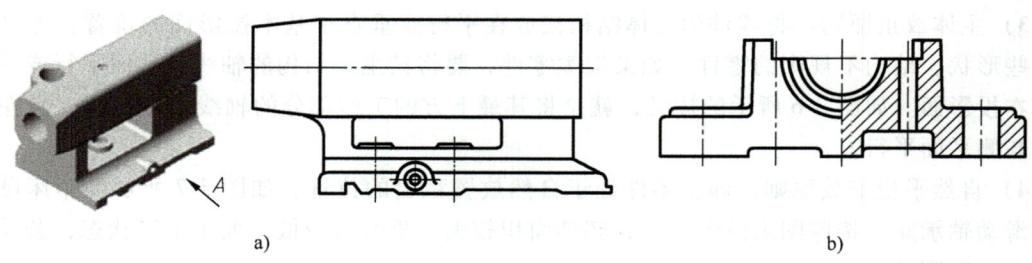

图 3-7 车床尾架体及滑动轴承座的主视图

四、零件上常见的工艺结构

零件的结构形状，主要是由它在机器中的作用决定的，而且在制造零件时还要符合加工工艺的要求。因此在画零件图时，不仅应使零件的结构满足使用上的要求，还要方便加工制造。这里介绍常见的加工工艺结构之一——铸造圆角，供画图时参考。

在铸造毛坯各表面的相交处，做出铸造圆角，如图 3-8 所示。这样既方便起模，又能防止浇注铁液时将砂型转角处冲坏，还可避免铸件冷却时在转角处产生裂纹和缩孔，同时可防止脱模时砂型落砂。铸造圆角在图样上一般不予标注，常集中注写在技术要求中。

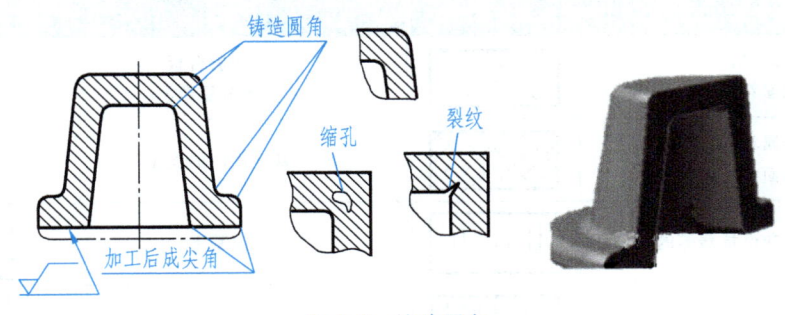

图 3-8 铸造圆角

五、剖视图

用视图表达机件的内部结构时，图中会出现许多虚线，影响了图形的清晰，不利于看图，也不方便标注尺寸。为此，国家标准规定用"剖视"的方法来解决机件内部结构的表达问题。

1. 剖视图的概念

（1）剖视图的形成　假想用剖切面剖开机件，对使用第一分角进行投影的视图而言，将处在观察者与剖切面之间的部分移去，而将其余部分向投影面投射所得的图形，称为剖视图，此方法简称为"剖视"，如图 3-9a、b 所示。

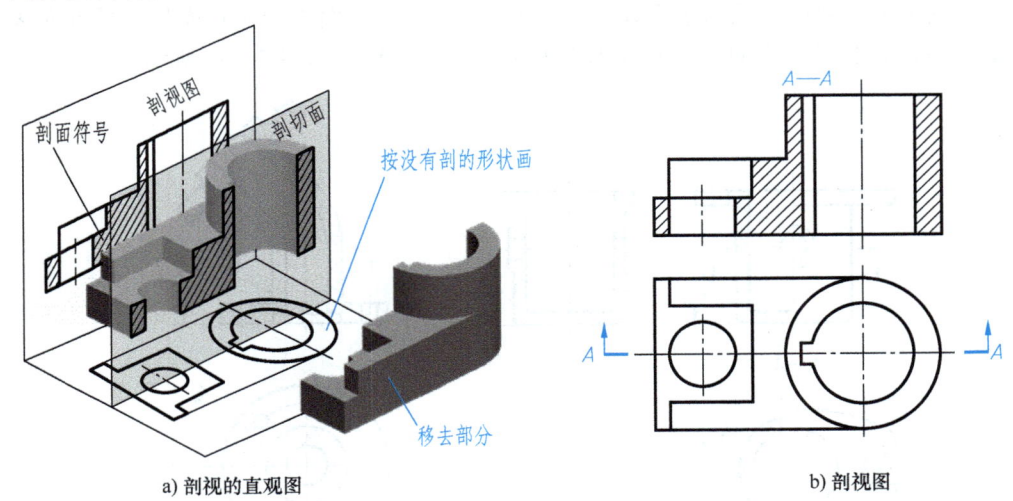

a) 剖视的直观图　　　　　　　　　　b) 剖视图

图 3-9 剖视图的形成

（2）剖面符号　在剖视图中，被剖切面剖切到的部分，称为剖面。为了在剖视图上区分剖面和其他表面，应在剖面上画出剖面符号（也称为剖面线）。机件的材料不相同，采用的剖面符号也不相同。常用材料的剖面符号见表 3-1。

画金属材料的剖面符号时，一般应遵守下列规定：

1）同一机件的零件图中，剖视图的剖面符号，应画成间隔相等、方向相同且为与水平方向（主要轮廓线）成 45°（向左、向右倾斜均可）的细实线，如图 3-10a 所示。

表 3-1　常用材料的剖面符号（GB/T 4457.5—2013）

材料类别	剖面符号图例	材料类别	剖面符号图例
金属材料（已有规定剖面符号者除外）		木质胶合板（不分层数）	
非金属材料（已有规定剖面符号者除外）		基础周围的泥土	
转子、电枢、变压器和电抗器等的叠钢片		混凝土	
线圈绕组元件		钢筋混凝土	
型砂、填砂、粉末冶金、砂轮、陶瓷刀片、硬质合金刀片等		砖	
玻璃及供观察用的其他透明材料		格网（筛网、过滤网等）	
木材　纵断面		液体	
木材　横断面			

2）当图形的主要轮廓线与水平线成 45°时，该图形的剖面符号应画成与水平方向成 30°或 60°的平行线，其倾斜方向仍与其他图形的剖面符号一致，如图 3-10b 所示。

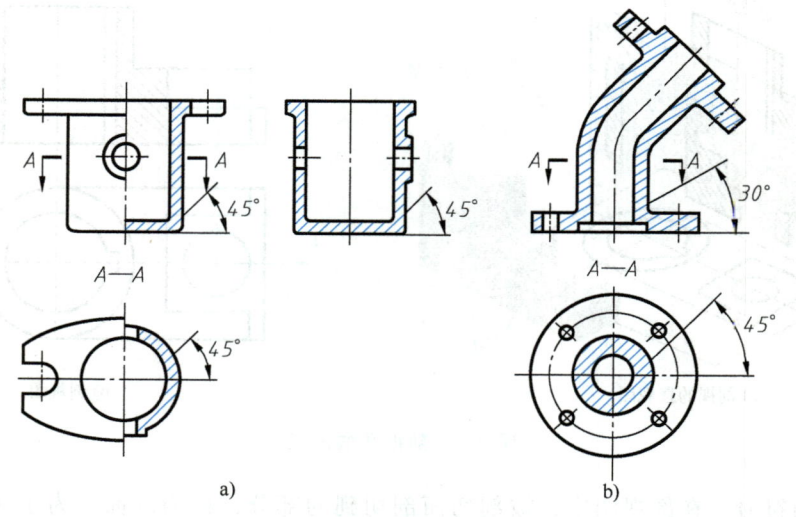

图 3-10　金属材料的剖面线画法

2. 画剖视图应注意的问题

1）画剖视图时，剖切机件是假想的，并不是把机件真正切掉一部分。因此，当机件的某一视图画成剖视图后，其他视图仍应按完整的机件画出，不应出现如图 3-11 所示俯视图只画一半的错误。

2）剖切平面一般应通过机件上的对称平面或孔、槽的中心线，并平行于某一基本投影面。

3）剖切平面后方的可见轮廓线应全部画出，不能遗漏。图 3-11 所示主视图中漏画了后一半可见轮廓线。相反，剖切平面前方已被切去部分的可见轮廓线不应画出，如图 3-11 所示主视图多画了已剖去部分的轮廓线。

4）剖视图中一般不画不可见部分的轮廓线。但当需要在剖视图上表达这些结构，又能减少视图数量时，允许画出必要的虚线，如图 3-12 所示。

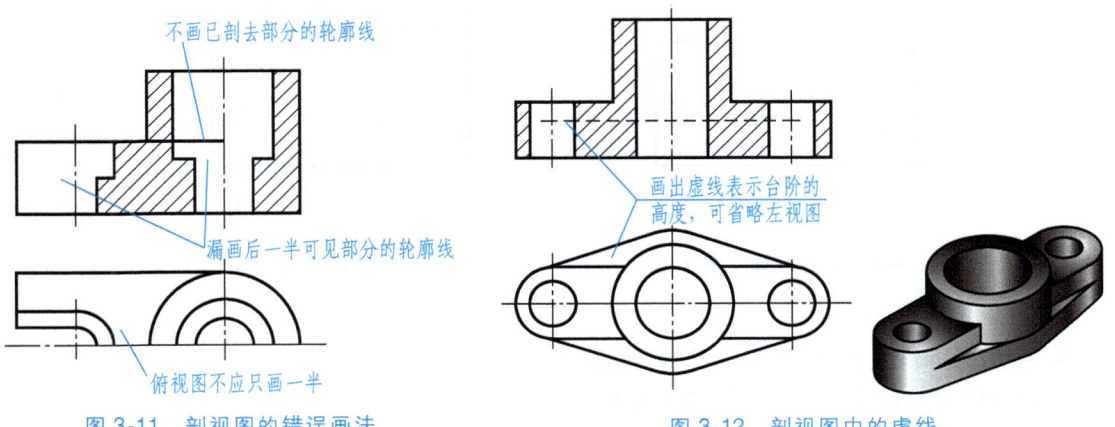

图 3-11　剖视图的错误画法　　　　图 3-12　剖视图中的虚线

5）剖视图中，当剖切平面纵向剖切肋板类的薄板结构时，肋板不画剖面线，如图 3-13 所示。但当横向剖切此类零件结构时，则必须画出剖面线。

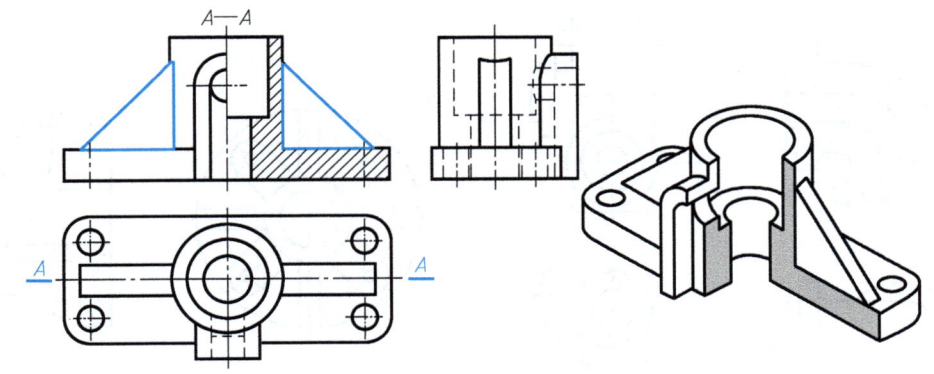

图 3-13　肋板不画剖面线的情况

3. 剖视图的标注

为了便于看图，在画剖视图时，应将剖切位置、剖切后的投射方向和剖视图的名称标注在相应的视图上。

1）剖切位置。用线宽为（1~1.5）b、长 5~10mm 的粗实线（粗短画）表示剖切面的起讫和转折位置，它们之间用细点画线连接，也称为剖切线，如图 3-14a 所示。

2）投射方向。在表示剖切平面起讫的粗短画外侧画出与其垂直的箭头，表示剖切后的投射方向，如图 3-14a 所示。

3) 剖视图名称。在表示剖切平面起讫和转折位置的粗短画外侧写上相同的大写拉丁字母"×",并在相应的剖视图上方正中位置用同样的字母标注出剖视图的名称"×—×",字母一律按水平位置书写,字头朝上,如图3-14a、图3-15所示。在同一张图样上,同时有几个剖视图时,其名称应按顺序编写,不得重复,如图3-14a所示。剖切线也可省略不画,如图3-14b所示。

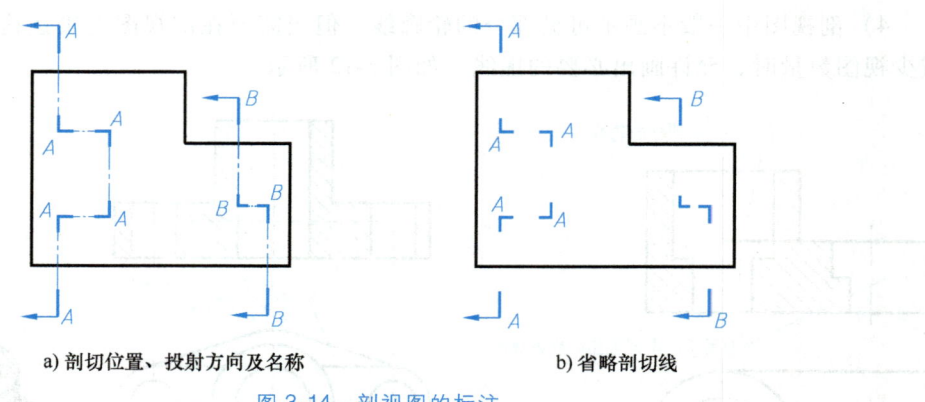

a) 剖切位置、投射方向及名称　　　　b) 省略剖切线

图 3-14　剖视图的标注

4. 剖切面的种类（GB/T 4458.6—2002）

根据物体的结构特点,可选择以下几种剖切面剖切物体:

1) 单一剖切面。如图 3-15a 所示。
2) 几个平行的剖切平面。如图 3-15b 所示。
3) 几个相交的剖切面,交线垂直于某一投影面。如图 3-15c 所示。

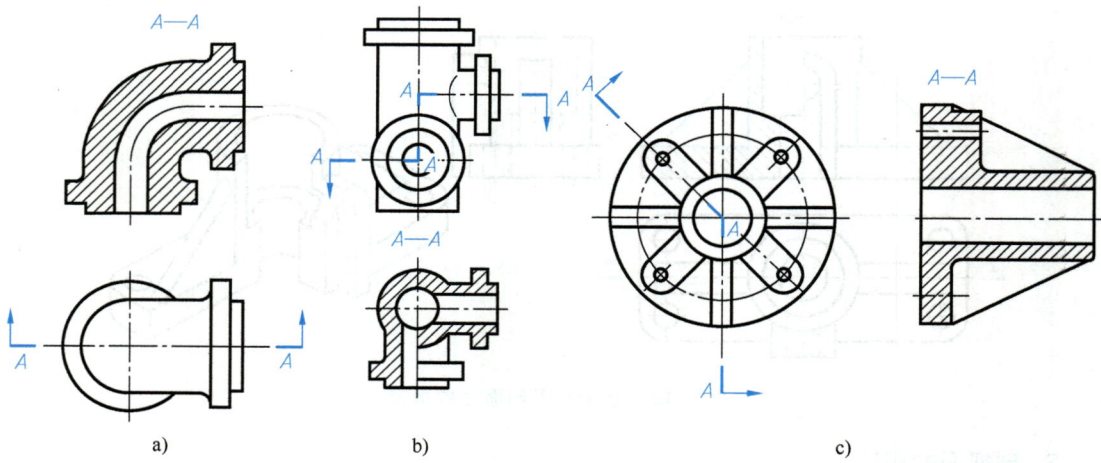

a)　　　　　　b)　　　　　　c)

图 3-15　剖切面的种类

剖切机件时,不论是用单一剖切面来剖切,还是用多个剖切面来共同剖切,也不管几个剖切面之间是平行还是相交,都可以将机件全部剖开,如图3-15所示,也称为全剖。同时也可以剖开一半或剖开一部分。当剖开一半时,往往适合于机件的结构形状对称或基本对称的情况,剖开的部分用于表达内部结构,未剖开的部分用于表达外形轮廓,如图3-16所示,

也称为半剖。当剖开一部分时,剖开的部分可以是一大部分,也可以是一小部分,如图 3-17 所示,也称为局剖。

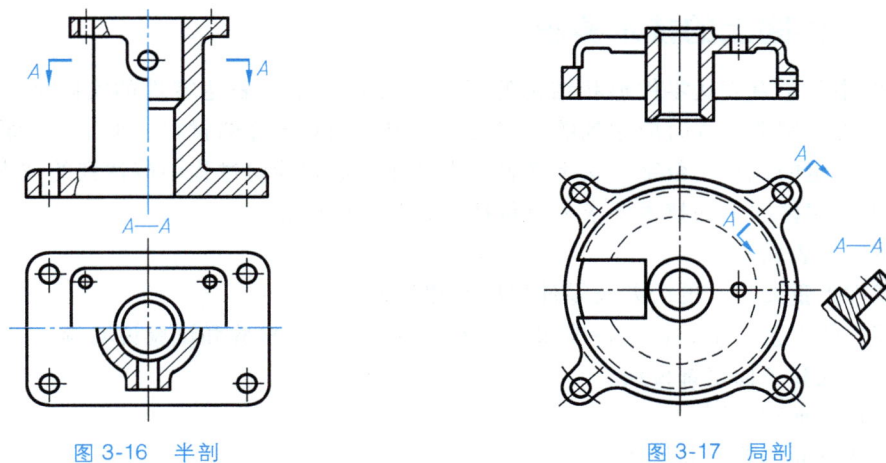

图 3-16　半剖　　　　　　　　　　图 3-17　局剖

需要说明的是:单一剖切面剖切机件时,剖切面可以是平面,也可以是柱面或其他曲面。当采用单一柱(曲)面剖切机件时,则必须标注,且一般应按展开(把曲面拉平)后的形状绘制,如图 3-18 所示。

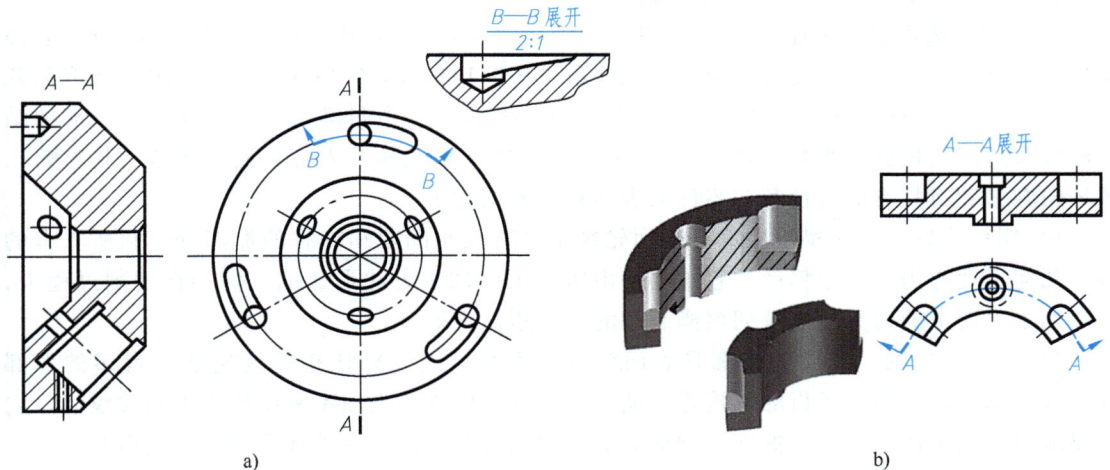

a)　　　　　　　　　　　　　　　　b)

图 3-18　柱面剖切的展开画法

5. 几个概念的比较

1) 剖视图及剖面符号:其内容参见前面所述。
2) 断面图:假想用剖切面将物体的某处切断,仅画出该剖切面与物体接触部分的图形。
3) 剖切面:用来剖切被表达物体的假想平面或曲面。
4) 剖面区域:假想用剖切面剖开物体时,剖切面与物体接触的部分。
5) 剖切线:指示剖切面位置的线(用细点画线绘制)。

6)剖切符号:指示剖切面起讫和转折位置(用粗短画表示)及投射方向(用箭头表示)的符号。

六、零件图上的技术要求

零件图中除了有表达零件形状结构的视图和尺寸标注(表达零件的实际大小)外,还必须标注和说明制造零件时应达到的一些技术要求,如对零件的材料、加工、检验和测量等的要求。用规定的代号、数字、文字等表示零件在制造和检验过程中应达到的技术指标,称为技术要求。零件图上的技术要求大致包括下列几方面内容。

1)零件的表面结构。
2)零件上重要尺寸的公差及零件的形状和位置公差。
3)零件的工艺要求,包括特殊加工要求、装配要求、检验和试验说明等。
4)热处理和表面修饰说明。
5)材料要求和说明。
6)其他方面的要求和说明。

技术要求相关内容凡有指定代号的,应按国家标准规定的各种代(符)号标注在视图上,无指定代号的,或无法标注在图形上的内容,则用文字说明,并分条注写在图样下方的空白处。

这里主要介绍表面结构的相关内容。

(1)零件表面结构的基本概念 GB/T 1031—2009《产品几何技术规范(GPS) 表面结构 轮廓法 表面粗糙度参数及其数值》和 GB/T 131—2006(ISO 1302:2002)《产品几何技术规范(GPS) 技术产品文件中表面结构的表示法》中明确指出:零件实际表面的结构轮廓参数包括粗糙度参数(R 轮廓)、波纹度参数(W 轮廓)和原始轮廓参数(P 轮廓),各种轮廓参数所具有的特性都与零件的表面功能密切相关。

1)粗糙度轮廓。粗糙度轮廓是表面轮廓中具有较小间距和峰谷的那部分,它所具有的微观几何特性称为表面粗糙度。它主要是由所采用的加工方法形成的。例如在切削过程中,工件加工表面上的刀具痕迹及切屑撕裂时的材料塑性变形等。

2)波纹度轮廓。波纹度轮廓是表面轮廓中不平度的间距比粗糙度轮廓大得多的那部分。这种间距较大的、随机的或接近周期形式的成分构成的表面不平度称为表面波纹度。它主要由机床或工件的挠曲、振动、颤动形成材料应变及其他一些外部影响等原因引起。

3)原始轮廓。原始轮廓是忽略了粗糙度轮廓和波纹度轮廓之后的总的轮廓。一般由机器或工件的挠曲或导轨误差引起。

因此,评定表面结构涉及下面的参数:

1)轮廓参数。有 R 轮廓(粗糙度参数)、W 轮廓(波纹度参数)、P 轮廓(原始轮廓参数)。
2)图形参数。有粗糙度图形、波纹度图形。
3)支承率曲线参数(GB/T 18778.2—2003 和 GB/T 18778.3—2006)。

在表面结构参数要求中,最常用的是粗糙度参数。因此,在本书中,表面结构与表面粗糙度意义相同。

(2)表面粗糙度的基本概念 零件的实际表面是按所定特征加工形成的,零件表面无论加工得多么光滑,借助放大装置(放大镜或显微镜)便会看到高低不平的状况,总有不同程度的峰、谷及凸凹不平,如图 3-19 所示。零件表面具有的这种较小间距的峰谷所组成的微观几何形状特征,称为表面粗糙度,它属于微观几何形状误差。这里主要介绍评定表面结构的粗糙度参数(R 轮廓)中的两项主要参数:轮廓的算术平均偏差 Ra 和轮廓的最大高度 Rz。

1) 轮廓的算术平均偏差(Ra):在一个取样长度内,纵坐标值 $Z(x)$ 绝对值的算术平均值,如图 3-20 所示。

2) 轮廓的最大高度(Rz):在一个取样长度内,最大轮廓峰高与最大轮廓谷深之和。

图 3-19 零件表面微观不平的情况

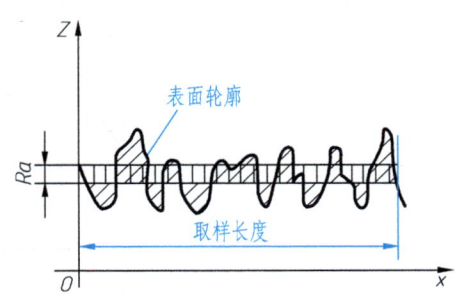

图 3-20 轮廓算术平均值 Ra

(3) 评定粗糙度轮廓的参数注写与选用 评定粗糙度轮廓的两个参数是 Ra 和 Rz。

需要说明的是:在旧标准中,评定粗糙度轮廓有三个参数:轮廓算术平均偏差(R_a)、轮廓的最大高度(R_y)、微观不平度十点高度(R_z)。在新标准中,R_y 不再使用,且 R_z 表示轮廓的最大高度。

表面结构的参数值要根据零件表面不同功能的要求分别选用。粗糙度轮廓参数 Ra 几乎是所有表面必须选择的评定参数。国家标准 GB/T 1031—2009 规定了 Ra 的数值系列(单位为 μm):0.012、0.025、0.05、0.1、0.2、0.4、0.8、1.6、3.2、6.3、12.5、25、50、100。另外还规定了一组补充系列值。

表面粗糙度一般是由所采用的加工方法和其他因素所形成的,例如加工过程中刀具与工件表面间的摩擦、切屑分离时表面层金属的塑性变形及工艺系统中的高频振动等。由于加工方法和工件材料不同,被加工表面留下痕迹的深浅、疏密、形状和纹理都有差别。表面粗糙度与机械零件的配合性质、耐磨性、疲劳强度、接触刚度、振动和噪声等有密切关系,对机械产品的使用寿命和可靠性有重要影响,是评定零件表面质量的一项重要的技术指标。

零件上有配合要求或有相对运动要求的表面,Ra 值应小些。Ra 的数值越大,则表面越粗糙,加工成本就越低;Ra 的数值越小,则表面越光滑,表面质量就越好,加工成本也越高。所以,在不影响产品性能、能够满足使用要求的前提下,应尽量选用较大的表面粗糙度参数值,以降低加工成本。表 3-2 列出了常用的表面粗糙度轮廓参数 Ra 值及相应的加工方法,供选择时参考。

(4) 表面粗糙度符号和代号

1) 表面粗糙度符号。GB/T 131—2006 规定了三类表面粗糙度符号,见表 3-3。

2) 表面粗糙度代号。在表面粗糙度符号上注写所要求的表面特征参数后,即构成表面粗糙度代号。

机械制图

表 3-2 常用的表面粗糙度轮廓参数 Ra 值及相应的加工方法

表面特征		示 例			加工方法	适用范围
加工面	粗加工面	$\sqrt{Ra\ 100}$	$\sqrt{Ra\ 50}$	$\sqrt{Ra\ 25}$	粗车、刨、铣等	非接触表面,如倒角、钻孔等
	半光面	$\sqrt{Ra\ 12.5}$	$\sqrt{Ra\ 6.3}$	$\sqrt{Ra\ 3.2}$	粗铰、粗磨、扩孔、精镗、精车、精铣等	精度要求不高的接触表面
	光面	$\sqrt{Ra\ 1.6}$	$\sqrt{Ra\ 0.8}$	$\sqrt{Ra\ 0.4}$	铰、研、刮、精车、精磨、抛光等	高精度的重要配合表面
	最光面	$\sqrt{Ra\ 0.2}$	$\sqrt{Ra\ 0.1}$	$\sqrt{Ra\ 0.05}$	研磨、镜面磨、超精磨等	重要的装饰面
毛坯面		$\sqrt{}$			经表面清理过的铸锻件表面、轧制件表面	不需要加工的表面

表 3-3 表面粗糙度符号及意义

名称	图形符号	含 义
基本图形符号(简称基本符号)	符号粗细为 $h/10$,h=字体高度	对表面结构有要求的图形符号 仅用于简化代号标注,没有补充说明时不能单独使用
扩展图形符号(简称扩展符号)		对表面结构有指定要求(去除材料)的图形符号 在基本图形符号上加一短横,表示指定表面是用去除材料的方法获得,如通过机械加工获得的表面。仅当其含义是"被加工表面"时可单独使用
		对表面结构有指定要求(不去除材料)的图形符号 在基本图形符号上加一圆圈,表示指定表面是用不去除材料的方法获得
完整图形符号(简称完整符号)	允许任何工艺 去除材料 不去除材料	对基本图形符号或扩展图形符号扩充后的图形符号 当要求标注表面结构特征的补充信息时,在基本图形符号或扩展图形符号的长边上加一横线

3)表面粗糙度参数的注写。图样及文件上所标注的表面结构符号即是完整图形符号。表面结构的完整图形符号应注写表面结构参数和数值、加工方法、表面纹理及方向、加工余量等内容。其中,加工方法、表面纹理和方向、加工余量等内容的标注位置在新标准中没有变化。但表面结构参数的标注位置却由原来规定标注在短边横线上改为标注在长边横线的下方。不管是何种表面结构参数,都应按规定标注相应表面结构参数代号。有关表面粗糙度的参数和说明,应注写在符号所规定的位置上,如图 3-21 所示。

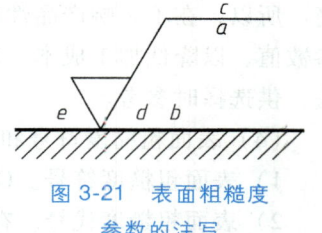

图 3-21 表面粗糙度参数的注写

① 位置 a。注写表面结构的单一要求，如表面结构参数代号、极限值和传输带或取样长度。为了避免误解，在参数代号和极限值间应插入空格。
② 位置 a 和 b。注写两个或多个表面结构要求。
③ 位置 c。注写加工方法、表面处理、涂层或其他加工工艺要求等，如车、磨、镀等。
④ 位置 d。注写所要求的表面纹理及其方向，如"＝""X""M"等。
⑤ 位置 e。注写加工余量（单位为 mm），具体使用时根据需要标注。

说明：

① 表面纹理方向。纹理方向是指表面纹理的主要方向，通常由加工工艺决定。新标准规定的表面纹理符号与旧标准相同，仍为"＝（表示平行）""⊥（表示垂直）""X（表示交叉）""M（表示多方向）""C（表示同心圆）""R（表示放射状）""P（表示微粒、凸起，无方向）"。当有表面纹理要求时，才标注相应的符号。

② 加工余量。在同一图样中，有多个加工工序的表面可标注加工余量。例如，在表示完工零件的铸锻件图样中应给出加工余量。值得指出的是，加工余量可以和表面结构要求一起标注，也可以是加注在表面结构图形符号上的唯一要求，即在表面结构图形符号上仅注写加工余量一项内容。表面粗糙度代号的意义见表 3-4。

表 3-4 表面粗糙度代号的意义

符　号	意义及说明
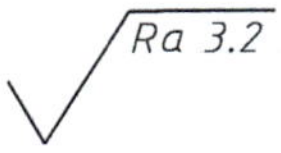 $\sqrt{Ra\ 3.2}$	用任何方法获得的表面粗糙度，Ra 的上限值为 $3.2\mu m$
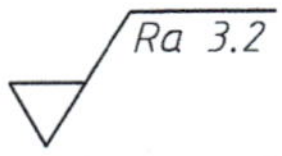 $\sqrt{Ra\ 3.2}$（去除材料）	用去除材料的方法获得的表面粗糙度，Ra 的上限值为 $3.2\mu m$
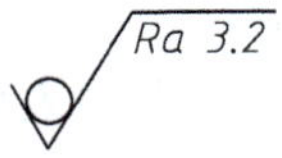 $\sqrt{Ra\ 3.2}$（不去除材料）	用不去除材料的方法获得的表面粗糙度，Ra 的上限值为 $3.2\mu m$
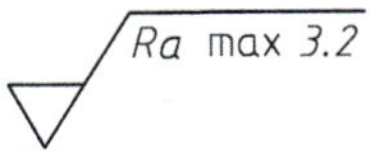 $\sqrt{Ra\ max\ 3.2}$	用去除材料的方法获得的表面粗糙度，Ra 的上限值为 $3.2\mu m$，应用"最大规则"
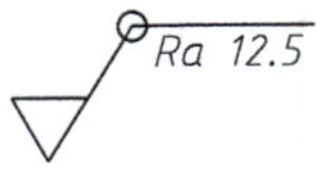 $\sqrt{Ra\ 12.5}$	表示所有表面具有相同的表面粗糙度，Ra 的上限值为 $12.5\mu m$

(5) 表面结构的标注方法

1) 表面结构符号、代号在图样上的标注位置与方向。国家标准明确规定，表面粗糙度代（符）号应标注在可见轮廓线、尺寸界线、尺寸线、引出线或其延长线上。符号的尖端必须从材料外指向并接触表面，代号中数字的方向必须与尺寸数字方向一致。在同一图样上，每一表面一般只标注一次代（符）号，并尽可能靠近有关表面、尺寸线等。必要时（当位置不够时），可以用带箭头或黑点的指引线引出标注。表面粗糙度的注写和读取方向与尺寸的注写和读取方向一致，表面结构图形符号不应倒着标注，也不应指向左侧标注。因此，右侧面和底面的表面粗糙度符号一般要用箭头指引线引出标注，如图 3-22 所示。

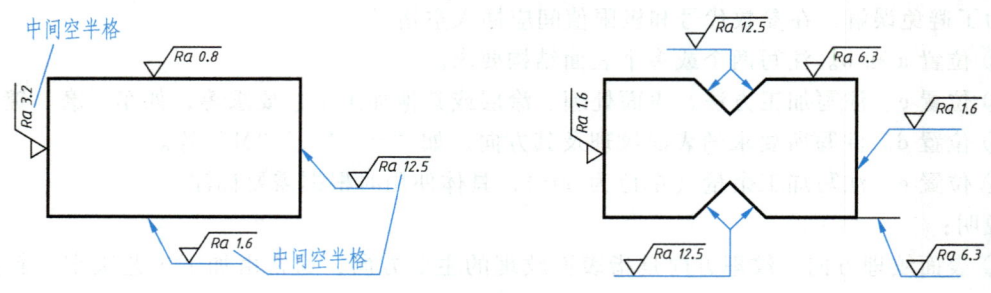

图 3-22 用指引线引出标注

2）在不致引起误解时，允许将表面结构要求标注在特征尺寸的尺寸线上，如图 3-23 所示。

3）允许将表面结构要求标注在几何公差框格的上方，如图 3-24a、b 所示。

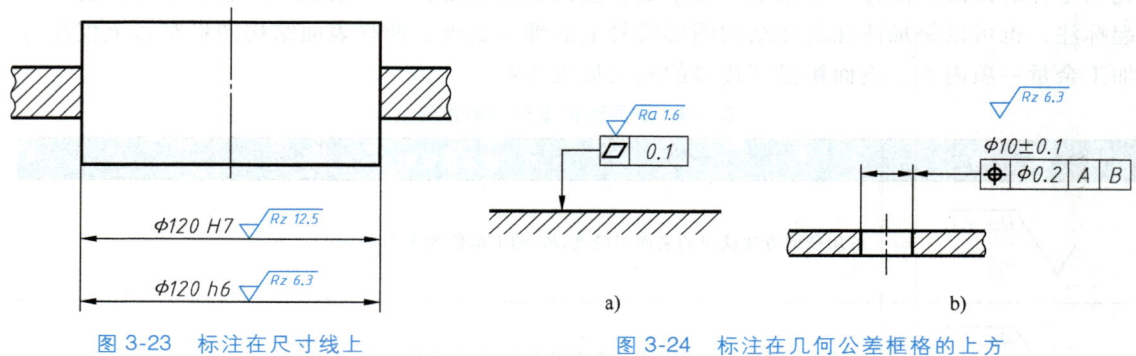

图 3-23 标注在尺寸线上　　　　图 3-24 标注在几何公差框格的上方

4）国家标准允许表面结构要求标注在指引线上，如图 3-25 所示。但需指出的是，对于标注在轮廓线以内的指引线，其端部不带箭头，而应带圆点，如图 3-25a 所示。

5）由几种不同的工艺方法获得的同一表面，当需要明确每一种工艺方法获得的表面结构要求时，可按图 3-26 所示标注。

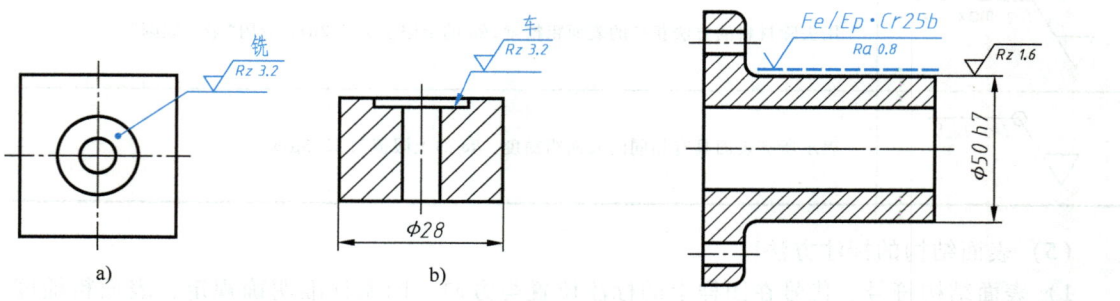

图 3-25 表面结构要求标注在指引线上　　　图 3-26 当需要明确每一种工艺方法获得的表面结构要求时的标注

6）圆柱和棱柱表面的表面结构要求只标注一次。如果每个棱柱表面有不同的表面结构要求，则应分别单独标注，如图 3-27 所示。

（6）表面结构要求的简化注法　按标准规定，表面结构要求有三种简化标注方式。

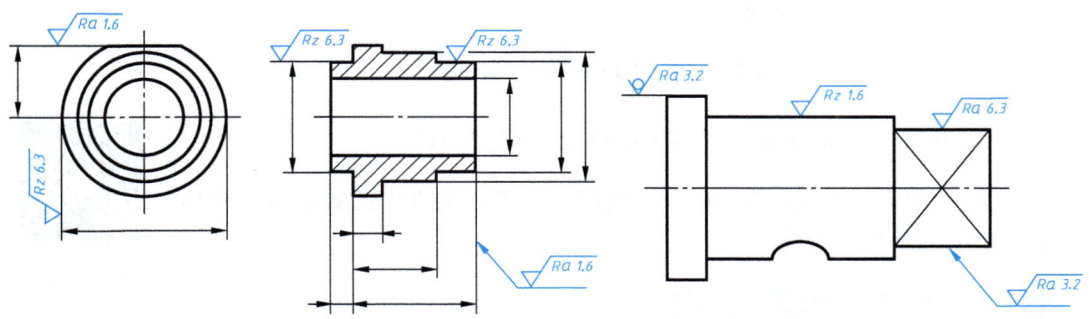

图 3-27 圆柱和棱柱表面的表面结构要求相同与不相同时的标注

1) 有相同表面结构要求时，可以采用统一标注。例如，某工件表面结构要求全部为 $Ra12.5$ 时，可以在图样上统一标注 "$Ra12.5$"。

2) 当多个表面具有相同的表面结构要求或图纸空间有限时，可以采用完整图形符号和 A、B、C……或 X、Y、Z……字母代替相应的表面结构参数的方式标注，并在图样上统一以等式的形式说明其所代表的表面结构要求。

3) 当采用基本图形符号和扩展图形符号即可说明表面结构要求时，可直接采用标注表面结构的基本图形符号和扩展图形符号的简化方式，并以等式的形式说明相应的表面结构要求。只用表面结构符号，以等式的形式给出对多个表面共同的表面结构要求的示例如图 3-28 所示。

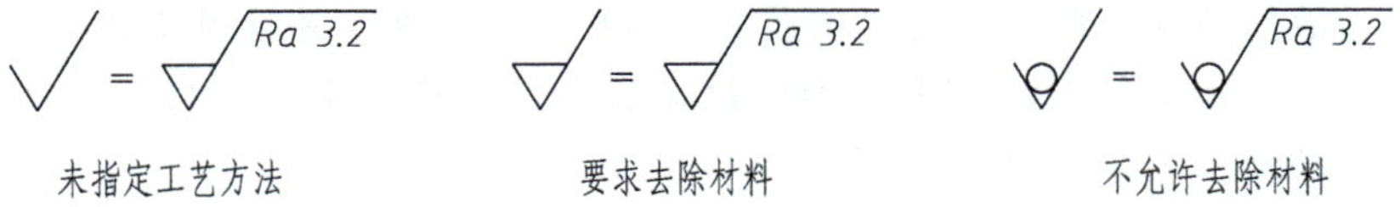

图 3-28 只用表面结构符号的简化注法

需要特别指出，工件的全部表面有相同的表面结构要求时，其表面结构符号可统一标注在标题栏附近，如图 3-29a 所示。如果工件的多数表面有相同的表面结构要求，则表面结构符号可统一标注在紧邻标题栏的右上方，并在表面结构符号后面的圆括号内给出无任何其他标注的基本符号，如图 3-29b 所示，或者，在圆括号内给出不同的表面结构要求，如图 3-29c 所示。

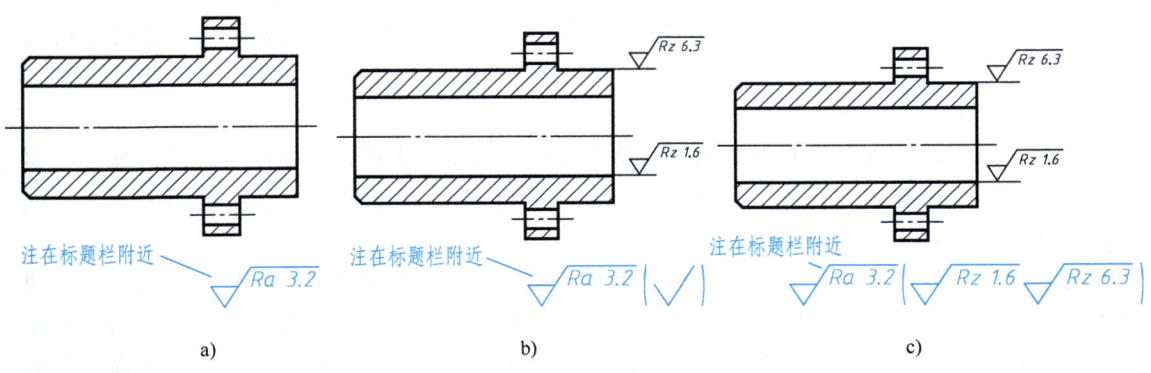

图 3-29 工件表面具有相同表面结构要求的简化注法

（7）表面结构代号的识读

∇Ra 3.2 读作"表面粗糙度 Ra 的上限值为 3.2μm"。

∇Rz 6.3 读作"表面粗糙度的最大高度 Rz 为 6.3μm"。

（8）表面结构要求的完整标注　表面结构要求在文本中的表示及完整标注可通过扫描二维码观看学习。

表面结构要求的标注

七、互换性及极限与配合

1. 互换性的概念

从相同规格的一批零件（或部件）中，任取一件，不经任何挑选、修配或调整就能顺利地装配到机器上，并能满足机器的工作性能要求，零件的这种性质称为互换性。

2. 互换性的意义

在日常生活和工业生产中，互换性的例子不胜枚举。

从使用方面来看，如人们常用的自行车，它的零件都是按照互换性生产的。若自行车的某个零件坏了，可以在五金商店买到相同规格的零件更换，恢复自行车的功能。还有手表零件、生产中使用的各种设备的零件等，当零件损坏后，修理人员很快就可以用同样规格的零件替换，恢复其功能。

从制造方面来看，互换性是提高生产水平和进行文明生产的有力手段。装配时，不需辅助加工和修配，故能减轻装配工人的劳动强度，缩短装配周期，并且可使装配工人按流水作业方式进行工作，以致进行自动装配，为大批量和专门生产创造了条件，进而缩短生产周期，大大提高劳动效率和经济效益。

在现代工业生产中常采用专业化的协作生产，即采用分散制造、集中装配的办法来提高生产率，保证产品质量和降低成本。要实现专业化生产，需要保证产品具有互换性。

机械和仪器制造业中的互换性，通常包括几何参数的互换性和性能参数的互换性。几何参数一般包括尺寸、几何形状（宏观、微观），以及点、线、面间的相互位置关系等。机械产品的力学性能包括硬度、强度和刚度等。物理化学性能，包括传热性、导电性和化学成分等。为了满足互换性的要求，同一规格的零件（或部件）的几何参数要做得完全一致是最理想的，但由于加工误差的存在，在实践中是达不到的，同时也是不必要的。实际生产中，只要同一规格的零件（或部件）的几何参数保持在一定的范围内，就能达到互换性的目的。

3. 互换性的实现条件

在实际生产时，只需将产品按相互的公差配合原则组织生产，遵循国家公差标准，将零件加工后的各几何参数（尺寸、形状、位置）所产生的误差控制在一定的范围内，就可以保证零件的使用功能，实现互换性。

公差就是零件在设计时，为保证零件具有互换性而规定的尺寸或形状与位置允许变动的范围，在加工时只要控制零件的误差在公差范围内即可。因此，建立各种几何参数的公差标准是实现对零件误差的控制和保证互换性的基础。而对零件尺寸误差的控制则必须通过机械检测来实现，通过对产品尺寸、性能的检测来判断产品是否合格。因此，合理确定公差与正确进行检测,是保证产品质量、实现互换性生产的两个必不可少的条件。

国家标准 GB/T 1800.1—2020《产品几何技术规范(GPS) 线性尺寸公差 ISO 代号体系 第1部分:公差、偏差和配合的基础》及 GB/T 1800.2—2020《产品几何技术规范(GPS) 线性尺寸公差 ISO 代号体系 第2部分:标准公差带代号和孔、轴的极限偏差表》对公差、极限与配合做出了规定。

4. 极限与配合(GB/T 1800.1—2020)

(1) 尺寸公差 零件在制造过程中,由于加工或测量等因素的影响,完工后的实际尺寸总存在一定的误差。为保证零件的互换性,允许零件的实际尺寸在一个合理的范围内变动,这个尺寸允许变动的范围,称为尺寸公差,简称公差。下面以图 3-30 所示的圆柱孔和轴为例,解释尺寸公差的有关术语。其中孔的尺寸为 $\phi 30_{-0.010}^{+0.010}$mm,轴的尺寸为 $\phi 30_{0}^{+0.013}$mm。

1) 公称尺寸:设计给定的尺寸,如 $\phi 30$mm。

2) 实际尺寸:通过测量所得的尺寸。

3) 极限尺寸:允许尺寸变动的两个极限值,它以公称尺寸为基数来确定。

对于孔,上极限尺寸为 30mm + 0.010mm = 30.010mm;下极限尺寸为 30mm + (-0.010mm) = 29.990mm。

对于轴,上极限尺寸为 30mm + (+0.013mm) = 30.013mm;下极限尺寸为 30mm + 0mm = 30mm。

4) 极限偏差:极限尺寸减去公称尺寸所得的代数差,分别为上极限偏差和下极限偏差。孔的上、下极限偏差分别用 ES 和 EI 表示;轴的上、下极限偏差分别用 es 和 ei 表示。

对于孔,上极限偏差 ES = 30.010mm - 30mm = +0.010mm;下极限偏差 EI = 29.990mm - 30mm = -0.010mm。

对于轴,上极限偏差 es = 30.013mm - 30mm = +0.013mm;下极限偏差 ei = 30mm - 30mm = 0mm。

5) 尺寸公差(简称"公差"):尺寸允许的变动量,即上极限尺寸减去下极限尺寸,或上极限偏差减去下极限偏差。尺寸公差恒为正值。

孔的公差 = 30.010mm - 29.990mm = 0.020mm 或孔的公差 = +0.010mm - (-0.010mm) = 0.020mm。

轴的公差 = 30.013mm - 30mm = 0.013mm 或轴的公差 = +0.013mm - 0mm = 0.013mm。

6) 零线、公差带、公差带图。如图 3-31 所示,零线是表示公称尺寸的一条直线。零线上方为正值,下方为负值;公差带是由代表上、下极限偏差的两条直线所限定的一个区域;为简化起见,用公差带图表示公差带。公差带图是以放大形式画出的方框,方框的上、下两边直线分别表示上极限偏差和下极限偏差,方框的左右长度可根据需要任意确定。方框内画出斜线表示孔的公差带,方框内画出点表示轴的公差带。

7) 标准公差。标准公差是确定公差带大小的公差值,用字母 IT 表示。标准公差分为 20 个等级,依次是 IT01、IT0、IT1……IT18。IT 表示公差,数字表示公差等级。IT01 公差值最小,精度最高;IT18 公差值最大,精度最低。公称尺寸至 3150mm 的标准公差数值见表 3-5。

机械制图

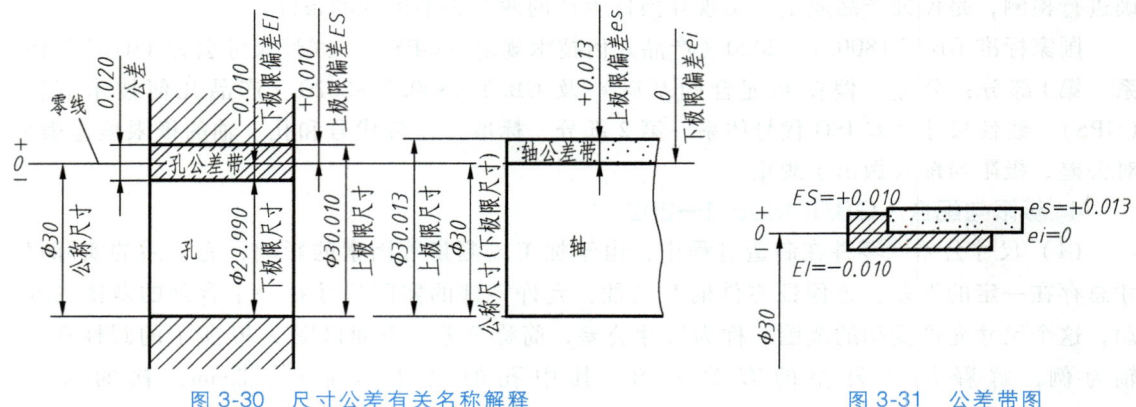

图 3-30 尺寸公差有关名称解释　　　　图 3-31 公差带图

表 3-5 公称尺寸至 3150mm 的标准公差数值（摘自 GB/T 1800.1—2020）

公称尺寸/mm		标准公差等级																		
		IT01	IT0	IT1	IT2	IT3	IT4	IT5	IT6	IT7	IT8	IT9	IT10	IT11	IT12	IT13	IT14	IT15	IT16	IT17	IT18
		标准公差值																		
大于	至	μm													mm						
—	3	0.3	0.5	0.8	1.2	2	3	4	6	10	14	25	40	60	0.1	0.14	0.25	0.4	0.6	1	1.4
3	6	0.4	0.6	1	1.5	2.5	4	5	8	12	18	30	48	75	0.12	0.18	0.3	0.48	0.75	1.2	1.8
6	10	0.4	0.6	1	1.5	2.5	4	6	9	15	22	36	58	90	0.15	0.22	0.36	0.58	0.9	1.5	2.2
10	18	0.5	0.8	1.2	2	3	5	8	11	18	27	43	70	110	0.18	0.27	0.43	0.7	1.1	1.8	2.7
18	30	0.6	1	1.5	2.5	4	6	9	13	21	33	52	84	130	0.21	0.33	0.52	0.84	1.3	2.1	3.3
30	50	0.6	1	1.5	2.5	4	7	11	16	25	39	62	100	160	0.25	0.39	0.62	1	1.6	2.5	3.9
50	80	0.8	1.2	2	3	5	8	13	19	30	46	74	120	190	0.3	0.46	0.74	1.2	1.9	3	4.6
80	120	1	1.5	2.5	4	6	10	15	22	35	54	87	140	220	0.35	0.54	0.87	1.4	2.2	3.5	5.4
120	180	1.2	2	3.5	5	8	12	18	25	40	63	100	160	250	0.4	0.63	1	1.6	2.5	4	6.3
180	250	2	3	4.5	7	10	14	20	29	46	72	115	185	290	0.46	0.72	1.15	1.85	2.9	4.6	7.2
250	315	2.5	4	6	8	12	16	23	32	52	81	130	210	320	0.52	0.81	1.3	2.1	3.2	5.2	8.1
315	400	3	5	7	9	13	18	25	36	57	89	140	230	360	0.57	0.89	1.4	2.3	3.6	5.7	8.9
400	500	4	6	8	10	15	20	27	40	63	97	155	250	400	0.63	0.97	1.55	2.5	4	6.3	9.7
500	630			9	11	16	22	32	44	70	110	175	280	440	0.7	1.1	1.75	2.8	4.4	7	11
630	800			10	13	18	25	36	50	80	125	200	320	500	0.8	1.25	2	3.2	5	8	12.5
800	1000			11	15	21	28	40	56	90	140	230	360	560	1.4	2.3	3.6	5.6	9	14	
1000	1250			13	18	24	33	47	66	105	165	260	420	660	1.05	1.65	2.6	4.2	6.6	10.5	16.5
1250	1600			15	21	29	39	55	78	125	195	310	500	780	1.25	1.95	3.1	5	7.8	12.5	19.5
1600	2000			18	25	35	46	65	92	150	230	370	600	920	1.5	2.3	3.7	6	9.2	15	23
2000	2500			22	30	41	55	78	110	175	280	440	700	1100	1.75	2.8	4.4	7	11	17.5	28
2500	3150			26	36	50	68	96	135	210	330	540	860	1350	2.1	3.3	5.4	8.6	13.5	21	33

8）基本偏差。基本偏差是确定公差带相对公称尺寸位置的上极限偏差或下极限偏差，通常指靠近零线的那个极限偏差。国家标准对孔和轴分别规定了 28 种基本偏差，孔的基本偏差用大写的拉丁字母表示，轴的基本偏差用小写的拉丁字母表示。当公差带在零线上方

时，基本偏差为下极限偏差；反之则为上极限偏差，如图 3-32 所示。

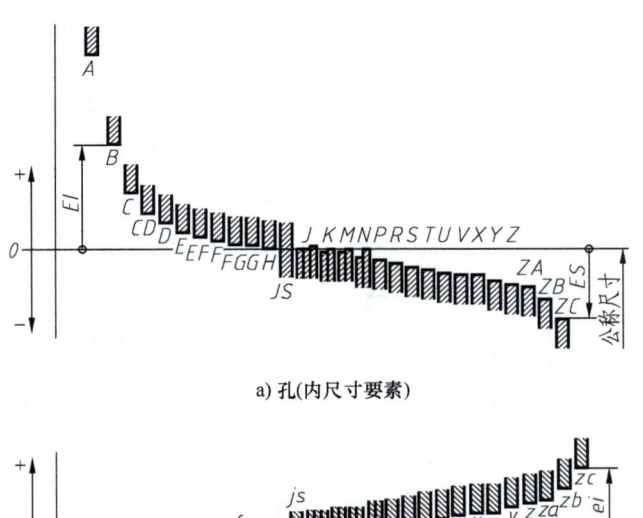

a) 孔(内尺寸要素)

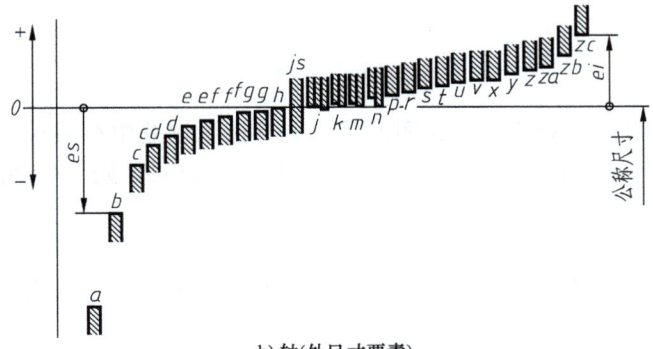

b) 轴(外尺寸要素)

图 3-32　基本偏差系列示意图

从图 3-32 可以看出，孔的基本偏差从 A~H 为下极限偏差，从 J~ZC 为上极限偏差；轴的基本偏差从 a~h 为上极限偏差，从 j~zc 为下极限偏差；JS 和 js 没有基本偏差，其上、下极限偏差关于零线对称，分别是 +IT/2、-IT/2。基本偏差系列示意图只表示公差带的位置，不表示公差带的大小，公差带开口的一端由标准公差确定。

当基本偏差和标准公差等级确定后，孔和轴的公差带大小和位置及配合类别即随之确定。基本偏差和标准公差的计算式如下：

$$ES = EI + IT \text{ 或 } EI = ES - IT \qquad ei = es - IT \text{ 或 } es = ei + IT$$

9）公差带代号。孔和轴的公差带代号由表示基本偏差的代号和表示公差等级的数字组成。例如：

φ50H8：H8 为孔的公差带代号，由孔的基本偏差代号 H 和公差等级代号 8 组成。

φ50f7：f7 为轴的公差带代号，由轴的基本偏差代号 f 和公差等级代号 7 组成。

（2）尺寸公差在零件图中的标注　尺寸公差在零件图中的标注有三种形式，如图 3-33 所示。

1）标注公差带代号（代号式），如图 3-33a 所示。这种注法配合精度明确，标注简单，但数值不直观，适用于大量生产的零件、采用量规等专用量具检测尺寸的零件。

2）标注极限偏差数值（偏差式），如图 3-33b 所示。这种注法数值直观，用万能量具检测方便，适用于试制单件、小批量生产的零件。上极限偏差注在公称尺寸的右上方，下极限偏差注在公称尺寸的右下方。极限偏差数字比公称尺寸数字小一号,小数点前的整数对齐,后面的小数位数应相同。若上、下极限偏差的数值相同、符号相反时,按图3-33c所示的方法标注。

3)公差带代号与极限偏差一起标注(混合式),极限偏差值要加上括号,如图3-33d所示。这种注法既明确了配合精度又有公差数值,适用于生产规模不确定、产品转产频繁的生产中。

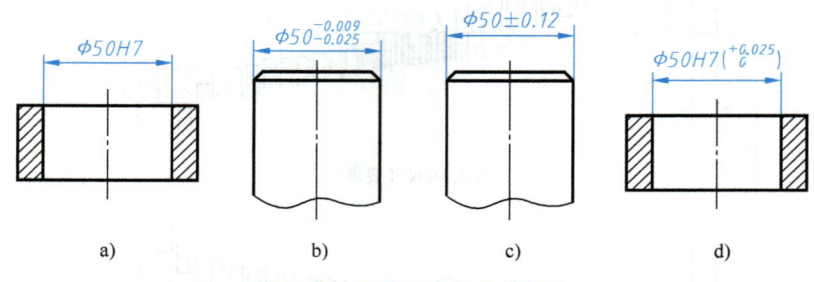

图3-33 零件图中的公差标注

关于尺寸公差的注法,这里需要说明的是:上下极限偏差中小数点后右端的"0"一般不予注出;如果为了使上下极限偏差小数点后的位数相同,则可以用"0"补充,如图3-34所示。

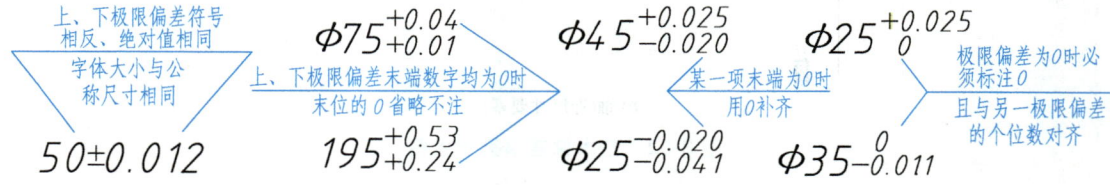

图3-34 尺寸公差注法的几点说明

【边学边练】

1. 检查所需工具、材料是否齐全;检查工作环境是否干净、整洁。
2. 对给定的圆盘零件进行形体分析,了解其作用、形状、结构特点。
3. 先确定其主视图的投射方向,选择最优的表达方案,再根据其大小确定各个视图的总体尺寸,然后选定绘图的比例及图幅。
4. 清理桌面,铺放并固定图纸,用细实线绘制图纸的边界线、图框线及标题栏的外框线。
5. 根据所绘制图形的尺寸,布局图面,并绘制基准线及重要的图线。
6. 进一步对给定的圆盘零件进行分析,确定绘图的先后顺序,绘制底稿。各部分结构都要几个视图对应着画,一般从最能反映其形状结构特征的视图入手。
7. 检查、描深,标注尺寸,注写技术要求,填写标题栏。
8. 使用二维CAD绘图软件绘制圆盘的零件图,并打印或截图。
9. 使用三维CAD绘图软件创建圆盘的三维模型,并截图打印。

请将尺规绘制的图样折叠后粘贴在此处,或将计算机绘图软件绘制的二维或三维图样,截图打印后粘贴在此处。

任务成果展示

【任务拓展与巩固训练】

1. 技术要求的注写

技术要求是指书写在标题栏附近的,以"技术要求"为标题的条文性文字说明。书写技术要求时应注意以下几点:

1)书写位置应尽量置于标题栏上方或左方,书写时要做到:

① 当标题栏的上方和左方有空白处时,切忌将技术要求书写在远离标题栏处。

② 不要将对于结构要素的统一要求,如"全部倒角 C1"书写在图样右上角。

2)文字说明应以"技术要求"为标题,仅一条时不必编号,但不得省略标题。不得以"注"代替"技术要求"。

3)条文用语力求简明、规范或约定俗成,切忌过于口语化。在装配图中,当表述涉及某零部件时,可用其序号或代号代替。

4)引用验收方法等上级标准或企业标准时,应给出完整的标准编号和标准名称。

2. 互换性的意义

互换性的意义可通过扫描二维码观看学习。

互换性的意义

【成风化人】

识大体,顾大局

在画组合体视图和绘制零件图、装配图等绘图实践中,打底稿之前,需要在图纸上合理布置视图,我们要从全局考虑布置视图,使各图形分布均匀,既不能挤得太紧,不便于标注尺寸及技术要求等,也不能过于松散,因为各视图表达的是同一个零件或部件,需要联系起来看。视图与视图之间离得太远,不方便作图及看图,因此需要各视图之间紧凑、匀称。如同我们要具有大局观念和意识,"识大体,顾大局",不能只顾局部和眼前。联想到在平时的学习和生活中,我们也必须牢固树立高度自觉的大局意识,善于从全局高度、用长远眼光来观察形势、分析问题,善于围绕党和国家的大事认识和把握大局,自觉地在顾全大局的前提下,脚踏实地地做好本职工作,保质保量地完成自己承担的任务。

工作任务 3.2　绘制端盖

【任务描述】

依据给定的端盖零件,如图 3-35 所示,分析其结构,按照国家制图标准,根据盘盖类零件的结构特点,合理确定表达方案,徒手绘制端盖的零件草图,并正确使用测量工具对其各部分进行测量，合理地标注尺寸和技术要求；根据零件草图，绘制端盖的零件图。

学习条件及环境要求：机械制图实训室、计算机、绘图软件（三维、二维）、多媒体、端盖模型若干、教材、参考书、网络课程及其他资源等。

教学时间（计划学时）：8学时。

图 3-35　端盖

【任务目标】

1. 根据盖类零件的结构特点，能够叙述盖类零件绘制时常用的表达方案。

2. 根据对互换性、极限与配合的理解，能够对盖类零件图上的尺寸公差进行正确的选择和标注。

3. 根据对表面结构要求的理解，能够对盖类零件图上的表面结构进行正确的选择和标注。

4. 根据对几何公差的理解，能够对盖类零件图上的几何公差项目进行正确的选择和标注。

5. 能够在教师的指导下，手工绘制端盖的零件图，包括剖视图标注、剖面符号绘制、表面结构标注、尺寸公差标注、几何公差标注、技术要求注写等，尽量做到正确、清晰，符合国家标准。

6. 能够在教师的指导下，使用二维CAD绘图软件绘制端盖的零件图，包括剖视图标注、图案填充、表面结构标注、尺寸公差标注、几何公差标注、技术要求注写等，尽量做到正确、清晰，符合国家标准。

7. 能够在教师的指导下，使用三维建模软件，创建端盖零件模型。

【任务准备】

1. 信息收集

1）剖视图（旋转剖）的剖切方法、规定画法及标记。

2）盖类零件的常用表达方案。

3）表面结构（表面粗糙度）。

4）尺寸公差（公称尺寸、极限尺寸和允许变动范围）。

5）几何公差（平面度和平行度）、基准。

6）技术要求（材料、热加工和热处理）。

7）手工绘制端盖零件图（剖视图标注、剖面符号绘制、表面结构标注、尺寸公差标注、几何公差标注、技术要求注写）的方法与步骤。

8）二维CAD绘图软件绘制端盖零件图（剖视图标注、图案填充、表面结构标注、尺寸公差标注、几何公差标注、技术要求注写）的命令与基本操作。

2. 工具、材料

端盖零件或模型若干、标准图纸（A3）一张、草稿纸（A4）若干张、绘图铅笔（2H、2B）、图板（A3号）、丁字尺（60mm）、计算机（包括二维、三维CAD绘图软件）。

3. 任务分组

学生按 4~6 人一组，明确每组的工作任务，填写分组任务表及学生小组任务分配表。每组及每个学生的任务，可以相同也可以有差异，视具体情况而定。

【引导性学习资料】

一、盘盖类零件的结构特点及常用表达方案

盘盖类零件，也称为轮盘类零件，主要由回转体或其他平板结构组成。零件主视图采取轴线水平放置或按工作位置放置。常采用主、左两个基本视图表达，主视图采用全剖视图，另一视图则表达外形轮廓和各组成部分。如图 3-36 所示的法兰盘透盖，主视图按加工位置将轴线水平放置，主要表达零件的厚度和阶梯孔的结构；左视图主要表达外形、三个安装孔的分布及左右凸缘的形状。

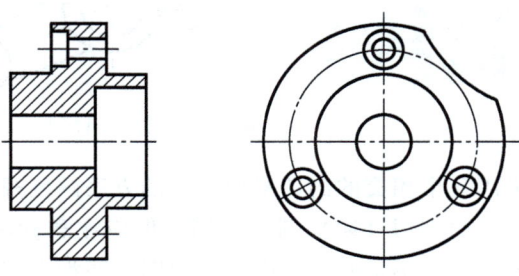

图 3-36　法兰盘透盖的表示方法

二、几个相交的剖切平面对机件剖切的画法

用两个或多个相交的剖切平面（交线垂直于某一投影面）剖开机件的方法，称为旋转剖，如图 3-37b 所示。当用单一剖切平面不能完全表达机件内部结构时，可采用这种旋转剖。

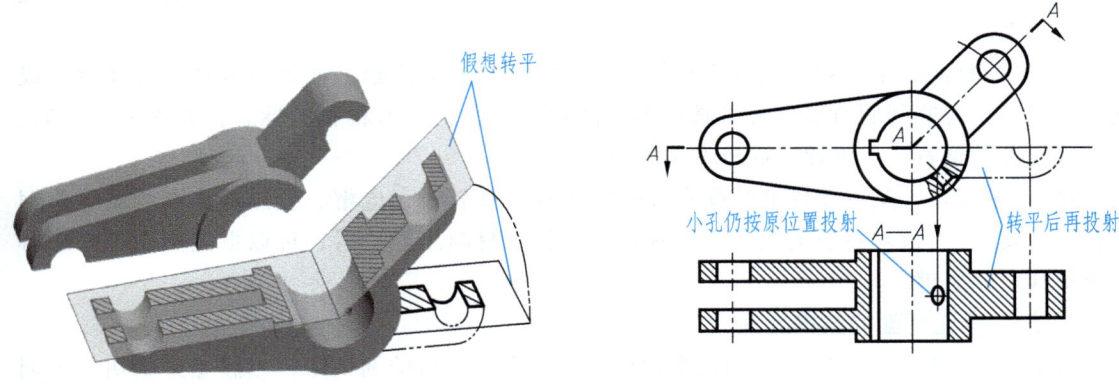

a) 旋转剖视的直观图　　　　　　　　　b) 旋转剖视图及正确标注

图 3-37　旋转剖视图的形成及标注

采用几个相交的剖切平面剖切的方法画剖视图时，两相交的剖切平面的交线应与机件上的回转轴线重合，并同时垂直于某一投影面。画图时应先剖切后旋转，将倾斜结构旋转到与某一投影面平行的位置再投射，以反映被剖切内部结构的实形，在剖切平面后的其他结构仍按原来位置投射，如图 3-37b 中的小孔。但当剖切后产生不完整要素时，应将该部分按不剖绘制，如图 3-38 所示。

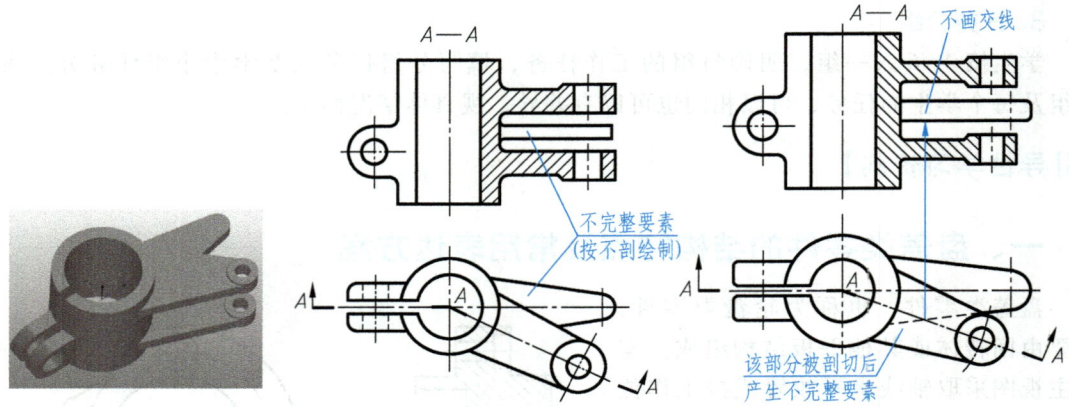

图 3-38　旋转剖切产生的不完整要素的处理

采用几个相交的剖切平面剖切的方法画剖视图时必须标注，其标注方法与采用几个平行的剖切平面剖切（阶梯剖）相同。但应注意标注中的箭头所指的方向是与剖切平面垂直的投射方向，而不是旋转方向。当视图之间没有图形隔开时可以省略箭头。注写字母时一律按水平位置书写，字头朝上。

三、剖面符号的作用及剖切平面后面的结构处理

1. 剖面符号的作用

1）表现层次。在剖视图中将被剖切面剖到的部分画上剖面符号，使机件的被剖切部分与未剖切部分明显地区分开来，看图时具有明显的层次感。在重合断面图中可显现断面图形，增强图形的清晰性和表达能力。

2）识别零件。在装配图中，通过剖面符号的范围和方向来识别相邻零件的形状结构及其装配关系。

3）区分材质。采用规定的剖面符号，可以区分材料的类别，如固体材料、液体材料或气体材料等。有些剖面符号也可以画在零件图形的表面，作为材料的标志，如木材、玻璃、液体、堆砌的条石、叠钢片、砂轮及硬质合金刀片等。

4）反映要求。某些零件的装配有方向性要求（如转子、电枢、变压器和电抗器等叠钢片有方向要求），或对材料的纹理方向有要求（如木材制品等）时，可以根据剖面符号来协助说明其设计要求。

2. 剖切平面后面的结构处理

依据 GB/T 4458.6—2002，用几个相交的剖切平面获得的剖视图，先假想按剖切位置剖开机件，然后将被剖切平面剖开的结构及其有关部分旋转到与选定的投影面平行再进行投射。在剖切平面后的其他结构，一般仍按原来位置投射。

1）有关部分是指与所要表达的被剖切结构有直接联系且密切相关的部分，或不跟随一起旋转就难以表达的部分。如图 3-39a 所示的螺孔即是"有关部分"，与剖切平面一起旋转后画出。

2）其他结构是指处在剖切平面后与所表达的结构关系不密切的结构，或一起旋转容易引起误解的结构。如图 3-39b 所示机件，剖切平面后的肋板属于"有关部分"，所以一起跟

着旋转；而剖切平面后的矩形凸台属于"其他结构"，所以仍按原来位置画出。

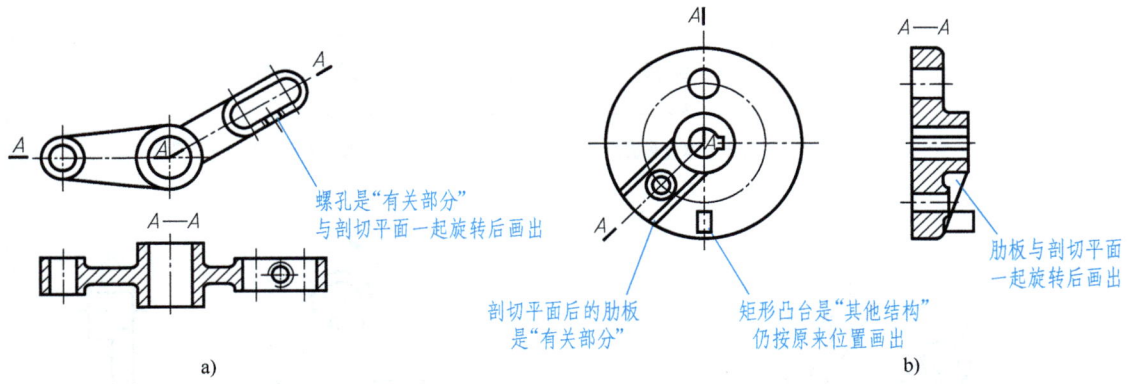

图 3-39　剖切平面后面的结构处理

四、剖视图的分类

剖视图按照剖切面（不管是否是单一剖切面）剖切机件范围的多少，分为三类：全剖视图、半剖视图和局部剖视图。全部剖开的，称为全剖视图；剖开一半的，称为半剖视图；剖开一部分的，可以是一大部分，也可以是一小部分，称为局部剖视图，如图 3-40 所示。

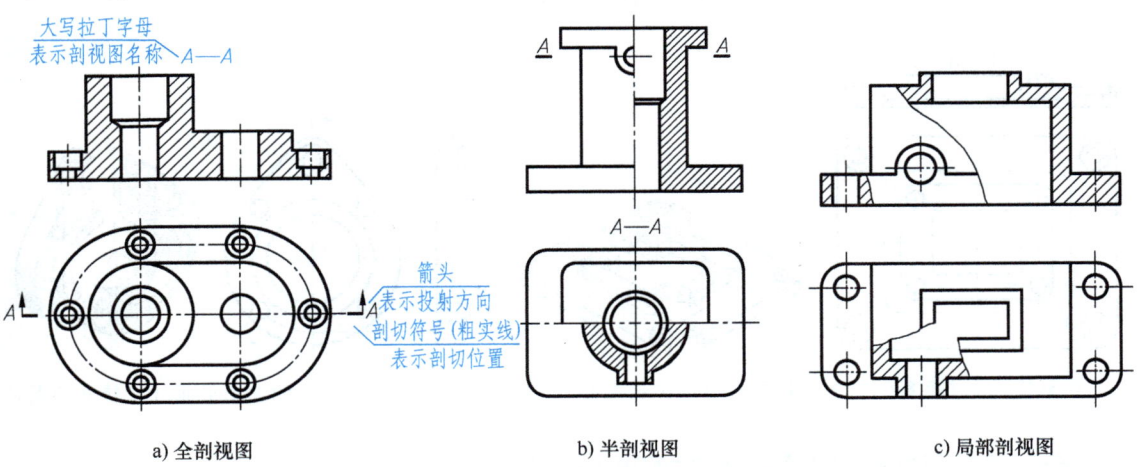

a) 全剖视图　　　　　　b) 半剖视图　　　　　　c) 局部剖视图

图 3-40　剖视图的分类

五、剖切面的种类

剖切面可分为单一剖切面、几个平行的剖切平面、几个相交的剖切平面等几种情况，如图 3-41a 所示。单一剖切面又有平行于基本投影面的单一剖切平面和不平行于基本投影面的单一剖切平面两种情况，后者也称为斜剖视图，如图 3-41b 所示。为方便作图、标注尺寸和看图，斜剖视图也可以旋转绘制，如图 3-41c 所示。

1）几个互相平行的剖切平面，称为阶梯剖切面，如图 3-42 所示。
2）几个相交的剖切平面，称为旋转剖切面，如图 3-43 所示。

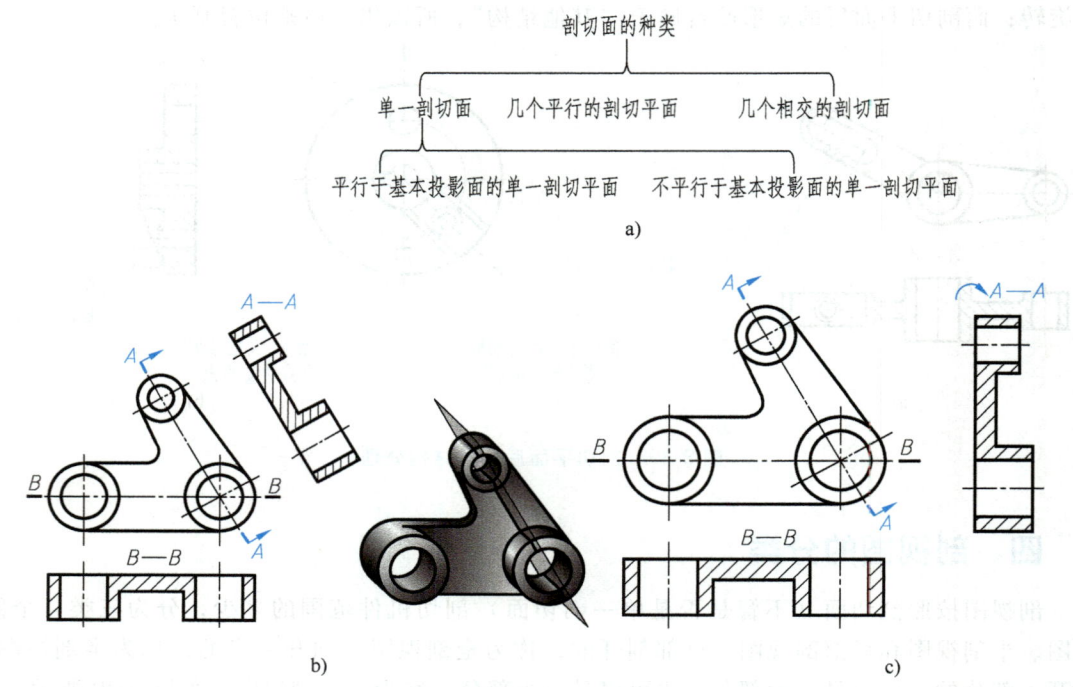

图 3-41 剖切面的种类与斜剖视图

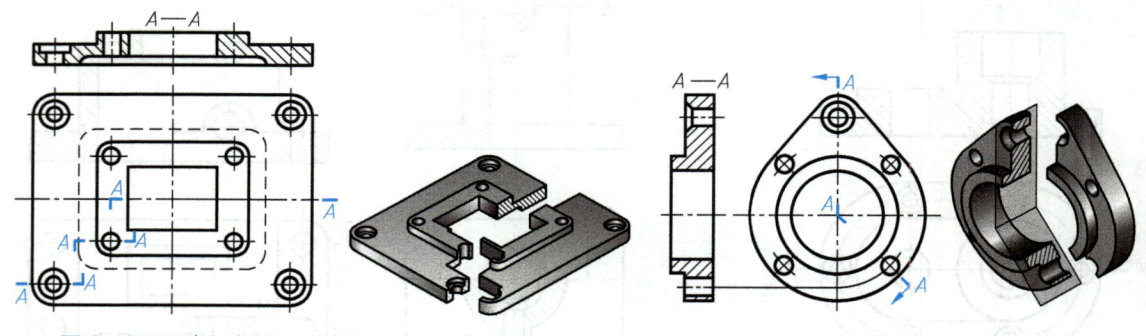

图 3-42 几个互相平行的剖切平面（阶梯剖切面）　　图 3-43 几个相交的剖切平面（旋转剖切面）

六、剖视图绘制时需要注意的问题

1）局部剖视图中的波浪线应画在物体的实体上，不能画在物体的中空处或超出图形轮廓线；波浪线不能用轮廓线代替，也不能与图形的轮廓线重合，如图 3-44c、d、e 所示。正确的画法如图 3-44b 所示。

2）当对称图形的轮廓线与对称中心线重合时，应避免采用半剖视图，而应采用局部剖视图，如图 3-45 所示。

3）不应画出剖切平面转折处的投影，剖切符号转折处不应与图形的轮廓线重合，剖视图中一般不应出现不完整的要素，如图 3-46 所示。

4）在已经采用单个或多个剖切平面剖切的方法所画的剖视图中，根据表达的需要，可以再做局部剖视，如图 3-47 中所示的 $B—B$。

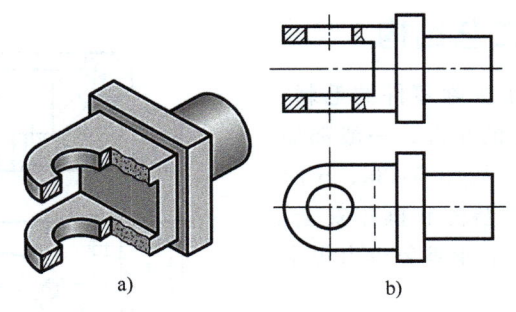

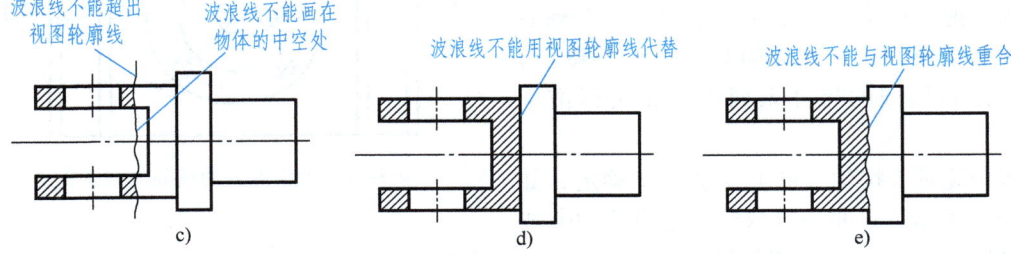

图 3-44 局部剖视图中波浪线的画法

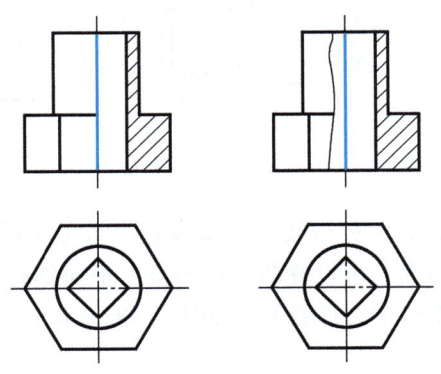

图 3-45 不适合半剖而需用局剖的情况

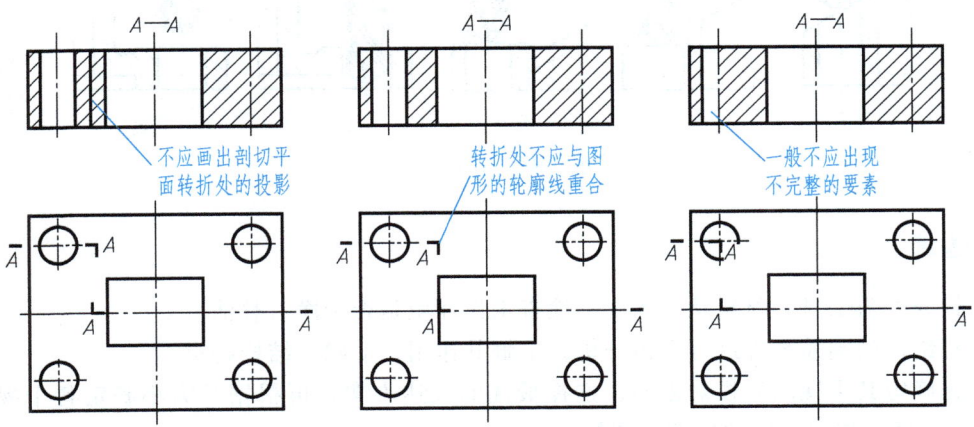

图 3-46 多个平面剖切转折处的画法

七、零件加工的工艺结构

（1）倒角和倒圆　为了去除零件的毛刺、锐边和便于装配，在轴和孔的端部，一般都加工成 45°或 30°、60°倒角，如图 3-48a、b 所示。倒角的主要作用是便于装配和操作安全。这里需要注意，倒角的存在不能避免应力集中问题。

为了避免因应力集中而产生裂纹，在轴肩处通常加工成圆角，称为倒圆，如图 3-48c 所示。倒角和倒圆的尺寸系列可从相关标准中查得。

倒角宽度 b 按轴（孔）径查标准确定，如图 3-48d 所示。一般 α = 45°，也可取 30°或 60°，当 α 为 45°时，可用符号"C"来标注，如图 3-48a、b 所示。

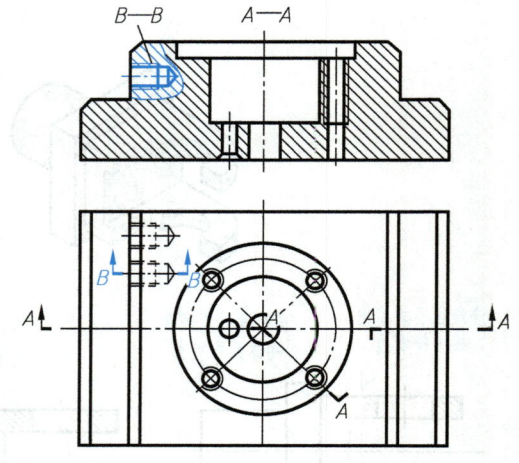

图 3-47　剖视图中的局部剖视示例

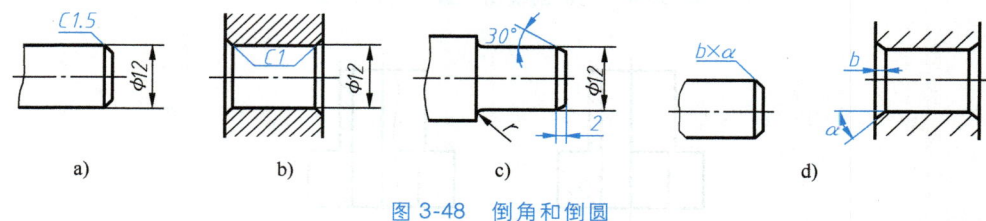

图 3-48　倒角和倒圆

（2）钻孔结构　钻孔时，钻头的轴线应尽量垂直于被加工的表面，否则会使钻头弯曲，甚至折断。对于零件上的倾斜面，可设置凸台或凹坑。平面钻孔处的结构，有时也要设置凸台以使孔完整，避免钻头因单边受力而折断，如图 3-49 所示。

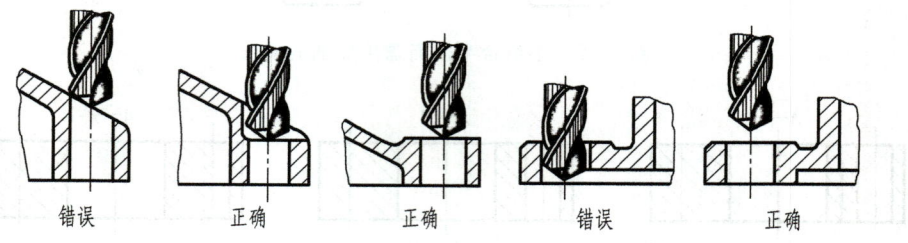

图 3-49　钻孔结构

【边学边练】

1. 检查所需工具、材料是否齐全；检查工作环境是否干净、整洁。
2. 对给定的端盖零件进行形体分析，了解其作用、形状、结构特点。
3. 先确定其主视图的投射方向，选择最优的表达方案，再根据其大小确定各个视图的总体尺寸，然后选定绘图的比例及图幅。
4. 清理桌面，铺放并固定图纸，用细实线绘制图纸的边界线、图框线及标题栏的外框线。

5. 根据所绘制图形的尺寸，布局图面，并绘制基准线及重要端面的图线。

6. 进一步对给定的端盖零件进行分析，确定绘图的先后顺序，绘制底稿。各部分结构都要几个视图对应着画，一般从最能反映其形状结构特征的视图入手。

7. 检查、描深，标注尺寸，注写技术要求，填写标题栏。

8. 使用二维CAD绘图软件绘制端盖的零件图，并打印或截图。

9. 使用三维CAD绘图软件创建端盖的三维模型，并截图打印。

请将尺规绘制的图样折叠后粘贴在此处，或将计算机绘图软件绘制的二维或三维图样，截图打印后粘贴在此处。

任务成果展示_____
_____
_____

【任务拓展与巩固训练】

1. 配合的概念

（1）配合及其种类　配合是指公称尺寸相同且相互结合的孔和轴的公差带之间的关系，如图3-50a所示，其标注如图3-50b所示。根据使用要求不同，孔和轴装配可能出现不同的松紧程度，分为间隙配合、过渡配合和过盈配合三种。

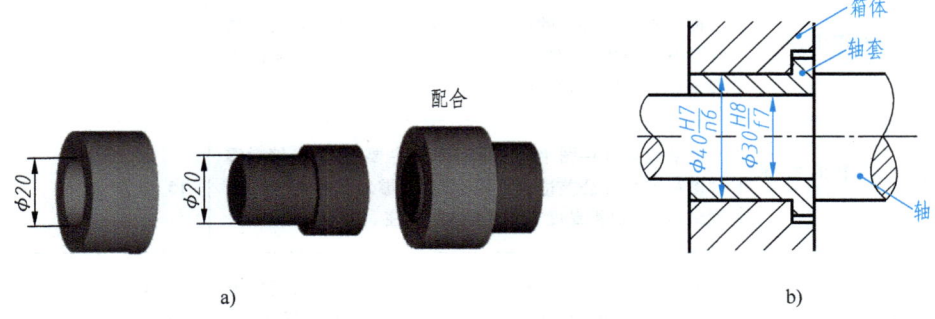

图3-50　配合及其标注

（2）基准制

1）基轴制。A～H通常形成间隙配合；J～N通常形成过渡配合；P～ZC通常形成过盈配合。

2）基孔制。a～h通常形成间隙配合；j～n通常形成过渡配合；p～zc通常形成过盈配合。

轴及薄板形零件投射方向的选择

2. 试确定轴、薄板形零件主视图的投射方向（扫描二维码观看过程）

【成风化人】

方便他人，为人民服务

在零件图中，除了可以用常用的主、俯、左三视图来表达机件外，当机件的外形轮廓比较复杂，或内部结构也较多，仅用三视图无法清楚地表达零件的内外结构，或由于虚线较多，不方便标注尺寸时，国家标准又规定了机件的各种表达方法，包括后、仰、右视图，以及向视图、局部视图、斜视图、各种剖视图、断面图、局部放大图和各种简化画法等，以使绘图和看图更简单、清晰，方便画图和看图。本着国家标准规定的这一初衷，我们要牢固树立为人民服务的思想，时时处处为他人着想，方便他人。同时，也要养成以下好习惯：不在公共场合下大声喧哗，排队守秩序不加塞，开车文明礼让行人，坐车主动给老幼病残让座，见到别人有困难主动提供帮助等。

【学习成果与评价反馈】

学生自评（20%）；小组互评（30%）；教师评价（50%）。

小组互评表见表3-6，学习情境总评成绩表见附录。

表3-6 小组互评表

班级_____ 姓名_____ 学号_____ 工作任务(   )

学习情境 3	绘制盘盖类零件		得分		
评价项目	评价标准	配分	学生自评（×0.2）	小组互评（×0.3）	教师评价（×0.5）
1	盘盖类零件的结构特点及常用表达方案	能够叙述盘盖类零件的结构特点，及绘制盘盖类零件图时常用表达方案	10			
2	零件图的作用、内容及视图选择	能够叙述零件图的作用、内容及零件视图选择时应遵循的基本原则（零件安放的原则、主视图投射方向的选择原则、其他视图的选择原则）	15			
3	零件图中的技术要求	能够叙述零件图中的技术要求的主要内容；能够对零件图中的尺寸公差进行正确标注；能够对零件图中的表面结构（表面粗糙度）进行正确的标注	15			
4	剖视图	能够说出剖视图的概念、剖视图的种类、剖切面的分类；能够对各种剖视图进行正确的选择、绘制和标注（剖切符号、剖面符号）	15			
5	对制图基本理论知识的理解和掌握	能够正确选用和标注尺寸公差、表面结构、几何公差等技术要求	10			
6	图样的总体质量	图面整洁、布局合理、内容完整	10			
7	工作态度	态度端正，不出现无故缺勤、迟到、早退现象	10			
8	协调能力	与小组成员、同学之间能够顺畅沟通、有效交流，协调工作	5			
9	职业素养	能够做到懂文明讲礼貌，勤俭节约，爱护公共财物及设施、保护环境	5			
10	创新能力	积极思考、善于提问，提出有代表性的问题等	5			
合计		100			

注：本表可根据本学习情境的工作任务的数量复印相同的份数，保证每个工作任务1份。

【总结报告】

1. 知识归纳（图3-51）

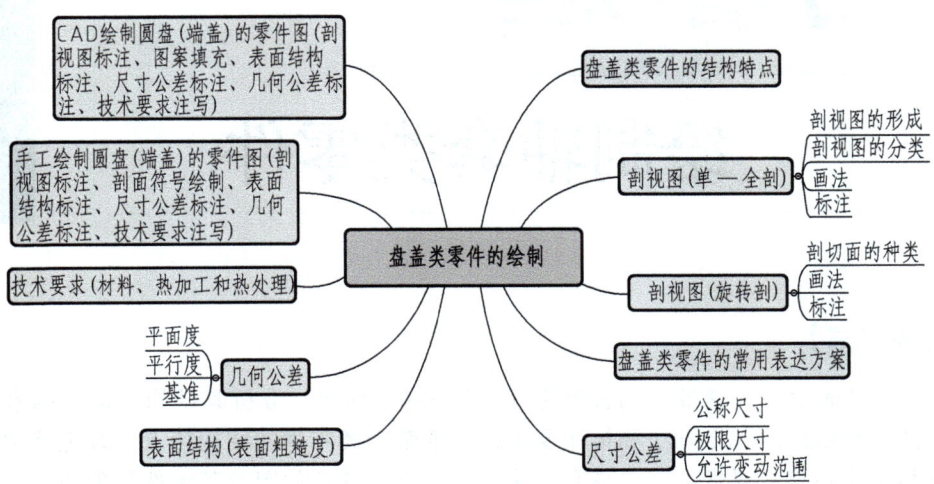

图3-51　知识归纳思维导图

2. 自我反思

1）本学习情境掌握了哪些知识点？学会了哪些技能？
2）任务完成情况如何？应注意哪些问题？
3）还有哪些知识与技能尚未完全明白？
4）工作过程中有何不足？准备怎么改进？
5）对教学的意见与建议。

学习情境4

绘制轴套类零件

【学习情境描述】

依据给定的轴套、减速器从动轴等零件,如图 4-1 所示,分析其结构,按照国家制图标准对标准件、常用件的规定画法和标注要求,根据轴套类零件的结构特点,合理确定表达方案,分析其尺寸和技术要求,绘制轴套、从动轴、齿轮的零件图及其组件装配图。

图 4-1 轴套及轴

【知识目标】

1. 轴套类零件的结构特点(退刀槽、砂轮越程槽、锥孔、倒角、倒圆、键槽和销孔等)。
2. 轴套类零件的常用表达方案。
3. 断面图的概念、剖切方法、规定画法及标记。
4. 局部视图和局部剖视图的概念、剖切方法、规定画法及标记。
5. 局部放大图的概念、规定画法及标记。
6. 几何公差的几何特征符号、公差框格、被测要素和基准要素的标准规定。
7. 零件的技术要求(材料、热加工和热处理)。
8. 齿轮的应用、分类,齿轮的基本结构、基本参数(齿数和模数),各部分的结构尺寸计算。
9. 齿轮的规定画法及齿轮零件图的内容与画法。
10. 键的作用、分类、基本结构、标准规定及标记。

【技能目标】

1. 能够叙述轴套类零件的结构特点及常用表达方案。

2. 能够叙述断面图的概念、剖切方法、规定画法及标记,并能够正确绘制。
3. 能够叙述局部视图和局部剖视图的概念、剖切方法、规定画法及标记,并能够正确绘制。
4. 能够叙述局部放大图的概念、规定画法及标记,并能够正确绘制。
5. 能够叙述几何公差的几何特征符号、公差框格、被测要素和基准要素的标准规定,并能够正确绘制。
6. 能够叙述齿轮的功用、分类,齿轮的基本结构、基本参数(齿数和模数),各部分的结构尺寸计算。
7. 能够叙述齿轮的规定画法及齿轮零件图的内容与画法,并能够正确绘制。
8. 能够叙述键的作用、分类、基本结构、标准规定及标记,并能够正确绘制。

【素养目标】

1. 培养勤于思考、乐于钻研的优秀品质。
2. 培养吃苦耐劳、爱岗敬业的奉献精神。
3. 深刻理解并自觉践行机械行业吃苦耐劳、坚持、坚守的职业精神。
4. 传承"精益求精"的工匠精神,培养严肃认真的工作态度和一丝不苟的工作作风。

工作任务 4.1　绘制轴套

【任务描述】

依据给定的轴套零件,如图 4-2 所示,分析其结构,按照国家制图标准的规定画法和标注要求,根据轴套类零件的结构特点,合理确定表达方案,分析其尺寸和技术要求,绘制轴套的零件图。

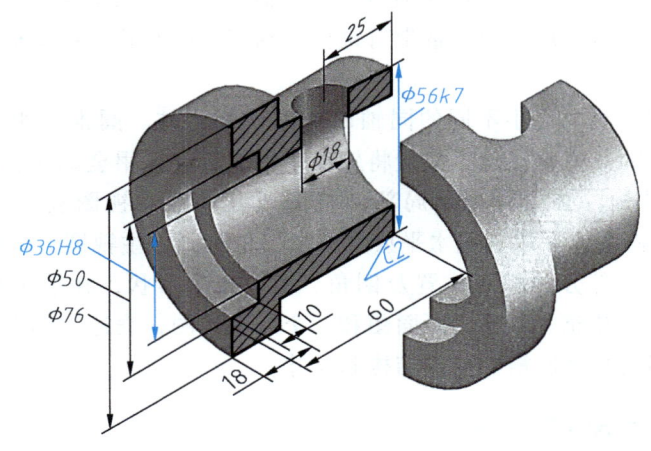

图 4-2　轴套

学习条件及环境要求：机械制图实训室、计算机、绘图软件（三维、二维）、多媒体、轴套模型若干、教材、参考书、网络课程及其他资源等。

教学时间（计划学时）：4 学时。

【任务目标】

1. 能够叙述轴套类零件的结构特点及常用表达方案。
2. 能够叙述几何公差的几何特征、符号、公差框格、被测要素和基准要素的标准规定，并能够正确绘制。
3. 能够叙述零件材料、表面处理及热处理等技术要求。
4. 能够对几何公差（垂直度）进行正确的标注。

【任务准备】

1. 信息收集

1）轴套类零件的结构特点（锥孔、倒角）。
2）轴套类零件的常用表达方案。
3）几何公差项目、特征符号（垂直度）、基准、基准要素和被测要素。

2. 工具、材料

轴套零件或模型若干、标准图纸（A3）一张、草稿纸（A4）若干张、绘图铅笔（2H、2B）、图板（A3号）、丁字尺（60mm）、计算机（包括二维、三维 CAD 绘图软件）。

3. 任务分组

学生按 4~6 人一组，明确每组的工作任务，填写分组任务表及学生小组任务分配表。每组及每个学生的任务，可以相同也可以有差异，视具体情况而定。

【引导性学习资料】

一、轴套类零件的结构特点及常用表达方案

轴类零件的主体结构部分大多是同轴回转体，轴向尺寸远大于径向尺寸。它们一般起支承转动零件、传递动力的作用，因此常带有键槽、轴肩、中心孔、挡圈槽、螺纹及退刀槽或砂轮越程槽等结构。

轴上的套类零件主要由大小不同的同轴回转体（如圆柱、圆锥）组成，与轴类零件不同之处在于它是空心的。通常按加工位置将轴线水平放置，采用全剖的表达方法画出主视图来表达零件的主体结构，必要时再用局部剖视图或其他辅助视图表达局部结构形状。如图 4-3 所示的轴套零件图，采取轴线水平放置的加工位置画出主视图，反映了轴套的细长和阶梯状的结构特点，各部分的相对位置及倒角、槽、孔等形状，并采用全剖视图表达了上下、左右的通孔。通过补充一个移出断面图和一个局部视图，表达中部上、下两部分的前后通槽和右端上下半圆通孔及通槽的局部结构和尺寸。

二、几何公差及其标注

为保证零件的性能，除对尺寸提出公差要求外，还应对形状和位置提出公差要求，使零

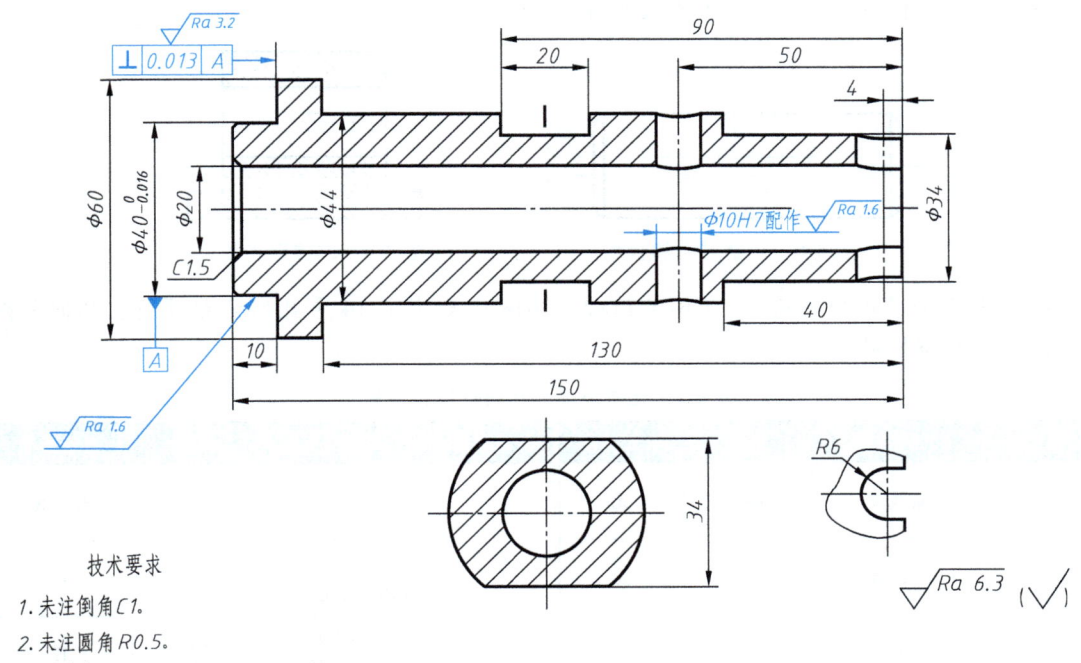

技术要求
1. 未注倒角C1。
2. 未注圆角R0.5。
3. 调质处理220~250HBW。
4. 去毛刺、锐边。

图 4-3　轴套零件图

件能正常使用。如图 4-4 所示的轴，由于形状和位置公差不合格，轴线弯曲且与端面不垂直，导致两零件不能正确装配。

依据 GB/T 1182—2018《产品几何技术规范（GPS）几何公差　形状、方向、位置和跳动公差标注》，几何公差包括形状公差、方向公差、位置公差和跳动公差。

1. 形状和位置公差的概念

加工后的零件不仅会存在尺寸误差，而且几何形状和相对位置也会存在误差。为了满足零件的使用要求和保证互换性，零件的几何形状和相对位置由形状公差和位置公差来保证。

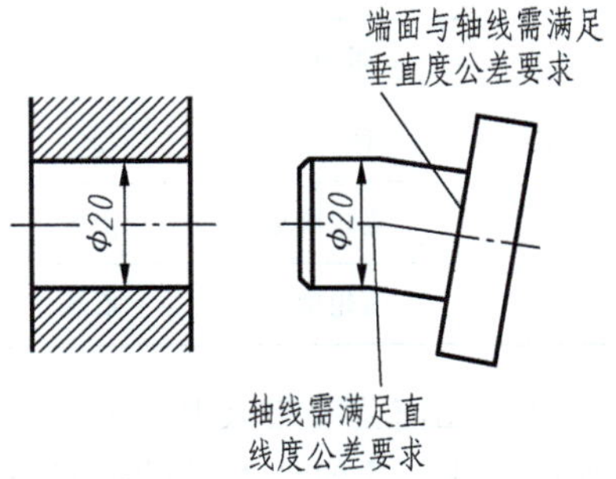

（1）形状误差和公差　形状误差是指单一实际要素的形状对其理想要素形状的变动量。形状公差是指单一实际要素［构成零件的特征部分——点、线或面（如球心、轴线、端面等）］的形状所允许的变动全量。如图 4-5 所示，轴线必须位于直径为 0.04mm 的圆柱面内，才符合形状公差规定的直线度要求。

图 4-4　形状和位置公差不合格的轴

（2）位置误差和公差　位置误差是指关联实际要素的位置对其理想要素位置的变动量。理想要素位置由基准确定。关联实际要素的位置对其基准要素所允许的变动全量称为位置公差。

如图 4-6 所示，孔的轴线必须位于距离为公差值 0.03mm，且平行于基准面的两平行平面之间，才符合位置公差规定的平行度要求。

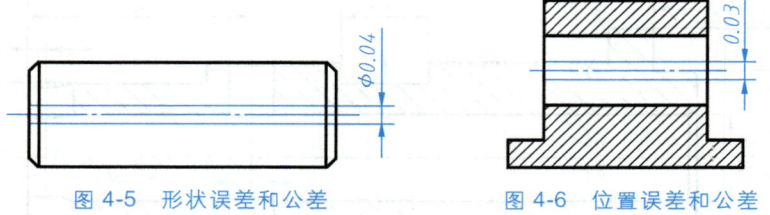

图 4-5　形状误差和公差　　　　图 4-6　位置误差和公差

（3）几何公差项目及符号　GB/T 1182—2018 中规定了 14 个几何公差项目。几何公差的几何特征和符号见表 4-1。

表 4-1　几何公差的几何特征和符号

公差类型	几何特征	符号	有无基准	公差类型	几何特征	符号	有无基准
形状公差	直线度	—	无	位置公差	位置度	⌖	有或无
	平面度	▱	无		同心度（用于中心点）	◎	有
	圆度	○	无		同轴度（用于轴线）	◎	有
	圆柱度	⌭	无		对称度	═	有
	线轮廓度	⌒	无		线轮廓度	⌒	有
	面轮廓度	⌓	无		面轮廓度	⌓	有
方向公差	平行度	∥	有	跳动公差	圆跳动	↗	有
	垂直度	⊥	有		全跳动	⌰	有
	倾斜度	∠	有		—	—	—
	线轮廓度	⌒	有		—	—	—
	面轮廓度	⌓	有		—	—	—

（4）几何公差带及其形状　几何公差带是由公差值确定的限制实际要素（形状和位置）变动的区域。几何公差带的形状有两平行直线、两平行平面、两等距曲面、圆、两同心圆、球、圆柱、四棱柱及两同轴圆柱等。

2. 几何公差的注法

（1）几何公差框格及其内容　几何公差在图样中应采用代号标注。代号由公差项目符号、框格、指引线、公差数值和其他有关符号组成。

几何公差框格可画两格或多格，可水平或垂直放置，框格高度是图样中尺寸数字高度的 2 倍，框格的长度根据需要而定。框格中的数字、字母和符号与图样中的数字同高，框格内从左到右（或从上到下）填写的内容为：第一格为几何特征符号，第二格为几何公差数值及有关符号，后边各格为基准符号的字母及有关符号，如图 4-7 所示。

注意：图形符号中的 h 为图样中的字高。框格高度为 $2h$，第一格的宽度等于框格的高度（$2h$）；第二格、第三格的宽度与标注内容的长度或字母宽度相适应。框格线、几何特征符号、基准符号的线宽为 $h/10$（B 型字体线宽），既不是细实线，也不是粗实线。

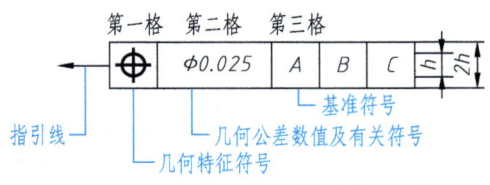

图 4-7 几何公差框格代号

几何特征符号及基准符号画法如图 4-8 所示。

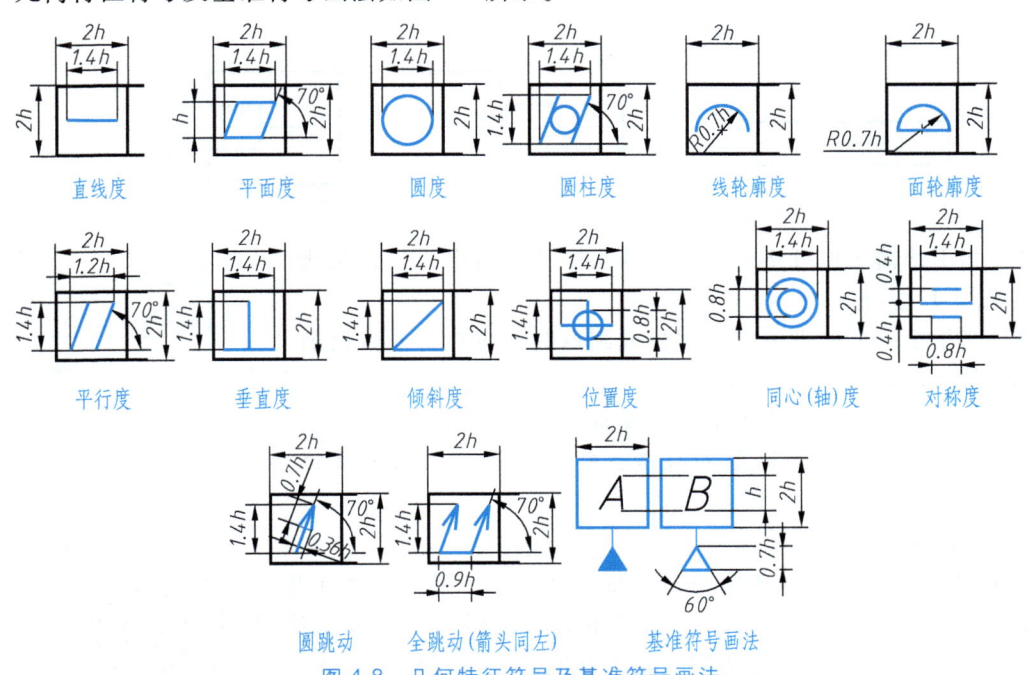

图 4-8 几何特征符号及基准符号画法

（2）几何公差的标注　几何公差及基准的标注如图 4-9 所示。

3. 被测要素的注法

被测要素用带箭头的指引线与公差框格的一端相连。指引线箭头应指向公差带的宽度方向或直径方向。指引线用细实线绘制，可以不转折或转折一次（通常为垂直转折）。指引线箭头按下列方法与被测要素相连：

1）当被测要素为线或表面时，指引线箭头应指在该要素的轮廓线或其延

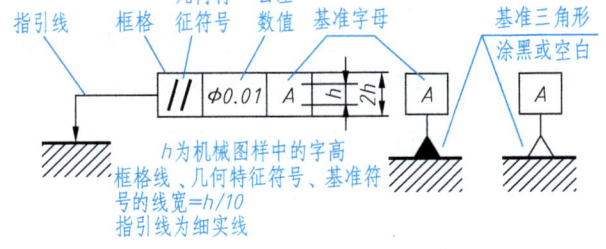

图 4-9 几何公差及基准的标注

长线上，并应明显地与该要素的尺寸线错开，如图 4-10 所示。

2）当被测要素为轴线、球心或中心平面时，指引线箭头位于相应尺寸线的延长线上，即一定要与尺寸线对齐，如图 4-11 所示。

3）同一被测要素有多项几何公差要求时，可采用框格并列标注，并共用一条指引线，如图 4-12 所示。

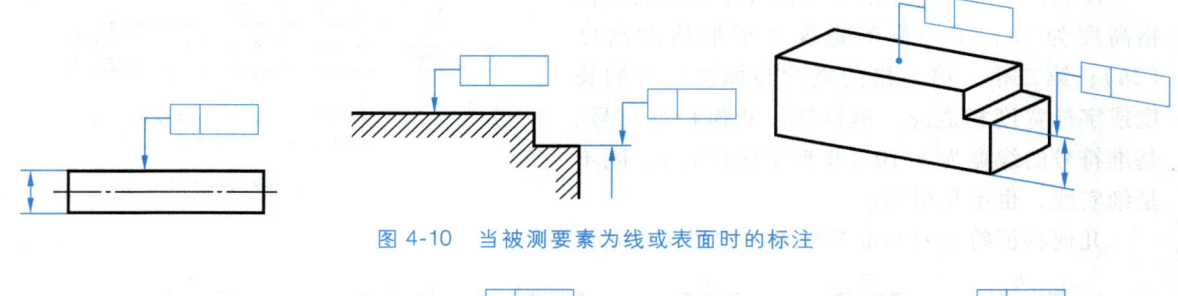

图 4-10　当被测要素为线或表面时的标注

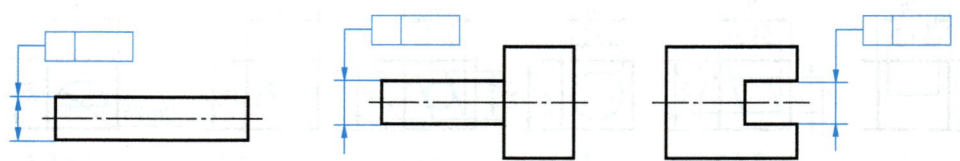

图 4-11　当被测要素为轴线、球心或中心平面时的标注

4）指引线箭头也可指向引出线的水平线，引出线引自被测面，如图 4-13 所示。

5）当给定的公差带为圆、圆柱或圆球时，应在公差数值前加注 ϕ 或 $S\phi$，如图 4-14 所示。

6）当给出的公差只适用于被测要素的某一指定局部时，应采用粗点画线表示出该局部的范围，并加注尺寸，如图 4-15 所示。

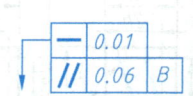

图 4-12　同一被测要素有多项几何公差要求时的标注

4. 基准要素的注法

与被测要素相关的基准用一个大写字母表示，字母标注在基准方格内，与一个涂黑的或空白的三角形相连，如图 4-16 所示。涂黑的和空白的基准三角形含义相同。表示基准的字母还应标注在公差框格内。无论基准符号在图样上的方向如何，基准方格内的字母均应水平填写。基准符号应按如下规定放置：

1）当基准要素是轮廓线或轮廓面时，基准三角形放置在基准要素的轮廓线或其延长线上，与尺寸线明显错开，如图 4-17a 所示；基准三角形也可放置在该轮廓面引出线的水平线上，如图 4-17b 所示。

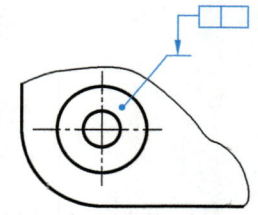

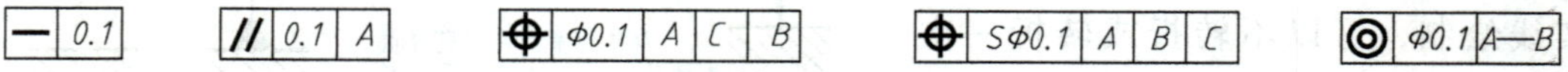

图 4-13　引出线引自被测面的标注

图 4-14　当给定的公差带为圆、圆柱或圆球时的标注

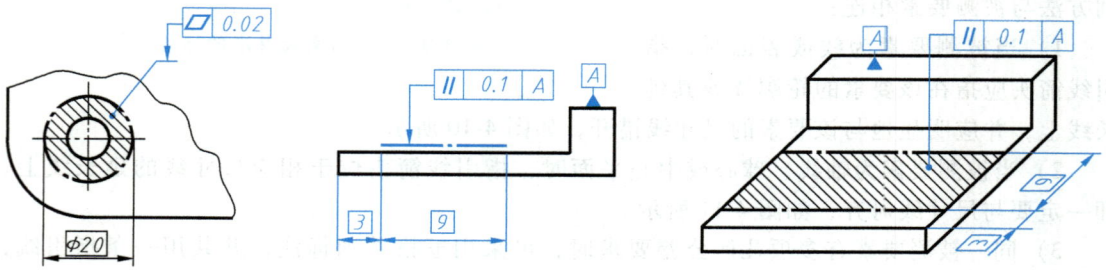

图 4-15　当给出的公差只适用于被测要素的某一指定局部时的标注

图 4-16 基准要素的注法

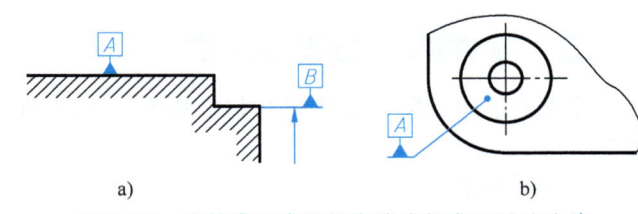

图 4-17 当基准要素是轮廓线或轮廓面时的注法

2）当基准是尺寸要素确定的轴线、中心平面或中心点时，基准三角形应放置在该尺寸线的延长线上，即需要与尺寸线对齐，如图 4-18a、b 所示。如果没有足够的位置标注基准要素尺寸的两个尺寸箭头，则其中一个箭头可用基准三角形代替，如图 4-18b、c 所示。

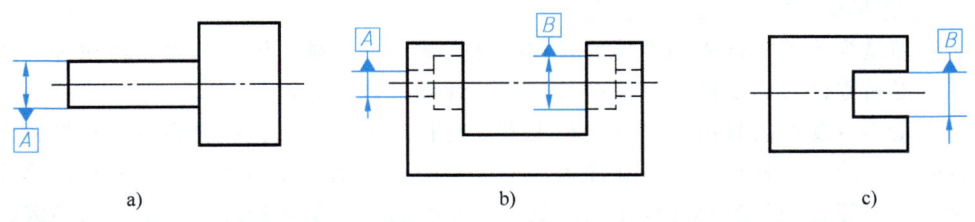

图 4-18 当基准是尺寸要素确定的轴线、中心平面或中心点时的注法

表示基准的字母也应注在公差框格内，如图 4-19 所示。

图 4-20a 所示为单一要素为基准时的标注；图 4-20b 所示为两个要素建立公共基准时的标注，两字母中间加连字符；图 4-20c 所示为两个或三个要素建立基准体系时的标注，表示基准的大写字母按基准的优先顺序自左至右填写在各框格内。表示基准要素的字母要用大写的拉丁字母，为不致引起误解，字母 E、I、J、M、O、P、R、F 不予采用。

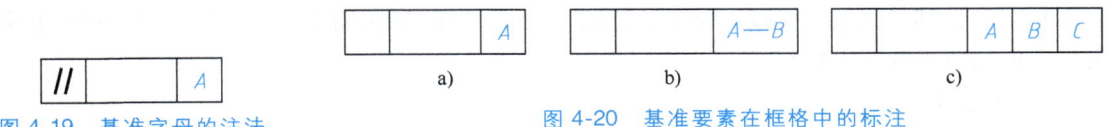

图 4-19 基准字母的注法

图 4-20 基准要素在框格中的标注

5. 几何公差在图样上的标注示例

几何公差在图样上的标注示例如图 4-21 所示。

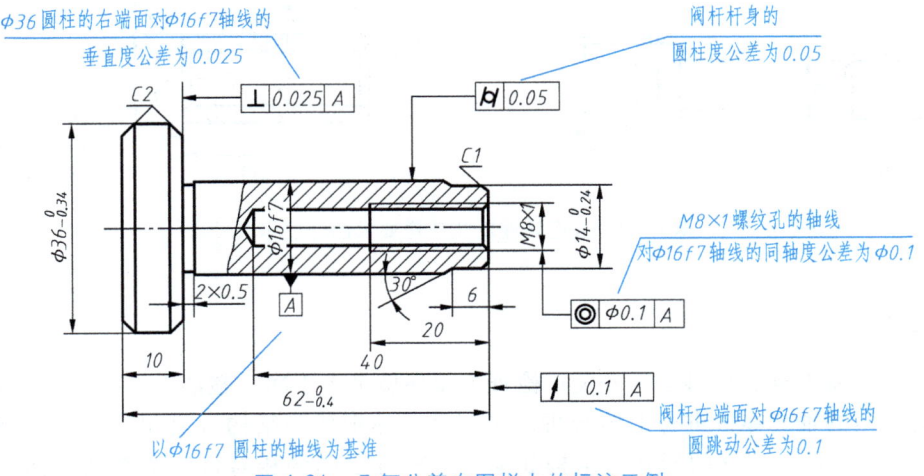

图 4-21 几何公差在图样上的标注示例

三、零件的其他技术要求

除表面结构、尺寸公差和几何公差外，对零件材料、表面处理及热处理等其他要求如下。

1. 零件材料

在机械制造业中，制造零件所用的材料一般有金属材料和非金属材料两类，金属材料用得最多。所用的材料，应根据零件的使用性能及要求，并兼顾经济性，选择性能与零件要求相适应的材料。零件图中，应将所选用的材料名称或代（牌）号填写在标题栏内。常用的金属材料和非金属材料及其性能，参见相关标准。

2. 表面处理及热处理（JB/T 8555—2008）

表面处理是为改善零件表面性能的各种处理方式，如渗碳、淬火和表面镀涂等。通过表面处理，可提高零件表面的硬度、耐磨性、耐蚀性和美观性等。

热处理是不改变产品材质，但改变整个零件材料的金相组织，以提高或改善材料力学性能等某方面性能的一种处理方式，如淬火、退火、回火、正火和调质等。钢的整体热处理是对工件整体进行穿透加热的热处理工艺。其中，有些属于化学热处理，包括表面渗碳、渗氮和碳氮共渗等。

零件对力学性能的要求不同，所采用的热处理方法也应不同。选用时，应根据零件的性能要求及材料性质来确定。表面处理及热处理要求可直接注在图样上，如图4-22a、b所示，也可以用文字注写在技术要求的文字项目内，如图4-22c所示。零件图中，常用文字以技术要求的形式，对零件的热处理工艺及应达到的力学性能做出明确的规定。零件通常以硬度值为热处理技术条件的判据。常用硬度值有布氏硬度（HBW）、洛氏硬度（HRC）、维氏硬度（HV）三种，其中以布氏硬度和洛氏硬度较为常见。布氏硬度常用于测试相对较软的材料，洛氏硬度则用于测试硬材料。

3. 其他要求

对于零件的特殊加工、检查、试验、结构要素的要求及其他说明，应根据零件的需要注写。一般注写在技术要求的文字项目内，如图4-22c所示。

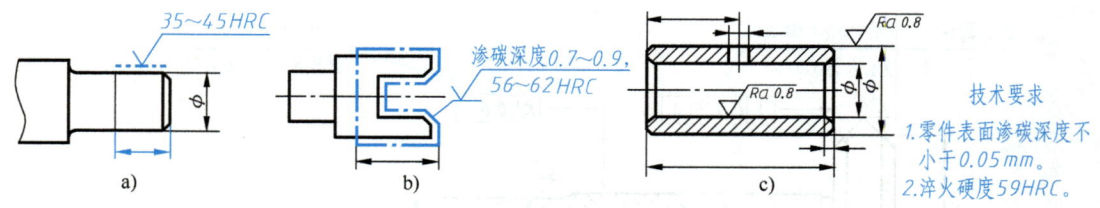

图4-22 表面处理及热处理要求的标注示例

【边学边练】

1. 检查所需工具、材料是否齐全；检查工作环境是否干净、整洁。
2. 对给定的轴套零件进行形体分析，了解其总体形状和结构（其组合形式如何？由哪几个部分组成？每一部分的形状、结构如何？各部分之间的相对位置关系及表面连接关系如何?)。

3. 先确定零件主视图的投射方向,再根据其大小确定各个视图的总体尺寸,然后选定绘图的比例及图幅。

4. 清理桌面,铺放并固定图纸,用细实线绘制图纸的边界线、图框线及标题栏的外框线。

5. 根据所绘制图形的尺寸,布局图面,并绘制基准线及重要的图线。

6. 进一步对给定的轴套零件进行形体分析,确定绘图的先后顺序:先画尺寸大的、主要的结构,后画尺寸小的、次要的结构。

7. 绘制底稿。各部分结构都要三个视图对应着画,一般从最能反映其形状结构特征的视图入手。

8. 检查、描深,标注尺寸,填写标题栏。

9. 使用二维 CAD 绘图软件绘制轴套的零件图,并打印或截图。

10. 使用三维 CAD 绘图软件创建轴套的三维模型,并截图打印。

请将尺规绘制的图样折叠后粘贴在此处,或将计算机绘图软件绘制的二维或三维图样,截图打印后粘贴在此处。

任务成果展示 _____

_____

_____

【任务拓展与巩固训练】

如图 4-23 所示是三通的三维剖视图,其左、右端的法兰结构相同,材料为 HT200。请绘制其零件图,技术要求的第 2、3 条自己确定。

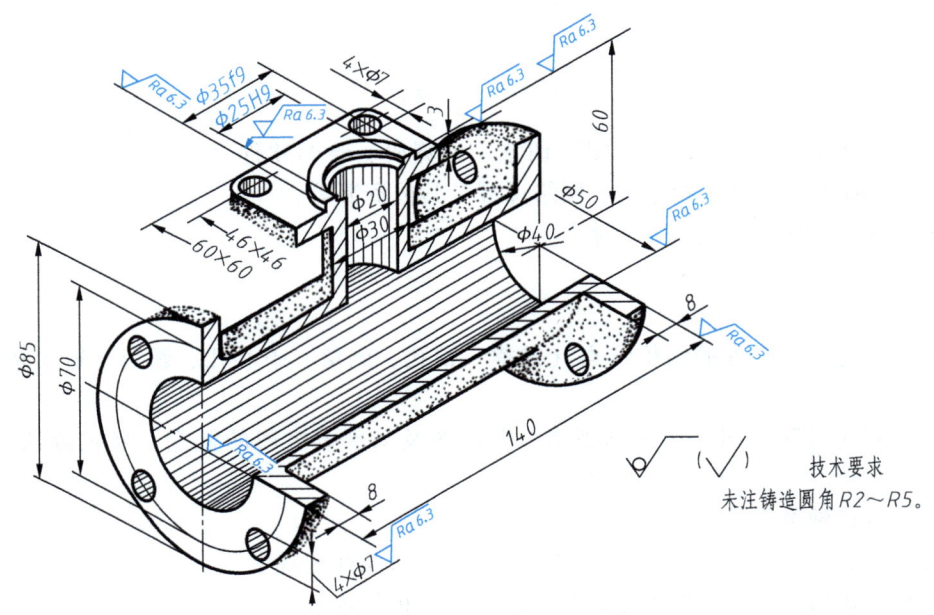

图 4-23 三通

工作任务 4.2　绘制从动轴

【任务描述】

依据给定的从动轴零件，如图 4-24 所示，分析其结构，按照国家制图标准，根据轴类零件的结构特点，合理确定表达方案，分析尺寸、材料和技术要求，绘制从动轴的零件图。

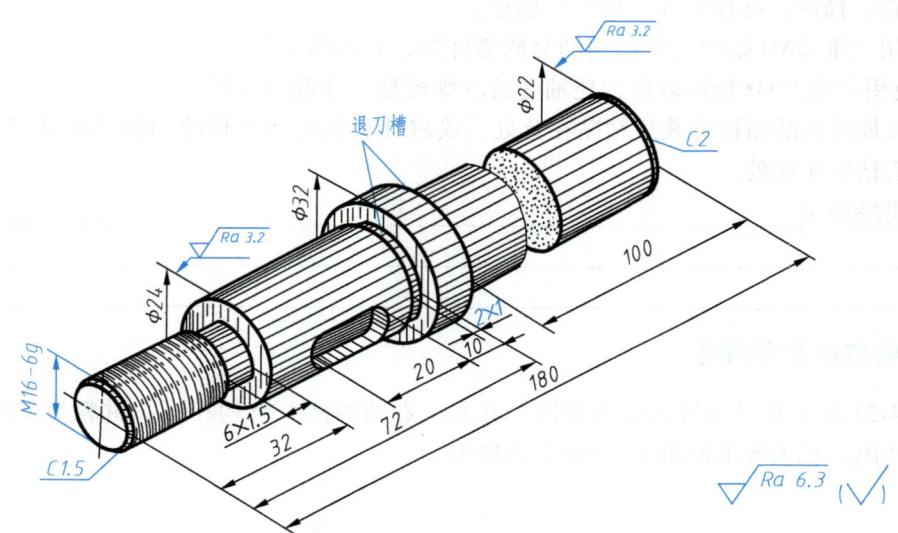

图 4-24　从动轴

学习条件及环境要求：机械制图实训室、计算机、绘图软件（三维、二维）、多媒体、轴类零件模型若干、教材、参考书、网络课程及其他资源等。

教学时间（计划学时）：12 学时。

【任务目标】

1. 能够叙述轴类零件的结构特点（键槽、销孔、倒角、中心孔、圆角、退刀槽和砂轮越程槽等）。
2. 能够叙述局部视图、局部剖视图、断面图及局部放大图的概念、规定画法及标注，并能够正确绘制。
3. 能够叙述轴类零件的常用表达方案。
4. 能够叙述断面图的概念、剖切方法、规定画法及标记规定。
5. 能够叙述局部放大图的概念、规定画法及标记规定。
6. 能够对几何公差（同轴度、圆柱度、对称度）及其基准进行正确选用和标注。

7. 能够用文字及符号正确注写零件的常见技术要求（材料、热加工和热处理）。
8. 手工绘制从动轴的零件图。
9. 用 CAD 绘制从动轴的零件图（轴的设计）及三维模型。

【任务准备】

1. 信息收集

1) 轴类零件的结构特点（键槽、销孔、倒角、圆角、退刀槽和砂轮越程槽等）。
2) 断面图（剖切方法、规定画法及标记）。
3) 局部视图和局部放大图（方法、规定画法及标记）。
4) 轴类零件的常用表达方案。
5) 几何公差（同轴度、圆柱度、对称度）及其基准。
6) 技术要求（材料、热加工和热处理）。
7) 手工绘制从动轴的零件图。
8) CAD 绘制从动轴的零件图（轴的设计）及三维模型。

2. 工具、材料

轴类零件或模型若干、标准图纸（A3）一张、草稿纸（A4）若干张、绘图铅笔（2H、2B）、图板（A3号）、丁字尺（60mm）、计算机（包括二维、三维 CAD 绘图软件）。

3. 任务分组

学生按 4~6 人一组，明确每组的工作任务，填写分组任务表及学生小组任务分配表。每组及每个学生的任务，可以相同也可以有差异，视具体情况而定。

【引导性学习资料】

一、轴类零件的结构特点及常用表达方案

轴类零件主要由大小不同的同轴回转体（如圆柱、圆锥）组成，轴的基本结构如图 4-25 所示。

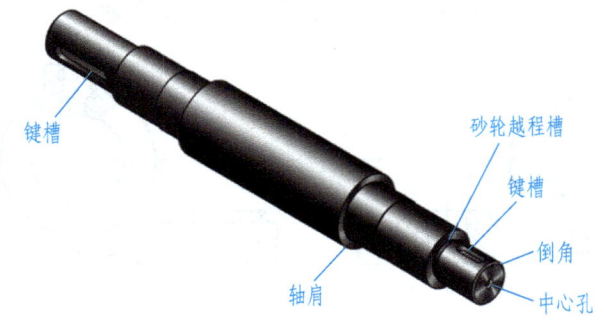

图 4-25 轴的基本结构

通常按加工位置将轴线水平放置画出主视图来表达零件的主体结构，必要时再用局部剖视图或其他辅助视图表达局部结构形状。如图 4-26 所示的轴，采取轴线水平放置的加工位置画出主视图，反映了轴的细长和台阶状的结构特点，以及各部分的相对位置和倒角、退刀

槽、键槽等形状,并采用局部剖视图表达了上下的通孔,通过两个移出断面图和两个局部放大图,表达键槽的深度、前后的通孔、砂轮越程槽和退刀槽的局部结构。

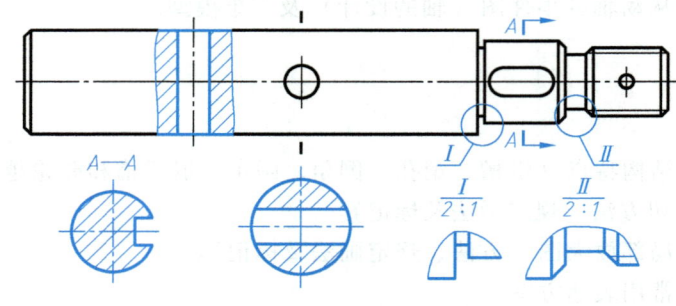

图 4-26 轴的表示方法

二、零件图的尺寸标注

零件图中的尺寸是零件加工、制造和检验的重要依据。标注尺寸时必须满足正确、完整、清晰的要求。在零件图中标注尺寸时,还应使标注的尺寸合理。这里必须指出,从工程角度看,工程图的内容包括反映其形状结构的视图表达和尺寸标注与技术要求两大部分,随着三维造型导出工程图的普及,图样视图表达的难度及工作量占比都在逐步下降。而从重要性而言,尺寸标注与技术要求注写的地位比图样视图表达更高,因为机件大小以尺寸为依据,与图样绘制的精确程度无关,尺寸标注与技术要求的注写更能体现设计者的技术水平。

合理标注尺寸是指所标注的尺寸既要满足设计要求,又要满足加工、测量和检验等制造工艺要求。要达到标注尺寸的合理性要求,必须具有相关的专业知识和丰富的生产实践经验。这里简要介绍合理标注尺寸应考虑的几个问题。

1. 零件图中的主要尺寸必须直接注出

主要尺寸是指直接影响零件在机器或部件中的工作性能和准确位置的尺寸,如零件间的配合尺寸、重要的安装尺寸、定位尺寸等。如图 4-27a 所示的轴承座,轴承孔的中心高 h_1 和安装孔的间距尺寸 L_1 必须直接注出,而不应采取图 4-27b 所示的主要尺寸 h_1 和 L_1 要通过尺寸 h_2、h_3 和 L_2、L_3 间接计算得到,从而造成尺寸误差的积累。

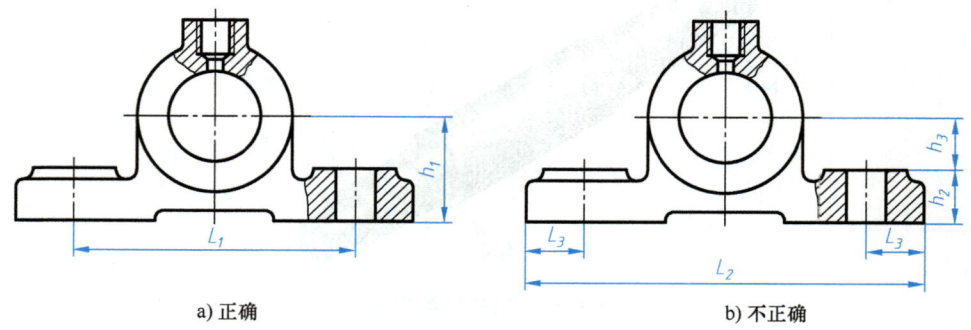

a) 正确   b) 不正确

图 4-27 主要尺寸要直接注出

2. 合理地选择基准

尺寸基准一般选择零件上的一些面和线。面基准常选择零件上较大的加工面、与其他零件的结合面、零件的对称平面、重要端面和轴肩等。如图 4-28 所示的轴承座，高度方向的尺寸基准是安装面，也是最大的面；长度方向的尺寸以左右对称面为基准；宽度方向的尺寸以前后对称面为基准。线基准一般选择轴和孔的轴线、对称中心线等。如图 4-29 所示的轴，长度方向的尺寸以右端面为基准，并以轴线作为直径方向的尺寸基准，同时也是高度方向和宽度方向的尺寸基准。

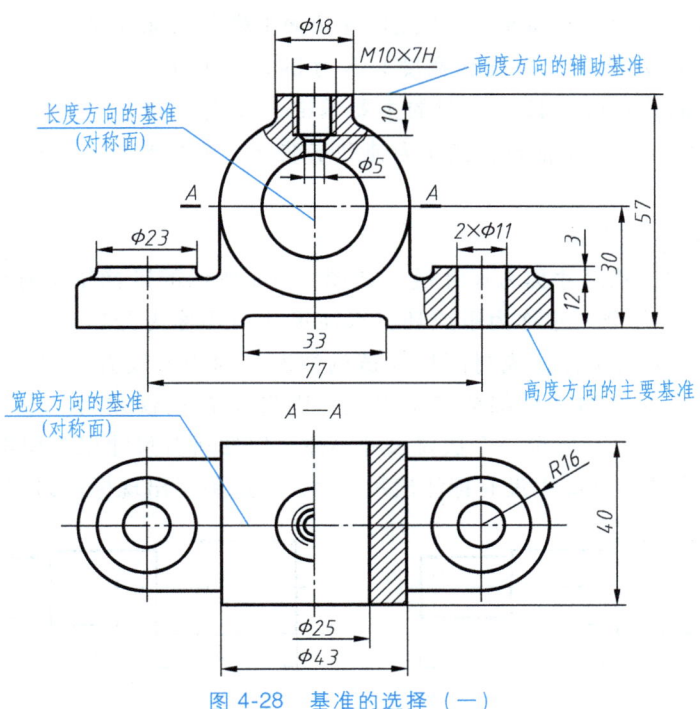

图 4-28 基准的选择（一）

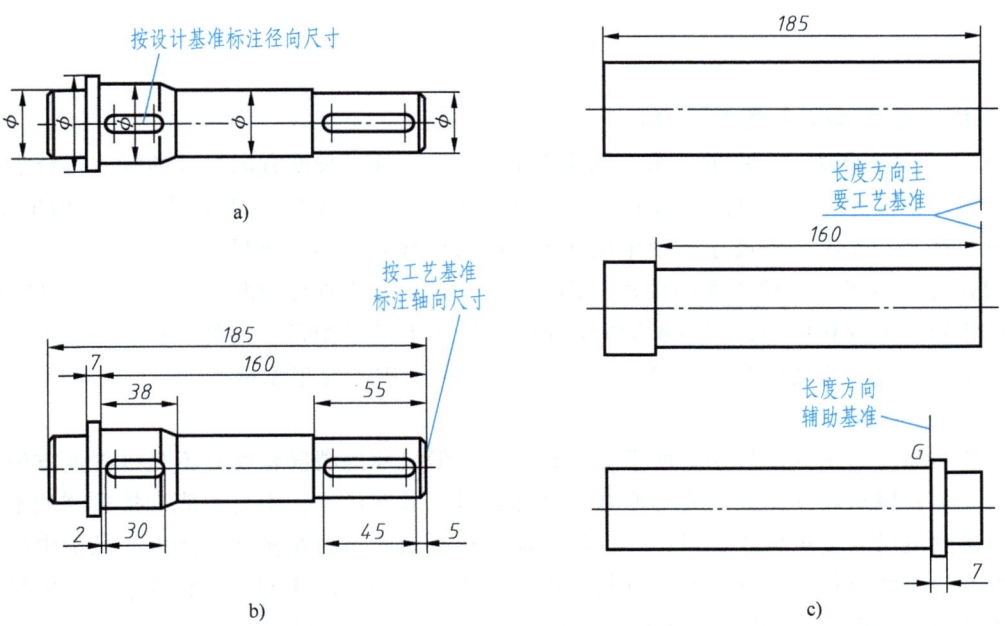

图 4-29 基准的选择（二）

由于每个零件都有长、宽、高三个方向的尺寸,因此每个方向上都有一个主要尺寸基准。在同一方向上还可以有一个或几个与主要尺寸基准有尺寸联系的辅助基准。按用途,基准可分为设计基准和工艺基准。设计基准是以面或线来确定零件在部件中准确位置的基准,工艺基准是为便于加工和测量而选定的基准。如图 4-28 所示,轴承座的底面为高度方向的主要基准(也是设计基准),由此标注中心孔的高度 30mm 和总高 57mm,再以顶面作为高度方向的辅助基准(也是工艺基准),由此标注顶面上螺孔的深度尺寸 10mm。再如图 4-29a 所示的轴,以轴线作为径向(高度和宽度)尺寸的设计基准,由此标注出所有直径尺寸。如图 4-29b 所示,轴的右端为长度方向的主要基准(工艺基准),由此可以标注出 55mm、160mm、185mm、5mm,再以轴肩右侧作为辅助基准(工艺基准),标注 2mm、38mm、7mm 等尺寸。

3. 避免出现封闭尺寸链

一组首尾相连的链状尺寸称为尺寸链,如图 4-30a 所示的阶梯轴上标注的长度尺寸 D、B、C。组成尺寸链的各个尺寸称为组成环,未注尺寸一环称为开口环。在标注尺寸时,应尽量避免出现图 4-30b 所示标注成封闭尺寸链的情况。因为长度方向尺寸 A、B、C 首尾相连,每个组成环的尺寸在加工后都会产生误差,则尺寸 D 的误差为三个尺寸误差的总和,不能满足设计要求。所以,应选一个次要尺寸不注,以便所有尺寸误差积累到这一段,保证主要尺寸的精度。如图 4-30a 中没有标注出尺寸 A,就避免了出现标注封闭尺寸链的情况。

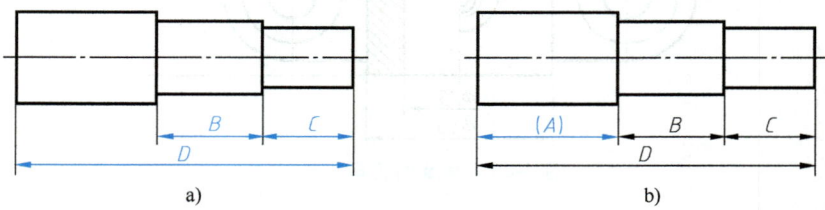

图 4-30 避免出现封闭尺寸链

4. 标注尺寸要便于加工和测量

(1)考虑符合加工顺序的要求 图 4-31a 所示的小轴,长度方向尺寸的标注符合加工顺序。从图 4-31b 所示的小轴在车床上的加工顺序①~④可以看出,从下料到每一加工工序,都在图中直接标注出所需尺寸(图中尺寸 51mm 为设计要求的主要尺寸)。

(2)考虑测量、检验方便的要求 图 4-32 所示为常见的几种断面形状,图 4-32a 中标注的尺寸便于测量和检验,而图 4-32b 中标注的尺寸不便于测量。同样,图 4-33a 所示套筒中所标注的长度尺寸便于测量,图 4-33b 中标注的尺寸则不便于测量。

5. 键槽尺寸的标注

虽然前面介绍了标注尺寸要便于加工和测量,但尺寸的精确程度并不是以测量方便为依据的,而是要服从设计参数优先的原则。因此,对于键槽尺寸,不是不能直接检测就不能标注,间接测量尺寸也可标注,但不一定就只能间接测量。因为在实际生产中,批量生产的零件可以专门设计检具,并且可能还有其他检测方法。例如,图 4-34a 所示的标注需用间接测量方法来测量,而图 4-34b 所示的标注可用直接测量方法来测量。

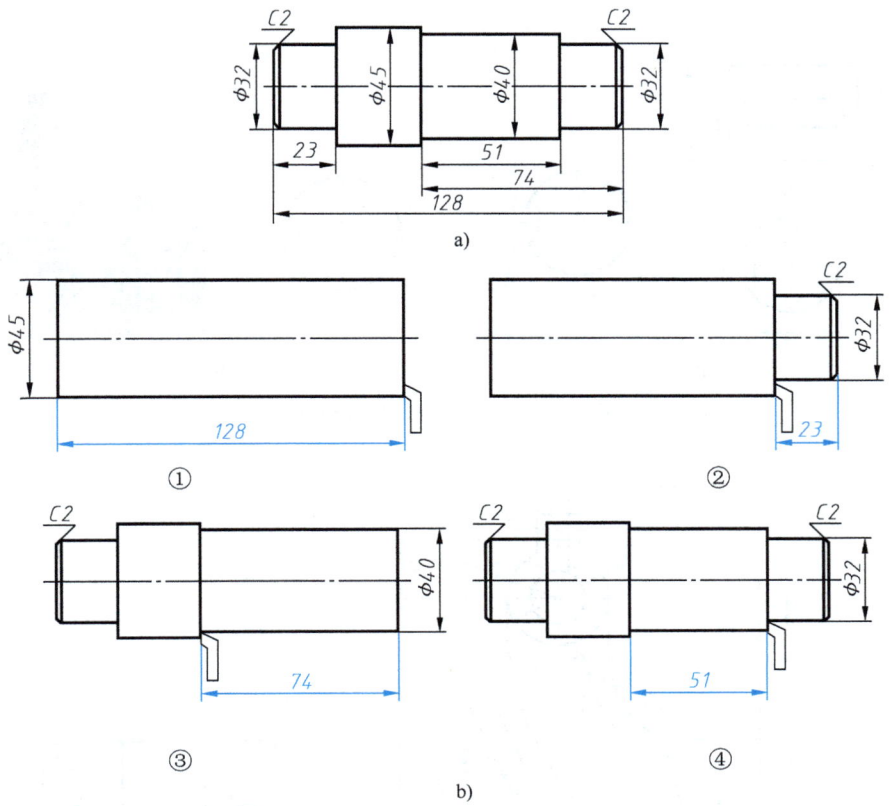

图 4-31 标注尺寸要符合加工顺序

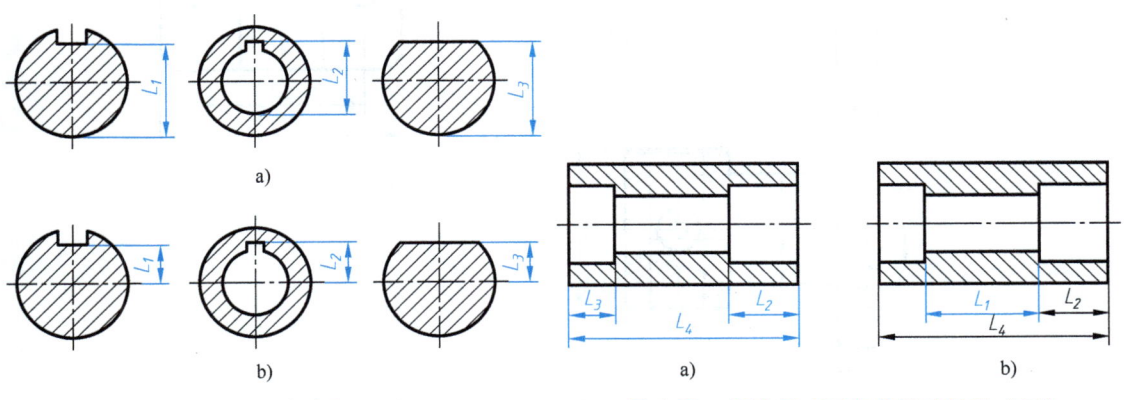

图 4-32 标注尺寸要考虑便于测量（一）　　图 4-33 标注尺寸要考虑便于测量（二）

6. 典型零件图的尺寸标注示例

图 4-35 所示为踏脚座的尺寸标注示例。选取安装板的左端面作为长度方向的尺寸基准；选取安装板的水平对称面作为高度方向的尺寸基准；选取踏脚座前后方向的对称面作为宽度方向的尺寸基准。

1）由长度方向的尺寸基准（左端面）标注出尺寸 74mm，由高度方向的尺寸基准（安装板的水平对称面）标注出尺寸 95mm，从而确定上部轴承的轴线位置。

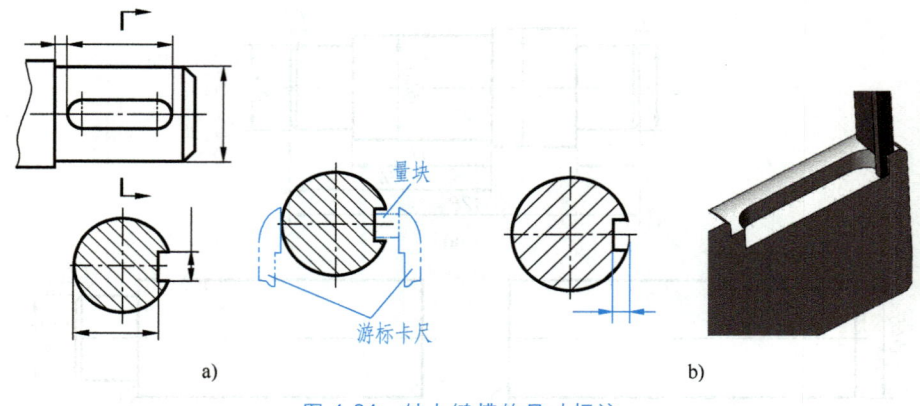

图 4-34 轴上键槽的尺寸标注

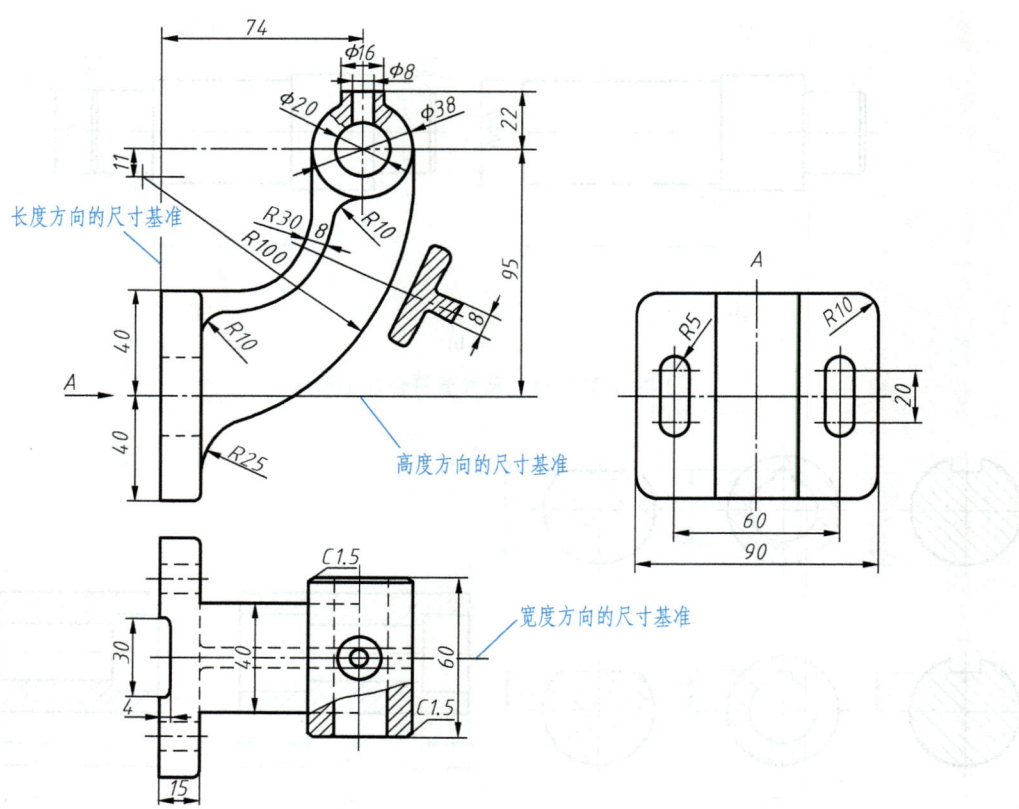

图 4-35 踏脚座的尺寸标注示例

2）由长度方向的定位尺寸 74mm 和高度方向的定位尺寸 95mm 已确定的轴承的轴线作为径向辅助基准，标注出 ϕ20mm 和 ϕ38mm。由轴承的轴线出发，按高度方向分别标注出 22mm 和 11mm，确定轴承顶面和踏脚座连接板 R100mm 的圆心位置。

3）由宽度方向的尺寸基准（踏脚座的前后对称面），在俯视图中标注出尺寸 30mm、40mm、60mm，以及在 A 向视图中标注出尺寸 60mm、90mm。

其他的尺寸请读者自行分析。

这里特别强调：尺寸标注除了要满足形式上正确和规范外，有些工艺结构的尺寸还需要查表验证，如退刀槽、砂轮越程槽尺寸；键槽等与标准件配合使用的沟槽（挡圈槽、密封圈沟槽）尺寸；与轴承配合的轴径、轴肩高度、轴肩根圆角；标准件长度、开口销孔直径等。

三、局部视图

将机件的某一部分向基本投影面投射所得的视图，称为局部视图。局部视图是一个不完整的基本视图，当机件上的某一局部形状没有表达清楚，而又没有必要用一个完整的基本视图表达时，可将这一部分单独向基本投影面投射，以表达机件上局部结构的外形。利用局部视图可以减少基本视图的数量。如图 4-36a 所示，机件左侧凸台和右上角缺口的形状，在主、俯视图上无法表达清楚，又没有必要画出完整的左视图和右视图，此时可用局部视图表示两处的特征形状，如图 4-36b 所示。

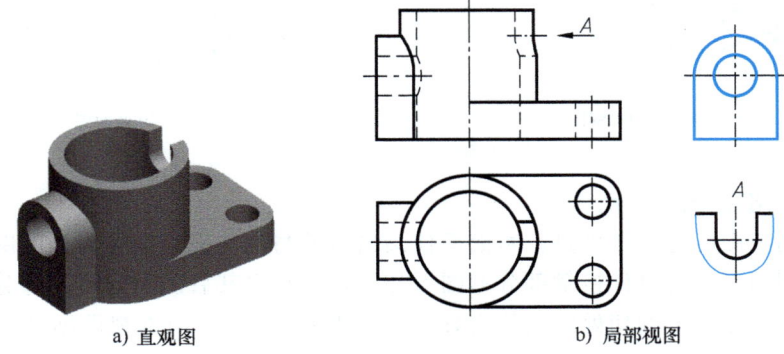

a) 直观图　　　　　　　　　　b) 局部视图

图 4-36　局部视图的配置与标注

局部视图的配置与标注规定如下：

1）在局部视图上方标出视图名称"×"（×为大写拉丁字母），在相应的视图附近用箭头指明投射方向，并标注相同的字母，如图 4-36b 中的局部视图 A。当局部视图按投影关系配置，中间又没有其他图形隔开时，可省略标注，如图 4-36b 中的局部左视图。

2）为了看图方便，局部视图应尽量配置在箭头所指的一侧，并与原基本视图保持投影关系。但为了合理利用图纸幅面，也可将局部视图按向视图配置在其他适当的位置，如图 4-36b 中的局部视图 A。

3）局部视图的断裂边界线用波浪线表示，但当所表达的部分是与其他部分截然分开的完整结构，且外轮廓线自成封闭时，波浪线可以省略不画，如图 4-36b 中的局部左视图。画波浪线时应注意：不应与轮廓线重合或画在其他轮廓线的延长线上；不应超出机件的轮廓线；不应穿空而过。

四、断面图

1. 断面图的概念

问题的提出：如图 4-37 所示，两个视图不能清楚地表达键槽等结构的深度。

为解决上述问题，假想用剖切平面将机件的某处切断，如图 4-38a 所示，仅画出该剖切平

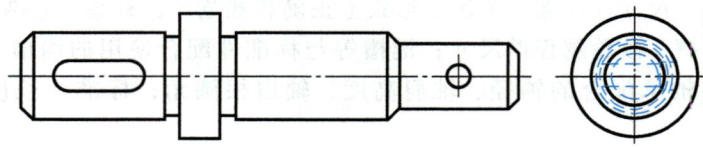

图 4-37　两视图不能清楚地表达键槽等结构的深度

面与机件接触部分的图形，这种图形称为断面图，如图 4-38b 所示。断面图常用来表达机件上某一局部结构的断面形状，如机件上的肋板、轮辐、键槽、小孔、杆件和型材的断面等。

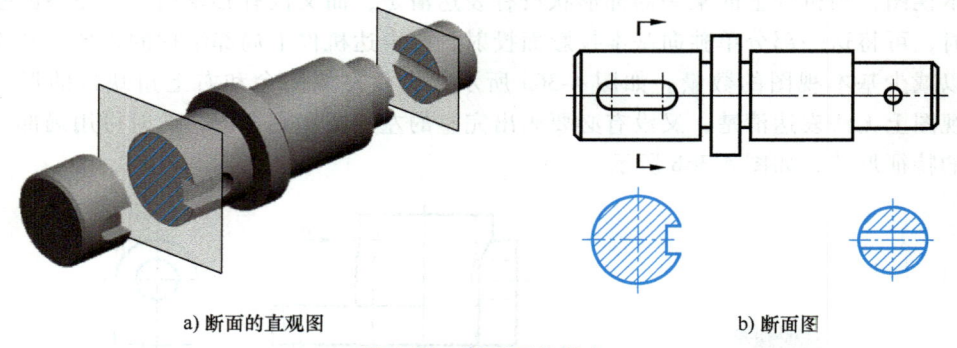

a) 断面的直观图　　　　　　　　　　b) 断面图

图 4-38　断面图的概念

2. 断面图与剖视图的区别

断面图与剖视图的主要区别是：断面图仅画出机件与剖切平面接触部分的图形；而剖视图除需要画出剖切平面与机件接触部分的图形外，还要画出其后的所有可见部分的图形。也就是说，断面图是零件上剖切处断面的投影，如图 4-39a 所示；而剖视图则是剖切后零件的投影，如图 4-39b 所示。

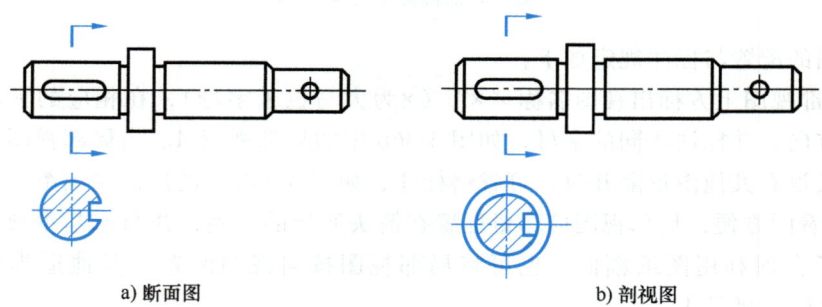

a) 断面图　　　　　　　　　　b) 剖视图

图 4-39　断面图与剖视图的区别

3. 断面图的种类

断面图分为移出断面图和重合断面图两种，如图 4-40 所示。

（1）移出断面图　画在视图之外的断面图，称为移出断面图，如图 4-41 所示。移出断面图的画法如下：

1）移出断面图的轮廓用粗实线绘制，并在断面上画出剖面符号，如图 4-40a、图 4-41 所示。

2）移出断面图应尽量配置在剖切符号的延长线上，如图 4-40a 所示。必要时也可画在其他适当位置，并且可以旋转，如图 4-41 中的 A—A 和 ⌒ A—A。

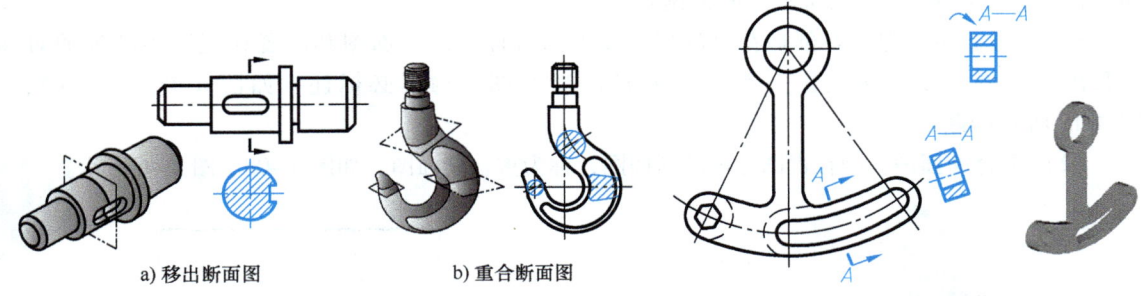

a) 移出断面图　　　　b) 重合断面图

图 4-40　断面图的种类　　　　　图 4-41　移出断面图的画法和标注

3）当剖切平面通过回转形成的凹坑、孔的轴线或非回转形成的孔、槽时，会出现不完整的结构要素，这些结构应按剖视图绘制，如图 4-42 所示。

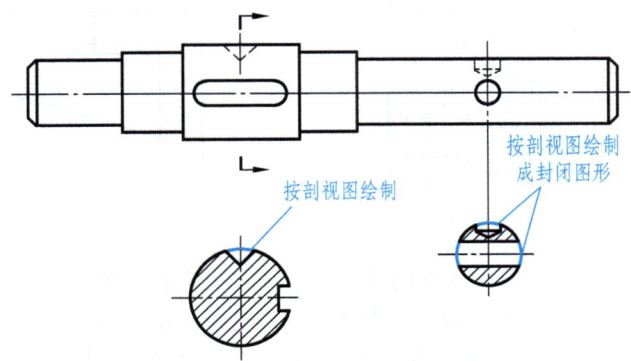

图 4-42　带有凹坑、孔、槽时的断面图的画法

4）由两个（或多个）相交的剖切平面剖切得到的移出断面图，可以画在一起，但中间必须用波浪线隔开，如图 4-43 所示。

5）当移出断面对称时，可将断面图画在视图的中断处，如图 4-44 所示。

 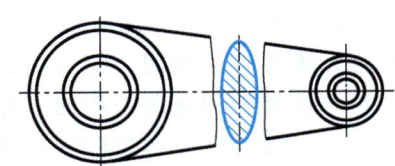

图 4-43　断开的移出断面图　　　　图 4-44　配置在视图中断处的移出断面图

移出断面图一般应用剖切符号表示剖切位置，用箭头表示投射方向并注上大写拉丁字母，在断面图上方用相同的字母标注出相应的名称。移出断面图的具体标注要求如下：

1）完全标注。不配置在剖切符号的延长线上的不对称移出断面图或不按投影关系配置的不对称移出断面图，必须标注，如图 4-41 所示的 A—A。

2）省略字母。配置在剖切符号的延长线上或按投影关系配置的移出断面图，可省略字母，如图 4-40a 所示的断面图。

3）省略箭头。对称的移出断面图和按投影关系配置的移出断面图，可省略表示投射方向的箭头，如图 4-42 右侧所示的断面图。

4）不必标注。配置在剖切符号的延长线上的对称移出断面图和配置在视图中断处的对称移出断面图，以及按投影关系配置的移出断面图，均不必标注，如图 4-43、图 4-44、图 4-45 所示的断面。

（2）重合断面图　画在视图之内的断面图，称为重合断面图，如图 4-40b、图 4-46 所示。

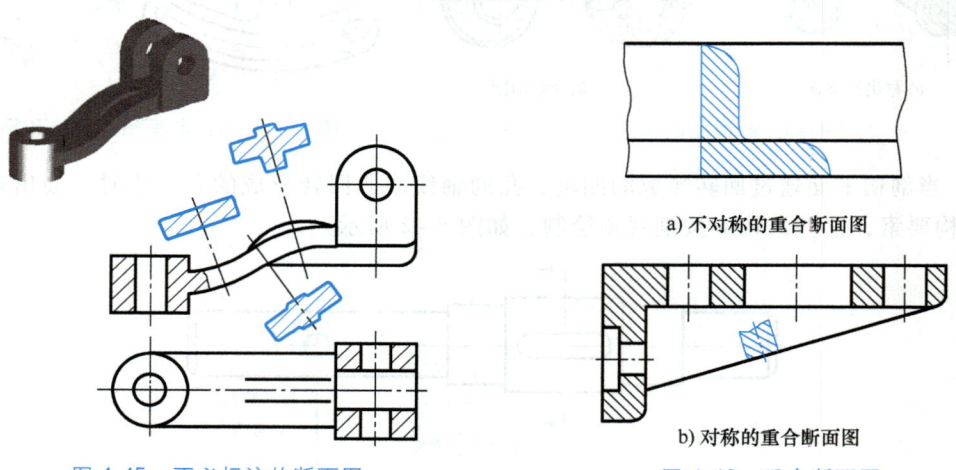

图 4-45　不必标注的断面图　　　　图 4-46　重合断面图

1）重合断面图的画法。重合断面图的轮廓线用细实线绘制，如图 4-46 所示。当重合断面图的轮廓线与视图中的轮廓线重合时，视图的轮廓线仍应连续画出，不可间断，如图 4-46a 所示。

2）重合断面图的标注。因为重合断面图直接画在视图内的剖切位置上，标注时可省略字母，如图 4-46 所示。不对称的重合断面图，可省略标注，如图 4-46a 所示。对称的重合断面图，可不必标注，如图 4-46b 所示。

五、局部放大图

当机件上某些细小结构在视图中不易表达清楚和不便标注尺寸时，可将这些结构用大于原图形所采用的比例单独画出，这种图形称为局部放大图，如图 4-47 所示。

局部放大图可画成视图、剖视图或断面图，它与被放大部分所采用的表达形式无关。局部放大图应尽量配置在被放大部位的附近。局部放大图必须进行标注，一般应用细实线圈出被放大的部位，如图 4-47 所示。当同一机件上有几处被放大的部分时，必须用罗马数字依

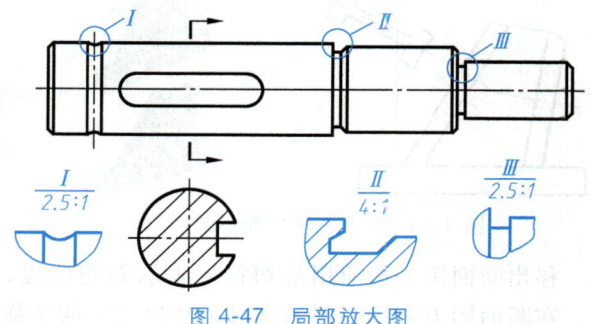

图 4-47　局部放大图

次标明被放大的部位，并在局部放大图的上方标注出相应的罗马数字和所采用的比例，还可以用几个图形表达一个放大结构，如图 4-48 所示。

画局部放大图时，应注意以下两点：

1）局部放大图所采用的比例是指放大图中机件要素的线性尺寸与实际机件相应要素的

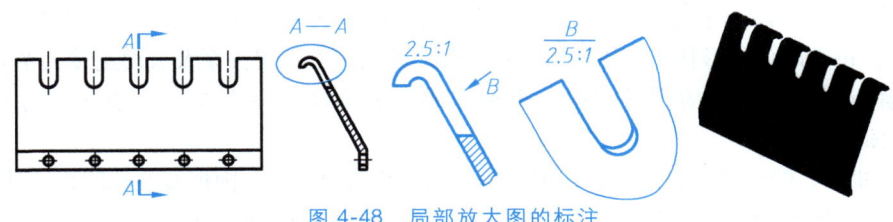

图 4-48 局部放大图的标注

线性尺寸之比,与被放大部位的原图所采用的比例无关。

2)局部放大图采用剖视图和断面图时,其图形按比例放大,但断面区域中的剖面线间距必须仍与原图保持一致,如图 4-49 所示。

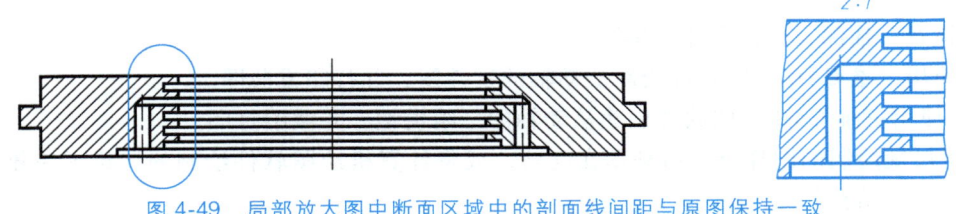

图 4-49 局部放大图中断面区域中的剖面线间距与原图保持一致

六、零件上的常见工艺结构(退刀槽和砂轮越程槽)

在车削和磨削中,为了便于退出刀具或使砂轮可以稍稍越过加工面,通常在零件待加工表面的末端,先车出退刀槽和砂轮越程槽,如图 4-50 所示。退刀槽和砂轮越程槽的尺寸系列可从相关标准中查得。

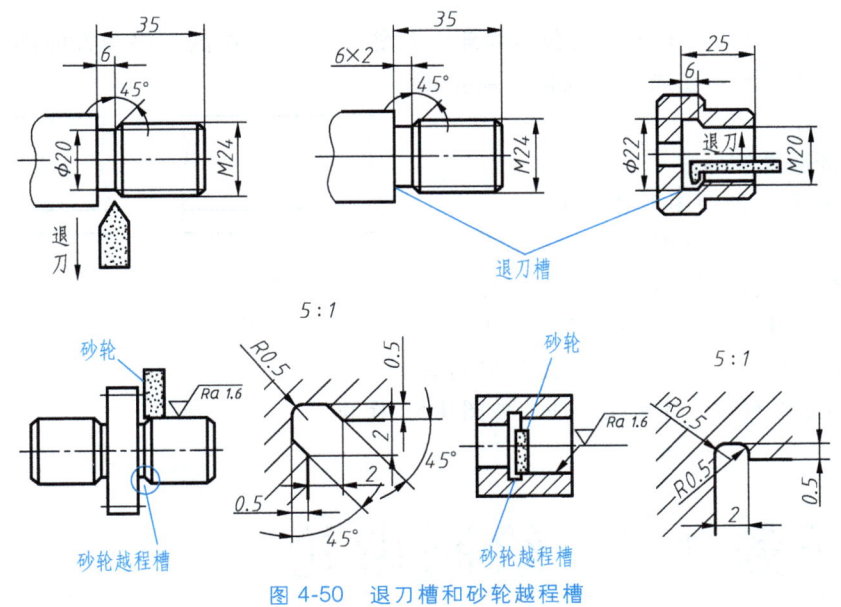

图 4-50 退刀槽和砂轮越程槽

【边学边练】

1. 检查所需工具、材料是否齐全;检查工作环境是否干净、整洁。

2. 对给定的从动轴零件进行形体分析，了解其总体形状和结构（其组合形式如何？由哪几个部分组成？每一部分的形状、结构如何？各部分之间的相对位置关系及表面连接关系如何？）。

3. 先确定零件主视图的投射方向，再根据零件大小确定各个视图的总体尺寸，然后选定绘图的比例及图幅。

4. 清理桌面，铺放并固定图纸，用细实线绘制图纸的边界线、图框线及标题栏的外框线。

5. 根据所绘制图形的尺寸，布局图面，并绘制基准线及重要的图线。

6. 进一步对给定的从动轴零件进行形体分析，确定绘图的先后顺序：先画尺寸大的、主要的结构，后画尺寸小的、次要的结构。

7. 绘制底稿。各部分结构都要三个视图对应着画，一般从最能反映其形状结构特征的视图入手。

8. 检查、描深，标注尺寸，填写标题栏。

9. 使用二维 CAD 绘图软件绘制从动轴的零件图，并打印或截图。

10. 使用三维 CAD 绘图软件创建从动轴的三维模型，并截图打印。

请将尺规绘制的图样折叠后粘贴在此处，或将计算机绘图软件绘制的二维或三维图样，截图打印后粘贴在此处。

任务成果展示 _____
_____
_____

【任务拓展与巩固训练】

1. 局部放大图中剖面线的间隔

强调：同一机件的所有图形（包括局部放大图），其剖面线的间隔和方向都应画成间隔相等、方向相同，无须在局部放大图中将剖面线间隔放大画出。

2. 重合断面图的标注

1）对称的重合断面图不必标注。

2）GB/T 4458.6—2002 规定：不对称的重合断面图可省略标注。需要注意的是，这里是"可省略标注"，不是"不必标注"。"不必标注"是指不需要标注；"可省略标注"则可理解为当不致引起误解时，才省略不注，如图 4-51 所示。

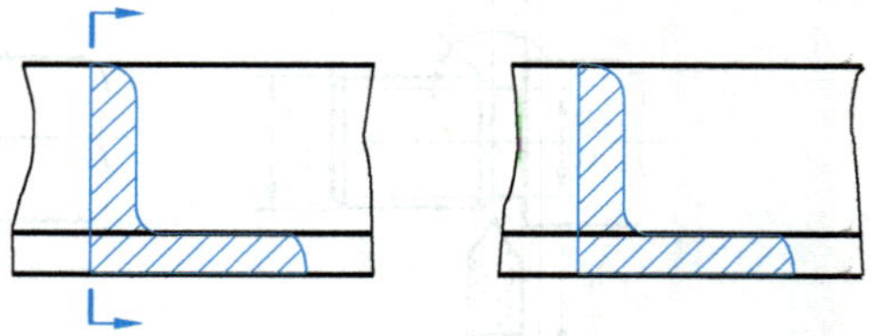

GB/T 4458.1—1984   GB/T 4458.6—2002

图 4-51　不对称的重合断面可省略标注的情况

工作任务 4.3　绘制齿轮

【任务描述】

根据给定的齿轮，如图 4-52 所示，了解齿轮的功用和分类，分析其结构特点，弄清楚其基本参数,按照国家标准中对常用件齿轮的规定画法,绘制其零件图及啮合图。

图 4-52 齿轮

学习条件及环境要求：机械制图实训室、计算机、绘图软件（三维、二维）、多媒体、齿轮模型若干、教材、参考书、网络课程及其他资源等。

教学时间（计划学时）：4 学时。

【任务目标】

1. 能够叙述齿轮的功用、分类及结构特点。
2. 能够说出齿轮的基本结构,能够根据基本参数（齿数、模数）对齿轮进行各部分的结构尺寸计算。
3. 能够按照单个齿轮及齿轮啮合的规定画法进行齿轮投影的绘制。
4. 能够正确绘制齿轮的零件图。
5. 能够应用 CAD 绘图软件正确绘制齿轮的零件图。

【任务准备】

1. 信息收集

1) 齿轮的功用、分类及结构特点。
2) 齿轮的基本结构、基本参数（齿数、模数）,各部分的结构尺寸计算。
3) 单个齿轮及齿轮啮合的规定画法。
4) 齿轮零件图的内容与画法。

2. 工具、材料

齿轮模型若干、标准图纸（A3）一张、草稿纸（A4）若干张、绘图铅笔（2H、2B）、图板（A3 号）、丁字尺（60mm）、计算机（包括二维、三维 CAD 绘图软件）。

3. 任务分组

学生按 4~6 人一组,明确每组的工作任务,填写分组任务表及学生小组任务分配表。每组及每个学生的任务,可以相同也可以有差异,视具体情况而定。

【引导性学习资料】

一、齿轮的功用及分类

齿轮是用于机器中传递动力、改变转向和改变转速的传动件。根据两啮合齿轮轴线在空间的相对位置不同,常见的齿轮传动可分为圆柱齿轮传动、锥齿轮传动和蜗杆传动三种,如

图 4-53 所示。圆柱齿轮用于两平行轴之间的传动；锥齿轮用于垂直相交两轴之间的传动；蜗杆传动则用于交叉两轴之间的传动。本任务主要介绍具有渐开线齿形的标准直齿圆柱齿轮的有关知识和规定画法。

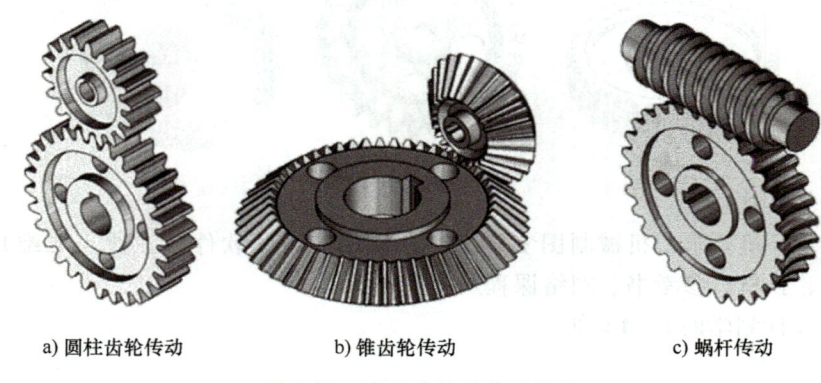

a) 圆柱齿轮传动　　　　b) 锥齿轮传动　　　　c) 蜗杆传动

图 4-53　常见齿轮的传动形式

圆柱齿轮按轮齿方向的不同分为直齿、斜齿和人字齿，如图 4-54 所示。

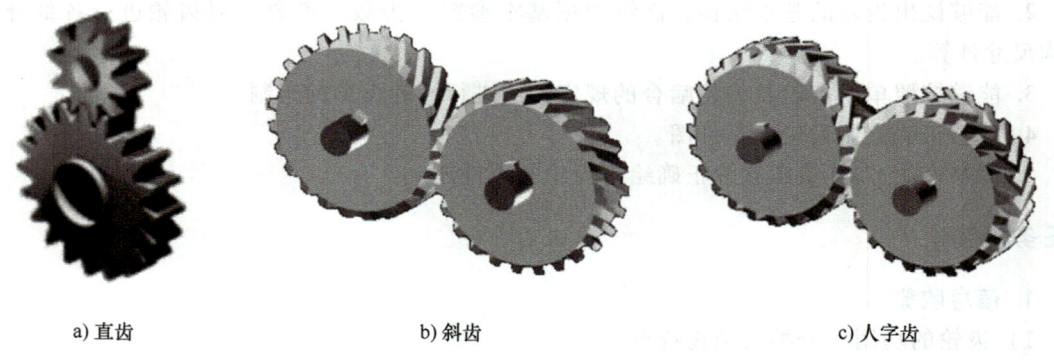

a) 直齿　　　　　　　b) 斜齿　　　　　　　c) 人字齿

图 4-54　圆柱齿轮按轮齿方向的分类

二、直齿圆柱齿轮各部分的名称、代号和尺寸关系

1. 直齿圆柱齿轮各部分的名称和代号

直齿圆柱齿轮各部分的名称和代号如图 4-55a 所示。

1）齿顶圆。轮齿顶部的圆，直径用 d_a 表示。

2）齿根圆。轮齿根部的圆，直径用 d_f 表示。

3）分度圆。齿轮加工时用以轮齿分度的圆，直径用 d 表示。在一对标准齿轮互相啮合时，两齿轮的分度圆应相切（切点称为节点，节点在齿轮运动平面的轨迹为一个圆，这个圆即为节圆。对于一个单一的齿轮来说，不存在节圆，两啮合的齿轮节圆的大小随其中心距的变化而变化。而齿轮的分度圆大小完全确定，与这个齿轮是否与另一齿轮啮合无关，也不随两齿轮的中心距的变化而变化。一对标准齿轮处于正确安装位置时，即两齿轮的分度圆相切时，此时的分度圆与节圆重合），如图 4-55b 所示。

4）齿距。在分度圆上，相邻两齿同侧齿廓间的弧长，用 p 表示。

5）齿厚。一个轮齿在分度圆上的弧长，用 s 表示。

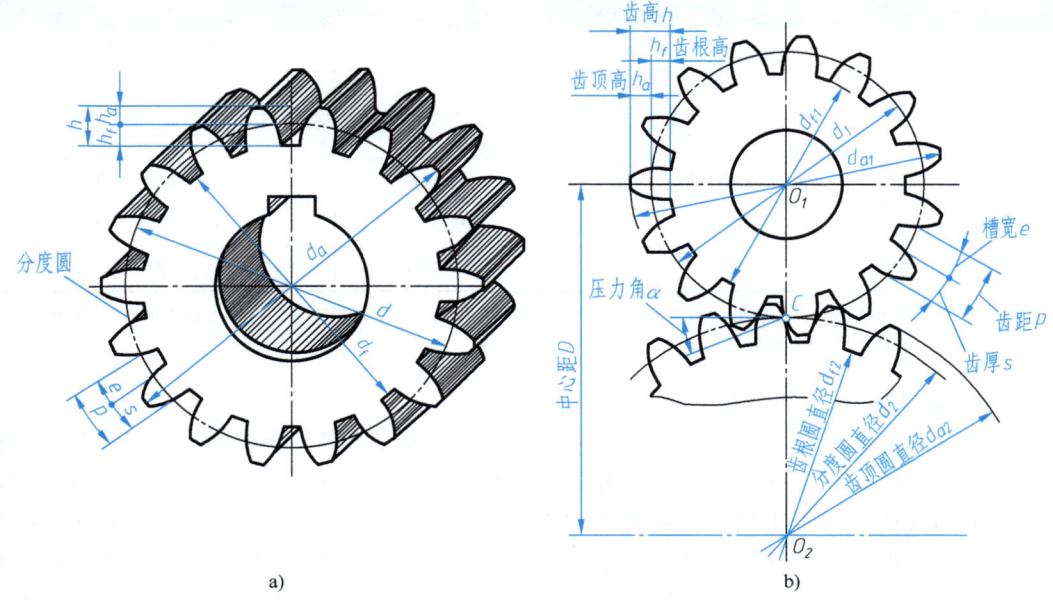

图 4-55 直齿圆柱齿轮各部分的名称和代号

6) 槽宽。一个齿槽在分度圆上的弧长，用 e 表示。在标准齿轮中，齿厚与槽宽各为齿距的一半，即 $s=e=p/2$，$p=s+e$。

7) 齿顶高。分度圆至齿顶圆之间的径向距离，用 h_a 表示，$h_a = h_a^* m$。

8) 齿根高。分度圆至齿根圆之间的径向距离，用 h_f 表示。

9) 齿高。齿顶圆与齿根圆之间的径向距离，用 h 表示，$h = h_a + h_f$。

10) 齿宽。沿齿轮轴线方向测量的轮齿宽度，用 b 表示。

11) 压力角。轮齿在分度圆的啮合点 C 处的受力方向与该点瞬时运动方向之间的夹角，用 α 表示。标准齿轮 $\alpha = 20°$。

2. 直齿圆柱齿轮的基本参数与齿轮各部分的尺寸关系

（1）模数　当齿轮的齿数为 z 时，分度圆的周长 $=\pi d = zp$。令 $m = p/\pi$，则 $d = mz$，m 即为齿轮的模数。因为一对啮合齿轮的齿距 p 必须相等，所以它们的模数也必须相等。模数是设计、制造齿轮的重要参数。模数越大，则齿距 p 也越大，随之齿厚 s 也越大，齿轮的承载能力也越大。不同模数的齿轮要用不同模数的刀具来制造。为了便于设计和加工，模数已经标准化，我国规定的圆柱齿轮标准模数见表 4-2。

表 4-2　圆柱齿轮标准模数

第一系列	1，1.25，1.5，2，2.5，3，4，5，6，8，10，12，16，20，25，32，40，50
第二系列	1.125，1.375，1.75，2.25，2.75，3.5，4.5，5.5，(6.5)，7，9，11，14，18，22，28，36，45

注：选用时，优先采用第一系列，括号内的模数尽可能不用。

（2）齿轮各部分的尺寸关系　当齿轮的模数 m 确定后，按照与 m 的比例关系，可计算出齿轮其他部分的基本尺寸，见表 4-3。

表 4-3 标准直齿圆柱齿轮各部分尺寸关系

名称及代号	公 式	名称及代号	公 式
模数 m	$m = p/\pi = d/z$	齿根圆直径 d_f	$d_f = m(z-2.5)$
齿顶高 h_a	$h_a = m$	压力角 α	$\alpha = 20°$
齿根高 h_f	$h_f = 1.25m$	齿距 p	$p = \pi m$
齿高 h	$h = h_a + h_f$	齿厚 s	$s = p/2 = \pi m/2$
分度圆直径 d	$d = mz$	槽宽 e	$e = p/2 = \pi m/2$
齿顶圆直径 d_a	$d_a = m(z+2)$	中心距 a	$a = (d_1+d_2)/2 = m(z_1+z_2)/2$

注：如果一个齿轮的模数（m）、压力角（α）、齿顶高系数（h_a^*）、顶隙系数（c^*）均为标准值，并且分度圆上 $s = e = p/2$，则该齿轮为标准齿轮。

3. 直齿圆柱齿轮的规定画法

（1）单个圆柱齿轮的画法 如图 4-56a 所示，在端面视图中，齿顶圆用粗实线画出，齿根圆用细实线画出或省略不画，分度圆用细点画线画出。另一视图一般画成全剖视图，而轮齿规定按不剖处理，用粗实线表示齿顶线和齿根线，细点画线表示分度线，如图 4-56b 所示；若不采用剖视图，则齿根线可省略不画。当需要表示轮齿为斜齿（或人字齿）时，在外形视图上画出三条互相平行的且与齿线倾斜方向一致的细实线，如图 4-56c 所示，其中 β 为节圆螺旋角（节圆柱上轮齿螺旋线的切线和轴线间所成的角度）。更详细的画法，如图 4-56d 所示。

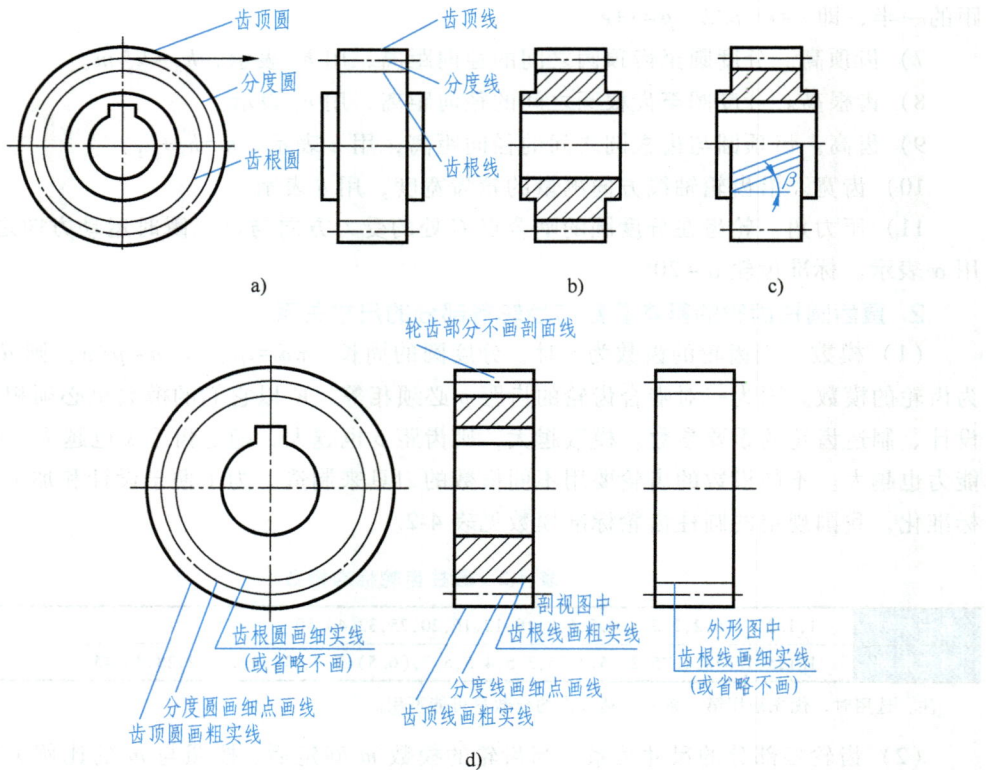

图 4-56 单个直齿圆柱齿轮的画法

（2）圆柱齿轮的啮合画法 如图 4-57a 所示，在齿轮端面的视图中，齿根圆可省略不画，啮合区的齿顶圆均用粗实线绘制。啮合区的齿顶圆也可省略不画，但相切的分度圆必须用细点画线画出，如图 4-57b 所示。若不作剖视，则啮合区内的齿顶线不画，此时分度线用粗实线绘制，如图 4-57c 所示。更详细的画法，如图 4-57d 所示。

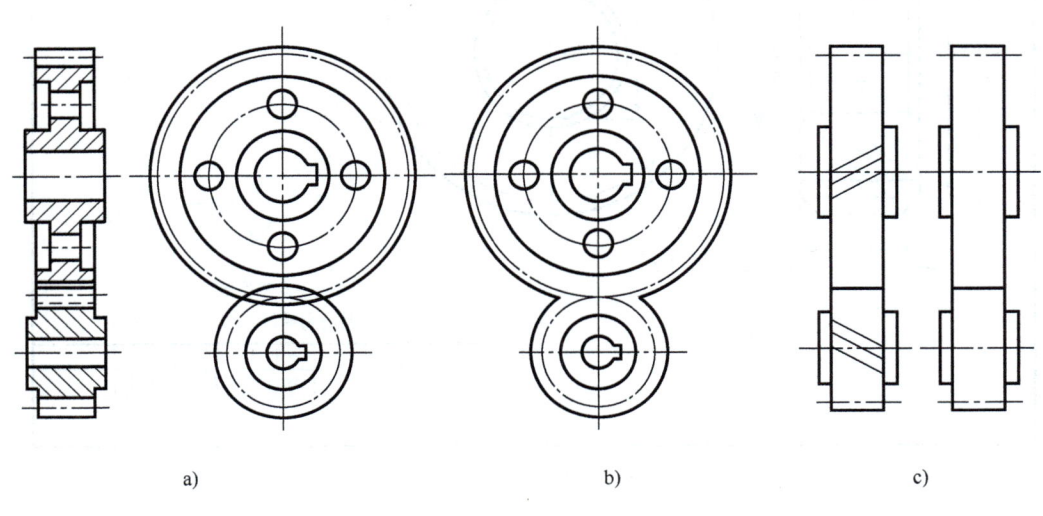

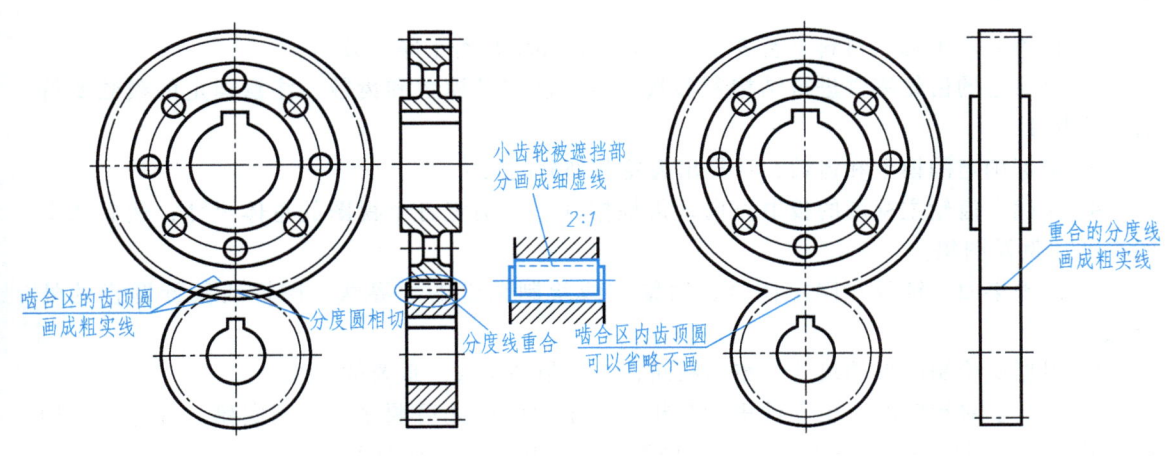

图 4-57 圆柱齿轮的啮合画法

在剖视图中，啮合区的投影如图 4-57a 及图 4-58 所示，一个齿轮的齿顶线与另一个齿轮的齿根线之间有 $0.25m$ 的间隙，被遮挡的齿顶线用细虚线画出，也可省略不画。

4. 直齿圆柱齿轮的零件图

直齿圆柱齿轮的零件图如图 4-59 所示。

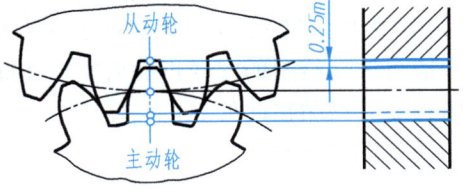

图 4-58 轮齿啮合区在剖视图上的画法

— 187 —

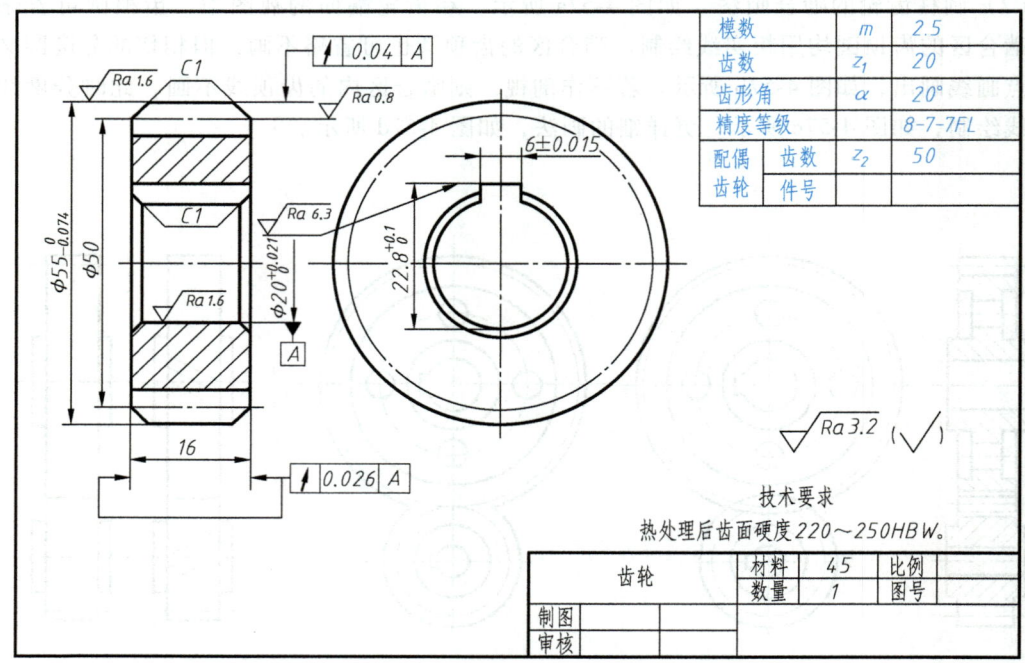

图 4-59 直齿圆柱齿轮的零件图

【边学边练】

1. 检查所需工具、材料是否齐全；检查工作环境是否干净、整洁。

2. 对给定的齿轮零件进行结构和参数分析，确定其模数和齿数，注意确定的模数要符合国家标准。

3. 根据确定的模数和齿数，计算出齿轮各部分的尺寸。

4. 先确定齿轮主视图的投射方向，再根据其大小确定各个视图的总体尺寸，然后选定绘图的比例及图幅。

5. 清理桌面，铺放并固定图纸，用细实线绘制图纸的边界线、图框线及标题栏的外框线。

6. 根据所绘制图形的尺寸，布局图面，并绘制基准线及重要的图线。

7. 进一步对给定的齿轮零件进行分析，确定绘图的先后顺序，绘制底稿。各部分结构都要几个视图对应着画，一般从最能反映其形状结构特征的视图入手。

8. 检查、描深，标注尺寸，注明模数和齿数，注写技术要求，填写标题栏。

9. 使用二维 CAD 绘图软件绘制齿轮零件图，并打印或截图。

10. 使用三维 CAD 绘图软件创建齿轮的三维模型，并截图打印。

请将尺规绘制的图样折叠后粘贴在此处，或将计算机绘图软件绘制的二维或三维图样，截图打印后粘贴在此处。

任务成果展示

【任务拓展与巩固训练】

1. 齿轮规定画法注意事项

齿轮规定画法注意事项可通过扫描二维码观看学习。

2. 齿轮模数对轮齿大小影响的直观图

齿轮模数对轮齿大小影响的直观图如图 4-60 所示。

齿轮的规定画法

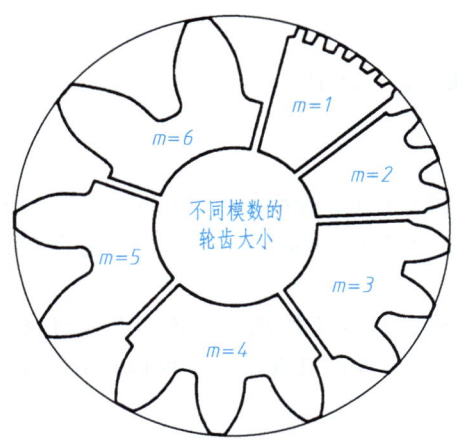

图 4-60 齿轮模数对轮齿大小影响的直观图

工作任务 4.4 绘制键连接

【任务描述】

根据给定的键、轴及齿轮组件，如图 4-61 所示，分析其结构，按照国家制图标准对标准件键的规定画法和标注规定，绘制齿轮轴组件装配图，并进行正确的标记。

学习条件及环境要求：机械制图实训室、计算机、绘图软件（三维、二维）、多媒体、普通平键、轴及齿轮组件模型若干、教材、参考书、网络课程及其他资源等。

教学时间（计划学时）：4 学时。

图 4-61 键、轴及齿轮组件

【任务目标】

1. 能够叙述配合的概念及种类。
2. 能够叙述键的作用及类型。
3. 能够叙述普通平键的种类及标记。

4. 依据国家标准,能够在教师的指导下,绘制齿轮轴组件的装配图。

5. 依据国家标准,能够在教师的指导下,利用计算机绘图软件,绘制齿轮轴组件的装配图。

【任务准备】

1. 信息收集

1) 配合的概念及种类。

2) 键的作用、分类。

3) 键的基本结构、标准规定、标记。

4) 键连接的画法。

2. 工具、材料

普通平键、轴及齿轮组件模型若干、标准图纸(A3)一张、草稿纸(A4)若干张、绘图铅笔(2H、2B)、图板(A3号)、丁字尺(60mm)、计算机(包括二维、三维CAD绘图软件)。

3. 任务分组

学生按4~6人一组,明确每组的工作任务,填写分组任务表及学生小组任务分配表。每组及每个学生的任务,可以相同也可以有差异,视具体情况而定。

【引导性学习资料】

一、连接与配合的概念

在实际应用中,单个零件往往不能单独使用,需要与其他零件连接并配合,如图4-62所示,矿泉水瓶盖与瓶口通过内外螺纹的旋合而连接,其中内外螺纹的公称直径必须是相同的,螺纹连接的松紧程度由其各自的公差带的位置来确定,瓶盖为孔,瓶口为轴。

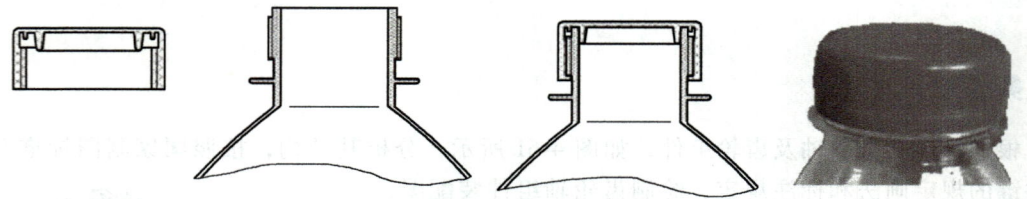

图4-62 矿泉水瓶盖与瓶口的连接

配合指的是公称尺寸相同的相互结合的孔和轴公差带之间的关系,决定结合的松紧程度。孔的尺寸减去与之相配合的轴的尺寸所得的代数差为正时,称为间隙;为负时,称为过盈,有时也称过盈为负间隙。

按孔、轴公差带的关系,即间隙、过盈及其变动的特征,配合可以分为以下三种情况:

1) 间隙配合。孔的公差带完全在轴的公差带之上,具有间隙(包括最小间隙等于零)的配合。间隙的作用为储藏润滑油、补偿各种误差等,其大小影响孔、轴的相对运动程度。间隙配合主要用于孔、轴间的活动连接,如滑动轴承与轴的连接。

2) 过盈配合。孔的公差带完全在轴的公差带之下,具有过盈(包括最小过盈等于零)的配合。过盈配合中,由于轴的尺寸比孔的尺寸大,故需采用加压或热胀冷缩等办法进行装配。过盈配合主要用于孔、轴间不允许有相对运动的紧固连接，如大型齿轮的齿圈与轮毂的连接。

3）过渡配合。孔和轴的公差带互相交叠，可能具有间隙，也可能具有过盈的配合（其间隙和过盈一般都较小）。过渡配合主要用于要求孔轴间有较好的对中性和同轴度且易于拆卸、装配的定位连接，如滚动轴承内径与轴的连接。

配合中允许间隙或过盈的变动量称为配合公差。它等于相互配合的孔、轴公差之和，表示配合松紧的允许变动范围。

二、键连接

键通常用于连接轴和装在轴上的齿轮、带轮等传动零件，起传递转矩的作用，如图4-63所示。键是标准件，常用的键有普通平键、半圆键和钩头楔键等，如图4-64所示。本任务主要介绍应用最多的A型普通平键的应用及其画法。

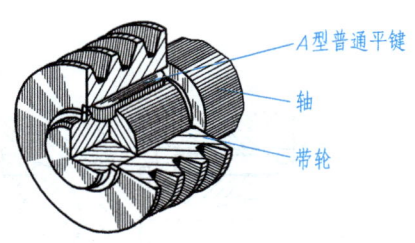

图 4-63　键连接

1. 键连接的标记

普通平键的公称尺寸为 $b \times h$（键宽×键高），可根据轴的直径在相应的标准中查得。

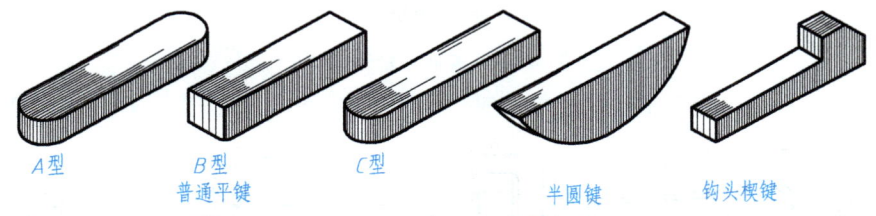

图 4-64　常用的几种键

普通平键的规定标记为键宽 b×键高 h×键长 L。例如，$b=18$mm，$h=11$mm，$L=100$mm 的圆头普通平键（A型），应标记为：GB/T 1096　键 18×11×100（A型可不标出A）。

2. 键连接的规定画法

图 4-65a、b 所示为轴和轮毂上键槽的表示法和尺寸注法（未注尺寸数字）。图 4-65c 所示为普通平键连接的装配图画法。在图 4-65c 所示的键连接图中，键的两侧面是工作面，接触面的投影只画一条轮廓线；键的顶面与轮毂上键槽的顶面之间留有间隙，必须画两条轮廓线，在反映键长度方向的剖视图中，轴采用局部剖视，键按不剖处理。在键连接图中，键的倒角或小圆角一般省略不画。

3. 钩头楔键与花键

（1）钩头楔键连接　钩头楔键承载能力很大，适于传递大的转矩；但对轴的强度削弱较大，且会引起轴上零件与轴的配合偏心；有正反转要求时，必须用两对切向键。钩头楔键连接如图 4-66 所示。

（2）花键连接　花键连接的特点是将键和键槽直接做在轴上和轮孔内，与零件制成一体，适用于载荷较大和定心精度较高的连接。与平键相比，花键为多齿工作，承载能力大，能传递较大的转矩，连接可靠，并且被连接零件之间的同轴度好，即对中性好，导向性也好，齿根浅，应力集中小，对轴与毂的强度削弱小。

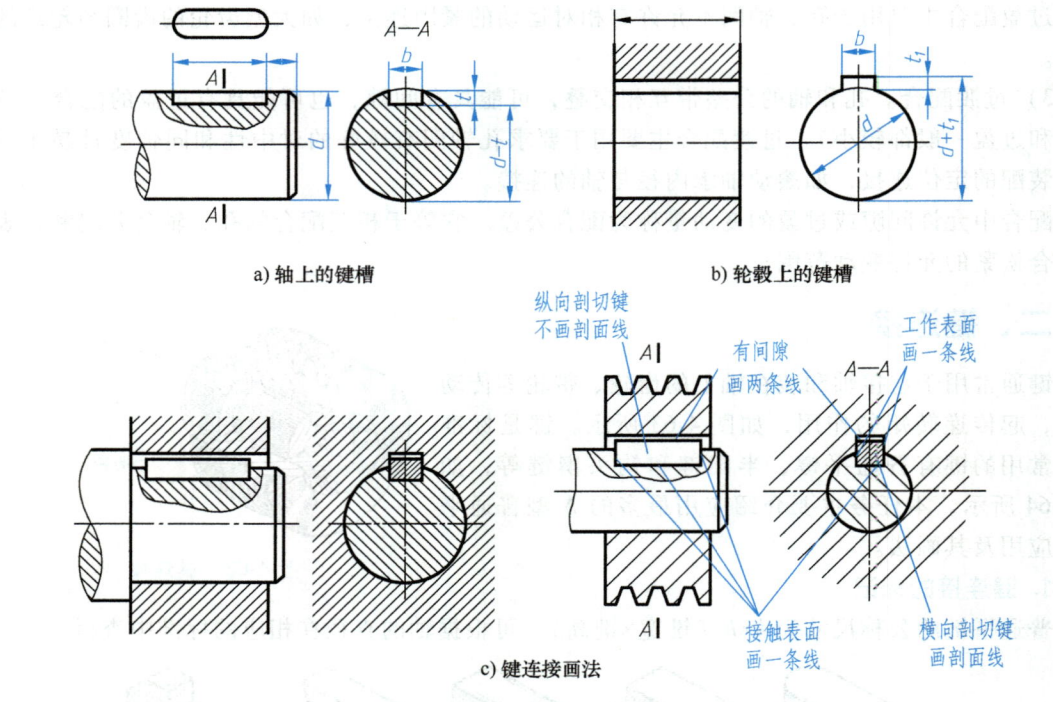

a) 轴上的键槽　　　　　b) 轮毂上的键槽

c) 键连接画法

图 4-65 普通平键连接

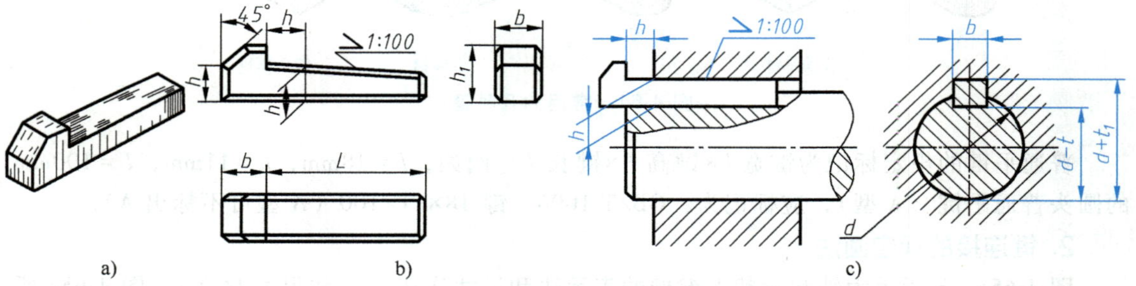

a)　　b)　　c)

图 4-66 钩头楔键连接

花键按配合可分为内花键和外花键。键在轴上的，称为外花键；键槽在孔内的，称为内花键，如图 4-67 所示。按花键的端面齿形可分为角形花键和渐开线花键两大类。角形花键又分为矩形花键和三角形花键。角形花键的优点是：定心精度高，定心的稳定性好，能用磨削的方法消除热处理引起的变形，便于加工制造。渐开线花键的优点是：制造精度高，应力集中小，易于定心等。目前渐开线花键应用最多，其次是矩形花键。矩形花键的定心方式为小径定心，而渐开线花键能自动定心。

图 4-67 内花键与外花键

1）外花键。在平行于轴线的投影面的视图中，外花键的大径用粗实线绘制，小径及尾部均用细实线绘制；在端面视图中，外花键的小径画成完整的细实线圆，花键端部的倒角圆不画，如图 4-68a 所示；在断面图中，当不画出完整的键齿时，小径用细实线画出，如图 4-68b 所示。

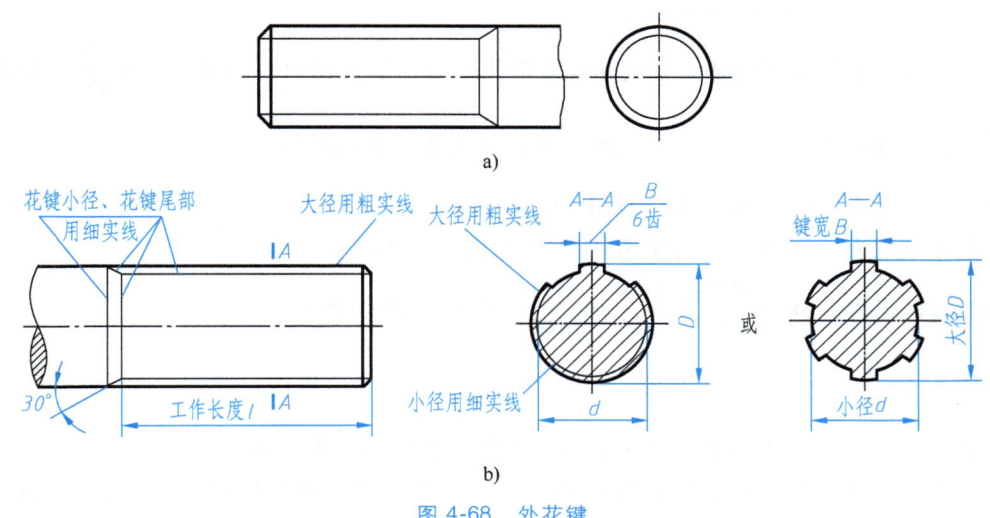

图 4-68 外花键

2）内花键。在平行于轴线的投影面的剖视图中，内花键的大径和小径均用粗实线绘制；在端面视图中，当不画出完整的键齿时，内花键的大径画成细实线圆，花键端部的倒角圆不画，如图 4-69 所示。

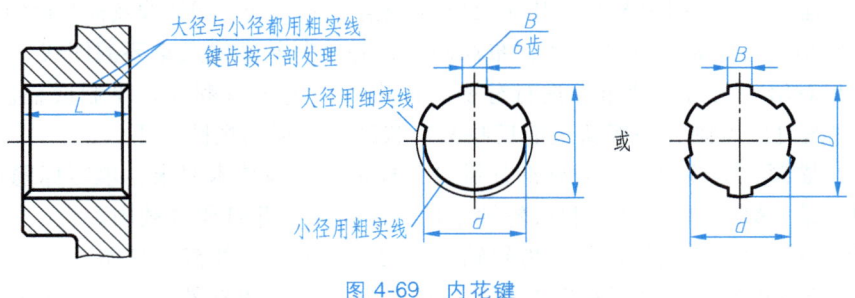

图 4-69 内花键

3）花键连接。花键连接部分的画法，按照外花键的规定画法来画，如图 4-70 所示。

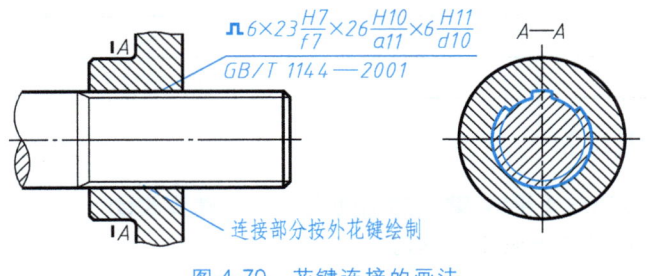

图 4-70 花键连接的画法

注意：花键的标记应注写在指引线的基准线上。花键类型用图形符号表示，矩形花键的图形符号为 ⊓，渐开线花键的图形符号为 ⊓。

4）花键的标记。矩形花键的标记代号包括：图形符号、键数 N、小径 d、大径 D、键宽 B、基本尺寸及配合公差带代号（大写字母表示内花键、小写字母表示外花键），以及矩形花键的国家标准编号。标记的格式为：

图形符号　$N×d×D×B$　标准编号

例：已知矩形花键副的基本参数和公差带代号为：键数 $N=6$、小径 $d=26\dfrac{H7}{f7}$、大径 $D=32\dfrac{H10}{a11}$、键宽 $B=6\dfrac{H11}{d10}$，试分别写出内、外花键和花键副的代号。

内花键标记为：6×26H7×32H10×6H11 GB/T 1144—2001
外花键标记为：6×26f7×32a11×6d10 GB/T 1144—2001
花键副标记为：6×26$\dfrac{H7}{f7}$×32$\dfrac{H10}{a11}$×6$\dfrac{H11}{d10}$ GB/T 1144—2001

【边学边练】

1. 检查所需工具、材料是否齐全；检查工作环境是否干净、整洁。
2. 对给定的键零件进行结构和参数分析，确定其型号、键宽和键长，注意确定的结构型号参数要符合国家标准。
3. 根据确定的结构参数，查表得出各部分的尺寸。
4. 先确定零件主视图的投射方向，再根据其大小确定各个视图的总体尺寸，然后选定绘图的比例及图幅。
5. 清理桌面，铺放并固定图纸，用细实线绘制图纸的边界线、图框线及标题栏的外框线。
6. 根据所绘制齿轮轴组件的尺寸，布局图面，并绘制基准线及重要的图线。
7. 进一步对给定的齿轮轴组件进行分析，确定绘图的先后顺序，绘制底稿。各部分结构都要几个视图对应着画，一般从最能反映其形状结构特征的视图入手。
8. 检查、描深，标注尺寸，对标准件键进行标记，注写技术要求，填写标题栏。
9. 使用二维 CAD 绘图软件绘制齿轮轴组件的装配图，并打印或截图。
10. 使用三维 CAD 绘图软件创建齿轮轴组件的装配模型，并截图打印。

请将尺规绘制的图样折叠后粘贴在此处，或将计算机绘图软件绘制的二维或三维图样，截图打印后粘贴在此处。

任务成果展示_____

_____

_____

【任务拓展与巩固训练】

1. GB/T 1095—2003《平键 键槽的剖面尺寸》的重要改动
具体内容可通过扫描二维码观看学习。

2. 机件的表达方法提示

键槽国标的重要改动

1）移出断面图的标注方法。当剖切平面通过回转面形成的孔或凹坑的轴线时，这些结构应按剖视绘制；当剖切平面通过非圆孔，会导致出现完全分离的图形时，这些结构也应按剖视绘制。具体见表 4-4 及图 4-71 所示。

表 4-4 移出断面图的标注方法

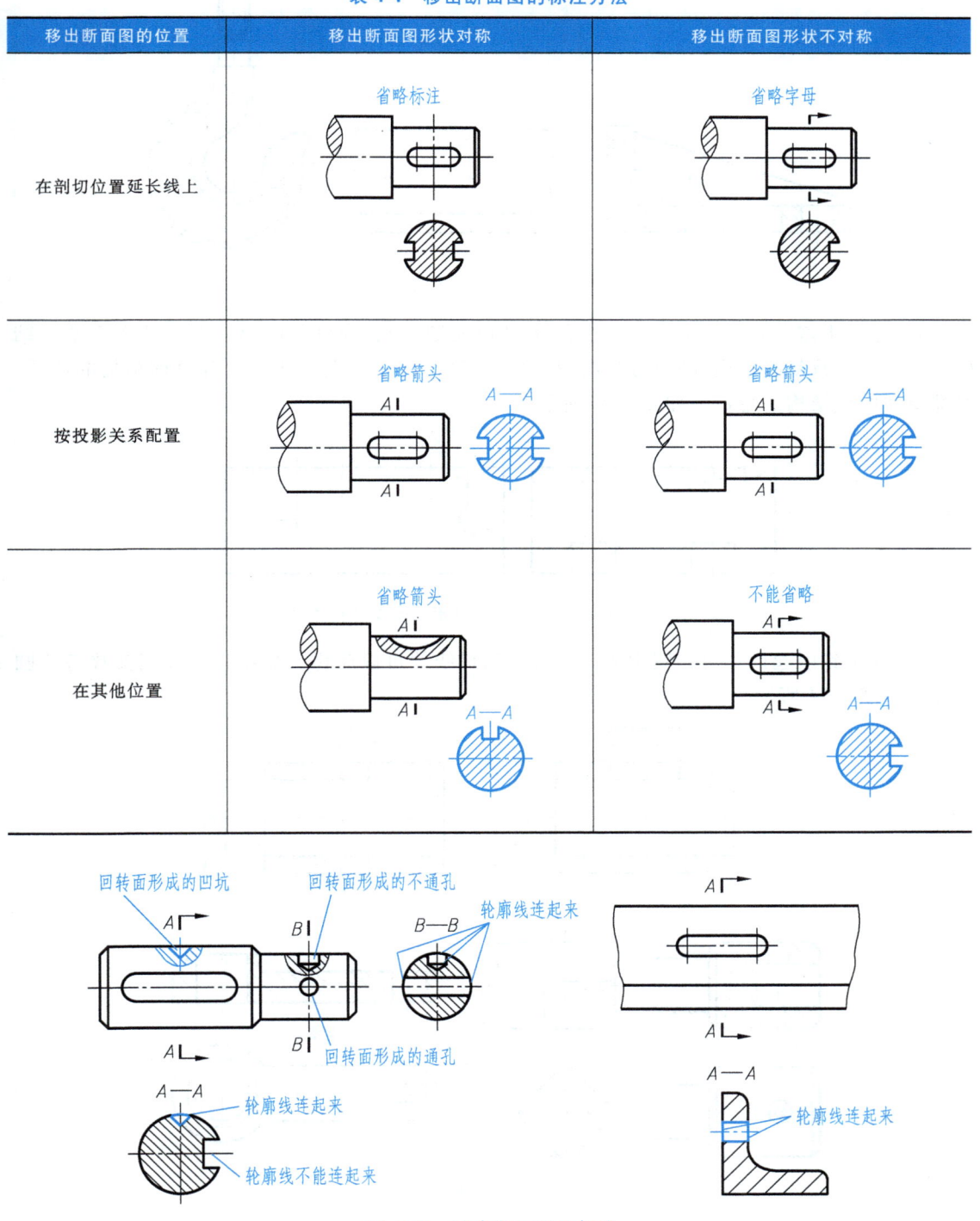

图 4-71 移出断面图的标注

2）对称的重合断面图，可不必标注；不对称的重合断面图，在不致引起误解的情况下，可以省略标注，如图 4-72 所示。

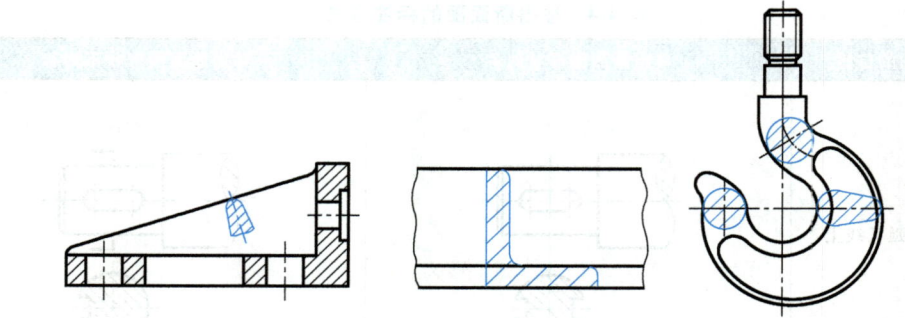

图 4-72　重合断面图的标注

3）零件上按一定规律分布的重复结构（齿或槽等），允许只画出一个或几个完整的结构。不对称的重复结构用细实线连接，对称的重复结构用细点画线表示各对称结构的位置，但都要注明该结构的总数，如图 4-73 所示。

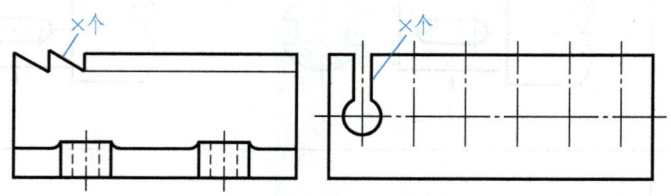

图 4-73　零件上按一定规律分布的重复结构的标注

4）在不致引起误解时，图中的截交线、相贯线等可以简化。如用直线或圆弧代替非圆曲线，如图 4-74 所示。

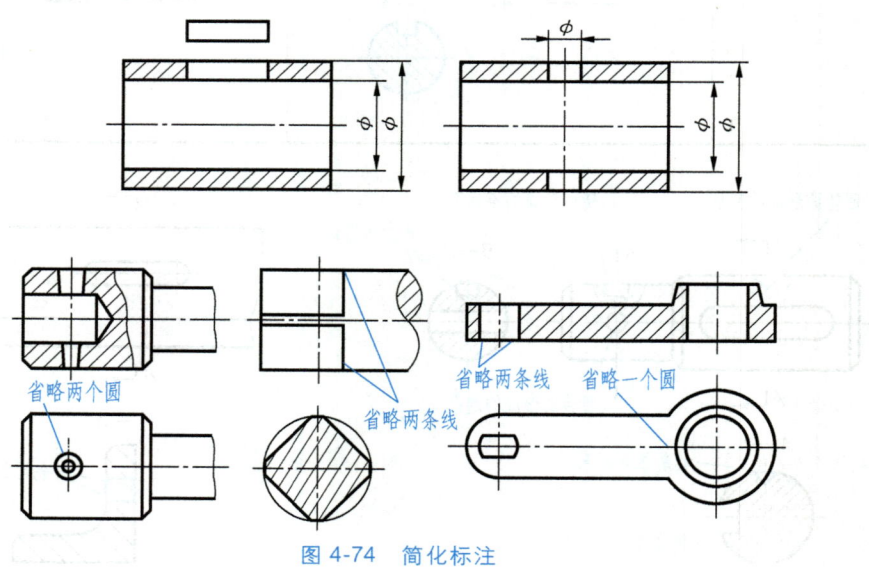

图 4-74　简化标注

5）机件上的直纹、网纹滚花一般只在轮廓线附近用粗实线示意地画出一小部分，如图 4-75 所示。

6）机件断开的画法。机件断开的画法如图 4-76 所示。

7）局部放大图的边界画法。局部放大图的边界要用波浪线画，其画法如图 4-47 所示。

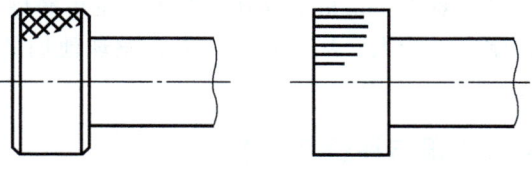

图 4-75　直纹、网纹滚花的标注

8）当手工绘制与投影面倾斜角度 ≤30°的圆或圆弧时，可用圆或圆弧来代替椭圆；当机件上较小的结构及斜度等已在一个图形中表达清楚时，其他图形应当简化或省略，如图 4-77 所示。

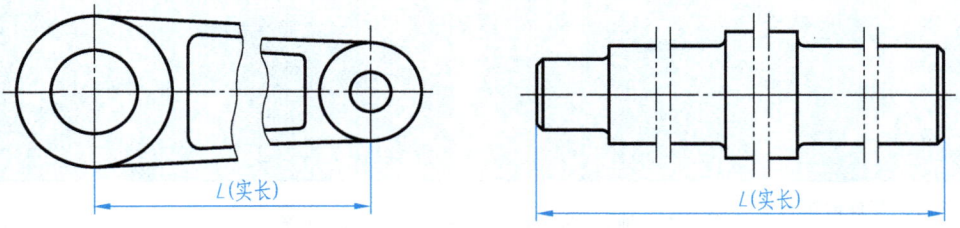

图 4-76　机件断开的画法

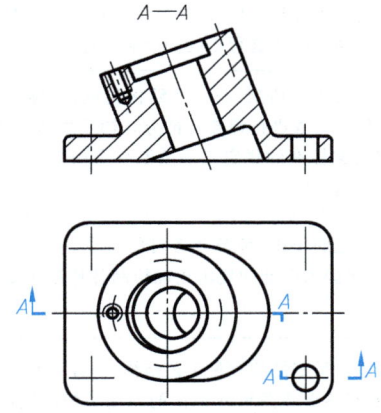

图 4-77　当绘制与投影面倾斜角度 ≤30°的圆或圆弧时的简化画法

【成风化人】

海纳百川，有容乃大

在零件制造过程中，由于加工或测量等因素的影响，完工后的实际尺寸总存在一定的误差，符合加工标准的尺寸有合理的变动范围，这个允许的尺寸变动量（变动范围）称为尺寸公差。公差原则的存在对零件生产制造产生了重要影响，一方面使存在一定的误差但符合加工标准的零件能被合理利用，可提高零件之间的互换性和通用性；另一方面它也对这种误差的限度做出了严格的限制，以便于质量管理。社会是个万花筒，我们生活在社会中，不免要和各种各样的人打交道。每个人都有自己独特的观点、想法，每天不同的观点、语言、思维、习惯等都在碰撞。处于社会中的我们也要有做人做事的公差原则，有容乃大。要容言，容许别人对自己的批评，容许别人对事物表达不同的意见，这样才能集思广益。要容事，容

机械制图

许苦事、难事、错事的存在。苦事、难事磨炼我们的意志，错事使我们了解不足。要容人，容许常人、能人、甚至有过之人，发现他们的闪光点，包容他们的不足，人生的路将越走越宽。

【学习成果与评价反馈】

学生自评（20%）；小组互评（30%）；教师评价（50%）。

小组互评表见表4-5，学习情境总评成绩表见附录。

表4-5 小组互评表

班级___ 姓名___ 学号___ 工作任务（ ）						
学习情境4	绘制轴套类零件		配分	得分		
				学生自评（×0.2）	小组互评（×0.3）	教师评价（×0.5）
	评价项目	评价标准				
1	轴套类零件的结构特点及常用表达方案	能够叙述轴套类零件的结构特点及常用表达方案	5			
2	局部剖视图、断面图、局部放大图、简化画法	能够叙述局部剖视图、断面图、局部放大图及各种简化画法的概念；能够对局部剖视图、断面图、局部放大图及各种简化画法进行正确的绘制与标注	15			
3	齿轮的功用、结构及画法	能够叙述齿轮的功用、分类及结构组成；能够根据齿轮的模数和齿数进行齿轮各部分结构尺寸的计算；能够按照国家标准的规定正确绘制单个齿轮的零件图及齿轮的啮合图	15			
4	键连接	能够叙述键的作用、种类及各自的特点、应用的场合；能够按照国家标准的规定正确绘制各种键连接装配图	10			
5	轴类零件的常见工艺结构、零件图的尺寸及几何公差的标注	能够叙述轴类零件的常见工艺结构，并说明它们的作用；能够叙述零件图尺寸标注的原则、基准选择及注意事项，并能够正确、完整、清晰、合理地对零件图进行尺寸标注；能够叙述几何公差的种类、应用，并能够按照国家标准的规定在零件图上进行正确的选用和标注	15			
6	图样总体质量	图面整洁、布局合理、内容完整	15			
7	工作态度	态度端正，不出现无故缺勤、迟到、早退现象	10			
8	协调能力	与小组成员、同学之间能够顺畅沟通、有效交流，协调工作	5			
9	职业素养	能够做到懂文明讲礼貌，勤俭节约，爱护公共财物及设施，保护环境	5			
10	创新能力	积极思考、善于提问，提出有代表性的问题等	5			
	合计		100			

注：本表可根据本学习情境的工作任务的数量复印相同的份数，保证每个工作任务1份。

【总结报告】

1. 知识归纳（图 4-78）

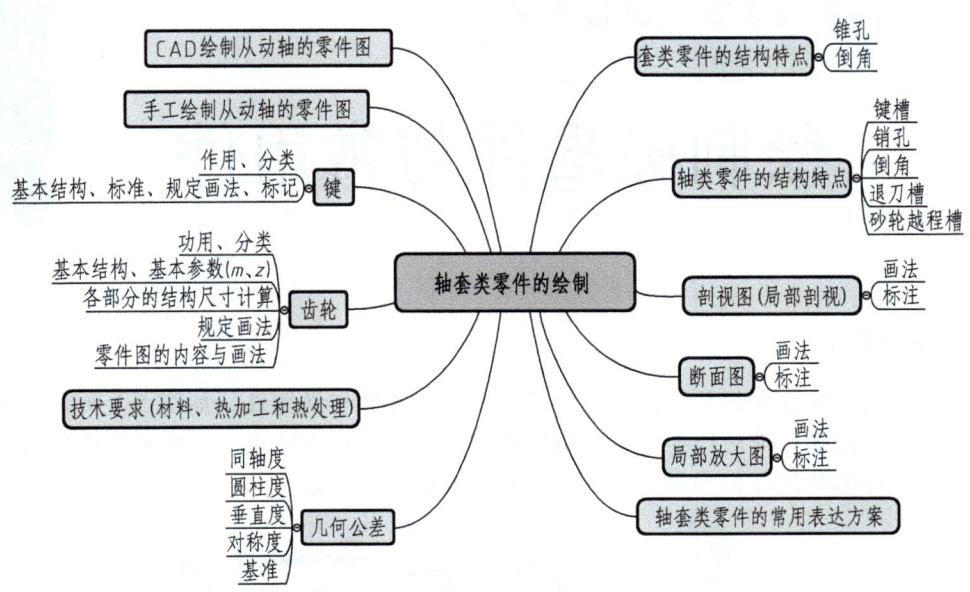

图 4-78　知识归纳思维导图

2. 自我反思

1）本学习情境掌握了哪些知识点？学会了哪些技能？
2）任务完成情况如何？应注意哪些问题？
3）还有哪些知识与技能尚未完全明白？
4）工作过程中有何不足？准备怎么改进？
5）对教学的意见与建议。

学习情境5

绘制标准件与常用件

【学习情境描述】

依据给定的螺栓连接组件、滚动轴承及弹簧等标准件与常用件,如图5-1所示,分析其结构,按照国家制图标准对标准件、常用件的规定画法和标注要求,绘制螺栓连接图、滚动轴承支承处的局部装配图及弹簧的零件图,并进行正确的标记。

图 5-1 标准件与常用件

【知识目标】

1. 标准件与常用件的区别及联系。
2. 螺纹的功用、螺纹的形成及要素。
3. 螺纹的规定画法(内螺纹、外螺纹、螺纹连接)。
4. 常用螺纹紧固件的分类、功用、画法及标记。
5. 螺栓连接的规定画法。
6. 轴承的功用、种类及结构组成。
7. 滚动轴承的代号及规定画法。

8. 弹簧的功用、种类，以及圆柱螺旋压缩弹簧各部分的名称及计算。
9. 圆柱螺旋压缩弹簧的规定画法及标记。

【技能目标】

1. 能够叙述标准件与常用件的区别及联系。
2. 能够叙述螺纹的功用，螺纹的形成及要素，常用螺纹紧固件的分类、功用、画法及标记，并能够根据标记查阅标准。
3. 能够在教师的指导下，正确绘制螺栓连接图。
4. 能够叙述轴承的功用、种类、结构及代号组成，并能够根据轴承代号查阅标准。
5. 能够在教师的指导下，正确绘制滚动轴承装配图。
6. 能够叙述弹簧的作用、种类，并能够说出圆柱螺旋压缩弹簧各部分的名称，能够对其进行尺寸计算。
7. 能够按照标准正确绘制圆柱螺旋压缩弹簧零件图。

【素养目标】

1. 培养甘愿无私奉献、不唯名利的"螺丝钉"精神。
2. 培养严格遵守机械制图标准的自觉意识和习惯。
3. 注重培养产品的质量意识和工作中的环保意识。
4. 传承工匠精神，培养严肃认真的工作态度和一丝不苟的工作作风。

工作任务 5.1　绘制螺栓连接组件

【任务描述】

依据给定的螺栓连接组件，如图 5-2 所示，分析其结构，按照国家制图标准对螺纹紧固件的规定画法和标注要求，绘制螺栓连接图，并进行正确的标记。

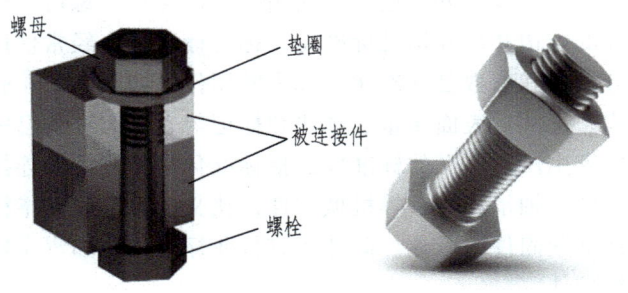

图 5-2　螺栓连接组件

学习条件及环境要求：机械制图实训室、计算机、绘图软件（三维、二维）、多媒体、螺栓连接组件模型若干、教材、参考书、网络课程及其他资源等。

机械制图

教学时间（计划学时）：8 学时。

【任务目标】

1. 能够叙述标准件与常用件的区别及联系。
2. 能够叙述螺纹的功用，螺纹的形成及要素，常用螺纹紧固件的分类、功用、画法及标记，并能够根据标记查阅标准。
3. 能够在教师的指导下，正确绘制螺栓连接图。
4. 能够利用 CAD 绘制螺栓连接图。

【任务准备】

1. 信息收集

1）标准件与常用件的区别及联系。
2）螺纹的功用、螺纹的形成及要素。
3）螺纹的规定画法（内螺纹、外螺纹、螺纹连接）。
4）常用螺纹紧固件的分类、功用、画法及标记。
5）螺栓连接的画法。
6）手工绘制螺栓连接图。
7）CAD 绘制螺栓连接图。

2. 工具、材料

螺栓连接组件模型若干、标准图纸（A3）一张、草稿纸（A4）若干张、绘图铅笔（2H、2B）、图板（A3 号）、丁字尺（60mm）、计算机（包括二维、三维 CAD 绘图软件）。

3. 任务分组

学生按 4~6 人一组，明确每组的工作任务，填写分组任务表及学生小组任务分配表。每组及每个学生的任务，可以相同也可以有差异，视具体情况而定。

【引导性学习资料】

一、标准件与常用件

在机器或部件中，除一般零件外，还广泛使用螺栓、螺钉、螺母、垫圈、键、销和滚动轴承等零件，这类零件的结构和尺寸均已标准化，称为标准件。经常使用的齿轮、弹簧等零件，这类零件仅有部分结构和参数已标准化，称为常用件，如图 5-1 所示。

标准件的结构型式、尺寸、表面质量、画法和标记等表示方法均已完全标准化。标准件使用广泛，并由专业厂家生产。广义的标准件包括标准化的紧固件、连接件、传动件、密封件、液压元件、气动元件、轴承和弹簧等机械零件；狭义的标准件仅指标准化的紧固件，我国俗称的标准件就是标准紧固件的简称。此外还有行业标准件，如汽车标准件和模具标准件等，它们属于广义的标准件。

常用件的某些部分的结构、形状和尺寸已有统一标准，在机械制图中有规定的画法，如齿轮、弹簧和一些焊接件等。

由于标准化，标准件与常用件可组织专业化大批量生产，提高生产率和获得质优价廉的产品。在设计、装配和维修机器时,可以按规格选用和更换。本学习情境主要介绍常用螺纹紧固件与滚动轴承的基本知识、规定画法、代号与标记,以及相关标准的查阅。

二、螺纹

1. 螺纹的形成及加工

螺纹是根据螺旋线的形成原理加工而成的,当固定在车床卡盘上的工件做等速旋转时,刀具沿机件轴向做等速直线移动,其合成运动使切入工件的刀尖在工件表面加工成螺纹,由于刀尖的形状不同,加工出的螺纹形状也不同。在圆柱或圆锥外表面上加工的螺纹称为外螺纹,在圆柱或圆锥内表面上加工的螺纹称为内螺纹,如图5-3所示。在箱体、底座等零件上制出的内螺纹(螺孔),一般先用钻头钻孔,再用丝锥攻出螺纹,如图5-4所示。对于不穿通螺孔,钻孔时钻头顶部形成一个锥坑,其锥顶角应按120°画出。

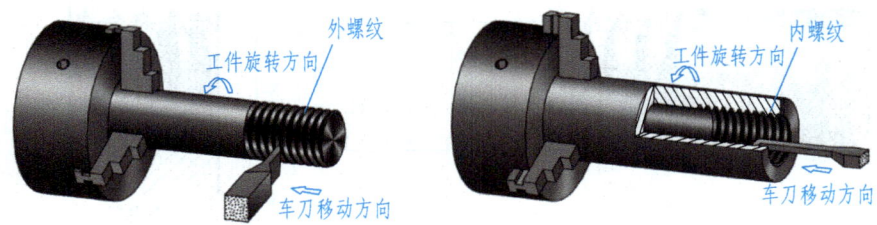

a) 车外螺纹　　　　　　　　b) 车内螺纹

图 5-3　在车床上加工螺纹

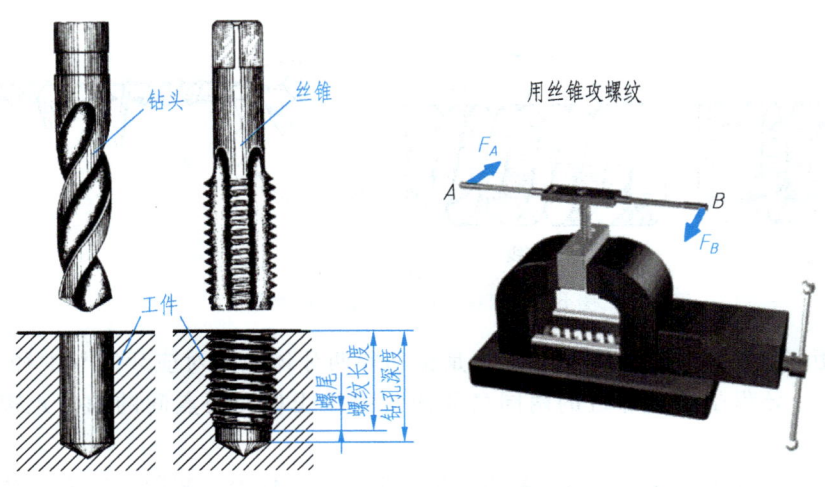

图 5-4　用丝锥攻制内螺纹

2. 螺纹的五要素

(1) 牙型　在螺纹轴线平面内的螺纹轮廓形状称为牙型。相邻牙侧间的材料实体,称为牙体;连接两个相邻牙侧的牙体顶部表面,称为牙顶;连接两个相邻牙侧的牙槽底部表面,称为牙底。图5-5所示为三角形牙型的内、外螺纹。此外,还有梯形、锯齿形和矩形等牙型。

（2）直径　螺纹直径有大径（d、D）、中径（d_2、D_2）和小径（d_1、D_1）之分，如图 5-5 所示。与外螺纹牙顶或内螺纹牙底相切的假想圆柱或圆锥的直径，称为大径；与外螺纹牙底或内螺纹牙顶相切的假想圆柱或圆锥的直径，称为小径；中径圆柱或中径圆锥的直径称为中径，该圆柱（或圆锥）的母线通过圆柱（或圆锥）螺纹上牙厚与牙槽宽相等的地方。其中外螺纹大径 d 和内螺纹小径 D_1 也称为顶径。

代表螺纹尺寸的直径称为公称直径。对于紧固螺纹和传动螺纹，其大径基本尺寸是螺纹的代表尺寸，即螺纹的公称直径一般为大径。对于管螺纹，其管子公称尺寸是螺纹的代表尺寸，即管螺纹的公称直径为管子的直径。

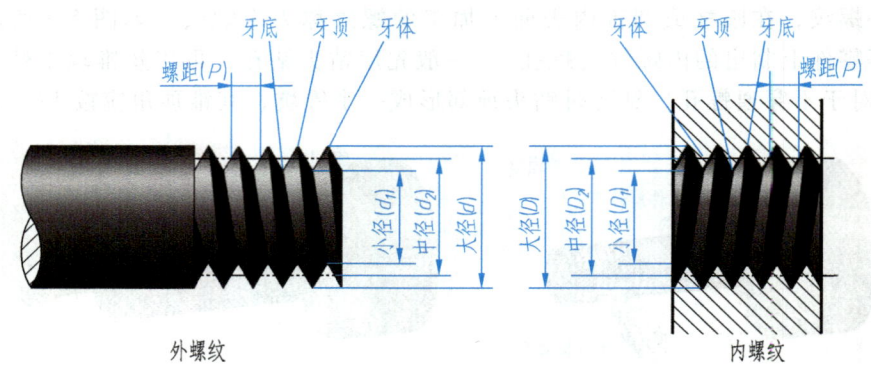

图 5-5　内外螺纹各部分的名称和代号

（3）线数（n）　螺纹有单线和多线之分，沿一条螺旋线所形成的螺纹称为单线螺纹；沿两条或两条以上在轴向等距分布的螺旋线所形成的螺纹称为多线螺纹，如图 5-6 所示。

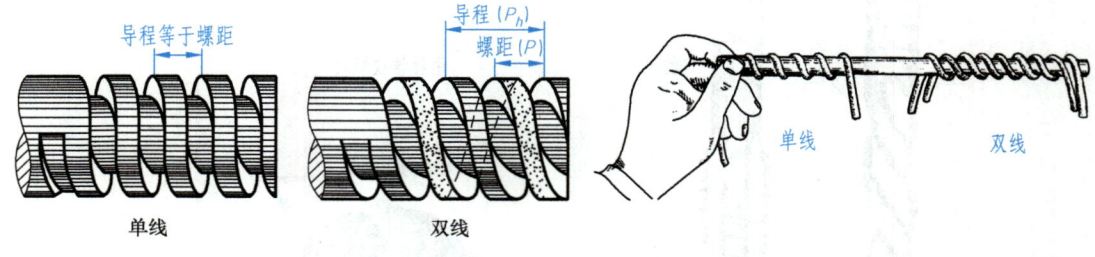

图 5-6　螺纹的线数、螺距和导程

（4）螺距（P）与导程（P_h）　螺距是指相邻两牙体上的对应牙侧与中径线相交两点间的轴向距离，导程是指最邻近的两同名牙侧与中径线相交两点间的轴向距离，如图 5-6 所示。

螺距、导程、线数三者之间的关系为：单线螺纹的导程等于螺距，即 $P_h = P$；多线螺纹的导程等于线数乘以螺距，即 $P_h = nP$。

（5）旋向　螺纹有右旋与左旋两种。顺时针旋转时旋入的螺纹，称为右旋螺纹（俗称正扣）；逆时针旋转时旋入的螺纹，称为左旋螺纹（俗称反扣）。旋向也可按图 5-7 所示的方法判断：将外螺纹垂直放置，螺纹的可见部分是右高左低时为右旋螺纹，左高右低时为左旋螺纹。工程上常用右旋螺纹。右旋螺纹不标注，左旋螺纹标注 LH。

只有以上五个要素都相同的内外螺纹才能旋合在一起。牙型、直径和螺距是决定螺纹最基本的要素，称为螺纹的三要素。在以上五个要素中，牙型、大径和螺距符合国家标准的称为标准螺纹；牙型不符合国家标准的称为非标准螺纹，如方牙螺纹（即矩形螺纹）；牙型符合标准，而直径或螺距不符合标准的，称为特殊螺纹。

3. 螺纹的规定画法

（1）外螺纹的画法　如图 5-8 所示，外螺纹不论其牙型如何，螺纹的牙顶圆的投影用粗实线表示，牙底圆的投影用细实线表示（$d_1 = 0.85d$）。在平行于螺纹轴线的投影面的视图中，螺杆的倒角或倒圆部分应画出；而在垂直于螺纹轴线的投影面的视图中，表示牙底圆的细实线只画 3/4 圈（空出的约 1/4 圈的位置不做规定），在此视图中，螺杆倒角的投影不应画出。螺纹终止线在不剖的外形图中画成粗实线，如图 5-8a 所示。在剖视图中的螺纹终止线按图 5-8b 所示主视图的画法绘制（即终止线只画螺纹高度的一小段）。剖面线必须画到表示牙顶圆投影的实线为止。

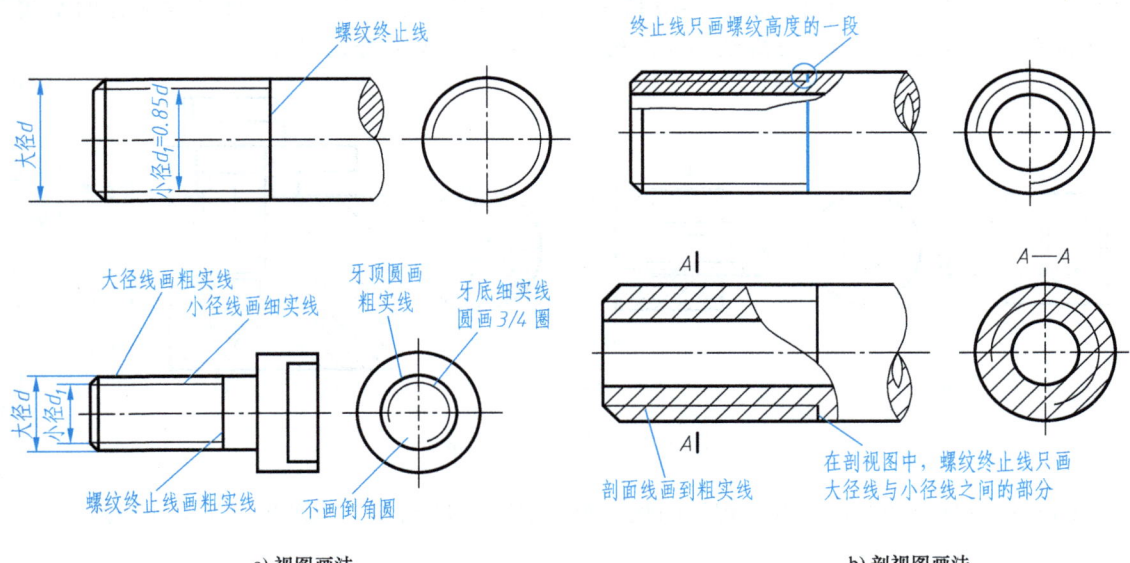

a) 视图画法　　　　　　　　b) 剖视图画法

图 5-8　外螺纹的画法

（2）内螺纹的画法　如图 5-9 所示，内螺纹不论其牙型如何，在剖视图中，内螺纹牙顶圆（即小径 D_1）的投影用粗实线表示，牙底圆的投影用细实线表示，螺纹终止线用粗实线表示，剖面线应画到表示小径的粗实线为止。在垂直于螺纹轴线的投影面的视图上，表示大径的细实线圆只画约 3/4 圈，表示倒角的投影不应画出。绘制不穿通的螺孔时，应将钻孔深度和螺孔深度分别画出，钻孔深度往往比螺纹深度大 0.5D（D 为内螺纹的公称直径），如图 5-9a 主视图所示。当螺纹为不可见时，螺纹的所有图线均用细虚线画出，如图 5-9b 所示。

（3）螺纹连接的画法　在剖视图中，内外螺纹旋合的部分应按外螺纹的画法绘制，其

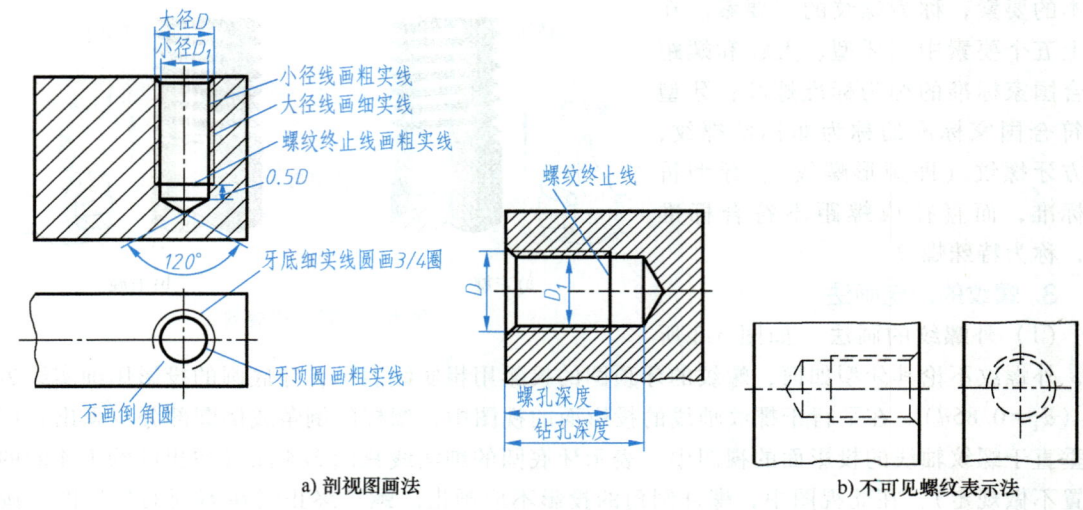

图 5-9 内螺纹的画法

余部分仍按各自的画法画出，如图 5-10 所示。必须注意的是，表示内、外螺纹大径的细实线和粗实线，以及表示内、外螺纹小径的粗实线和细实线必须分别对齐。

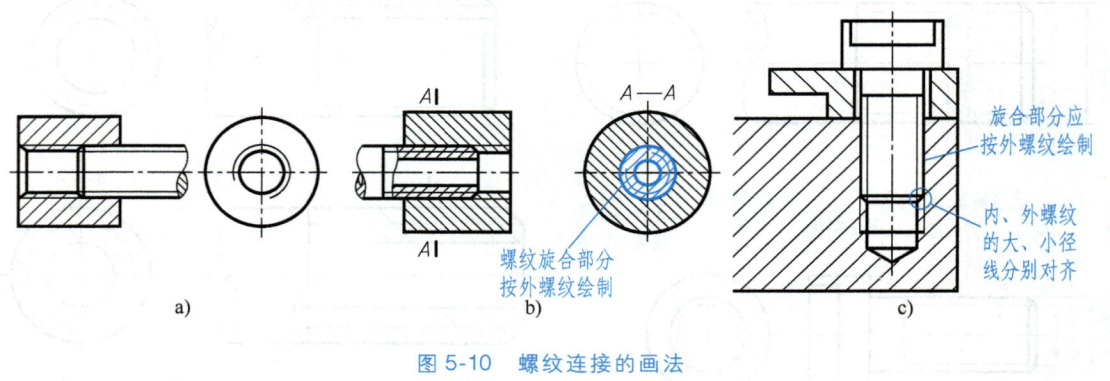

图 5-10 螺纹连接的画法

（4）圆锥螺纹的画法　圆锥螺纹的规定画法如图 5-11 所示，只画出可见端牙底圆。

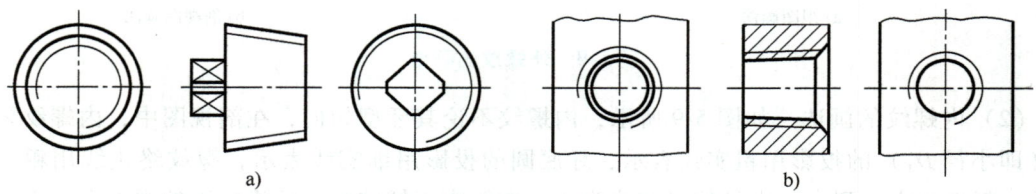

图 5-11 圆锥螺纹的规定画法

（5）螺尾、螺纹倒角及内螺纹的钻孔结构

1）螺尾。螺尾是螺纹收尾部分，只在有要求时才画，不需标注，如图 5-12 所示。为防止出现螺尾部分，往往在相应部位预先加工出退刀槽，如图 5-13 所示。

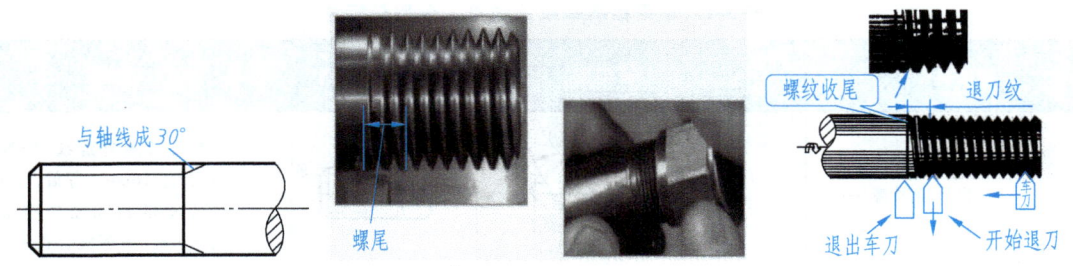

图 5-12 螺尾部分的画法

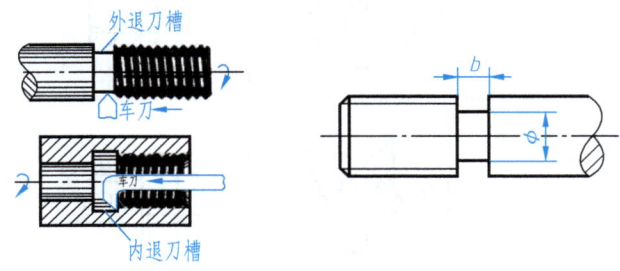

图 5-13 为防止出现螺尾的退刀槽

2）螺纹倒角。螺纹件在安装时为防止端部损坏而影响旋合，通常在螺纹的端头制出锥形的倒角或球形倒圆，如图 5-14 所示。

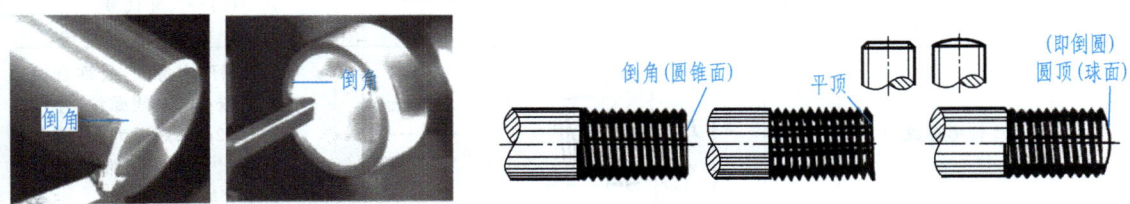

图 5-14 螺纹倒角与倒圆

3）内螺纹的钻孔结构。内螺纹的钻孔底部，往往是 120° 的锥角，如图 5-15 所示。

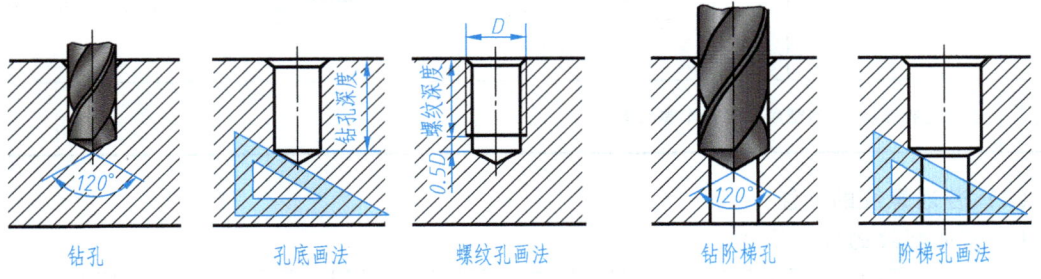

图 5-15 内螺纹的钻孔结构

4. 螺纹的种类与标注

（1）常用标准螺纹的种类、牙型与标注　常用标准螺纹的种类、牙型与标注见表 5-1。

表 5-1 常用标准螺纹的种类、牙型与标注

螺纹类型			特征代号	牙型图	标注示例	说明
连接紧固用螺纹	粗牙普通螺纹		M	内螺纹60°/外螺纹	M16-6g	粗牙普通外螺纹,公称直径为16mm,右旋。中径公差带和大径公差带均为6g。中等旋合长度
	细牙普通螺纹			内螺纹60°/外螺纹	M16×1-6H	细牙普通内螺纹,公称直径为16mm,螺距为1mm,右旋。中径公差带和小径公差带均为6H。中等旋合长度
管用螺纹	55°非密封管螺纹		G	接头55°/管子	G1A / G1	1—尺寸代号 A—外螺纹公差等级代号
	55°密封管螺纹	圆锥内螺纹	Rc	接头55°/管子	Rc1½ / R₂1½	R_1—与圆柱内螺纹配合的圆锥外螺纹 R_2—与圆锥内螺纹配合的圆锥外螺纹 1½—尺寸代号
		圆柱内螺纹	Rp			
		圆锥外螺纹	R_1、R_2			
传动螺纹	梯形螺纹		Tr	内螺纹30°/外螺纹	Tr36×12P6-7H	梯形内螺纹,公称直径为36mm,双线螺纹,导程为12mm,螺距为6mm,右旋。中径公差带为7H。中等旋合长度
	锯齿形螺纹		B	内螺纹3°/外螺纹30°	B70×10LH-7e	锯齿形外螺纹,公称直径为70mm,单线螺纹,螺距为10mm,左旋。中径公差带为7e。中等旋合长度
专门用途螺纹	如气瓶螺纹、灯泡螺纹和自行车螺纹等					

(2) 普通螺纹的标注

1) 普通螺纹的标注格式。

　　 特征代号 公称直径×螺距 - 中径公差带代号 顶径公差带代号 - 旋合长度代号 - 旋向
　　　　螺纹代号　　　　　　　　螺纹公差带代号

普通螺纹的特征代号用 M 表示,公称直径为螺纹大径。细牙普通螺纹应标注螺距,粗牙普通螺纹可省略标注螺距。左旋螺纹用"LH"表示,右旋螺纹不标注旋向。螺纹公差带

代号由表示公差等级的数值和表示公差带位置的字母（内螺纹用大写字母，外螺纹用小写字母）组成，如 6H、6g。如两组（中径与顶径）公差带不相同，则分别注出代号；如两组公差带相同，则只注一个代号。旋合长度分为短（S）、中（N）、长（L）三种，一般多采用中等旋合长度，其代号 N 可省略不注，如采用短旋合长度或长旋合长度，则应标注 S 或 L。

2）普通螺纹标记示例。

M10×1-5g6g，表示细牙普通外螺纹，公称直径（螺纹大径）为 10mm，螺距 $P=1$mm，中径公差带为 5g，顶径公差带为 6g，中等旋合长度，右旋。

M8-LH，表示粗牙普通螺纹，公称直径（螺纹大径）为 8mm，螺距 $P=1.25$mm，中径公差带代号和顶径公差带均为 6H（内螺纹）或 6g（外螺纹），中等旋合长度，左旋。

M20×2-5H/5h6h，表示内、外螺纹旋合，细牙普通螺纹，公称直径（螺纹大径）为 20mm，螺距 $P=2$mm，内螺纹中径公差带和顶径公差带均为 5H，外螺纹中径公差带为 5h，顶径公差带为 6h。

M16×Ph3P1.5-5g6g-L-LH，表示双线细牙普通外螺纹，螺纹大径为 16mm，导程为 3mm，螺距为 1.5mm，中径公差带为 5g，顶径公差带为 6g，长旋合长度，左旋。

3）普通螺纹标注注意事项。

① 单线螺纹的尺寸代号为"公称直径×螺距"。粗牙普通螺纹可省略标注螺距，细牙普通螺纹必须注出螺距。

② 中径公差带代号在前，顶径公差带代号在后。若中径公差带代号和顶径公差带代号相同，只需标注一个公差带代号。

③ 长旋合长度和短旋合长度在公差带代号后标注"L"和"S"，并与公差带代号间用"-"分开。中等旋合长度"N"不标注。

④ 对于左旋螺纹，应在旋合长度代号之后标注"LH"，与前面用"-"分开。

⑤ 最常用的中等公差精度螺纹（公称直径 ≤1.4mm 的 5H、6h 和公称直径 ≥1.6mm 的 6H、6g）可以省略标注公差带代号。

普通螺纹的标记示例及梯形螺纹、管螺纹的标记详见参考资料。

（3）螺纹尺寸　螺纹加工制造时，可根据其公称直径，通过查表获得所需尺寸。但管螺纹的尺寸代号并非螺纹的大径，可根据尺寸代号查出螺纹的大径。如尺寸代号为 1 时，螺纹的大径为 33.249mm。

螺纹标记示例

三、常用螺纹紧固件

1. 常用螺纹紧固件的种类及其标记（GB/T 1237—2000）

螺纹紧固件的种类很多，常用的有螺栓、双头螺柱、螺钉、螺母和垫圈等，如图 5-16 所示。这类零件的结构型式和尺寸都已标准化，由标准件厂大量生产。在工程设计时，可以从相应的标准中查到所需的尺寸，一般不需绘制其零件图。

紧固件各有规定的完整标记，通常可给出简化标记，只注出名称、标准编号和规格尺寸即可。

（1）螺栓　由头部和杆部组成。常用头部形状为六棱柱的六角头螺栓，如图 5-17 所示。根据螺纹的作用和用途，六角头螺栓有"全螺纹""部分螺纹""粗牙"和"细牙"等多种

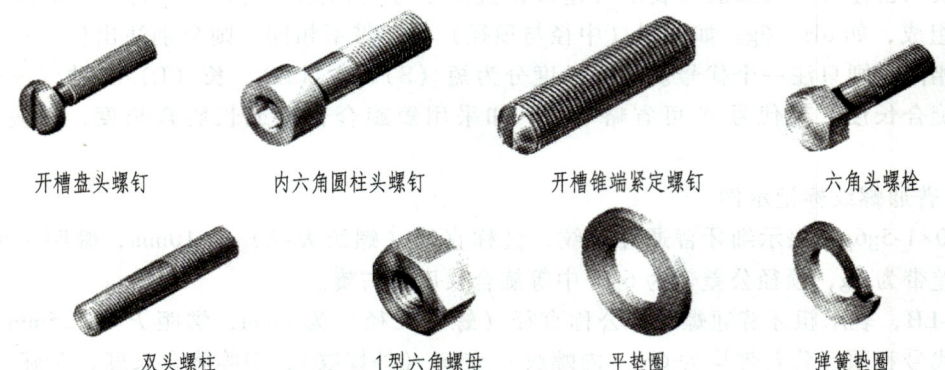

图 5-16 常见的螺纹紧固件

规格。螺栓的规格尺寸指螺纹的大径 d 和公称长度 l。

螺栓规定的标记形式：名称　标准编号　螺纹规格×公称长度

例如：螺栓　GB/T 5780—2016　M10×40，表示螺纹规格 d = M10，公称长度 l = 40mm，性能等级为 4.8 级，表面不经处理，杆身为半螺纹，产品等级为 C 级的六角头螺栓。其他尺寸可从相应的标准中查得。

（2）螺母　螺母与螺栓等外螺纹零件配合使用，起连接作用，其中以六角螺母应用最为广泛，如图 5-18 所示。六角螺母根据高度 m 不同，可分为薄型、1 型、2 型。根据螺距不同，可分为粗牙、细牙。根据产品等级，可分为 A、B、C 级。螺母的规格尺寸为螺纹大径 D。

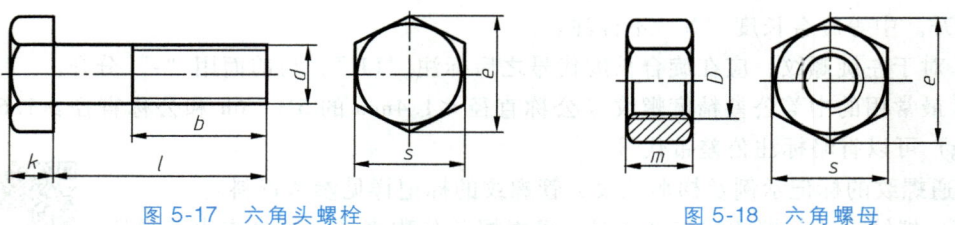

图 5-17　六角头螺栓　　　　图 5-18　六角螺母

螺母规定的标记形式：名称　标准编号　螺纹代号

例如：螺母　GB/T 41—2016　M10，表示螺纹规格 D = M10，性能等级为 5 级，表面不经处理，产品等级为 C 级的 1 型六角螺母。其他尺寸可从相应的标准中查得。

（3）垫圈　垫圈有平垫圈和弹簧垫圈之分。平垫圈一般放在螺母与被连接零件之间，用于保护被连接零件的表面，以免拧紧螺母时刮伤零件表面；同时又可增加螺母与被连接零件之间的接触面积。弹簧垫圈可以防止因振动而引起的螺纹松动。

平垫圈有 A 级和 C 级两个标准系列，在 A 级标准系列平垫圈中，又分为带倒角和不带倒角两种类型，如图 5-19 所示。垫圈的公称尺寸用与其配合使用的螺纹紧固件的螺纹规格 d 来表示。

垫圈规定的标记形式：名称　标准编号　公称尺寸

例如：垫圈　GB/T 95—2002　10，表示平垫圈为标准系列，公称尺寸（螺纹规格）d = 10mm，硬度等级为 100HV 级，不经表面处理，产品等级为 C 级的平垫圈。其他尺寸可从相应的标准中查得。

（4）双头螺柱　图 5-20 所示为双头螺柱，它的两端都有螺纹。其中用来旋入被连接零件的一端，称为旋入端；用来旋紧螺母的一端，称为紧固端。根据双头螺柱的结构分为 A 型和 B 型两种，如图 5-20 所示。

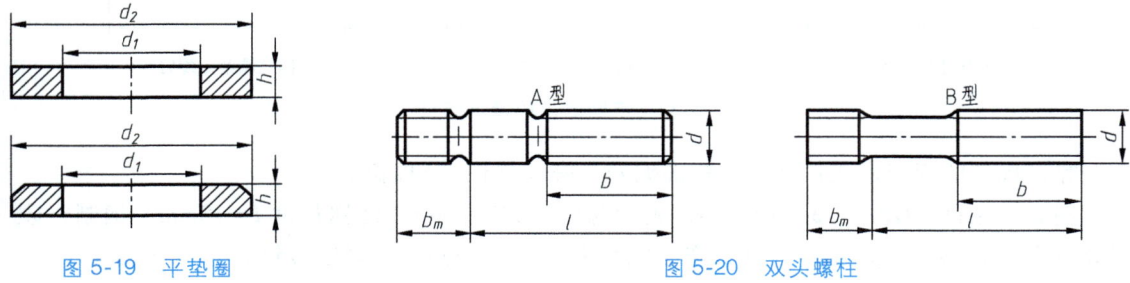

图 5-19　平垫圈　　　　　　　图 5-20　双头螺柱

根据螺孔零件的材料不同，其旋入端的长度有四种规格，每一种规格对应一个标准编号，见表 5-2。

表 5-2　旋入端长度

螺孔的材料	旋入端的长度 b_m	标准编号
钢与青铜	$b_m = d$	GB/T 897—1988
铸铁	$b_m = 1.25d$	GB/T 898—1988
铸铁或铝合金	$b_m = 1.5d$	GB/T 899—1988
铝合金	$b_m = 2d$	GB/T 900—1988

双头螺柱的规格尺寸为螺纹大径 d 和公称长度 l。

双头螺柱规定的标记形式：名称　标准编号　螺纹规格×公称长度

例如：螺柱　GB/T 899　M10×40，表示双头螺柱的两端均为粗牙普通螺纹，$d=10mm$，$l=40mm$，性能等级为 4.8 级，不经表面处理，B 型（B 型可省略不标），$b_m=1.5d$。

（5）螺钉　按照其用途可分为连接螺钉和紧定螺钉两种。

1）连接螺钉。用来连接两个零件，它的一端为螺纹，用来旋入被连接零件的螺孔中；另一端为头部，用来压紧被连接零件。螺钉按其头部形状可分为开槽圆柱头螺钉、十字槽圆柱头螺钉、开槽盘头螺钉、开槽沉头螺钉和内六角圆柱头螺钉等，如图 5-21 所示。连接螺钉的规格尺寸为螺钉的直径 d 和螺钉的长度 l。

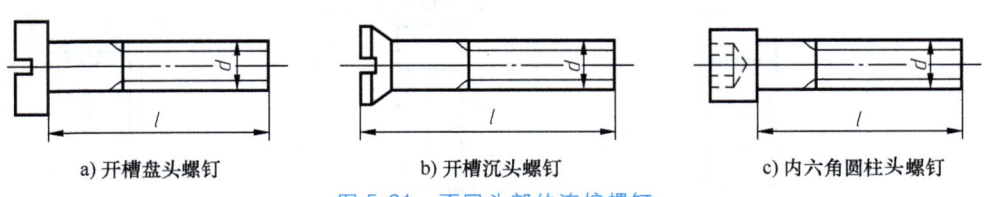

a) 开槽盘头螺钉　　　b) 开槽沉头螺钉　　　c) 内六角圆柱头螺钉

图 5-21　不同头部的连接螺钉

螺钉规定的标记形式：名称　标准编号　螺纹规格×公称长度

例如：螺钉　GB/T 68　M8×30，表示螺纹规格 $d=M8$，公称长度 $l=30mm$，性能等级为 4.8 级，表面不经处理的 A 级开槽沉头螺钉。

2）紧定螺钉。用来防止或限制两个相配合零件间的相对转动。头部有开槽和内六角两种形式，端部有锥端、平端和圆柱端等，如图 5-22 所示。紧定螺钉的规格尺寸为螺钉的直径 d 和螺钉的长度 l。

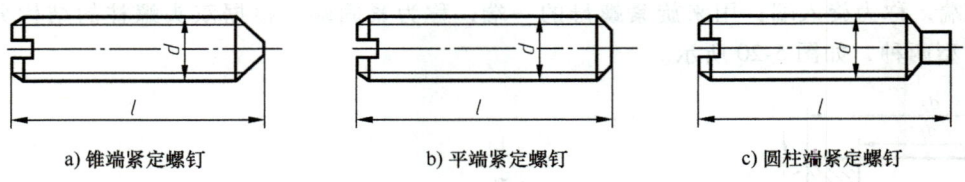

a) 锥端紧定螺钉　　　　b) 平端紧定螺钉　　　　c) 圆柱端紧定螺钉

图 5-22　不同端部的紧定螺钉

螺钉规定的标记形式：名称　标准编号　螺纹规格×公称长度

例如：螺钉　GB/T 73　M6×10，表示螺纹规格 d = M6，公称长度 l = 10mm，钢制，硬度等级为 14H 级，表面不经处理，产品等级为 A 级的开槽平端紧定螺钉。

2. 常用螺纹紧固件的画法

为提高作图效率，工程上常采用比例画法画螺纹连接图，即根据螺纹公称直径（d 或 D），按与其近似的比例关系计算出各部分尺寸后作图。

（1）单个螺纹紧固件的画法　常用的单个螺纹紧固件的比例画法如图 5-23 所示。比例画法是为了传统手工画图方便，由三维绘图时不必遵守。确定螺栓长度时，不能用比例画法。

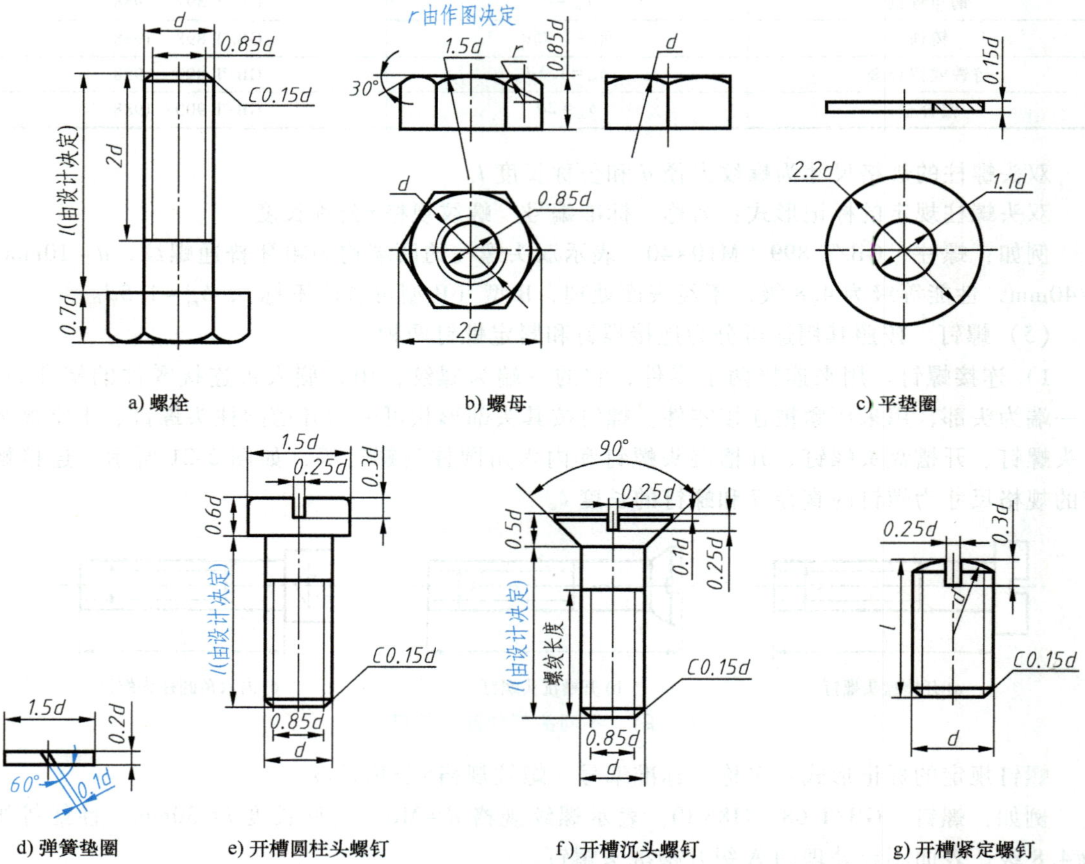

a) 螺栓　　　　b) 螺母　　　　c) 平垫圈

d) 弹簧垫圈　　e) 开槽圆柱头螺钉　　f) 开槽沉头螺钉　　g) 开槽紧定螺钉

图 5-23　螺栓、螺母、垫圈和螺钉的比例画法

（2）螺纹紧固件连接的画法　螺纹紧固件的连接形式通常有螺栓连接、螺柱连接和螺钉连接三类。

1）螺栓连接。螺栓连接一般适用于连接不太厚的并允许钻成通孔的零件，如图 5-24a 所示。连接前，先在两个被连接的零件上钻出通孔，套上垫圈，再用螺母拧紧。

在装配图中，螺栓连接常采用近似画法或简化画法画出，如图 5-24b、c 所示。螺栓的公称长度 L 可按下式计算：$L=t_1+t_2+h+m+a$。式中，t_1、t_2 为被连接零件的厚度；h 为垫圈的厚度，$h=0.15d$；m 为螺母的厚度，$m=0.85d$；a 为螺栓伸出螺母的长度，$a\approx(0.2\sim0.3)d$。计算出 L 后，还需从螺栓的标准长度系列中选取等于或大于且与 L 最相近的标准值。

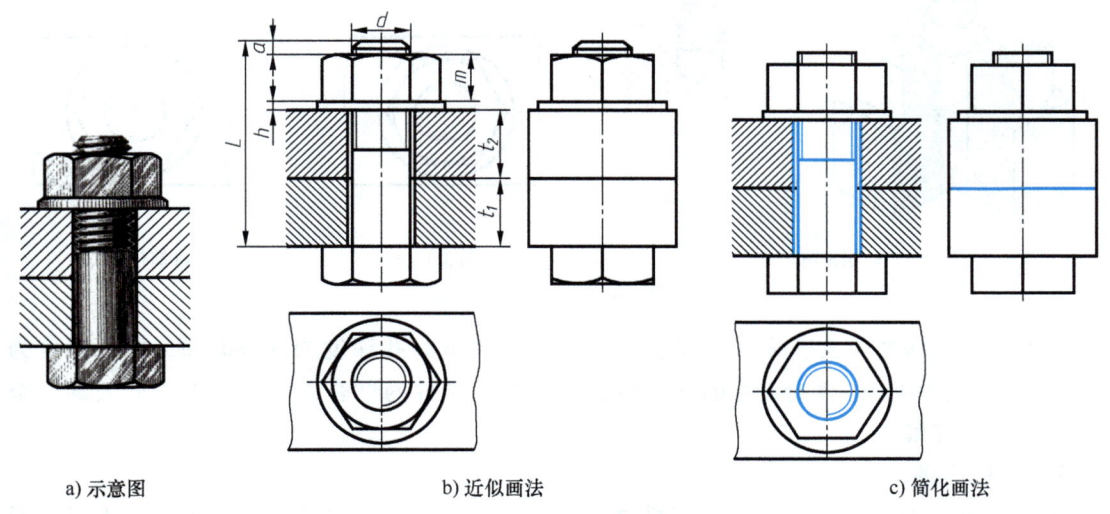

a）示意图　　　　　b）近似画法　　　　　c）简化画法

图 5-24　螺栓连接的画法

画装配图时，应遵守下列基本规定：

① 两零件的接触表面只画一条线。凡不接触的表面，不论其间隙大小（如螺杆与通孔之间），必须画两条轮廓线（间隙过小时可夸大画出）。

② 当剖切平面通过螺栓、螺母和垫圈等标准件的轴线时，紧固件应按未剖绘制，即只画出它们的外形。

③ 在剖视图和断面图中，相邻两零件的剖面线应成不同方向或同方向而不同间隔，以便区别。但同一零件在同一图样的各剖视图和断面图中，剖面线的方向和间隔必须相同。

2）双头螺柱连接。当被连接的零件之一较厚，或不允许钻成通孔而不能采用螺栓连接，或因拆装频繁，不宜采用螺钉连接时，可采用双头螺柱连接。通常将较薄的零件制成通孔（孔径 $\approx 1.1d$），较厚零件制成不通的螺孔。双头螺柱的两端都制有螺纹，装配时，先将螺纹较短的一端（旋入端）旋入较厚零件的螺孔，再将通孔零件穿过螺纹的另一端（紧固端），套上垫圈后，用螺母拧紧，即将两个零件连接起来，如图 5-25a 所示。

在装配图中，双头螺柱连接常采用近似画法或简化画法画出，如图 5-25b、c 所示。画图时，应按螺柱的大径和旋入件的材料确定旋入端的长度 b_m，见表 5-2。螺柱的公称长度 L 可按下式计算：$L=t+h+m+a$。式中，t 为通孔零件的厚度；h 为垫圈的厚度，$h=0.15d$（采用弹簧垫圈时，$h=0.2d$）；m 为螺母的厚度，$m=0.85d$；a 为螺柱伸出螺母的长度，$a\approx(0.2\sim0.3)d$。计算出 L 后，还需从螺柱的标准长度系列中选取与 L 相近的标准值。较厚零

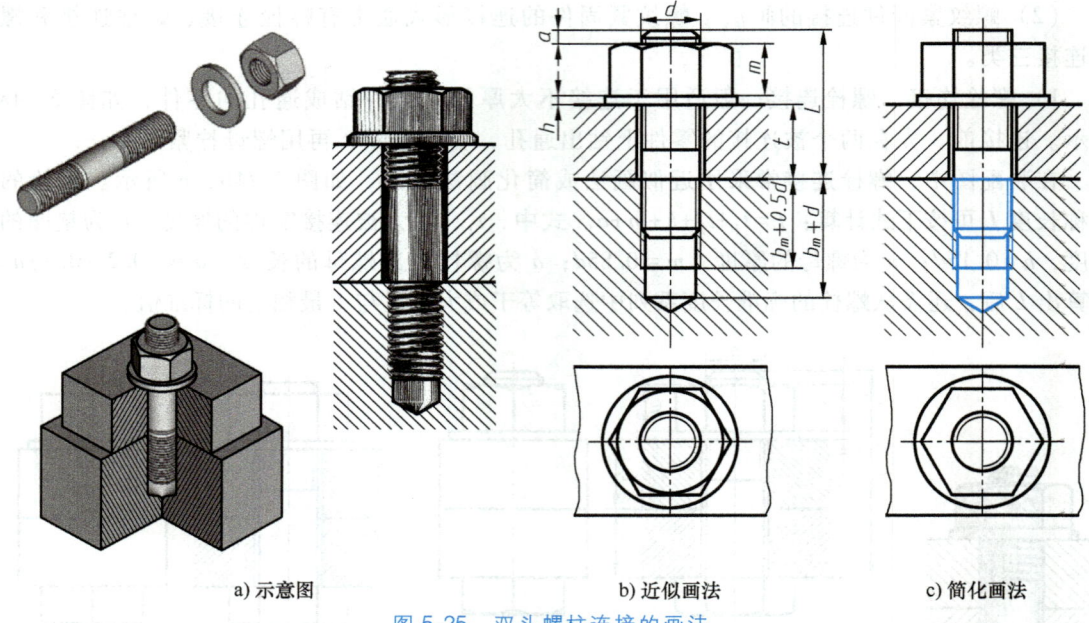

a) 示意图　　b) 近似画法　　c) 简化画法

图 5-25　双头螺柱连接的画法

件上不通的螺孔深度应大于旋入端螺纹长度 b_m，一般取螺孔深度为 $b_m+0.5d$，钻孔深度为 b_m+d。在连接图中，螺柱旋入端的螺纹终止线应与两零件的结合面平齐，表示旋入端已全部拧入，足够拧紧。

3) 螺钉连接。

① 连接螺钉连接。当被连接的零件之一较厚，而装配后连接件受轴向力又不大时，通常采用螺钉连接，即螺钉穿过薄零件的通孔而旋入厚零件的螺孔，螺钉头部压紧被连接件，如图 5-26a、b、c 所示。

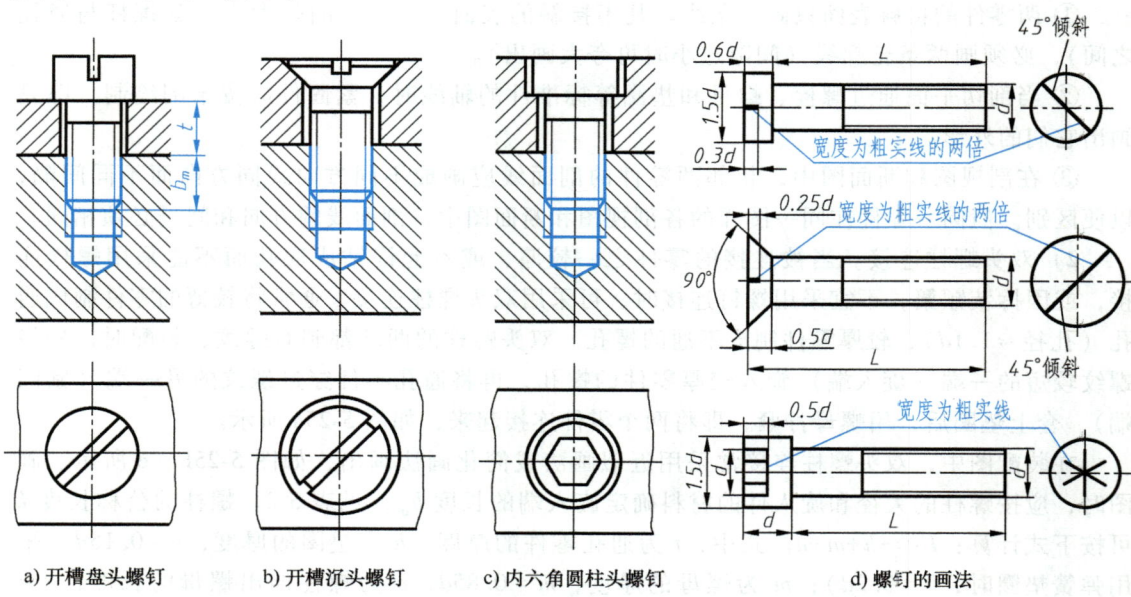

a) 开槽盘头螺钉　　b) 开槽沉头螺钉　　c) 内六角圆柱头螺钉　　d) 螺钉的画法

图 5-26　连接螺钉的画法

螺钉的旋入深度 b_m 参照表 5-2 确定；各种形式螺钉各部分的比例尺寸如图 5-26d 所示；螺钉的公称长度 L 可按下式计算：$L=t+b_m$，t 为光孔零件的厚度。计算出 L 后，还需从螺钉的标准长度系列中选取与 L 相近的标准值。

② 紧定螺钉连接。紧定螺钉用来固定两零件的相对位置，使它们不产生相对旋转运动，如图 5-27 所示。欲将轴、轮固定在一起，可先在轮毂的适当部位加工出螺孔，然后将轮、轴装配在一起，以螺孔导向，在轴上钻出锥坑，最后拧入螺钉，即可限定轮、轴的相对位置，使其不产生轴向相对移动和径向相对转动。

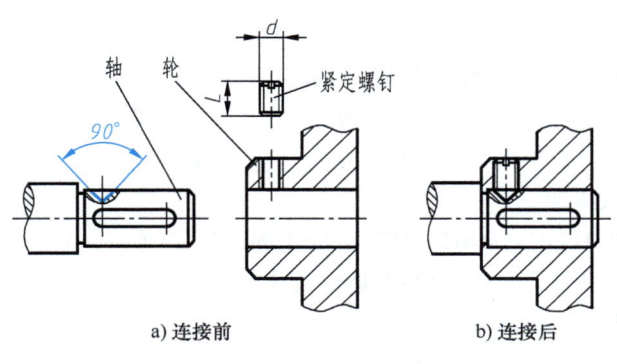

图 5-27　紧定螺钉的连接画法

螺纹紧固件

3. 其他常用螺纹紧固件的种类、画法与标记

其他常用螺纹紧固件的种类、画法与标记，可通过扫描二维码观看学习。

【边学边练】

1. 检查所需工具、材料是否齐全；检查工作环境是否干净、整洁。
2. 对给定的螺栓连接组件进行结构和参数分析，确定其型号、公称直径和长度，注意确定的结构型号参数要符合国家标准。
3. 根据确定的结构参数，查表得出各部分的尺寸。
4. 先确定连接组件主视图的投射方向，再根据其大小确定各个视图的总体尺寸，然后选定绘图的比例及图幅。
5. 清理桌面，铺放并固定图纸，用细实线绘制图纸的边界线、图框线及标题栏的外框线。
6. 根据所绘制螺栓连接组件的尺寸，布局图面，并绘制基准线及重要的图线。
7. 进一步对给定的螺栓连接组件进行分析，确定绘图的先后顺序，绘制底稿。各部分结构都要几个视图对应着画，一般从最能反映其形状结构特征的视图入手。
8. 检查、描深，标注尺寸，对标准件螺栓、螺母和垫圈进行标记，注写技术要求，填写标题栏。
9. 使用二维 CAD 绘图软件绘制螺栓连接的装配图，并打印或截图。
10. 使用三维 CAD 绘图软件创建螺栓连接的装配模型，并截图打印。

请将尺规绘制的图样折叠后粘贴在此处，或将计算机绘图软件绘制的二维或三维图样，截图打印后粘贴在此处。

机械制图

任务成果展示

【任务拓展与巩固训练】

1. 绘制双头螺柱连接
2. 绘制螺钉连接
3. 螺纹紧固件连接画法及标记需要强调的几个问题
4. 练习题

1) 解释"M16×Ph3P1.5-7g6g-L-LH"的含义。
2) 一外螺纹标记为"M16",其中 M 是 _____,表示 _____ 螺纹,该螺纹为 _____ 牙(填"粗"或"细"),旋向为 _____ 旋,_____ 和 _____ 的公差带代号为 _____,旋合长度为 _____。
3) 对螺纹标记"M12×1-5g6g-L-LH"中的正确表述是( )。
A. M12×1 是尺寸代号   B. M12×1 是螺纹代号   C. 12×1 是尺寸代号
4) 螺纹标记"M20"是指( )。
A. 内螺纹   B. 外螺纹
C. 内螺纹或外螺纹   D. 螺纹副
5) 管螺纹标记"G3/4"中的数字"3/4"是指( )。
A. 以 mm 为单位的管子通径   B. 以英寸为单位的管子通径
C. 以 mm 为单位的螺纹公称直径   D. 无单位的尺寸代号
6) 某螺孔的标记为"M10",这一简化标记无法确定螺纹的公差带代号。( )
7) 凡是左旋标准螺纹,必须在标记中注写"LH",标记中无"LH"者均应理解为右旋螺纹。( )

5. 螺纹紧固件画图中应注意的问题
6. 螺纹的分类

【成风化人】

任劳任怨,无私奉献

我们学习了标准件中螺钉连接的规定画法及标注,知道有一种自攻螺钉——在金属或非金属材料的预钻孔中自行攻钻出所配合阴螺纹的一种有螺纹扣件。由此,不禁让我们想起了勇于担当、任劳任怨、无私奉献的"螺丝钉精神"。"螺丝钉精神"是 20 世纪 50 年代雷锋等先进人物提出来的,在雷锋同志短暂的一生中,他不论干什么工作都脚踏实地,甘当革命的"螺丝钉"。在 21 世纪的今天,虽然我们的国家已发生了天翻地覆的变化,但在中华民族伟大复兴的新征程中,我们依然需要学习雷锋的"螺丝钉精神",如图 5-28 所示,用甘当革命"螺丝钉"的实干精神来对待自己的学习和工作,在平凡的岗位上为国家、为人民创造出不平凡的业绩。更要有干一行、爱一行、钻一行的爱岗敬业态度;要有扎实工作、刻苦学习和钻研理论的"钉子"精神;要养成并保持勤俭节约、艰苦奋斗的优良作风。

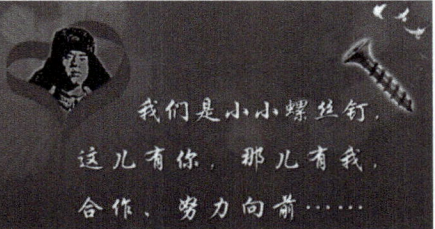

图 5-28　学习雷锋的"螺丝钉精神"

工作任务 5.2　绘制滚动轴承

【任务描述】

依据给定的滚动轴承，如图 5-29 所示，分析其结构，按照国家制图标准对标准件滚动轴承的规定画法和标注要求，绘制滚动轴承支承处的局部装配图，并进行正确的标记。

学习条件及环境要求：机械制图实训室、计算机、绘图软件（三维、二维）、多媒体、适量滚动轴承模型、教材、参考书、网络课程及其他资源等。

教学时间（计划学时）：4 学时。

图 5-29　滚动轴承

【任务目标】

1. 能够叙述轴承的功用、种类及结构组成。
2. 能够叙述滚动轴承的代号编写规则，并能够对轴承进行正确标记，能够根据标记代号查阅标准。
3. 能够在教师的指导下，按照国家标准中的规定画法绘制装配图中的滚动轴承。
4. 能够利用 CAD 绘制装配图中的滚动轴承。

【任务准备】

1. 信息收集

1）轴承的功用、种类及结构组成。
2）滚动轴承的代号及规定画法。
3）手工绘制滚动轴承。
4）CAD 绘制滚动轴承。

2. 工具、材料

滚动轴承模型若干、标准图纸（A3）一张、草稿纸（A4）若干张、绘图铅笔（2H、2B）、图板（A3 号）、丁字尺（60mm）、计算机（包括二维、三维 CAD 绘图软件）。

3. 任务分组

学生按 4~6 人一组，明确每组的工作任务，填写分组任务表及学生小组任务分配表。每组及每个学生的任务，可以相同也可以有差异，视具体情况而定。

【引导性学习资料】

一、滚动轴承的用途

轴承是在机械传动过程中起固定、支承机械旋转体和减小机械载荷摩擦系数的组件。也可以说，当其他机件在轴上彼此产生相对运动时，用来降低运动力传递过程中的摩擦系数和保持转轴中心位置固定的机件。轴承是当代机械设备中一种举足轻重的零部件。它的精度、性能、寿命和可靠性对主机的精度、性能、寿命和可靠性起着决定性的作用。

按运动元件摩擦性质的不同，轴承可分为滚动轴承和滑动轴承两类。滚动轴承由于具有摩擦阻力小、结构紧凑等优点，在机器中被广泛应用。滚动轴承的结构型式、尺寸均已标准化，如图 5-30 所示，由专门的工厂生产，使用时可根据设计要求进行选择。

图 5-30　各种滚动轴承

二、滚动轴承的构造与种类

1. 滚动轴承的构造

（1）滚动轴承的四大组成部分　滚动轴承一般由外圈、内圈、滚动体和保持架组成，如图 5-31 所示。

1）内圈。通常与轴紧密配合，并与轴一起旋转。

2）外圈。通常与轴承座孔或机械部件的壳体配合，起支承作用。

3）滚动体。借助保持架均匀地排列在内、外圈之间，其形状、大小和数量直接决定轴承的承载能力。

4）保持架。将滚动体均匀地分隔开，引导滚动体在正确的轨道上运动。

图 5-31　滚动轴承的构造

（2）滚动体的类型　滚动体根据所承受载荷方向的不同，有球形、鼓形、圆锥形和圆柱形等，如图 5-32 所示。

（3）保持架的类型　保持架根据其使用材质的不同，有图 5-33 所示的几种类型。

2. 滚动轴承的种类

（1）按承受载荷的方向分类

1）径向轴承。主要承受径向载荷，如图 5-34a 所示的深沟球轴承。

2）推力轴承。主要承受轴向载荷，如图 5-34b 所示的推力球轴承。

3）径向推力轴承。同时承受径向载荷和轴向载荷，如图 5-34c 所示的圆锥滚子轴承。

滚珠(钢球)

球面滚子(对称形) 球面滚子(非对称形)
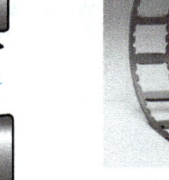

圆柱滚子　　滚针　　圆锥滚子

低碳钢/不锈钢　胶木/塑料(尼龙66)　黄铜/青铜/铝合金

图 5-32　滚动体的类型　　　　　　图 5-33　保持架的类型

a)　　　　　　　b)　　　　　　　c)

图 5-34　滚动轴承按承受载荷的方向分类

（2）按外形尺寸大小分类

1）微型轴承。公称外径尺寸 $D<26mm$ 的轴承。

2）小型轴承。公称外径尺寸 $26mm \leqslant D<60mm$ 的轴承。

3）中小型轴承。公称外径尺寸 $60mm \leqslant D<120mm$ 的轴承。

4）中大型轴承。公称外径尺寸 $120mm \leqslant D<200mm$ 的轴承。

5）大型轴承。公称外径尺寸 $200mm \leqslant D<400mm$ 的轴承。

6）特大型轴承。公称外径尺寸 $400mm \leqslant D<2000mm$ 的轴承。

7）重大型轴承。公称外径尺寸 $D \geqslant 2000mm$ 的轴承。

（3）常见的滚动轴承　常见的滚动轴承有深沟球轴承、角接触轴承、推力滚针轴承、推力球轴承、调心球轴承、自动调心球轴承、组合类轴承及其他轴承（包括圆柱滚子轴承、圆锥滚子轴承、包角轴承等）。

三、滚动轴承的代号

滚动轴承常用基本代号表示，基本代号由轴承类型代号、尺寸系列代号和内径代号构成。

1. 轴承类型代号

轴承类型代号用数字或字母表示，见表 5-3。

表 5-3 轴承类型代号（摘自 GB/T 272—2017）

代号	0	1	2	3	4	5	6	7	8	N	U	QJ
轴承类型	双列角接触球轴承	调心球轴承	调心滚子轴承	推力调心滚子轴承	圆锥滚子轴承	双列深沟球轴承	推力球轴承	深沟球轴承	角接触球轴承	推力圆柱滚子轴承	圆柱滚子轴承	外球面球轴承	四点接触球轴承

2. 尺寸系列代号

尺寸系列代号由轴承宽（高）度系列代号和直径系列代号组合而成，一般用两位数字表示（有时省略其中一位）。它的主要作用是区别内径（d）相同而宽度和外径不同的滚动轴承，具体代号需查阅相关标准。

3. 内径代号

内径代号表示滚动轴承的公称内径，一般用两位数字表示。

1) 内径代号为 00、01、02、03 时，分别表示内径 $d=10$mm、12mm、15mm、17mm。

2) 内径代号为 04~96 时，代号数字乘以 5，即得轴承内径。

3) 轴承公称内径为 1~9mm、22mm、28mm、32mm、500mm 或大于 500mm 时，用公称内径毫米数值直接表示，但与尺寸系列代号之间必须用"/"隔开，如"深沟球轴承 62/22"，即 $d=22$mm。

轴承基本代号举例：

示例 1：6209　09 为内径代号，$d=45$mm；2 为尺寸系列代号（02），其中宽度系列代号 0 省略，直径系列代号为 2；6 为轴承类型代号，表示深沟球轴承。

示例 2：62/22　22 为内径代号，$d=22$mm（用公称内径毫米数值直接表示）；2 和 6 与上一示例的含义相同。

示例 3：30314　14 为内径代号，$d=70$mm；03 为尺寸系列代号，其中宽度系列代号为 0，直径系列代号为 3；首位的 3 为轴承类型代号，表示圆锥滚子轴承。

四、滚动轴承的画法

在装配图中，滚动轴承的轮廓按外径 D、内径 d、宽度 B 等实际尺寸绘制，其余部分用简化画法或用示意画法绘制。在同一图样中，一般只采用其中的一种画法。常用滚动轴承的画法见表 5-4。

1. 通用画法

当不必确切地表示滚动轴承的外形轮廓、载荷特性及结构特征时，可采用通用画法，如图 5-35 所示。

2. 特征画法

当需要形象地表达滚动轴承的结构特征时，可采用特征画法，见表 5-4。

3. 规定画法

当需要表达滚动轴承的主要结构时，可采用规定画法，见表 5-4。

表 5-4　常用滚动轴承的画法（摘自 GB/T 4459.7—2017）

名称和代号	主要尺寸数据	规定画法	特征画法	装配示意图
深沟球轴承 60000	D d B			
圆锥滚子轴承 30000	D d B T C			
推力球轴承 50000	D d T			

【边学边练】

1. 检查所需工具、材料是否齐全；检查工作环境是否干净、整洁。

2. 对给定的滚动轴承进行结构和参数分析，确定其型号、内圈直径、外圈直径和宽度，注意确定的结构型号参数要符合国家标准。

3. 根据确定的结构参数，查表得出各部分的尺寸。

4. 先确定滚动轴承主视图的投射方向，再根据其大小确定各个视图的总体尺寸，然后选定绘图的比例及图幅。

5. 清理桌面，铺放并固定图纸，用细实线绘制图纸的边界线、图框线及标题栏的外框线。

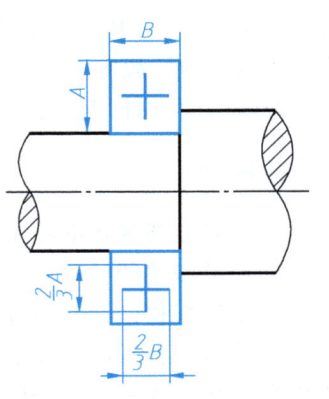

图 5-35　滚动轴承的通用画法

6. 根据所绘制滚动轴承支承处的尺寸，布局图面，并绘制基准线及重要的图线。

7. 进一步对给定的滚动轴承进行分析，确定绘图的先后顺序，绘制底稿。各部分结构都要几个视图对应着画，一般从最能反映其形状结构特征的视图入手。

8. 检查、描深，标注尺寸，对标准件滚动轴承进行标记，注写技术要求，填写标题栏。

9. 使用二维 CAD 绘图软件绘制滚动轴承支承处的局部装配图，并打印或截图。

10. 使用三维 CAD 绘图软件创建滚动轴承三维模型及支承处的局部装配图，并截图打印。

请将尺规绘制的图样折叠后粘贴在此处，或将计算机绘图软件绘制的二维或三维图样，截图打印后粘贴在此处。

任务成果展示
_____
_____
_____

【任务拓展与巩固训练】

轴承的使用注意事项及画法示例，可通过扫描二维码观看学习。

滚动轴承

工作任务 5.3 绘制弹簧

【任务描述】

依据给定的弹簧，如图 5-36 所示，分析其结构，按照国家制图标准对常用件弹簧的规定画法和标注要求，绘制圆柱螺旋压缩弹簧的零件图，并进行正确的标记。

学习条件及环境要求：机械制图实训室、计算机、绘图软件（三维、二维）、多媒体、圆柱螺旋压缩弹簧模型若干、教材、参考书、网络课程及其他资源等。

教学时间（计划学时）：4 学时。

图 5-36 圆柱螺旋压缩弹簧

【任务目标】

1. 能够叙述弹簧的功用、种类及结构组成。
2. 能够叙述圆柱螺旋压缩弹簧的基本结构和基本参数（簧丝直径、内径、外径等）。
3. 能够根据已知参数进行弹簧各部分的结构尺寸计算。
4. 能够在教师的指导下，按照国家标准中的规定画法绘制圆柱螺旋压缩弹簧的零件图及装配图中的圆柱螺旋压缩弹簧。
5. 能够利用 CAD 绘制装配图中的圆柱螺旋压缩弹簧。
6. 能够利用三维 CAD 绘图软件对圆柱螺旋压缩弹簧进行建模。

【任务准备】

1. 信息收集

1）弹簧的功用、种类及结构组成。
2）圆柱螺旋压缩弹簧的基本结构和基本参数（簧丝直径、内径、外径等），各部分的结构尺寸计算。
3）圆柱螺旋压缩弹簧的规定画法。
4）手工绘制圆柱螺旋压缩弹簧。
5）CAD 绘制圆柱螺旋压缩弹簧二维工程图及三维模型。

2. 工具、材料

圆柱螺旋压缩弹簧模型若干、标准图纸（A3）一张、草稿纸（A4）若干张、绘图铅笔（2H、2B）、图板（A3 号）、丁字尺（60mm）、计算机（包括二维、三维 CAD 绘图软件）。

3. 任务分组

学生按 4~6 人一组，明确每组的工作任务，填写分组任务表及学生小组任务分配表。每组及每个学生的任务，可以相同也可以有差异，视具体情况而定。

【引导性学习资料】

一、弹簧的功用与分类

弹簧是在机械中用来减振、夹紧、储能和测力的零件。弹簧的种类很多，用途很广。常用的弹簧有圆柱螺旋压缩弹簧、板弹簧和涡卷弹簧等，其中圆柱螺旋弹簧又分为压缩弹簧、拉伸弹簧和扭转弹簧，如图 5-37 和图 5-38 所示。

a) 碟形弹簧　　b) 截锥螺旋弹簧　　c) 板弹簧　　d) 平面涡卷弹簧　　a) 压缩弹簧　　b) 拉伸弹簧　　c) 扭转弹簧

图 5-37　弹簧的种类　　　　　　　图 5-38　圆柱螺旋弹簧

二、弹簧的绘制

这里主要介绍圆柱螺旋压缩弹簧各部分的名称、尺寸关系及其画法。

1. 圆柱螺旋压缩弹簧各部分的名称及尺寸关系

如图 5-39c 所示，制造弹簧用的金属丝直径（线径）用 d 表示，弹簧的外径、内径和中径分别用 D_2、D_1 和 D 表示，节距用 t 表示，自由高度用 H_0 表示。具体如下：

1）线径 d。用于缠绕弹簧的钢丝直径，也称为簧丝直径。
2）中径 D。弹簧的平均直径，即弹簧内径与外径的平均值，同时也是弹簧的规格直径。$D = (D_1+D_2)/2 = D_1+d = D_2-d$。
3）内径 D_1。弹簧的内圈直径。

4）外径 D_2。弹簧的外圈直径。

5）节距 t。除支承圈外，相邻两有效圈上对应点之间的轴向距离。一般推荐 $0.28D \leqslant t < 0.5D$。

6）有效圈数 n。用于计算弹簧总变形量的圈数，称为有效圈数（即具有相等节距的圈数）。

7）支承圈数 n_z。弹簧端部用于支承或固定的圈数，称为支承圈数。为了使螺旋压缩弹簧工作时受力均匀，保证轴线垂直于支承端面，两端常并紧且磨平。并紧且磨平的圈数仅起支承作用，即支承圈。支承圈数 $n_z = 2.5$ 用得较多，即两端各并紧 $1\frac{1}{4}$ 圈。

8）总圈数 n_1。沿螺旋线两端间的螺旋圈数，称为总圈数。总圈数 n_1 等于有效圈数 n 与支承圈数 n_z 之和，即 $n_1 = n + n_z$。

9）自由高度（或长度）H_0。弹簧在不受外力时的高度（或长度），即 $H_0 = nt + 2d$。

10）弹簧展开长度 L。制造弹簧时簧丝的长度，$L \approx \pi D n_1$。

11）弹簧的旋向。弹簧与螺纹类似，也有左、右旋之分，其分类适用于左右手法则。绘图时，左旋弹簧允许画成右旋弹簧，但在标注时，一定要加注"LH"。右旋弹簧可省略标注。

2. 圆柱螺旋压缩弹簧的绘制

GB/T 4459.4—2003 中规定了圆柱螺旋压缩弹簧的规定画法。根据前面对弹簧的认识和已知的参数，圆柱螺旋压缩弹簧的画图步骤如图 5-39 所示。

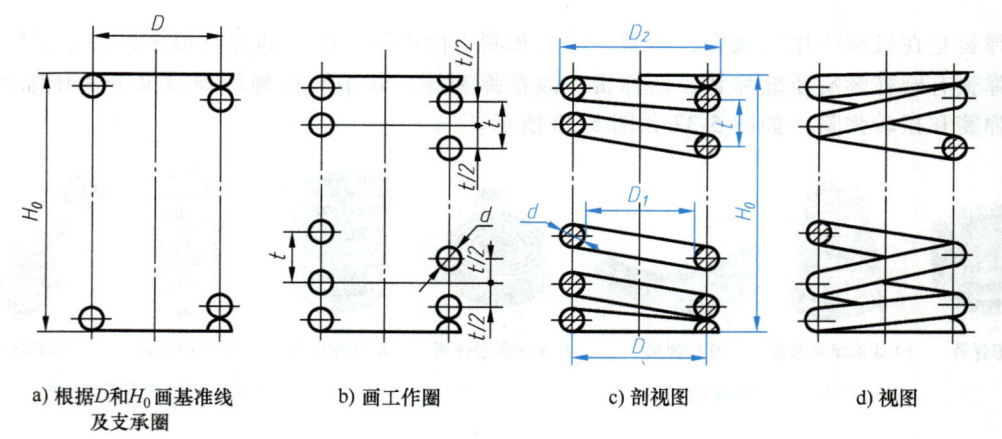

a) 根据 D 和 H_0 画基准线及支承圈　　b) 画工作圈　　c) 剖视图　　d) 视图

图 5-39　圆柱螺旋压缩弹簧的画图步骤

需要说明的是，国家标准规定：有效圈数在四圈以上的圆柱螺旋压缩弹簧，允许每端只画两圈（不包括支承圈），中间各圈可省略不画，只画通过簧丝断面中心的两条细点画线。当中间部分省略后，也可适当地缩短图形的长（高）度。

3. 弹簧在装配图中的绘制

圆柱螺旋压缩弹簧在装配图中的画法如图 5-40 所示。

1）弹簧后面被遮挡住的零件轮廓不必画出（一般不画），可见部分的轮廓线画至弹簧外轮廓线或簧丝断面中心线，如图 5-40a 所示。

2）当弹簧的簧丝直径小于或等于 2mm 时，断面可以涂黑表示，如图 5-40b 所示；也可

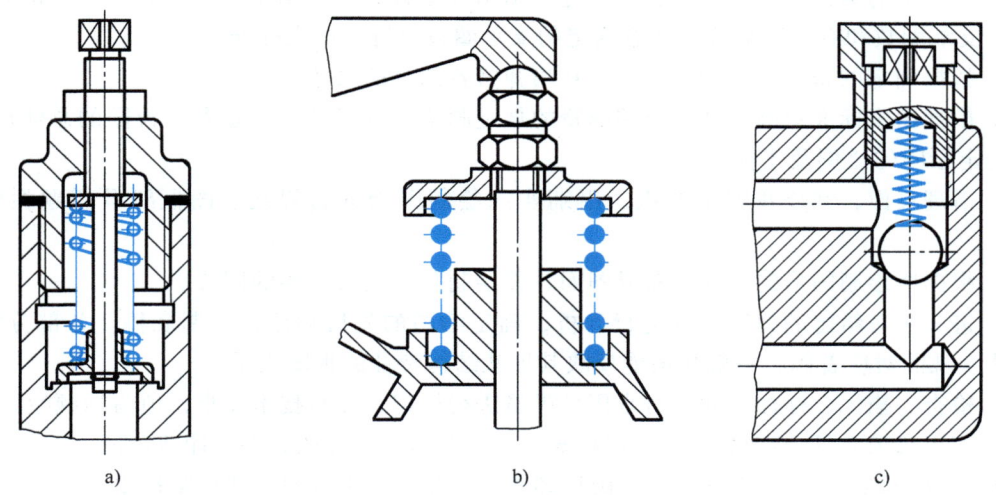

图 5-40 圆柱螺旋压缩弹簧在装配图中的画法

采用示意画法画出，如图 5-40c 所示。

三、弹簧的标记（GB/T 2089—2009）

弹簧的标记由类型代号、规格、精度代号、旋向代号和标准号组成，规定如下：

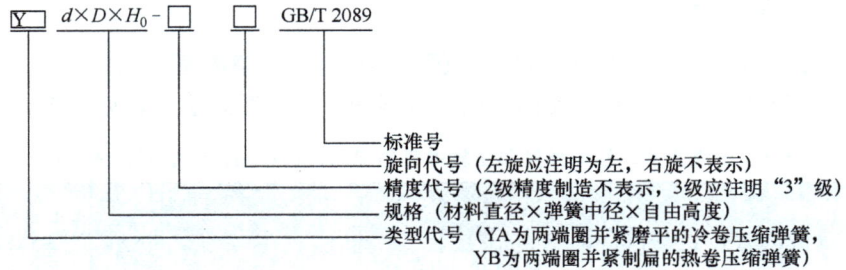

标记示例 1：

YA 型弹簧，材料直径为 1.2mm，弹簧中径为 8mm，自由高度为 40mm，精度等级为 2 级，左旋的两端并紧磨平的冷卷压缩弹簧。

标记：YA 1.2×8×40 左 GB/T 2089

标记示例 2：

YB 型弹簧，材料直径为 30mm，弹簧中径为 160mm，自由高度为 200mm，精度等级为 3 级，右旋的并紧制扁的热卷压缩弹簧。

标记：YB 30×160×200-3 GB/T 2089

【边学边练】

1. 检查所需工具、材料是否齐全；检查工作环境是否干净、整洁。

2. 对给定的圆柱螺旋压缩弹簧零件进行结构和参数分析，确定其簧丝直径、自由高度、中径、支承圈数和有效圈数等，注意确定的支承圈数要符合国家标准。

3. 根据确定的簧丝直径和中径，计算出弹簧各部分的尺寸。

4. 依据国家标准对圆柱螺旋压缩弹簧的规定画法及其尺寸，确定各个视图的总体尺寸，然后选定绘图的比例及图幅。

5. 清理桌面，铺放并固定图纸，用细实线绘制图纸的边界线、图框线及标题栏的外框线。

6. 根据所绘制图形的尺寸，布局图面，并绘制基准线及重要的图线。

7. 进一步对给定的弹簧零件进行分析，确定绘图的先后顺序，绘制底稿。各部分结构都要几个视图对应着画，一般从最能反映其形状结构特征的视图入手。

8. 检查、描深，标注尺寸，对常用件弹簧进行标记，注写技术要求，填写标题栏。

9. 使用二维 CAD 绘图软件绘制圆柱螺旋压缩弹簧的零件图，并打印或截图。

10. 使用三维 CAD 绘图软件创建圆柱螺旋压缩弹簧三维模型，并截图打印。

请将尺规绘制的图样折叠后粘贴在此处，或将计算机绘图软件绘制的二维或三维图样，截图打印后粘贴在此处。

任务成果展示

___

___

___

【任务拓展与巩固训练】

1. 压缩弹簧、拉伸弹簧和扭转弹簧的视图、剖视图及示意图画法比较

压缩弹簧、拉伸弹簧和扭转弹簧的视图、剖视图及示意图画法比较见表 5-5。

表 5-5 压缩弹簧、拉伸弹簧和扭转弹簧的视图、剖视图及示意图画法比较

压缩弹簧			拉伸弹簧			扭转弹簧		
视图	剖视图	示意图	视图	剖视图	示意图	视图	剖视图	示意图

2. 单级减速器中的标准件与常用件

单级减速器中的标准件与常用件如图 5-41 所示。

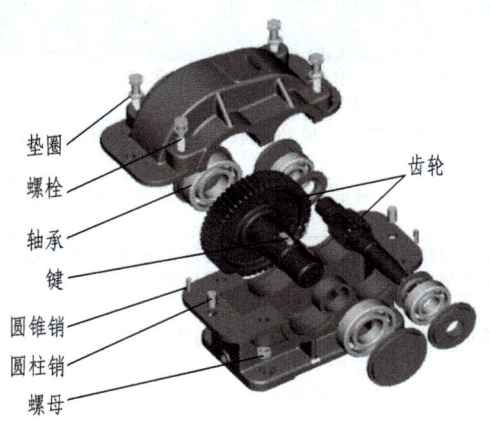

图 5-41　单级减速器中的标准件与常用件

【成风化人】

吃苦耐劳，知难而进，永不放弃

放弃是一个念头，而永不放弃是一种信念和精神。同学们从学习情境 1 拆装装配体的学习，进阶到学习情境 3 绘制盘盖类零件到现在学习情境 5 绘制标准件与常用件的学习，有些同学会觉得知识点骤增、内容繁杂、难度增加，没有进入学习状态，便产生一种畏难情绪。有的同学就怕手工作图，既要带绘图工具，又要削铅笔，一会儿换铅笔，一会儿换圆规，一会儿换尺子，在绘图桌前一坐一站就是好几个小时，害怕吃这个苦。畏难情绪每个人都可能产生，但如果想得到自己想要的，获得所需要的知识和技能，就必须迎难而上，不言放弃，要有不断培养和磨炼知难而进的意志和毅力。试想，不吃"苦"，哪来的"甜"？没有手工作图，一条线、一个符号的精心绘制，哪来的对投影原理的透彻理解与应用自如？哪来完工后，手捧自己一丝不苟绘制的漂亮图样而带来的满足感、自豪感和成就感呢！当我们怀揣对知识的尊重与敬畏之心，坚定迎难而上的决心、毅力和意志，将难点逐一分解，然后再逐一攻克，不轻言或永不言放弃，明白学习需要日积月累，由基础向上逐层累加，最后我们终将获得想要的知识与技能，还有一个精彩的自己。

【学习成果与评价反馈】

学生自评（20%）；小组互评（30%）；教师评价（50%）。

小组互评表见表 5-6，学习情境总评成绩表见附录。

机械制图

表 5-6 小组互评表

班级_____ 姓名_____ 学号_____ 工作任务(　　)

学习情境 5		绘制标准件与常用件	配分	得分		
	评价项目	评价标准		学生自评(×0.2)	小组互评(×0.3)	教师评价(×0.5)
1	标准件与常用件的作用、分类	能够叙述标准件与常用件的区别,以及常用的标准件与常用件的名称及用途	10			
2	CAD绘图软件的使用	能够较熟练地使用二维绘图软件的常用绘图及编辑命令	10			
3	标准件与常用件的规定画法	能够按照国家标准的规定正确表达各种类型的标准件和常用件	15			
4	标准件与常用件的标准查阅及标记	能够根据标记对标准件与常用件进行标准查阅,也能够对绘制的标准件与常用件进行正确的标记	10			
5	对标准件与常用件基本知识的理解、掌握和应用	能够正确选用、绘制和标注标准件与常用件	15			
6	图样的总体质量	图面整洁、布局合理、内容完整	15			
7	工作态度	态度端正,不出现无故缺勤、迟到、早退现象	10			
8	协调能力	与小组成员、同学之间能够顺畅沟通、有效交流,协调工作	5			
9	职业素养	能够做到懂文明讲礼貌,勤俭节约,爱护公共财物及设施、保护环境	5			
10	创新能力	积极思考、善于提问,提出有代表性的问题等	5			
		合计	100			

注:本表可根据本学习情境的工作任务的数量复印相同的份数,保证每个工作任务 1 份。

【总结报告】

1. 知识归纳(图 5-42)

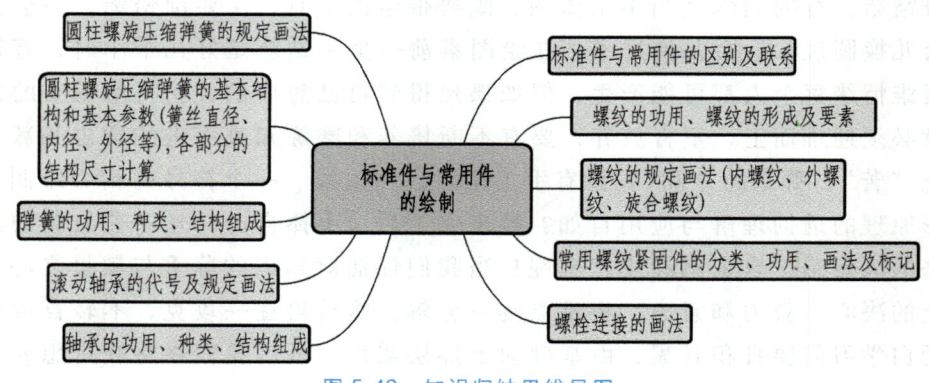

图 5-42 知识归纳思维导图

2. 自我反思

1)本学习情境掌握了哪些知识点?学会了哪些技能?
2)任务完成情况如何?应注意哪些问题?
3)还有哪些知识与技能尚未完全明白?
4)工作过程中有何不足?准备怎么改进?
5)对教学的意见与建议。

学习情境6

绘制箱体类零件

【学习情境描述】

依据给定的底座、箱盖、箱体等零件，如图6-1所示，分析其结构，按照国家制图标准，根据箱体类零件的结构特点，合理确定表达方案，分析尺寸和技术要求，绘制底座、箱体的零件图。

图6-1 箱体类零件

【知识目标】

1. 箱体类零件的结构特点（铸造圆角、工艺孔槽、凸台和凹坑等）。
2. 半剖视图的剖切方法、规定画法及标注。
3. 箱体类零件的常用表达方案。
4. 局部剖视图和阶梯剖视图的剖切方法、规定画法及标注。
5. 基本视图、向视图及各种简化画法。

【技能目标】

1. 能够叙述箱体类零件的结构特点、工艺结构及常用表达方法。
2. 能够叙述半剖视图的剖切方法、规定画法及标注，并能够正确绘制。

机械制图

3. 能够叙述局部剖视图的剖切方法、规定画法及标注，并能够正确绘制。
4. 能够叙述基本视图的方位关系，向视图的规定画法及标注，并能够正确绘制。
5. 能够叙述国家标准中规定的各种简化画法，并能够正确绘制。
6. 在教师的指导下，能够绘制箱体类零件的零件图。
7. 能够使用 CAD 绘图软件，绘制箱体类零件的零件图。

【素养目标】

1. 培养对工程实际应用进行团结协作、交流与反思的能力。
2. 培养遵纪守法、诚实守信、公道办事的职业品格。
3. 注重培养产品的质量意识和工作中的环保意识。
4. 传承工匠精神，培养严谨的科学素养及探索、创新品质。

工作任务 6.1　绘制千斤顶底座

【任务描述】

依据给定的千斤顶底座零件，如图 6-2 所示，分析其结构，按照国家制图标准，根据箱体类零件的结构特点，合理确定表达方案；分析尺寸和技术要求，绘制千斤顶底座的零件图。

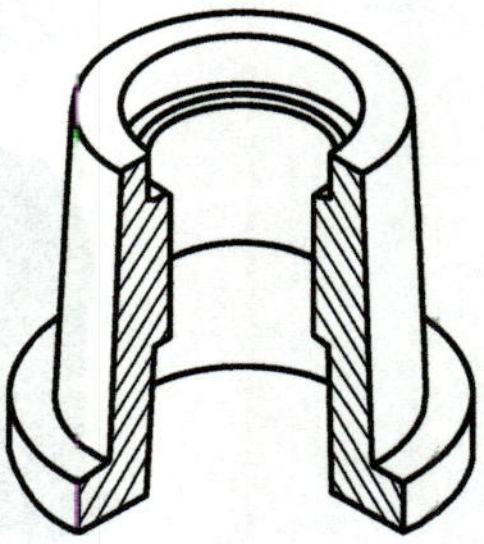

学习条件及环境要求：机械制图实训室、计算机、绘图软件（三维、二维）、多媒体、底座零件模型若干、教材、参考书、网络课程及其他资源等。

教学时间（计划学时）：4 学时。

图 6-2　千斤顶底座

【任务目标】

1. 能够叙述箱体类零件的结构特点、工艺结构及常用表达方法。
2. 能够叙述半剖视图的剖切方法、规定画法及标注，并能够正确绘制。
3. 能够叙述局部剖视图的剖切方法、规定画法及标注，并能够正确绘制。
4. 在教师的指导下，能够手工绘制千斤顶底座的零件图。
5. 在教师的指导下，能够使用 CAD 绘制千斤顶底座的零件图。

【任务准备】

1. 信息收集

1）箱体类零件的结构特点（铸造圆角、工艺孔槽、凸台和凹坑等）。
2）半剖视图（剖切方法、规定画法及标注）。
3）箱体类零件的常用表达方案。
4）手工绘制千斤顶底座的零件图。

5）CAD 绘制千斤顶底座的零件图。

2. 工具、材料

千斤顶底座零件若干、标准图纸（A3）一张、草稿纸（A4）若干张、绘图铅笔（2H、2B）、图板（A3 号）、丁字尺（60mm）、计算机（包括二维、三维 CAD 绘图软件）。

3. 任务分组

学生按 4~6 人一组，明确每组的工作任务，填写分组任务表及学生小组任务分配表。每组及每个学生的任务，可以相同也可以有差异，视具体情况而定。

【引导性学习资料】

一、箱体类零件的结构特点及常用表达方案

箱体类零件主要用来支承、包容和保护运动零件或其他零件，也起定位和密封的作用。它的内外结构都比较复杂，内部有空腔、轴承孔、凸台或凹坑、肋板及螺纹孔等结构，毛坯多为铸件，经机械加工而成。

由于箱体在机器中的位置是固定的，因此，箱体的主视图通常按工作位置原则或形状特征原则来选择。为了清晰地表达内外形状结构，一般需要三个或三个以上的基本视图，并以适当的剖视表达内部结构。如图 6-3 所示的泵体，主视图（B—B 局部剖视图）按工作位置来选择，清楚地表达了泵体的内部结构及左、右端面螺纹孔和销孔的深度，而且明显地反映了泵体左右各部分的相对位置。左视图进一步表达了泵体的内部形状以及左端面上螺纹孔和销孔的分布位置及大小，还采用了局部剖视表达进出油孔的大小及位置。右视图重点表达了泵体右端面凸台的形状。而 A—A 剖视图反映了安装板的形状、沉孔的位置及支承板的端面形状。

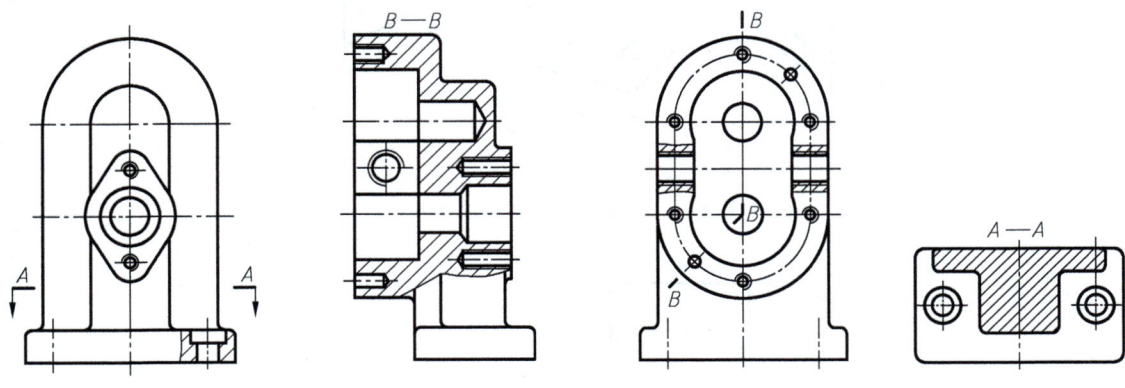

图 6-3　泵体的表示方法

二、箱体类零件的尺寸及技术要求

1. 箱体类零件的尺寸标注

1）长度、宽度、高度方向的主要基准为孔的中心线、轴线、对称平面和较大的加工平面。

2）定位尺寸较多，各孔中心线（或轴线）间的距离要直接标注出来。

3）定形尺寸仍用形体分析法标注。

2. 箱体类零件的技术要求

1）箱体上重要的孔、表面一般应有尺寸公差和几何公差的要求。
2）箱体上重要的孔、表面的表面粗糙度参数值较小。

三、视图

机件向投影面投射所得的图形称为视图。视图主要用于表达机件的外部结构形状，一般只画出机件的可见部分，其不可见部分用细虚线表示，必要时细虚线可以省略不画。视图可分为基本视图、向视图、局部视图和斜视图等。

1. 基本视图

在原有三个投影面（V、H、W）的基础上，再增设三个投影面，构成一个正六面体，这六个面被称为基本投影面。将机件放在正六面体内，分别向各基本投影面投射，所得到的六个视图称为基本视图。除了前面已经介绍的主、俯、左视图外，还有从右向左投射所得的右视图，从下向上投射所得的仰视图，从后向前投射所得的后视图。

六个基本投影面的展开如图 6-4 所示。六个基本视图的配置关系如图 6-5 所示。

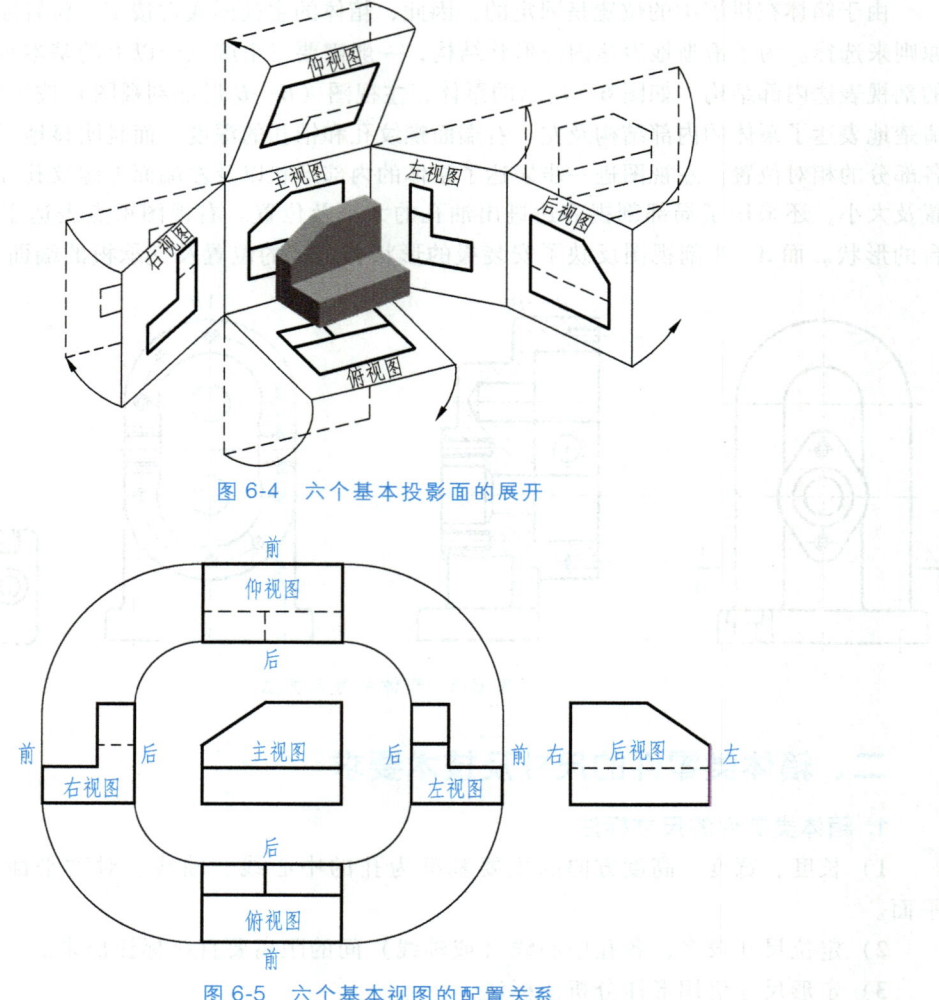

图 6-4 六个基本投影面的展开

图 6-5 六个基本视图的配置关系

六个基本视图若在同一张图纸上，并按图 6-5 所示的规定位置配置时，一律不标注视图名称。

如图 6-5 所示，六个基本视图之间仍保持"长对正、高平齐、宽相等"的投影关系。除后视图外，各视图靠近主视图的一侧均表示机件的后面，远离主视图的一侧均表示机件的前面。

2. 向视图

向视图是可以自由配置的视图。为了合理地利用图纸的幅面，基本视图可以不按投影关系配置。这时，可以用向视图来表示，如图 6-6 所示。

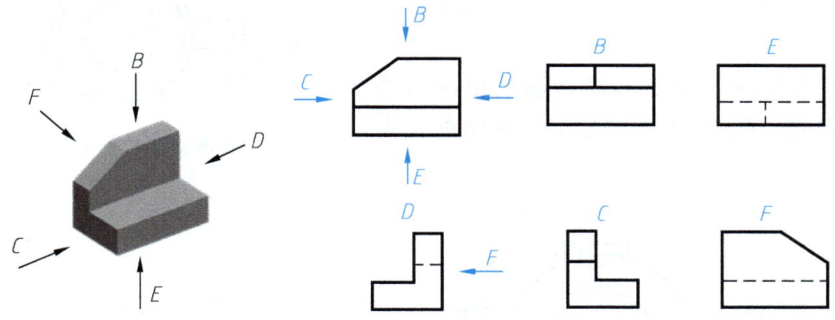

图 6-6 向视图的配置与标注

为了便于读图，按向视图配置的视图必须进行标注。即在向视图的上方正中位置标注"×"（"×"为大写的拉丁字母），在其他相应的视图附近用箭头指明投射方向，并标注相同的字母，如图 6-6 所示。

3. 半剖视图

当机件具有对称平面，向垂直于机件的对称平面的投影面上投射所得的图形，以对称线为界，一半画成剖视图，一半画成视图，这种组合的图形称为半剖视图，如图 6-7 所示。半剖视图适用于内外形状都需要表达的对称机件。对于基本对称的机件，即当机件的形状接近于对称，且其不对称部分已经另有视图表达清楚时，也允许画成半剖视图。

画半剖视图时应注意的问题如下：

1）半个视图与半个剖视图的分界线应以表示对称中心的细点画线为界，不能画成其他图线，更不能理解为机件被两个相互垂直的剖切面（对称平面不是剖切平面，而是剖与不剖的分界）共同剖切而将其画成粗实线，如图 6-7 所示。

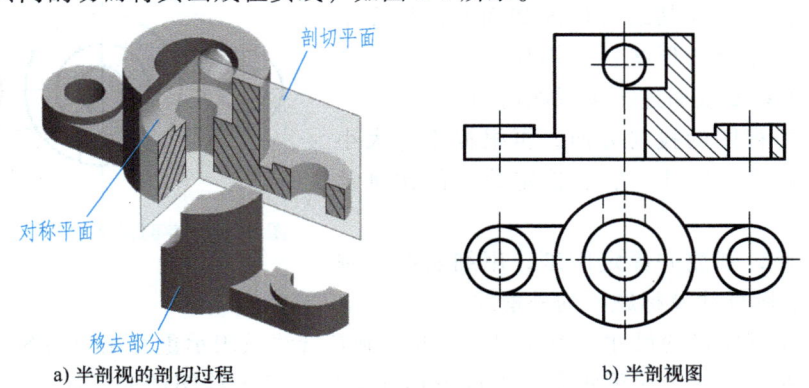

a) 半剖视的剖切过程　　　　　　　　b) 半剖视图

图 6-7 半剖视图的形成及标注

2）采用半剖视图后，不剖的一半不画虚线，但对孔、槽等结构要用细点画线画出其中心位置。如图6-7所示，左一半不应画出细虚线。

3）画对称机件的半剖视图时，应根据机件对称的实际情况，将半剖视图画在主、俯视图的右一半上，俯、左视图的前一半上，主、左视图的上一半上，也即剖右不剖左，剖前不剖后，剖上不剖下。基本对称机件的半剖视图如图6-8及图6-9所示。

半剖视图的标注方法及省略标注的情况与全剖视图完全相同，图6-10所示为半剖视图的错误画法与标注。

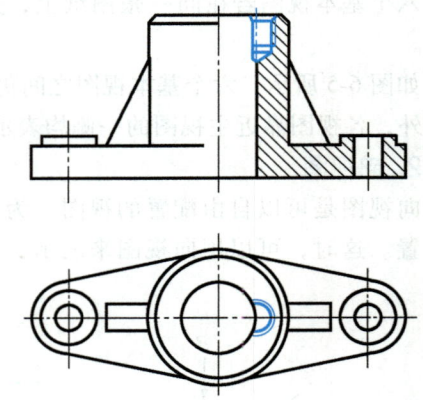

图6-8 基本对称机件的半剖视图（一）

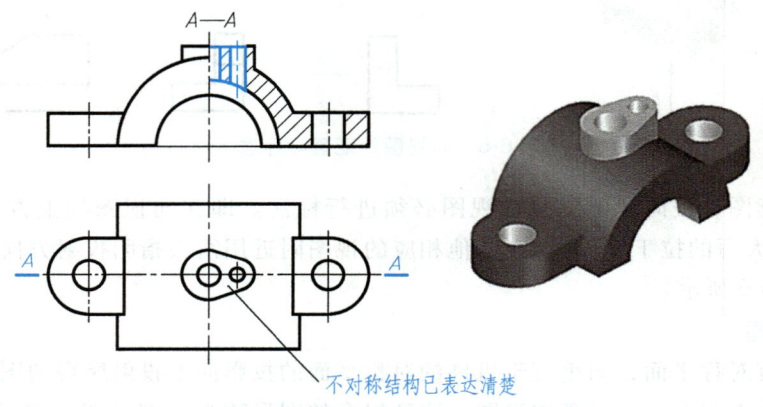

图6-9 基本对称机件的半剖视图（二）

【边学边练】

1. 检查所需工具、材料是否齐全；检查工作环境是否干净、整洁。

2. 对给定的千斤顶底座零件进行形体分析，了解其总体形状和结构（其组合形式如何？由哪几个部分组成？每一部分的形状、结构如何？各部分之间的相对位置关系及表面连接关系如何？）。

3. 先确定主视图的投射方向，再根据零件大小确定各个视图的总体尺寸，然后选定绘图的比例及图幅。

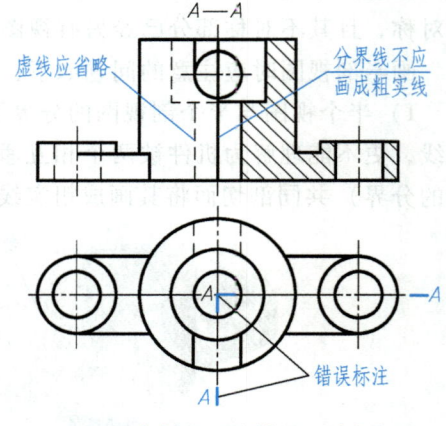

图6-10 半剖视图的错误画法与标注

4. 清理桌面，铺放并固定图纸，用细实线绘制图纸的边界线、图框线及标题栏的外框线。

5. 根据所绘制图形的尺寸，布局图面，并绘制基准线及表示重要端面的图线。

6. 进一步对给定的千斤顶底座零件进行形体分析，确定绘图的先后顺序：先画尺寸大的、主要的结构，后画尺寸小的、次要的结构。

7. 绘制底稿。各部分结构都要三个视图对应着画，一般从最能反映其形状结构特征的视图入手。

8. 检查、描深、标注尺寸，注写技术要求，填写标题栏。

9. 使用二维CAD绘图软件绘制千斤顶底座的零件图，并打印或截图。

10. 使用三维CAD绘图软件创建千斤顶底座的三维模型，并截图打印。

请将尺规绘制的图样折叠后粘贴在此处，或将计算机绘图软件绘制的二维或三维图样，截图打印后粘贴在此处。

任务成果展示_____
_____
_____

【任务拓展与巩固训练】

根据图6-11所示支座的三维立体图，绘制其零件图。

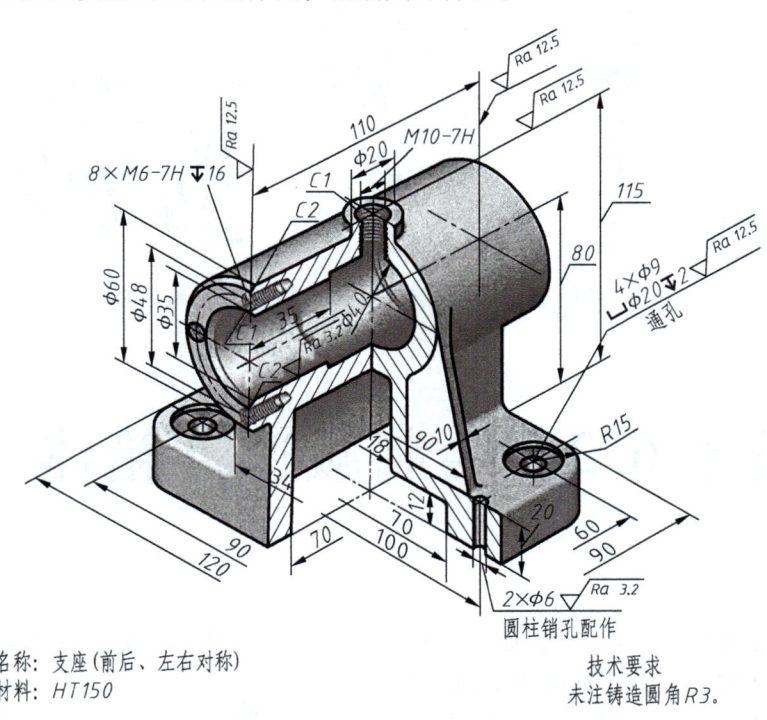

名称：支座(前后、左右对称)
材料：HT150

技术要求
未注铸造圆角R3。

图6-11 支座

【成风化人】

善于抓住主要矛盾，养成科学的思维习惯

唯物辩证法认为矛盾的两个方面通常并不是绝对均衡的，往往有主次之分，所以我们解决问题要抓矛盾的主要方面。通过前面的学习，我们知道，零件图的表达方案是否合适，直接影响零件的表达是否清楚和简单，这是主要矛盾；而主视图的选择和表达，是主要矛盾的

主要方面，决定了表达方案的优劣。主视图表达方案确定后，其他视图均是次要方面，所以主视图的表达方案是解决问题的关键。同理，后面要学习的装配图，是生产过程中的技术文件，在机器设计、制造过程中起着重要作用，装配图中正确合理的配合关系是非常重要的。配合不是随便设计的，而是根据零件实际使用目的、与其他零件的配合使用、加工手段等因素综合考虑的，设计时要根据需要抓住关键点。

同样，我们在人生发展的不同阶段，也会遇到不同问题和考验，这就要求我们学会用辩证的观点分析问题和解决问题，养成科学的思维习惯。要抓住大事，提纲挈领。在学习、工作、生活中，有些人虽然非常努力，但是效果却很一般，原因在于没有掌握事情的关键点。很多人做事有列计划的习惯，有的人的计划事无巨细、不分主次，往往很难顺利地执行下去；而有的人的统筹规划，主次分明，顺序合理，往往事半功倍。一个人的精力是有限的，很难做到琴棋书画样样精通，只有抓住主要矛盾，如图6-12所示，找到自己的薄弱点、事情的关键点，有的放矢，各个击破，才能作为突破口，在重要的地方让自己闪光。

图 6-12　善于抓住主要矛盾，养成科学的思维习惯

工作任务 6.2　绘制减速器箱体

【任务描述】

依据给定的减速器箱体零件，如图 6-13 所示，分析其结构，按照国家制图标准，根据箱体类零件的结构特点，合理确定表达方案；分析尺寸和技术要求，绘制减速器箱体的零件图。

学习条件及环境要求：机械制图实训室、计算机、绘图软件（三维、二维）、多媒体、箱体零件模型若干、教材、参考书、网络课程及其他资源等。

教学时间（计划学时）：8学时。

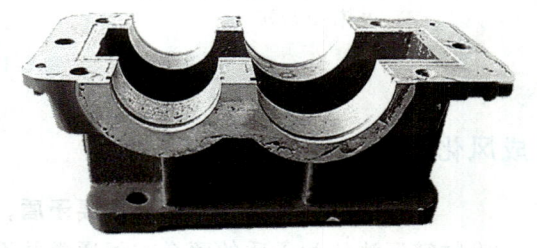

图 6-13　减速器箱体

【任务目标】

1. 能够叙述箱体类零件的结构特点、工艺结构及常用表达方法。
2. 能够叙述半剖视图和局部剖视图的剖切方法、规定画法及标注,并能够正确绘制。
3. 能够叙述阶梯剖视图的剖切方法、规定画法及标注,并能够正确绘制。
4. 在教师的指导下,能够手工绘制减速器箱体的零件图。
5. 在教师的指导下,能够使用 CAD 绘制减速器箱体的零件图。

【任务准备】

1. 信息收集

1）箱体类零件的结构特点（铸造圆角和工艺孔槽等）。
2）阶梯剖视图（剖切方法、规定画法及标注）。
3）简化画法。
4）销连接。
5）箱体类零件的常用表达方案。
6）手工绘制减速器箱体零件图的方法及步骤。
7) CAD 绘制减速器箱体零件图的方法及步骤。

2. 工具、材料

减速器箱体零件若干、标准图纸（A3）一张、草稿纸（A4）若干张、绘图铅笔（2H、2B）、图板（A3 号）、丁字尺（60mm）、计算机（包括二维、三维 CAD 绘图软件）。

3. 任务分组

学生按 4~6 人一组,明确每组的工作任务,填写分组任务表及学生小组任务分配表。每组及每个学生的任务,可以相同也可以有差异,视具体情况而定。

【引导性学习资料】

一、用几个平行的剖切平面剖开机件的剖视图绘制

用两个或两个以上互相平行的剖切平面剖开机件的方法,称为阶梯剖,如图 6-14a、b 所示。这种剖视用于表达用单一剖切平面不能表达清楚的机件。

用阶梯剖的方法画剖视图时,由于视图中的剖切本来就是假想的,应将几个相互平行的剖切平面当作一个剖切平面,但在视图中标注剖切平面转折位置的符号时必须与表示剖切平面的符号垂直。表示剖切位置起讫、转折处的剖切符号和字母必须标注。当视图之间投影关系明确且没有任何图形隔开时,可以省略标注箭头,如图 6-14b 所示。阶梯剖视图中常见的错误画法及标注如图 6-15 所示。

二、简化画法

1）对于机件上的肋、轮辐及薄壁等结构,当剖切平面沿纵向剖切时,这些结构按不剖绘制,而用粗实线将它与其邻接部分分开。当剖切平面沿横向剖切时,这些结构仍需画出剖面符号,如图 6-16 所示。

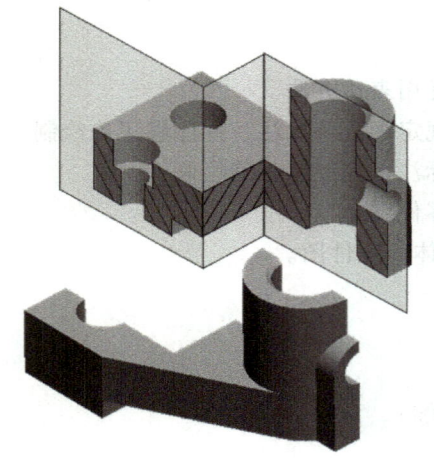
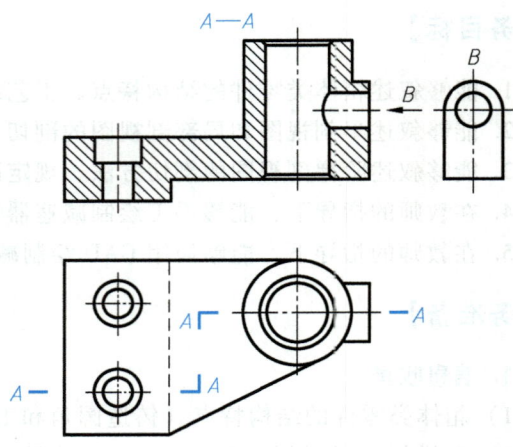

a) 阶梯剖视的直观图　　　　　　　　b) 阶梯剖视图及正确标注

图 6-14　阶梯剖视图的形成及标注

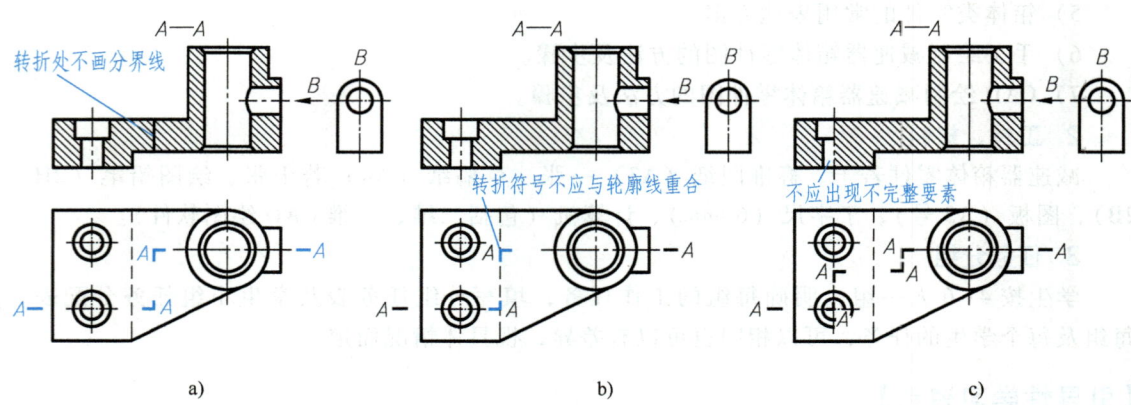

a)　　　　　　　　　　b)　　　　　　　　　　c)

图 6-15　阶梯剖视图中常见的错误画法及标注

2）当需要表达形状为回转体的机件上有均匀分布的肋、轮辐、孔等结构，但其又不处于剖切平面上时，可将这些结构假想旋转到剖切平面上后，再画出，且不需加任何标注，如图 6-17 所示。

3）当需要表示剖切平面前被剖去的部分结构时，可用细双点画线按假想轮廓画出，如图 6-18 所示。

4）当机件上具有若干相同结构（齿或槽等）时，只需要画出几个完整的结构，其余用细实线连接，但必须在图上注明该结构的总数，如图 6-19 和图 6-20a 所示。

5）当机件上具有若干直径相同且成规律分布的孔时，可以仅画出一个或几个，其余用细点画线或"+"表示其中心位置，如图 6-20 所示。

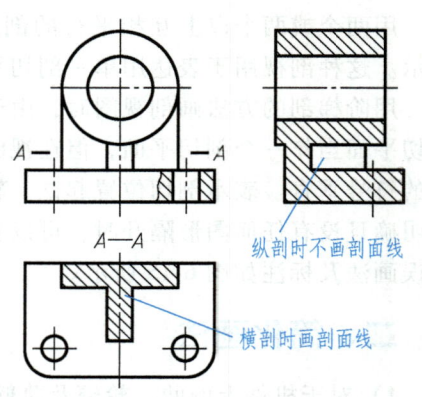

图 6-16　肋板的剖切画法

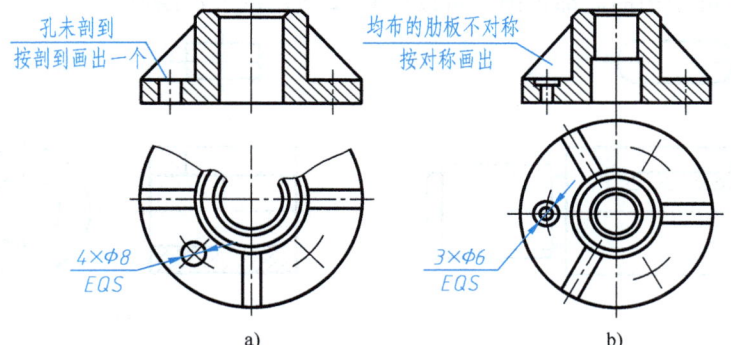

图 6-17 回转体上均匀结构的简化画法

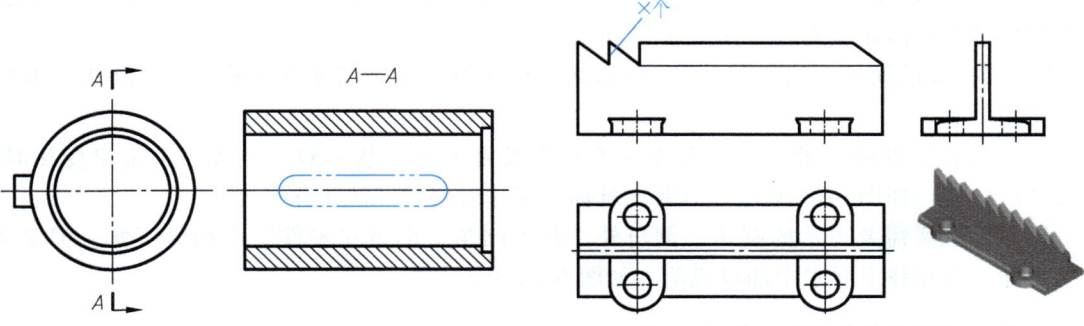

图 6-18 用细双点画线表示被剖切去的机件结构　　图 6-19 相同结构的简化画法（一）

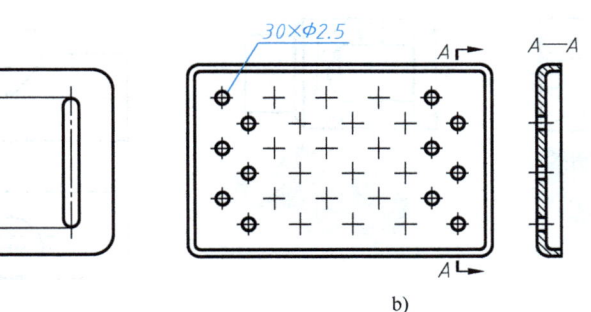

图 6-20 相同结构的简化画法（二）

6) 在不致引起误解时，对称机件的视图可只画出一半或四分之一，并在图形对称中心线的两端分别画两条与其垂直的平行细实线（细短画），如图 6-21 所示。也可画出略大于一半并以细波浪线为界线的圆，如图 6-17a 中的俯视图所示。

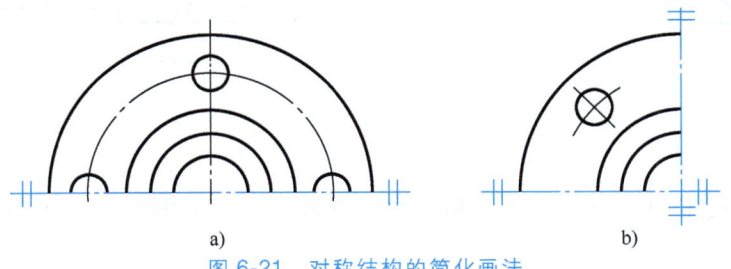

图 6-21 对称结构的简化画法

7）机件上对称结构的局部视图，可按图 6-22 所示的方法绘制。

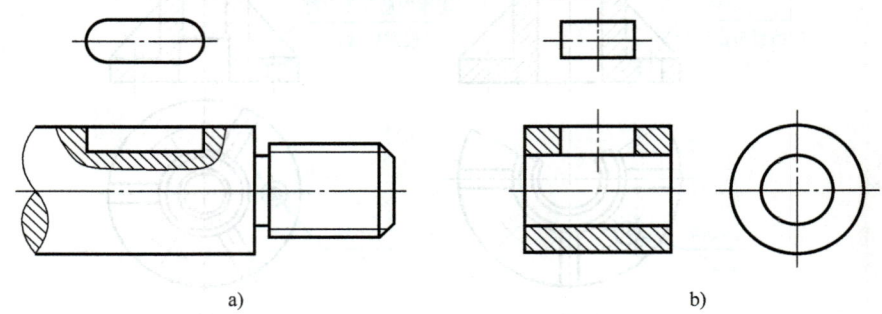

图 6-22　对称结构的局部视图

8）机件上较小结构所产生的交线（截交线、相贯线），如在一个视图中已表达清楚时，可在其他图形中简化或省略，如图 6-23 所示。

9）相贯线的简化画法如图 6-24 所示，但当使用简化画法会影响对图形的理解时，则应避免使用。

10）较长的机件（轴、型材和连杆等）沿长度方向形状一致，或按一定规律变化时，可断开后绘制，如图 6-25 所示，但要注意标注尺寸时仍需标注实际尺寸。

11）除确实需要表示的圆角、倒角外，其他圆角、倒角在零件图中均可不画，但必须注明尺寸，或在技术要求中加以说明，如图 6-26 所示。

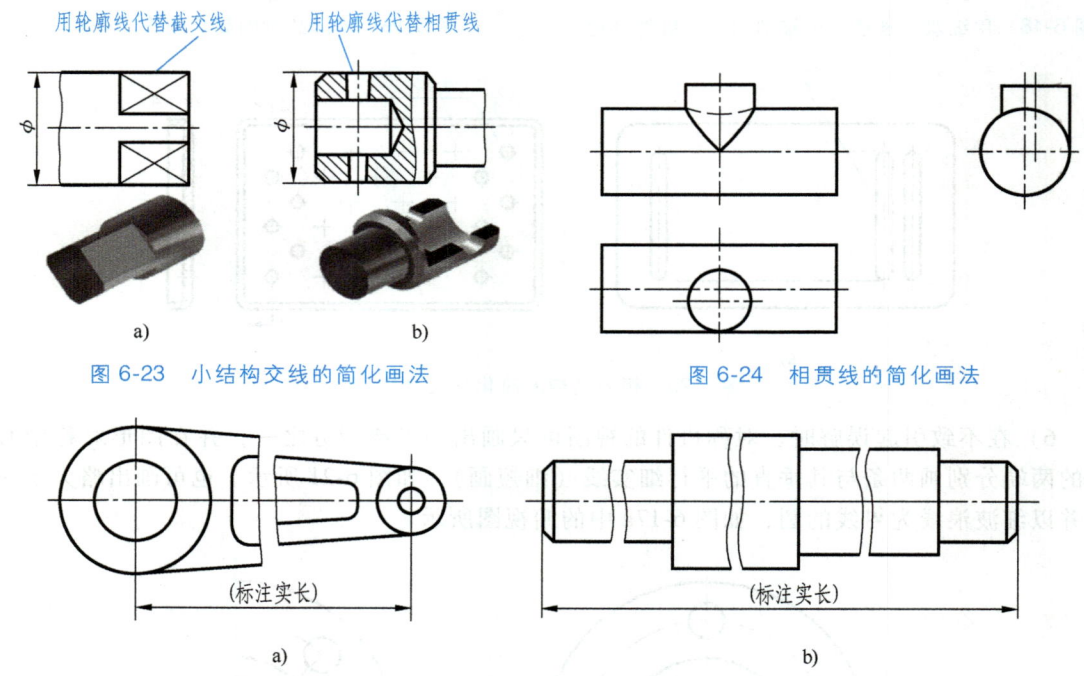

图 6-23　小结构交线的简化画法　　　　图 6-24　相贯线的简化画法

图 6-25　较长机件的折断画法

12）为了避免增加视图、剖视图和断面图的数量，可用细实线绘出对角线表示平面，如图 6-27 所示。

13）在不致引起误解时，零件图中的移出断面，允许省略剖面符号，但剖切位置和断面图的标注必须遵照原来的规定，如图 6-28 所示。

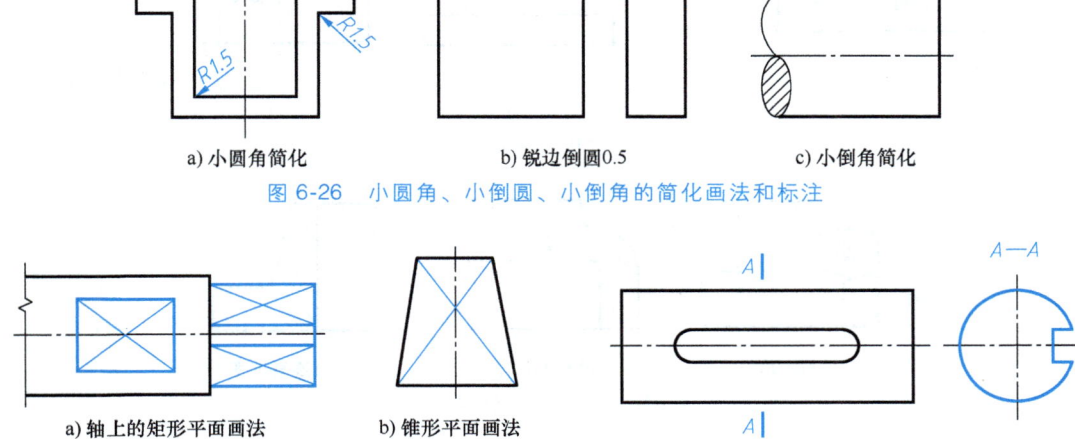

a) 小圆角简化　　　　　b) 锐边倒圆0.5　　　　　c) 小倒角简化

图 6-26　小圆角、小倒圆、小倒角的简化画法和标注

a) 轴上的矩形平面画法　　b) 锥形平面画法

图 6-27　用对角线表示平面　　　　图 6-28　移出断面允许省略剖面符号

14）机件中圆柱法兰和类似结构上均匀分布的孔的简化表示，如图 6-29 所示。

15）与投影面倾斜角度小于或等于 30°的圆或圆弧，其投影可以用圆或圆弧来代替真实投影的椭圆，各圆的中心按投影确定，如图 6-30 所示。

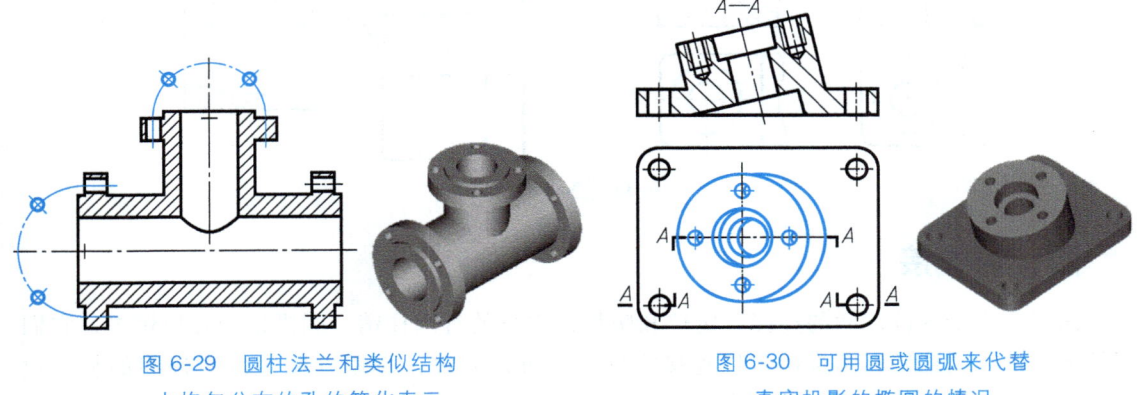

图 6-29　圆柱法兰和类似结构　　　　图 6-30　可用圆或圆弧来代替
上均匀分布的孔的简化表示　　　　　真实投影的椭圆的情况

三、铸造零件的工艺结构

1. 起模斜度

用铸造的方法制造零件的毛坯时，为了将模型从砂型中顺利取出来，常将模型起模方向设计出 1:20 的斜度，这个斜度称为起模斜度，如图 6-31a 所示。起模斜度在图样上一般不画出和不予标注，如图 6-31b、c 所示。必要时，可以在技术要求中用文字予以说明。

2. 铸件壁厚

在浇注零件时，为了避免因各部分冷却速度不同而产生裂纹和缩孔，铸件壁厚应保持大致相等或逐渐过渡，如图 6-32 所示。

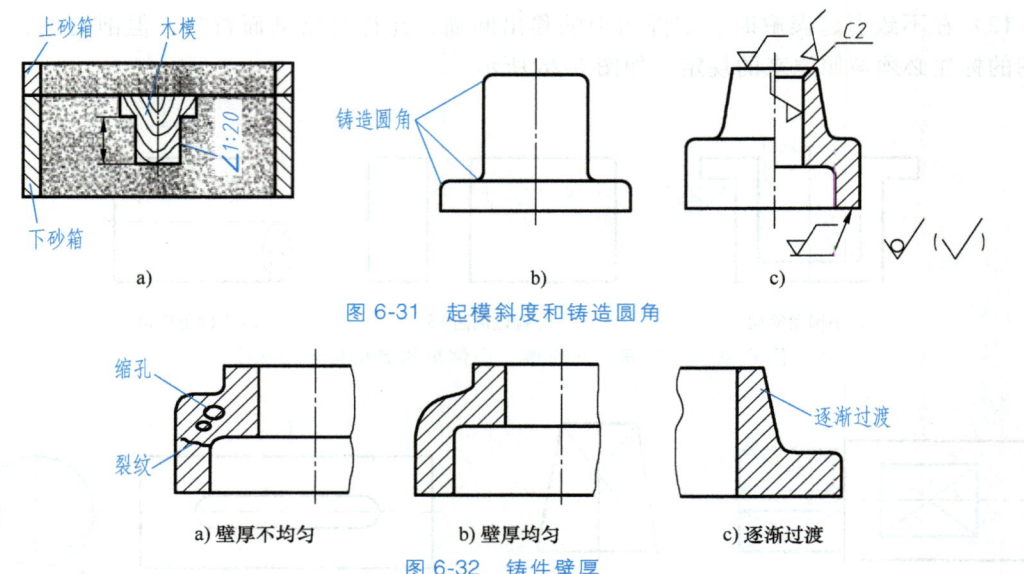

图 6-31 起模斜度和铸造圆角

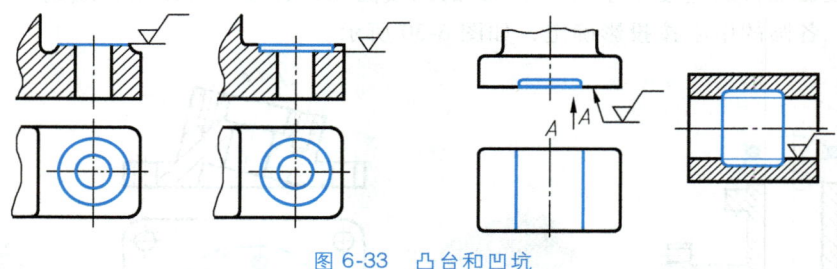

a) 壁厚不均匀　　b) 壁厚均匀　　c) 逐渐过渡

图 6-32 铸件壁厚

3. 凸台和凹坑

为保证配合面接触良好，减少切削加工面积，通常在铸件上设计出凸台和凹坑，如图 6-33 所示。

图 6-33 凸台和凹坑

四、销连接

销通常用于零件之间的连接、定位和防松，常见的有圆柱销、圆锥销和开口销等，它们都是标准件。圆柱销和圆锥销可以连接零件，也可以起定位作用（限定两零件间的相对位置），如图 6-34a、b 所示。开口销常用在螺纹连接装置中，与开槽螺母配合使用，以防止螺母松动，如图 6-34c 所示。

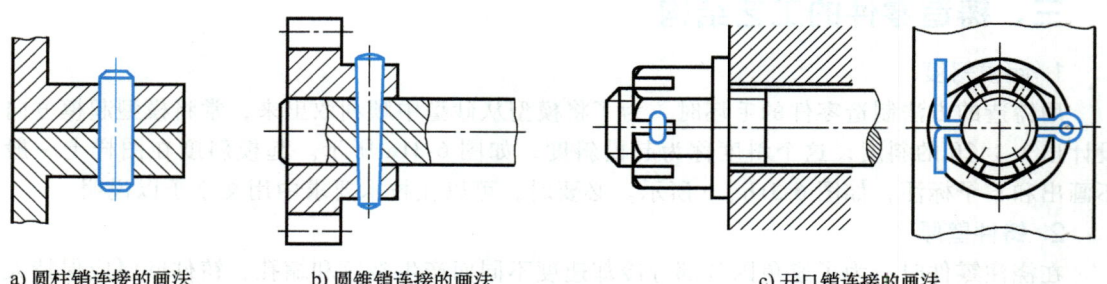

a) 圆柱销连接的画法　　b) 圆锥销连接的画法　　c) 开口销连接的画法

图 6-34 销连接的画法

表 6-1 列出了常用销的形式、标记示例及画法。

表 6-1 常用销的形式、标记示例及画法

名称	标准号	图例	标记示例
圆锥销	GB/T 117—2000	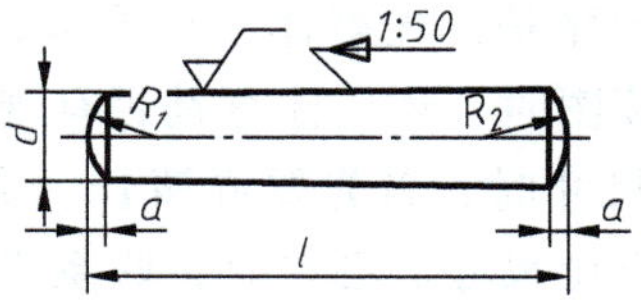 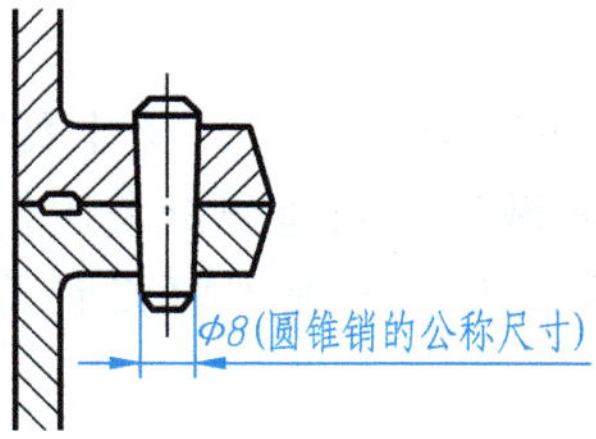	公称直径 $d=10$ mm,公称长度 $l=100$ mm,材料为 35 钢,热处理硬度 28~38HRC,表面氧化处理的 A 型圆锥销的标记: 销 GB/T 117 10×100 圆锥销的公称尺寸是指小端直径
圆柱销	GB/T 119.1—2000	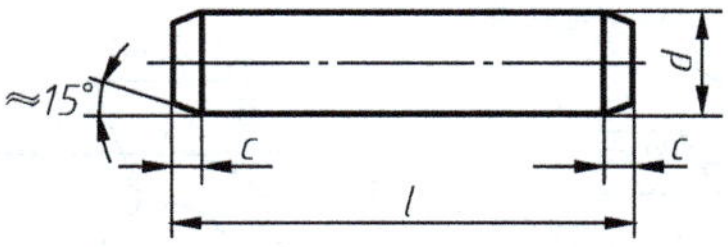	公称直径 $d=10$ mm,公差为 m6,公称长度 $l=80$ mm,材料为钢,不经表面处理的圆柱销的标记: 销 GB/T 119.1 10 m6×80
开口销	GB/T 91—2000	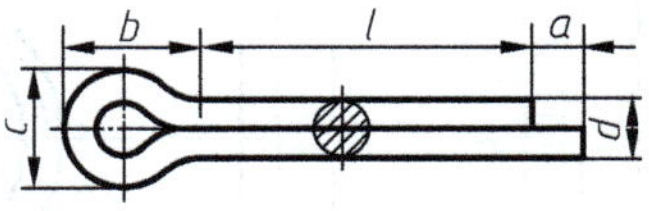	公称规格为 4mm(指销孔直径),公称长度 $l=20$ mm,材料为低碳钢,不经表面处理的开口销的标记: 销 GB/T 91 4×20

图例中公式:
$$R_1 \approx d$$
$$R_2 \approx d + \frac{a}{2} + \frac{(0.021)^2}{8a}$$

在销连接中,两零件上的孔是在零件装配时一起配钻的。因此,在零件图上标注销孔的尺寸时,应注明"配作"。绘图时,销的有关尺寸从标准中查找并选用。在剖视图中,当剖切平面通过销的回转轴线时,按不剖处理,如图 6-34 所示。

五、读零件图

1. 读零件图的要求

正确、熟练地读懂零件图是工程技术人员必须具备的基本素质之一。读零件图的要求就是要根据已有的零件图,了解零件的名称、用途、材料和比例等,并通过分析图形、尺寸和技术要求,想象出零件各部分的结构、形状、大小和相对位置,了解设计意图和加工方法。

2. 读零件图的方法与步骤

(1) 概括了解　从标题栏了解零件的名称、材料和比例等内容。根据名称判断零件属于哪一类零件,根据材料可大致了解零件的加工方法,根据绘图比例及尺寸可估计零件的大小。必要时,可对照机器、部件实物或装配图了解该零件的装配关系等,从而对零件有初步

了解。

（2）分析视图间的联系和零件的结构形状　分析零件各视图的配置情况以及相互之间的投影关系，运用形体分析法和线面分析法读懂零件各部分的结构，想象出零件的形状。看懂零件的结构和形状是读零件图的重点，前面已讲过的组合体的读图方法和剖视图的读图方法同样适用于读零件图。读图的一般顺序是：先整体，后局部；先主体结构，后局部结构；先读懂简单部分，再分析复杂部分。读图时，还应注意是否有规定画法和简化画法。

（3）分析尺寸和技术要求　分析尺寸时，首先要弄清长、宽、高三个方向的尺寸基准，从基准出发查找各部分的定形尺寸、定位尺寸。必要时，联系机器或部件与该零件有关的零件一起进行分析，深入理解尺寸之间的关系并分析尺寸的加工精度要求，以及尺寸公差、几何公差和表面粗糙度等技术要求。

（4）综合归纳　零件图表达了零件的结构型式、尺寸及精度要求等内容，它们之间是相互关联的。初学者在读图时，首先要做到正确地分析表达方案，运用形体分析法分析零件的结构、形状和尺寸，全面了解技术要求，正确理解设计意图，从而达到读懂零件图的目的。

3. 读零件图举例

下面以图 6-35 所示球阀中的主要零件——阀盖为例，说明读零件图的方法和步骤。最后的综合归纳，请读者自行思考。

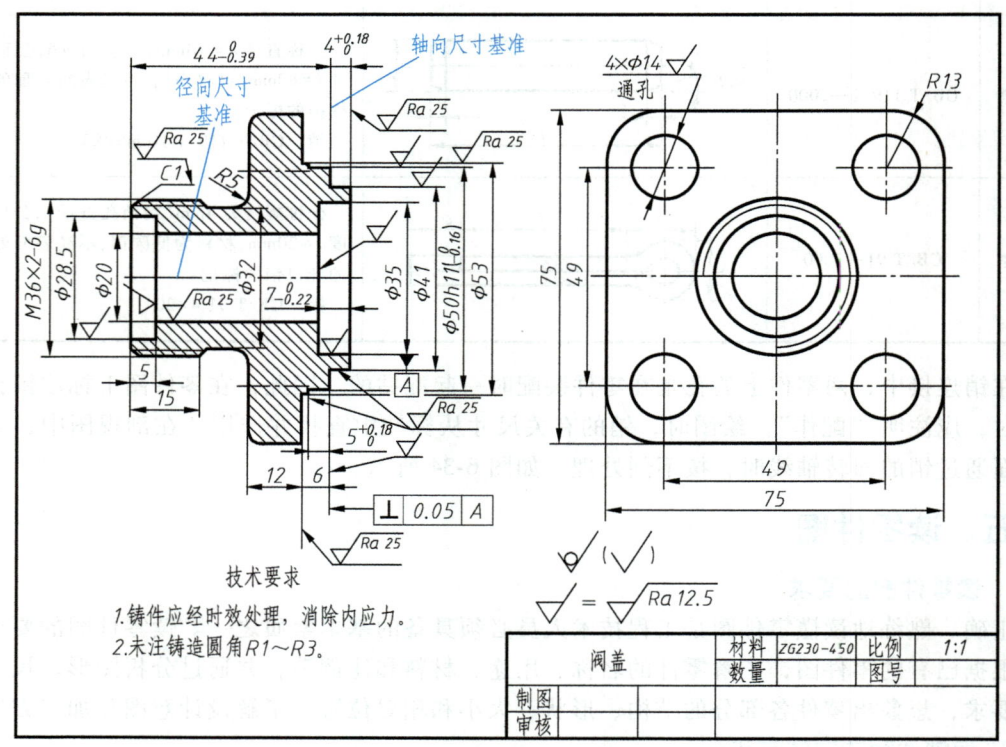

图 6-35　阀盖零件图

（1）概括了解　从标题栏可知，阀盖按 1∶1 绘制，与实物大小一致；材料为铸钢。从图中可以看出，阀盖的方形凸缘不是回转体，但其他部分都是回转体，为轮盘类零件。阀盖的制造过程是先铸造成毛坯，经时效处理后进行切削加工而成。

（2）分析视图间的联系和零件的结构形状　阀盖零件图采用了两个基本视图，主视图按加工位置将阀盖水平放置，符合加工位置和在装配图中的工作位置。主视图采用全剖视，表达了阀盖左右两端的阶梯孔和中间通孔的形状及其相对位置，同时表达了右端的圆形凸缘和左端的外螺纹。左视图用外形视图清晰地表达了带圆角的方形凸缘、四个通孔的形状和位置，以及其他的可见轮廓形状外形。

（3）分析尺寸和技术要求　阀盖以轴线作为径向尺寸基准，由此分别注出阀盖各部分同轴线的直径尺寸 $\phi 28.5$ mm、$\phi 20$ mm、$\phi 35$ mm、$\phi 41$ mm、$\phi 50h11$（$^{\ 0}_{-0.16}$）、$\phi 53$ mm，以该轴线为基准还可注出左端外螺纹的尺寸 M36×2-6g。以该零件的上下、前后对称平面为基准分别注出方形凸缘高度方向和宽度方向的尺寸 75mm，以及四个通孔的定位尺寸 49mm。

以阀盖的重要端面作为轴向尺寸基准，即长度方向的尺寸基准。主视图右端凸缘端面注有 Ra 值为 $12.5\mu m$ 的表面粗糙度，由此注出 $4^{+0.18}_{\ \ 0}$ mm、$44^{\ \ 0}_{-0.39}$ mm、$5^{+0.18}_{\ \ 0}$ mm、6mm 等尺寸。其他尺寸请读者自行分析。

阀盖是铸件，需进行时效处理，以消除内应力。铸造圆角 $R1 \sim R3$ mm 表示不加工的过渡圆角。注有公差代号和偏差值的尺寸 $\phi 50h11$（$^{\ 0}_{-0.16}$），说明该零件与阀体左端的孔 $\phi 50H11$（$^{+0.16}_{\ \ 0}$）配合。由于两表面之间没有相对运动，所以表面粗糙度要求不严，Ra 值为 $12.5\mu m$。长度方向的主要基准面与轴线的垂直度公差值为 0.05mm。

在图中还用文字补充说明了有关热处理和未注铸造圆角 $R1 \sim R3$ mm 的技术要求。

六、图样表达中需注意的问题

1. 集中与分散表达、图样中视图数量的取舍

一定要坚定一切为看图者服务的思想，在满足识图需求的前提下，打破"三视图"的思维定式，不能一画图就是三视图，导致过于集中表达而弱化了一些能够帮助看图者识图的重要图线信息；但也要避免由于可以借助 3D 造型软件轻松转换工程图，而随意添加视图数量，重复表达等。如图 6-36 所示的泵体零件图，图 6-36b 所示的表达方案比图 6-36a 所示的表达方案更方便看图。

2. 局部视图的应用及注意要点

局部视图是对机件的局部结构进行正投影得到的视图。在某种意义上也可以理解为是不完整的向视图（向视图是没有按照标准位置配置的基本视图），但局部视图在表达时，应该有"景宽"和"景深"要求，如图 6-37 所示，局部视图的表达，图 6-37a 才是正确的。

1）箭头指向。表示投射方向的箭头应位于零件的结构中心或要表达结构的主要中心线处，如无中心线，则尽量居中，如图 6-38a 所示。与其他未投影部分的分界线用细波浪线绘制，且不能超出机件的轮廓，如图 6-38b 所示。

2）局部视图在图面上的位置配置。如果辅助视图是按照基本视图形式配置，而且与相应基本视图之间没有其他图样隔开，则可以省略投射方向箭头及字母，如图 6-38a 所示。

3）按照第三角投影形式配置的局部视图，无须另行标注，如图 6-39 所示。

七、钣金零件的展开图绘制

板料冲压变形是一个相对复杂的形变过程，伴随有弹性变形、塑性变形、加工硬化等以

机械制图

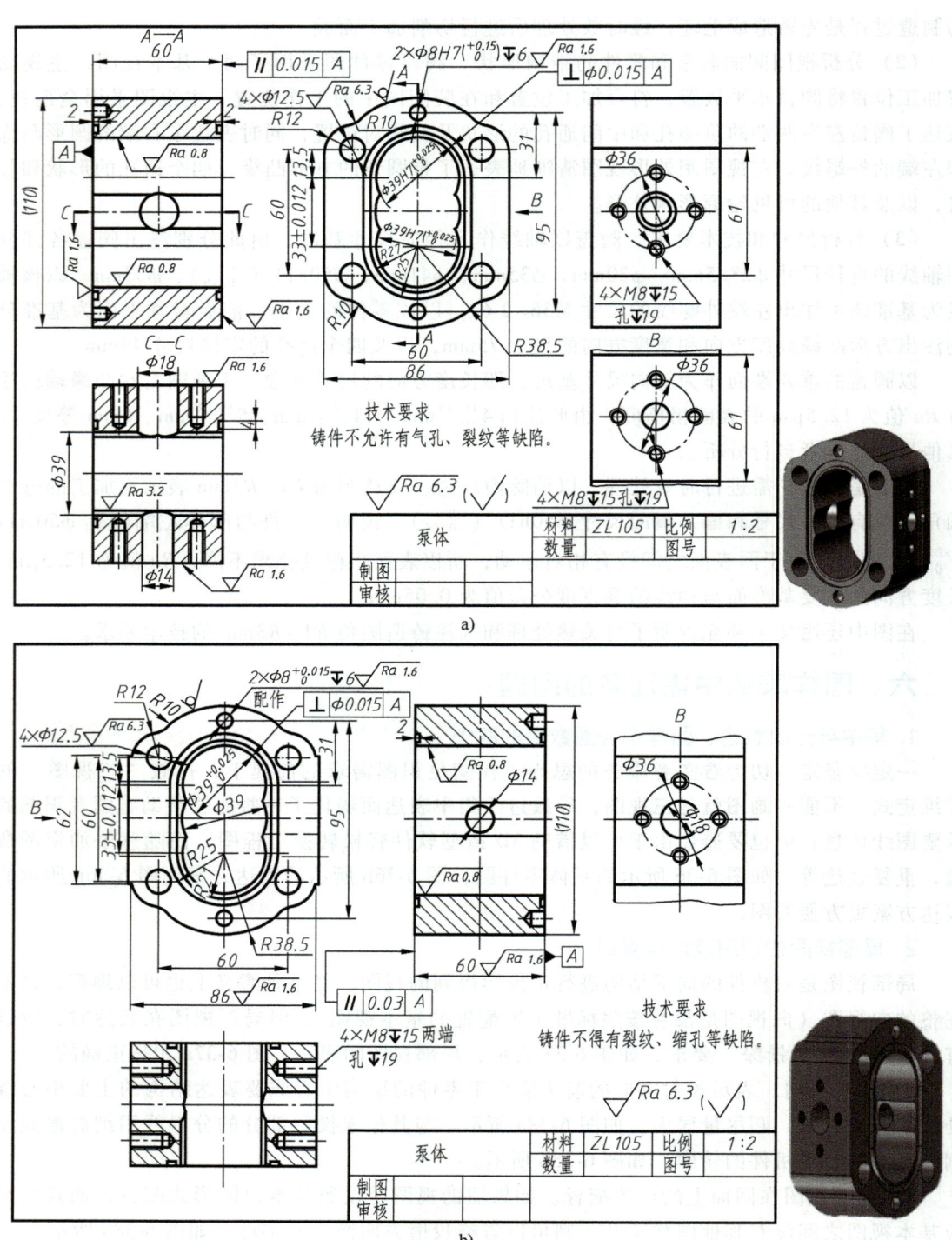

图 6-36 泵体零件图

及因材质不均匀等种种因素导致的变形后总体尺寸的微幅波动,而且在变形过程中材质厚度的差异还会导致不同层面拉伸及压缩形变不同。在机械制造中,板料冲压属于热加工锻压领

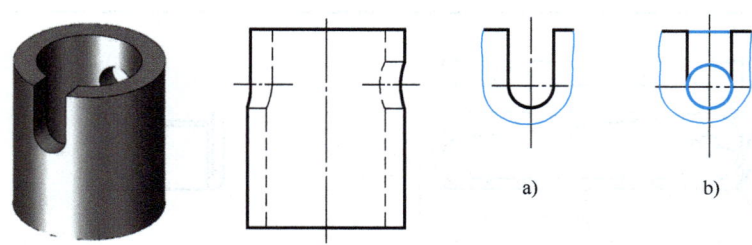

图 6-37 局部视图中的"景宽"和"景深"要求

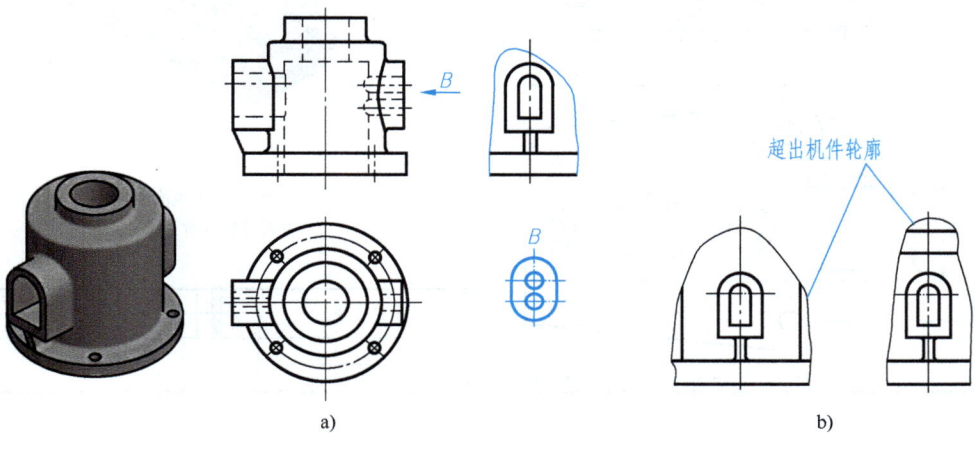

图 6-38 局部视图

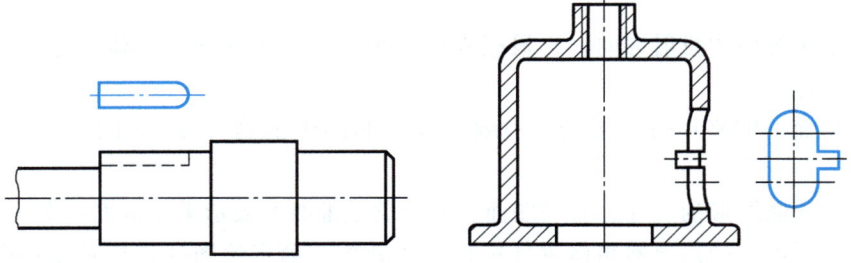

图 6-39 按照第三角投影形式配置的局部视图

域范畴,而目前一些计算机绘图软件具有的钣金功能也仅限于脱离材质、工艺的定性研究,冲压拉伸件生产是不能通过软件进行展开而获取尺寸数据的,因此,钣金零件的零件图仅为表达最终成品的图样,对于过程性图样,应交由企业的专业工艺人员进一步进行图形及尺寸处理。如图 6-40 所示的导轮支架的零件图,其中的展开图就不适合在此零件图中一并绘制出来。

【边学边练】

1. 检查所需工具、材料是否齐全;检查工作环境是否干净、整洁。
2. 对给定的减速器箱体零件进行形体分析,了解其总体形状和结构(其组合形式如何?

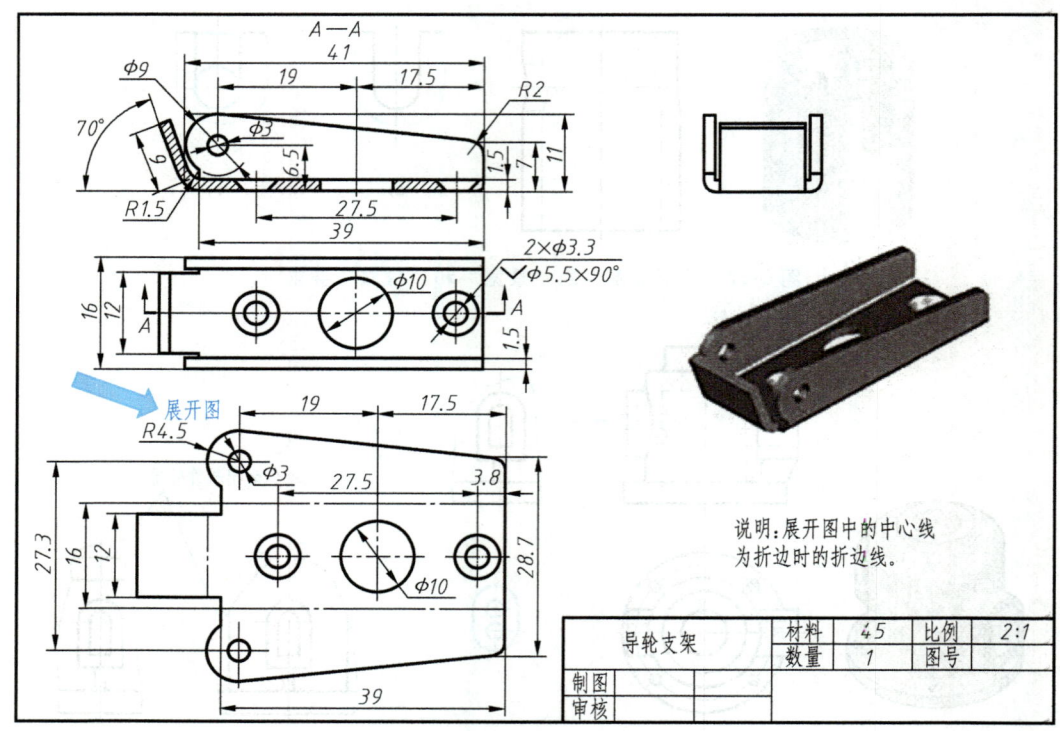

图 6-40　导轮支架的零件图

由哪几个部分组成？每一部分的形状、结构如何？各部分之间的相对位置关系及表面连接关系如何？）。

3. 先确定主视图的投射方向，再根据零件大小确定各个视图的总体尺寸，然后选定绘图的比例及图幅。

4. 清理桌面，铺放并固定图纸，用细实线绘制图纸的边界线、图框线及标题栏的外框线。

5. 根据所绘制图形的尺寸，布局图面，并绘制基准线及表示重要端面的图线。

6. 进一步对给定的减速器箱体零件进行形体分析，确定绘图的先后顺序：先画尺寸大的、主要的结构，后画尺寸小的、次要的结构。

7. 绘制底稿。各部分结构都要三个视图对应着画，一般从最能反映其形状结构特征的视图入手。

8. 检查、描深，标注尺寸，注写技术要求，填写标题栏。

9. 使用二维 CAD 绘图软件绘制减速器箱体的零件图，并打印或截图。

10. 使用三维 CAD 绘图软件创建减速器箱体的三维模型，并截图打印。

请将尺规绘制的图样折叠后粘贴在此处，或将计算机绘图软件绘制的二维或三维图样，截图打印后粘贴在此处。

任务成果展示

【任务拓展与巩固训练】

1. 向视图及其配置

GB/T 17451—1998《技术制图 图样画法 视图》则将视图分为基本视图、向视图、局部视图和斜视图四种。自由配置的视图称为向视图，如图6-41所示。

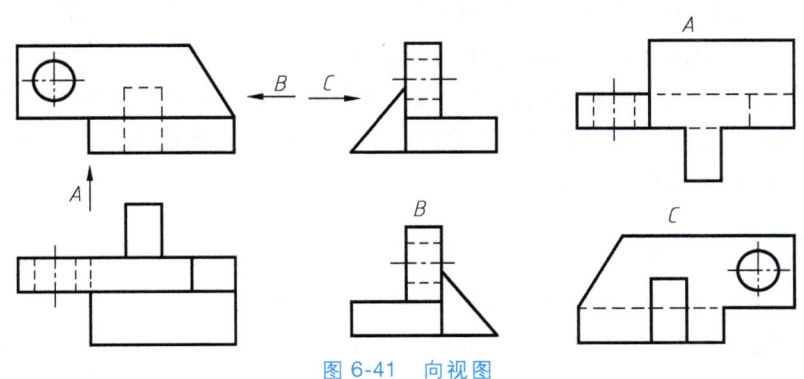

图6-41 向视图

取消旋转视图后，原来能用旋转视图表示的机件，都可改用斜视图来表达机件倾斜结构的外形。GB/T 17451—1998中没有规定旋转视图的表示法，ISO标准中也没有规定旋转视图。在理解向视图的概念时，首先要明确向视图与旋转视图并无概念性的替代或包容关系。

向视图是可以自由配置的视图。但"自由"两字并不意味着完全可以随心所欲，是不能超越一定限度的。

1）不能倾斜地投射，应当"正射"。若按倾斜方向投射，则所得图形就不再是向视图，而是斜视图。

2）不能只画出部分图形，必须完整地画出投射所得图形。否则，正射所得的局部图形就是局部视图而不是向视图。

3）不能旋转配置。凡正射后画出的完整图形应与相应的基本视图一一对应，不能是相应的基本视图旋转后的图形，否则，该图形便不再是向视图，而是由换面法生成的辅助视图。

结论：

1）向视图是基本视图的另一种表达形式，是移位（但不能旋转）配置的基本视图。

2）向视图的投射方向应与基本视图的投射方向一一对应，如图6-41所示，其中后视图C的箭头指向：既可从右视图的右侧向左指，也可从左视图的左侧向右指，但不能重复表示。

2. 第三角投影

有关第三角投影的投影方法与画法等知识，可通过扫描二维码观看学习。

第三角投影的有关知识及说明

【成风化人】

学问学问，不学不成，不问不知

箱体类零件的内外结构都比较复杂，零件图的识读与三维建模也存在一定难度，有些同学在学习的过程中可能会遇到这样或那样的困难。面对难题"虚心求教，不懂就问"是解决难题的一个好办法。不懂就问，不用觉得不好意思，顾及自己的面子，否则只能跟别人越差越远。绝不能不懂装懂，提问并不是件丢人的事情，每个人都有自己的长处和短板，学问无止境，而人的精力是有限的，不懂就问，既是做人的道理，也是求学的"捷径"。只有认识到自己的不足之处，虚心求教，才能不断在学习中获得知识与经验，补足最急需解决的漏洞，不断提升自己的能力。每个人处理问题的角度不同，虚心求教的过程同时也是思维碰撞的过程，在这个过程中真正理解问题的本质，促使自己深入思考，将问题吸收成自己的知识，找到处理的方案。提问可以通过线上、线下多种途径进行，可以向同学、老师甚至是网上的能工巧匠求助。总之，不懂就问，不会就学，只有这样，才能通过不断地积累与储备，在知识与技能方面让自己达到一个更高的台阶。

【学习成果与评价反馈】

学生自评（20%）；小组互评（30%）；教师评价（50%）。

小组互评表见表 6-2，学习情境总评成绩表见附录。

表 6-2 小组互评表

班级_____ 姓名_____ 学号_____ 工作任务(   )

学习情境 6		绘制箱体类零件	配分	得分		
评价项目		评价标准		学生自评（×0.2）	小组互评（×0.3）	教师评价（×0.5）
1	箱体类零件的结构特点	能够对给定的箱体类零件的结构特点进行正确的分析	10			
2	CAD 绘图软件的使用	能够较熟练地使用二维绘图软件的常用绘图及编辑命令	10			
3	零件表达方案的选择	能够正确选取主视图投射方向及其他视图，并能够进行零件图的绘制及尺寸标注	15			
4	制图基本知识的应用	能够正确选用图幅、图线、字体和比例，能够正确标注尺寸和剖视图等	10			
5	对箱体类零件图基本理论知识的理解、掌握和应用	能够正确选用和标注尺寸公差、表面结构和几何公差等技术要求	15			
6	图样的总体质量	图面整洁、布局合理、内容完整	15			
7	工作态度	态度端正，不出现无故缺勤、迟到、早退现象	10			
8	协调能力	与小组成员、同学之间能够顺畅沟通、有效交流，协调工作	5			
9	职业素养	能够做到懂文明讲礼貌，勤俭节约，爱护公共财物及设施、保护环境	5			
10	创新能力	积极思考、善于提问，提出有代表性的问题等	5			
		合计	100			

注：本表可根据本学习情境的工作任务的数量复印相同的份数，保证每个工作任务 1 份。

【总结报告】

1. 知识归纳（图 6-42）

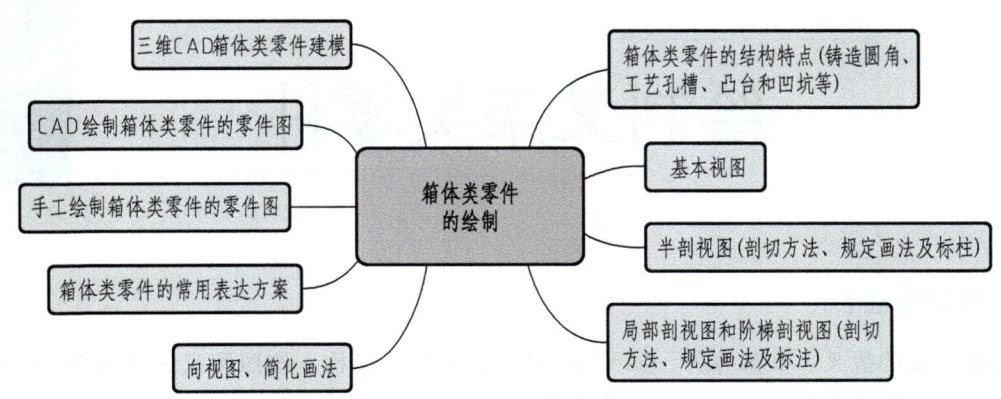

图 6-42　知识归纳思维导图

2. 自我反思

1）本学习情境掌握了哪些知识点？学会了哪些技能？
2）任务完成情况如何？应注意哪些问题？
3）还有哪些知识与技能尚未完全明白？
4）工作过程中有何不足？准备怎么改进？
5）对教学的意见与建议。

学习情境7

绘制叉架类零件

【学习情境描述】

依据给定的拨叉、支架零件,如图7-1所示,分析其结构,按照国家制图标准,根据叉架类零件的具体结构特点,合理确定其表达方案;分析尺寸、材料和技术要求,绘制拨叉、支架的零件图。

【知识目标】

1. 叉架类零件的结构特点(孔、槽等)。
2. 叉架类零件的常用表达方案。
3. 局部视图和局部剖视图的概念、剖切方法、规定画法及标注。
4. 几何公差的几何特征、符号、公差框格、被测要素和基准要素的标准规定。
5. 零件的技术要求(材料、热加工和热处理)。

图7-1 叉架类零件

【技能目标】

1. 能够叙述叉架类零件的结构特点及常用表达方法。
2. 能够叙述局部视图和局部剖视图的概念、剖切方法、规定画法及标注,并能够正确绘制。
3. 能够叙述几何公差的几何特征、符号、公差框格、被测要素和基准要素的标准规定,并能够正确绘制。
4. 能够在教师的指导下,手工绘制叉架类零件的零件图。
5. 能够在教师的指导下,使用CAD绘图软件绘制叉架类零件的零件图。

【素养目标】

1. 培养传承中华优秀传统文化的意识和习惯。

2. 强化机械工程伦理教育，培养科技报国的家国情怀和使命担当。
3. 注重培养产品的质量意识及工作中的环保意识。
4. 培养积极探索未知、追求真理、永攀装配制造业科技高峰的责任感和使命感。

工作任务 7.1　绘制拨叉

【任务描述】

依据给定的拨叉零件，如图 7-2 所示，分析其结构，按照国家制图标准，根据叉架类零件的具体结构特点，合理确定其表达方案；分析尺寸、材料和技术要求，绘制拨叉的零件图。

学习条件及环境要求：机械制图实训室、计算机、绘图软件（三维、二维）、多媒体、拨叉零件模型若干、教材、参考书、网络课程及其他资源等。

教学时间（计划学时）：4 学时。

图 7-2　拨叉

【任务目标】

1. 能够叙述叉类零件的结构特点及常用表达方法。
2. 能够叙述斜视图的概念，并能够正确绘制。

【任务准备】

1. 信息收集

1）叉类零件的结构特点（孔、槽等）。
2）视图、向视图、斜视图和旋转视图的投影方法、规定画法及标注。
3）叉类零件的常用表达方案。
4）手工绘制拨叉零件图的方法和步骤。
5）CAD 绘制拨叉零件图的方法和步骤。

2. 工具、材料

拨叉零件模型若干、标准图纸（A3）一张、草稿纸（A4）若干张、绘图铅笔（2H、2B）、图板（A3 号）、丁字尺（60mm）、计算机（包括二维、三维 CAD 绘图软件）。

3. 任务分组

学生按 4~6 人一组，明确每组的工作任务，填写分组任务表及学生小组任务分配表。每组及每个学生的任务，可以相同也可以有差异，视具体情况而定。

【引导性学习资料】

一、叉架类零件的结构特点

叉架类零件包括各种拨叉、连杆、摇杆、支架和支座等。此类零件多数由铸造或模锻制成毛坯，经多道工序机械加工而成。零件的外形结构大都比较复杂，形式多样，形状不规则，甚至难以平稳放置，需经多道工序加工而成。这类零件一般由三部分组成，即支承部分、工作部分和连接部分。

（1）支承部分　支承部分是支承和安装自身的部分，一般为平面或孔等，其基本形体为一圆柱体或平板，中间带孔（花键孔或光孔），它安装在轴上，或沿轴向滑动（当孔为花键孔时），或固定在轴（操纵杆）上（当孔为光孔时），由操纵杆支配其运动。

（2）工作部分　工作部分为支承或带动其他零件运动的部分，一般为孔、平面、各种槽面或圆弧面等，对其他零件施加作用的部分。其结构形状根据被作用部位的结构而定，如拨叉对三联齿轮施加作用，其作用部位为环形沟，这时，工作部分的结构形状应为与齿轮的环形沟相对应的扇形环。

（3）连接部分　连接部分为连接零件自身的工作部分和支承部分的那一部分，其结构主要是连接板，有时还设有加强肋。其截面形状有矩形、椭圆形、工字形、T形和十字形等多种。连接板的形状视支承部分和工作部分的相对位置而异，有对称、倾斜和弯曲等。

叉架类零件上细部结构也较多，如肋、板、杆、销孔、螺纹孔、凸台、凹坑、凸缘和铸（锻）造圆角等。其上常带有弯曲、扭转和倾斜结构，也常有肋板、轴孔、耳板和底板等倾斜结构，局部结构常有油槽、油孔和沉孔等。

二、叉架类零件的视图选择

前面已介绍了用三视图、剖视图等表达物体的方法，但在工程实际中，机件的结构形状千变万化，有繁有简，尤其是叉架类零件，一般没有统一的加工位置，工作位置也不尽相同，并且结构比较复杂，形状奇特、不规则，有些零件甚至无法自然平稳放置，所以零件的视图表达差异较大，仅用三视图已不能满足将机件内外结构形状表达清楚的需要。画图时，应根据机件的实际结构形状和特点选择恰当的表达方法。在选择主视图时，一般是考虑零件的形状特征和工作位置原则，即在反映主要特征的前提下，按工作（安装）位置放置主视图。当工作位置是倾斜的或不固定时，可将其放正后画出主视图。表达叉架类零件通常需要两个以上的基本视图，并多用局部剖视兼顾内外形状的表达。倾斜结构常用向视图、斜视图、旋转视图、局部视图、局部剖视图、单一斜剖的全剖视图和断面图等表达。如图7-3所示的叉架，采用主、左两个基本视图并做局部剖视，表达了主体结构形状，并采取A向斜视图表达圆筒上的拱形形状，采取$B—B$移出断面图表达肋板的断面形状为十字形状。

因此，对叉架类零件的表达，综合归纳为以下几点：

1）在选择主视图时，将零件按自然位置或工作位置放置，一般把零件的主要轮廓放成竖直或水平位置，然后从最能反映零件工作部分和支承部分结构形状及相互位置关系的方向投射，作为主视方向，画出主视图。

2）除主视图外，还需用其他视图表达安装板、肋板等结构的宽度及它们的相对位置。

根据零件的结构特点，可以再选用一或两个基本视图，或不再选用基本视图。

3）为表达内部结构，常采用局部剖视、半剖视或全剖视表达方式。

4）连接部分常采用断面图来表达。

5）对于零件的倾斜部分和局部结构，常采用斜视图、斜剖视图、局部视图和局部剖视图等进行补充表达。

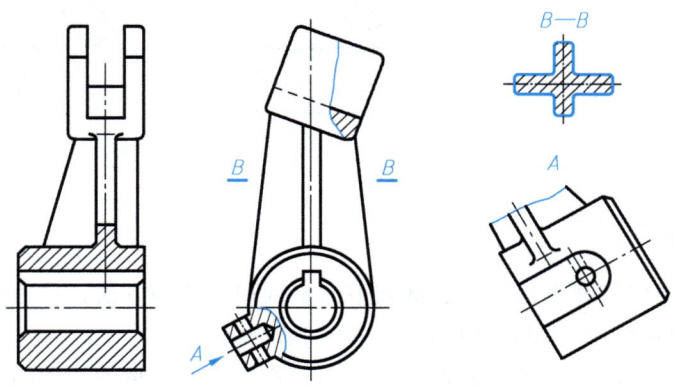

图 7-3 叉架的表示方法

三、斜视图

机件向不平行于基本投影面的平面投射所得的视图，称为斜视图。

当机件上某部分的倾斜结构不平行于任何基本投影面时，在基本视图中则不能反映该部分的实形。这时，可增设一个新的辅助投影面，使其与机件的倾斜部分平行，且垂直于某个基本投影面，如图 7-4 中的平面 P，然后将机件上的倾斜部分向新的辅助投影面投射，再将此辅助投影面按箭头所指方向旋转到与其垂直的某一基本投影面重合的位置，即可得到反映该部分实形的视图。

斜视图的配置与标注规定如下：

1）斜视图必须用带字母的箭头指明表达部位的投射方向，并在斜视图上方用相同的字母标注"×"（"×"为大写拉丁字母），如图 7-4 和图 7-5 所示 A 向斜视图。

2）斜视图一般配置在箭头所指方向的一侧，且按投影关系配置，如图 7-5 中的斜视图 A。有时为了合理地利用图纸幅面，也可将斜视图按向视图配置在其他适当的位置，或在不致引起误解时，将倾斜的图形旋转到水平位置配置，以便于作图。此时，应标注旋转符号，如图 7-6 所示。表示该视图名称的大写字母应靠近旋转符号的箭头端。若斜视图是按顺时针方向转正，则标注为"⌒A"，如图 7-6 所示。若斜视图是按逆时针方向转正，则应标注为"A⌒"。也允许将旋转角度标注在字母之后，如"⌒A60°"或"A60°⌒"。

旋转符号用半圆形的细实线画出，其半径等于字体的高度，线宽为字体高度的 1/10 或 1/14，箭头按尺寸线的终端形式画出。

3）斜视图一般只表达倾斜部分的局部形状，其余部分不必全部画出，可用波浪线断开，如图 7-5 和图 7-6 所示的局部斜视图 A。

4）在同一张图样上，按投影关系配置的斜视图和按向视图且旋转放正配置的斜视图，画图时只能画出其中之一，如图 7-5 和图 7-6 所示。

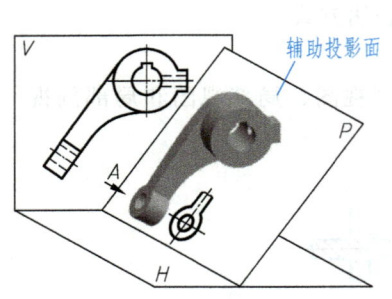 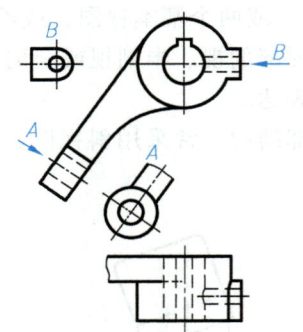 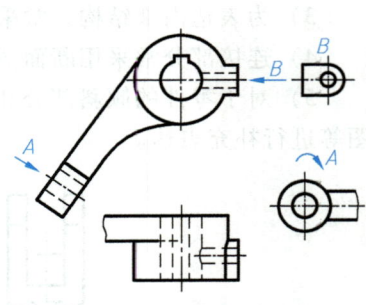

图 7-4 斜视图的直观图　　图 7-5 斜视图和局部视图（一）　　图 7-6 斜视图和局部视图（二）

四、斜剖视图

用一个不平行于任何基本投影面的剖切平面来剖切机件的方法，称为斜剖。这种剖切常用来表达机件上倾斜部分的内部结构形状，如图 7-7 所示。

画斜剖视图时，一般应按投影关系将剖视图配置在箭头所指的一侧的对应位置。在不致引起误解的情况下，允许将图形旋转。旋转后的图形要在其上方标注旋转符号（画法同斜视图）。斜剖视图必须标注剖切位置符号和表示投射方向的箭头，如图 7-7 所示。

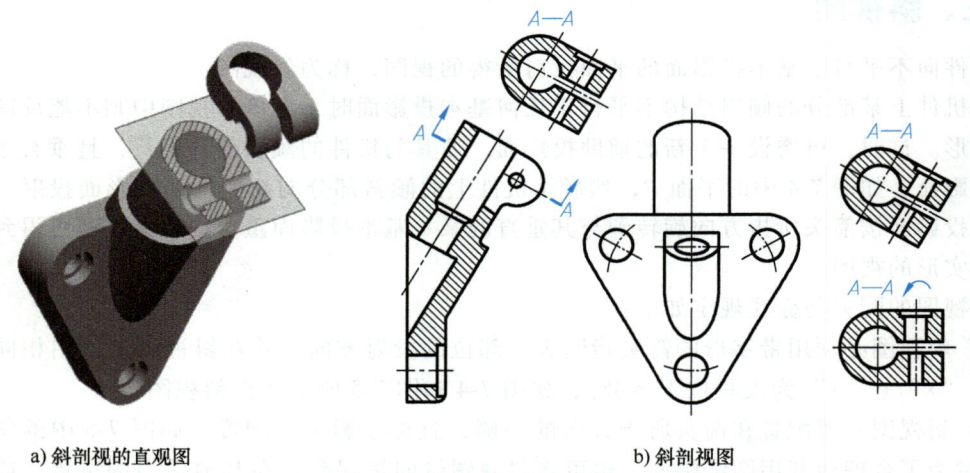

a) 斜剖视的直观图　　　　　　　　　　b) 斜剖视图

图 7-7 斜剖视图的形成

五、拨叉的零件图

图 7-2 所示最后一个拨叉的零件图，如图 7-8 所示。

【边学边练】

1. 检查所需工具、材料是否齐全；检查工作环境是否干净、整洁。

2. 对给定的拨叉零件进行形体分析，了解其总体形状和结构（其组合形式如何？由哪几个部分组成？每一部分的形状、结构如何？各部分之间的相对位置关系及表面连接关系如何？）。

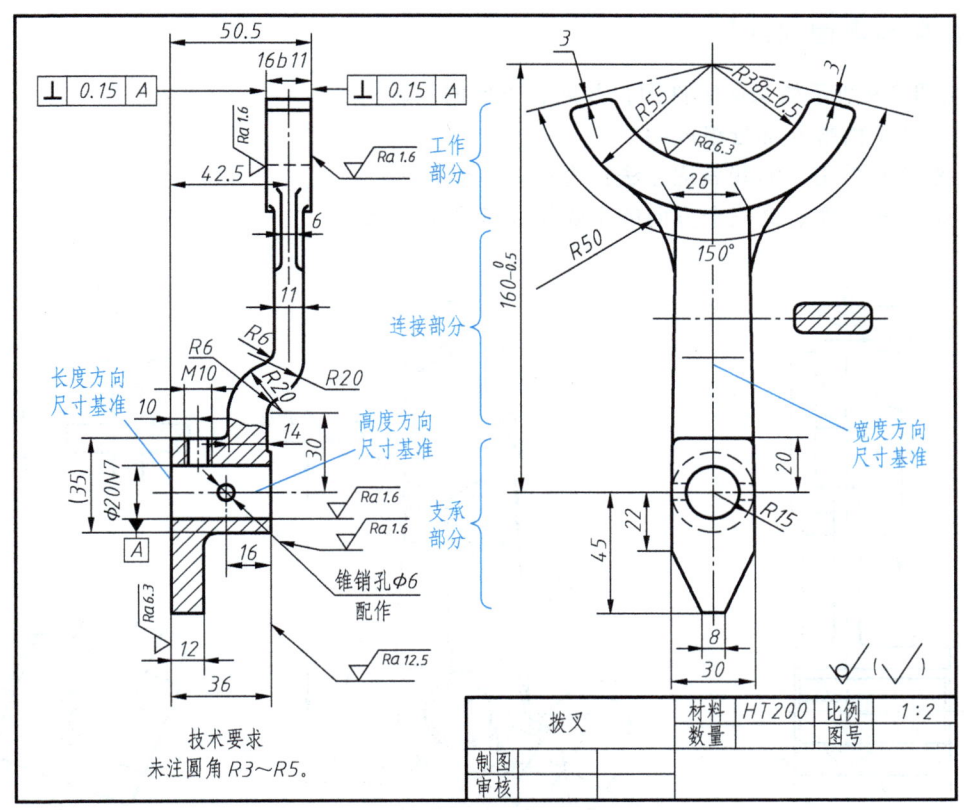

图 7-8　拨叉的零件图

3. 先确定主视图的投射方向，再根据零件大小确定各个视图的总体尺寸，然后选定绘图的比例及图幅。

4. 清理桌面，铺放并固定图纸，用细实线绘制图纸的边界线、图框线及标题栏的外框线。

5. 根据所绘制图形的尺寸，布局图面，并绘制基准线及重要的图线。

6. 进一步对给定的拨叉零件进行形体分析，确定绘图的先后顺序：先画尺寸大的、主要的结构，后画尺寸小的、次要的结构。

7. 绘制底稿。各部分结构都要几个视图对应着画，一般从最能反映其形状结构特征的视图入手。

8. 检查、描深，标注尺寸，注写技术要求，填写标题栏。

9. 使用二维 CAD 绘图软件绘制拨叉的零件图，并打印或截图。

10. 使用三维 CAD 绘图软件创建拨叉的三维模型，并截图打印。

请将尺规绘制的图样折叠后粘贴在此处，或将计算机绘图软件绘制的二维或三维图样，截图打印后粘贴在此处。

任务成果展示

【任务拓展与巩固训练】

抄绘图 7-9 所示拨叉的零件图,并回答下面的问题。
1) 拨叉是由哪几部分组成的?
2) 零件图采用了哪些表达方法?为什么这样表达?
3) 拨叉长、宽、高三个方向的主要尺寸基准是什么?

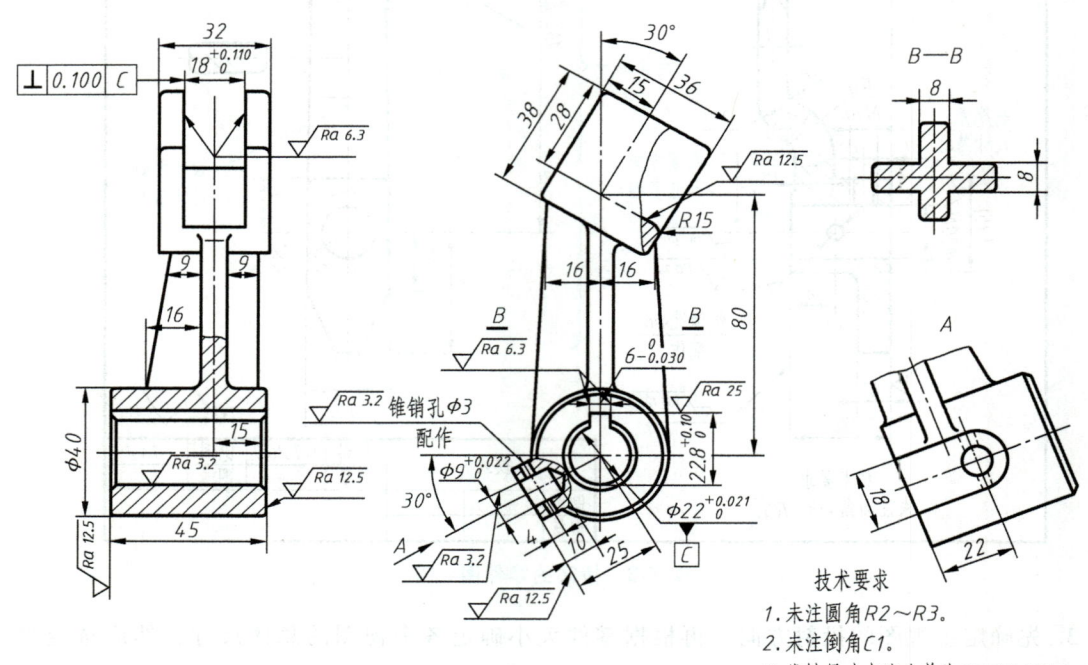

图 7-9 拨叉零件图

工作任务 7.2 绘制支架

【任务描述】

依据给定的支架零件,如图 7-10 所示,分析其结构,按照国家制图标准,根据叉架类零件的结构特点,合理确定其表达方案;分析尺寸、材料和技术要求,绘制支架的零件图。

学习条件及环境要求:机械制图实训室、计算机、绘图软件(三维、二维)、多媒体、支架零件模型若干、教材、参考书、网络课程及其他资源等。

教学时间(计划学时):4学时。

绘制叉架类零件 学习情境7

【任务目标】

1. 能够叙述架类零件的结构特点及常用表达方法。

2. 能够叙述机件倾斜结构的表达方法及斜视图与局部视图的区别，并能够正确绘制。

图 7-10　支架

【任务准备】

1. 信息收集

1）架类零件的结构特点（孔、槽等）。
2）各种表达方法的综合应用。
3）架类零件的常用表达方案。
4）手工绘制支架零件图的方法和步骤。
5）CAD 绘制支架零件图的方法和步骤。

2. 工具、材料

支架零件模型若干、标准图纸（A3）一张、草稿纸（A4）若干张、绘图铅笔（2H、2B）、图板（A3 号）、丁字尺（60mm）、计算机（包括二维、三维 CAD 绘图软件）。

3. 任务分组

学生按 4~6 人一组，明确每组的工作任务，填写分组任务表及学生小组任务分配表。每组及每个学生的任务，可以相同也可以有差异，视具体情况而定。

【引导性学习资料】

一、机件倾斜结构的表达

新国标取消旋转视图后，原来采用旋转视图的场合，可改用斜视图来表达机件倾斜结构的外形，如图 7-11 所示。为方便画图、看图和标注尺寸，可以将斜视图旋转，如图 7-12b 所示。

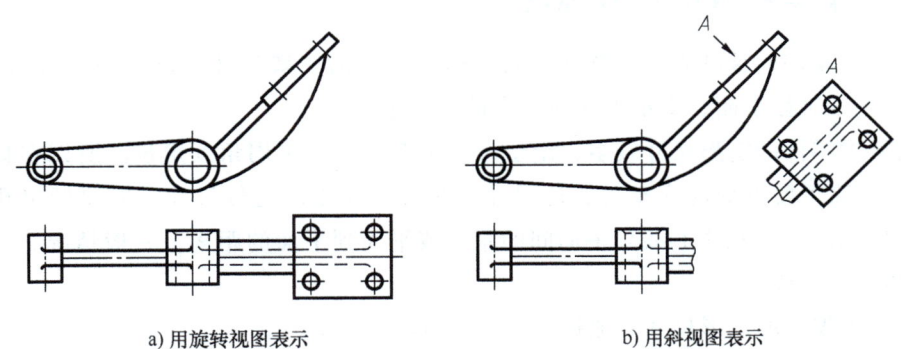

a) 用旋转视图表示　　　　　　　　b) 用斜视图表示

图 7-11　斜视图

二、斜视图与局部视图的区别

虽然斜视图与局部视图通常都表达机件的一部分，在表现形式上也相似，但两者却有根

机械制图

本性的区别。

1）斜视图：将机件的倾斜部分，向与基本投影面垂直的某一辅助投影面进行投射所得。

2）局部视图：将机件的某一部分，向基本投影面投射所得。

在斜视图的上方必须标注出视图名称"×"，在相应的视图附近用箭头指明投射方向，并注写相同的字母。将斜视图旋转配置时，将字母标在旋转符号的箭头端，如图7-12b所示。当局部视图按基本视图的配置形式配置，中间又无其他图形隔开时，则不必标注，如图7-12a所示。

注意：局部视图的标注如图7-13所示。

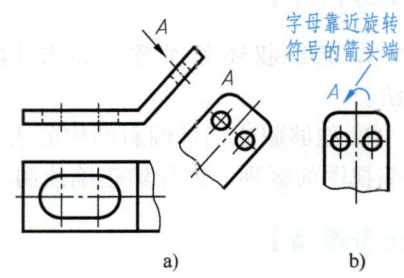

图7-12 局部视图与旋转的斜视图

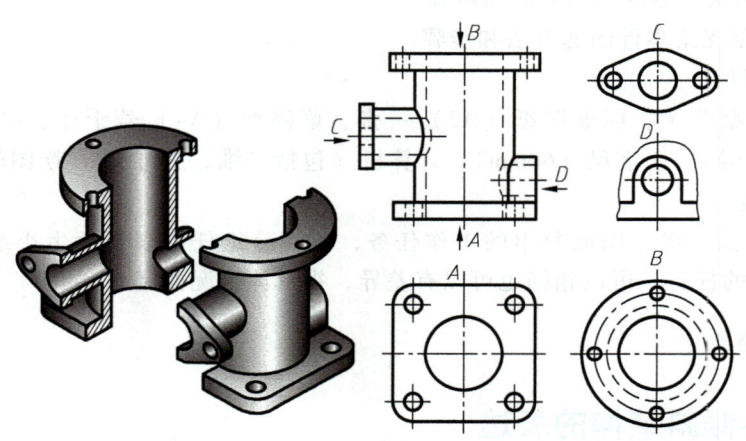

图7-13 局部视图的标注

三、叉架类零件的尺寸标注

1）叉架类零件的长度方向、宽度方向、高度方向的主要尺寸基准一般为孔的中心线、支承孔的轴线、对称平面、支承平面或较大的加工平面。

2）叉架类零件的定形尺寸较多，定位尺寸也多，且常采用角度定位。所以在标注尺寸时，定位尺寸除了要求标注完整外，还要注意尺寸的精度。定位尺寸一般要标出孔中心线（轴线）之间的距离、孔中心线到平面间的距离或平面到平面的距离。一般情况下，内、外结构形状要保持一致。

3）叉架类零件的定形尺寸一般按照形体分析法进行标注。

4）叉架类零件的毛坯多为铸、锻件，这类零件的圆弧连接较多，零件上的铸（锻）造圆角、斜度、过渡尺寸一般应按铸（锻）件标准取值和标注。

5）有目的地将尺寸分散标注在各视图、剖视图、断面图上，以防止在一个视图上的尺寸标注过度集中。相关联零件的有关结构尺寸注法应尽量相同，以方便读图，减少差错。

四、叉架类零件的材料和技术要求

1. 叉架类零件的材料

叉架类零件多为铸件或锻件，其材料多为灰铸铁、球墨铸铁、铸钢和碳钢等。

2. 叉架类零件的技术要求

1）一般用途的叉架类零件的尺寸公差、表面粗糙度和几何公差无特殊要求。但有时对角度或某部分的长度尺寸却有一定的要求，故应对此给出尺寸公差。

2）叉架类零件支承部分的平面、孔或轴应给定尺寸公差、几何公差及表面粗糙度。一般情况下，孔的尺寸公差取 IT7，轴的尺寸公差取 IT6，孔和轴的表面粗糙度值取 $Ra1.6 \sim 6.3\mu m$，孔和轴可给定圆度或圆柱度公差。支承平面的表面粗糙度值一般取 $Ra6.3\mu m$，并可给定平面度公差。

3）定位平面应给定表面粗糙度值和几何公差。表面粗糙度值一般取 $Ra6.3\mu m$。几何公差有对支承平面的垂直度公差或平行度公差，对支承孔或轴的轴线的轴向圆跳动公差或垂直度公差。

4）叉架类零件工作部分的结构形状比较多样，常见的有孔、圆柱、圆弧和平面等，有些甚至是曲面或奇特形状的结构。这类零件的支承孔应按配合要求标注尺寸，工作部分也应按配合要求标注尺寸。为了保证工作部分正常动作，一般情况下，对工作部分的结构尺寸、位置尺寸应给定适当的公差，如孔径公差、孔到基准平面或基准孔的尺寸公差，孔或平面与基准面或基准孔之间的夹角公差等。另外，还应给定必要的几何公差及表面粗糙度值，如圆度、圆柱度、平面度、平行度、垂直度和倾斜度等。

5）叉架类零件常用毛坯为铸件或锻件。铸件一般应进行时效处理，锻件应进行正火或退火热处理。毛坯不应有砂眼、缩孔等缺陷，应按规定标注出铸（锻）造圆角和斜度。应根据使用要求提出必需的最终热处理方法、所要达到的硬度及其他要求。

6）其他技术要求如毛坯面涂漆、无损检测等。

五、叉架类零件的测绘要点

1）了解叉架类零件的功能、结构和工作原理，了解零件在部件或机器中的安装位置、与相关零件及周围零件之间的相对位置。

2）由于叉架类零件的支承部分和工作部分的结构尺寸及相对位置决定了零件的工作性能，所以应尽可能达到零件的原始设计形状和尺寸。

3）对于已标准化的叉架类零件，如滚动轴承座等，测绘时应对照标准，其结构尺寸尽量取标准值。

4）对于连接部分，在不影响强度、刚度和使用性能的前提下，可进行合理修整。

六、轴承支架及支座的表达

1）根据轴承支架的三视图，如图 7-14a 所示，想象出形状，并用适当的表达方法重新画出，如图 7-14b 所示。

2）支座的表达如图 7-15 所示。

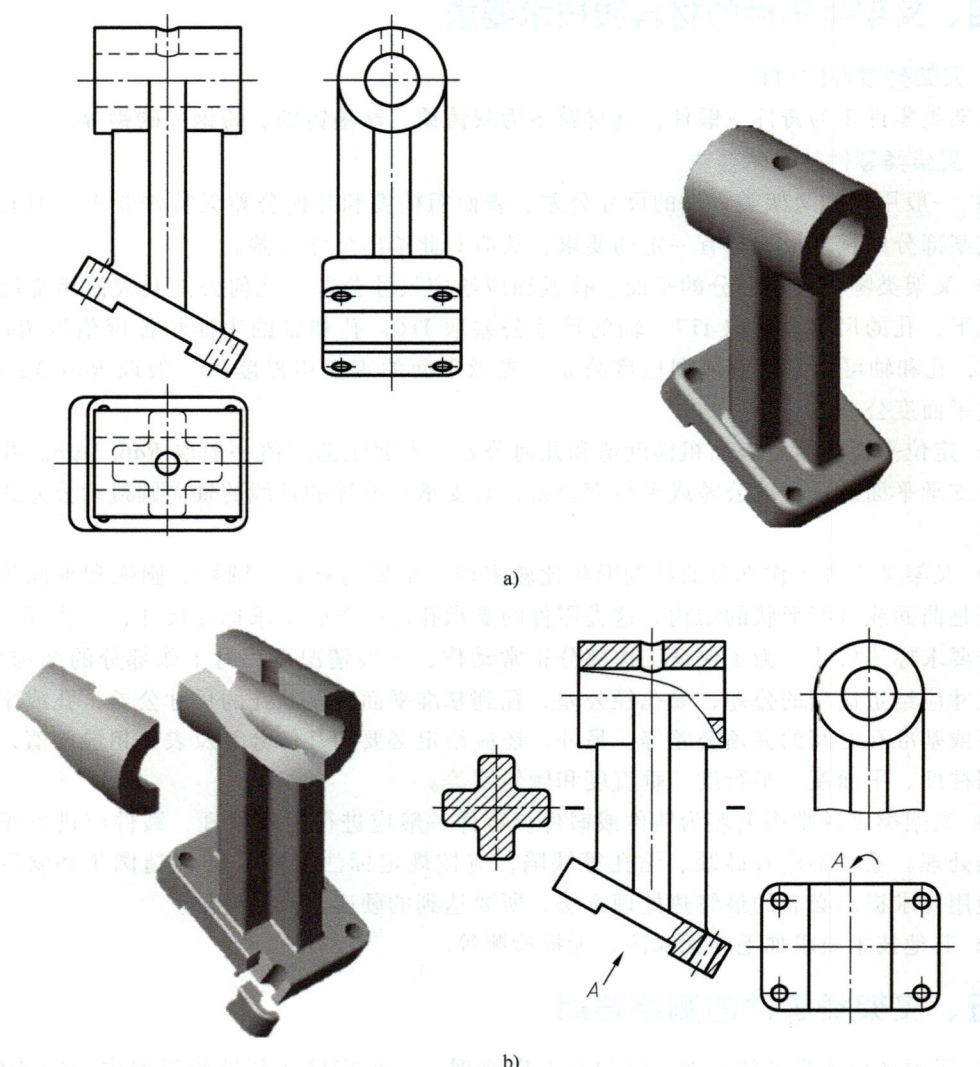

图 7-14 轴承支架的三视图

七、几何公差的几何特征和符号

1）几何公差是机械加工中用于控制零件几何特征（如形状、方向和位置）的允许变动范围。这类误差影响机械产品的功能，设计时应规定相应的公差并按规定的标准符号标注在图样上。

2）几何公差的几何特征和符号遵循国家标准，共有四大类，包括 19 个项目。这些项目的名称及对应符号见表 4-1。用公差框格标注几何公差时，公差要求注写在划分成两格或多格的矩形框格内。

3）与被测要素相关的基准用一个大写字母表示，字母标注在基准方格内，与一个涂黑的或空白的三角形相连以表示基准。

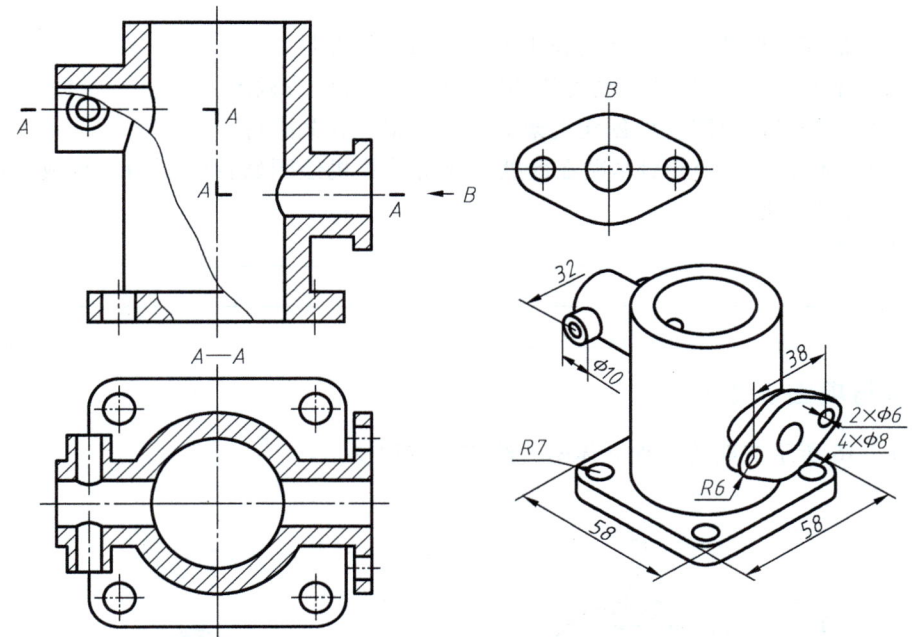

图 7-15 支座的表达

4）几何公差的符号和附加符号还包括特定的缩写，如"T"是 Tangent Plane 的缩写，表示在标示的表面范围内，与对象表面相切的平面相对于基准平面的倾斜程度，用平行度表示这一程度。而"U"是 Unequally Disposed Profile 的缩写，对于面轮廓度，管控偏移量可超出公差带的范围（公差带的极限）。ISO 中标注为"UZ"。

综上所述，几何公差的几何特征和符号是机械加工中控制零件几何误差的重要工具，通过规定的符号，设计师可以在图样上明确指出允许的变动范围，以确保机械产品的功能和精度。

【边学边练】

1. 检查所需工具、材料是否齐全；检查工作环境是否干净、整洁。

2. 对给定的支架零件进行形体分析，了解其总体形状和结构（其组合形式如何？由哪几个部分组成？每一部分的形状、结构如何？各部分之间的相对位置关系及表面连接关系如何？）。

3. 先确定主视图的投射方向，再根据零件大小确定各个视图的总体尺寸，然后选定绘图的比例及图幅。

4. 清理桌面，铺放并固定图纸，用细实线绘制图纸的边界线、图框线及标题栏的外框线。

5. 根据所绘制图形的尺寸，布局图面，并绘制基准线及重要的图线。

6. 进一步对给定的支座零件进行形体分析，确定绘图的先后顺序：先画尺寸大的、主要的结构，后画尺寸小的、次要的结构。

7. 绘制底稿。各部分结构都要三个视图对应着画，一般从最能反映其形状结构特征的视图入手。

8. 检查、描深，标注尺寸，注写技术要求，填写标题栏。
9. 使用二维 CAD 绘图软件绘制支架的零件图，并打印或截图。
10. 使用三维 CAD 绘图软件创建支架的三维模型，并截图打印。

请将尺规绘制的图样折叠后粘贴在此处，或将计算机绘图软件绘制的二维或三维图样，截图打印后粘贴在此处。

任务成果展示 _____
_____
_____

【任务拓展与巩固训练】

根据图 7-16 所示支架的三维立体图，绘制其零件图。

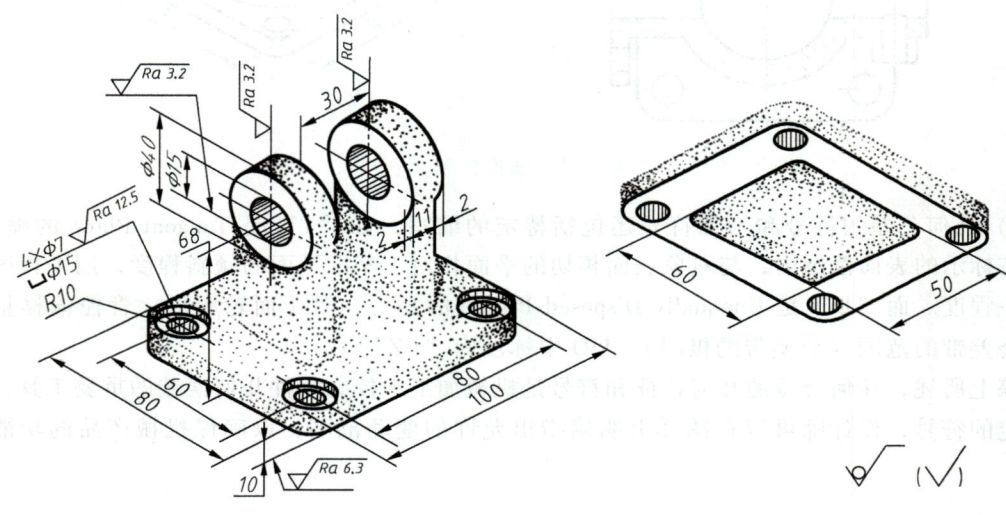

图 7-16　支架的三维立体图

【成风化人】

精益求精，图如其人

在日常生活中我们要一点一滴地培养做事一丝不苟、精益求精的科学精神。精益求精，就是要把每一个细节都做足功夫。超越平凡并不是要去做多大的事情，只要我们把生活和工作中的每一件小事都做到细致、完美，就能成就卓越了。一名合格的机械制图人员必须有精益求精、追求完美的"工匠精神"。有好的心态，才能绘制出完美的图样。"作图犹如做人"，希望同学们从现在机械绘图开始，能用追求卓越与完美的心态绘就精彩人生。

【学习成果与评价反馈】

学生自评（20%）；小组互评（30%）；教师评价（50%）。

小组互评表见表 7-1，学习情境总评成绩表见附录。

表 7-1 小组互评表

班级＿＿＿＿ 姓名＿＿＿＿ 学号＿＿＿＿ 工作任务（ ）						
学习情境7	绘制叉架类零件		配分	得分		
评价项目	评价标准			学生自评（×0.2）	小组互评（×0.3）	教师评价（×0.5）
1	叉架类零件的结构特点	能够对给定的叉架类零件的结构特点进行正确的分析	10			
2	CAD绘图软件的使用	能够较熟练地使用二维绘图软件的常用绘图及编辑命令	10			
3	零件表达方案的选择	能够正确选取主视图投射方向及其他视图，并能够进行零件图的绘制及尺寸标注	15			
4	制图基本知识的应用	能够正确选用图幅、图线、字体和比例，能够正确标注尺寸和绘制剖视图等	10			
5	对叉架类零件图基本理论知识的理解、掌握和应用	能够正确选用和标注尺寸公差、表面结构和几何公差等技术要求	15			
6	图样的总体质量	图面整洁、布局合理、内容完整	15			
7	工作态度	态度端正，不出现无故缺勤、迟到、早退现象	10			
8	协调能力	与小组成员、同学之间能够顺畅沟通、有效交流，协调工作	5			
9	职业素养	能够做到懂文明讲礼貌，勤俭节约，爱护公共财物及设施、保护环境	5			
10	创新能力	积极思考、善于提问，提出有代表性的问题等	5			
	合计		100			

注：本表可根据本学习情境的工作任务的数量复印相同的份数，保证每个工作任务1份。

【总结报告】

1. 知识归纳（图 7-17）

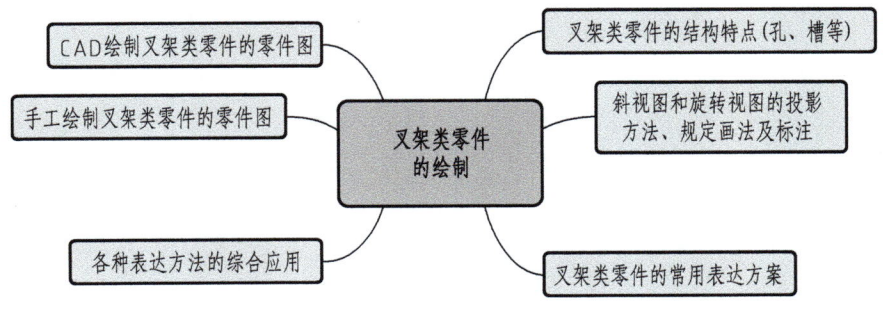

图 7-17 知识归纳思维导图

机械制图

2. 自我反思

1) 本学习情境掌握了哪些知识点？学会了哪些技能？
2) 任务完成情况如何？应注意哪些问题？
3) 还有哪些知识与技能尚未完全明白？
4) 工作过程中有何不足？准备怎么改进？
5) 对教学的意见与建议。

学习情境8

绘制装配体

【学习情境描述】

依据给定的装配体,如图 8-1 所示,弄清楚其组成零件的种类、数量及装配关系,了解其传动原理,根据国家标准中规定的简化符号绘制装配示意图;分析所有非标准件的结构,利用正投影原理及视图的形成规律,按照国家制图标准,合理确定表达方案,手工绘制所有非标准件的零件草图,并正确使用各种测量工具对其各部分进行测量,合理地标注尺寸和技术要求。按照国家标准中对标准件与常用件的规定画法、装配图中的规定画法及特殊画法,合理确定千斤顶、减速器装配体的表达方案;根据零件草图及装配示意图,绘制千斤顶、减速器的装配图,并合理标注尺寸和技术要求,编写零部件序号,填写标题栏和明细栏。

【知识目标】

1. 装配图的作用和内容。
2. 装配图中的规定画法。
3. 装配图中的尺寸种类及标注(配合尺寸)。
4. 装配图零件序号的编写及明细栏的填写。
5. 装配图的技术要求及注写。
6. 装配图的画图方法和步骤。
7. 装配图的看图方法和步骤。

【技能目标】

1. 能够叙述装配图的作用和内容。
2. 能够叙述装配图中的规定画法及特殊画法。
3. 能够叙述装配图中的尺寸种类及标注(配合尺寸),并能够正确标注。
4. 在教师的指导下,能够正确进行装配图零件序号的编写及明细栏的填写。
5. 能够叙述装配图的技术要求,并能够正确注写。
6. 能够叙述装配图的画图方法和步骤,并能够正确绘制。
7. 能够叙述装配图的看图方法和步骤。
8. 能够手工正确绘制千斤顶、减速器的装配图。

9. 能够用 CAD 软件绘制千斤顶、减速器的装配图。

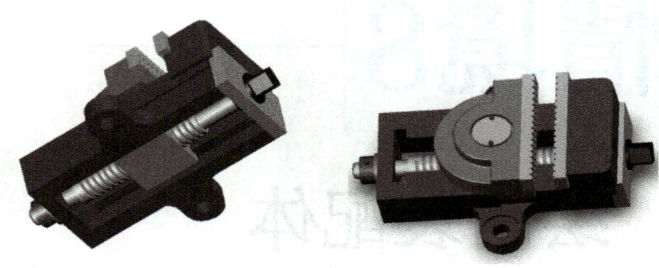

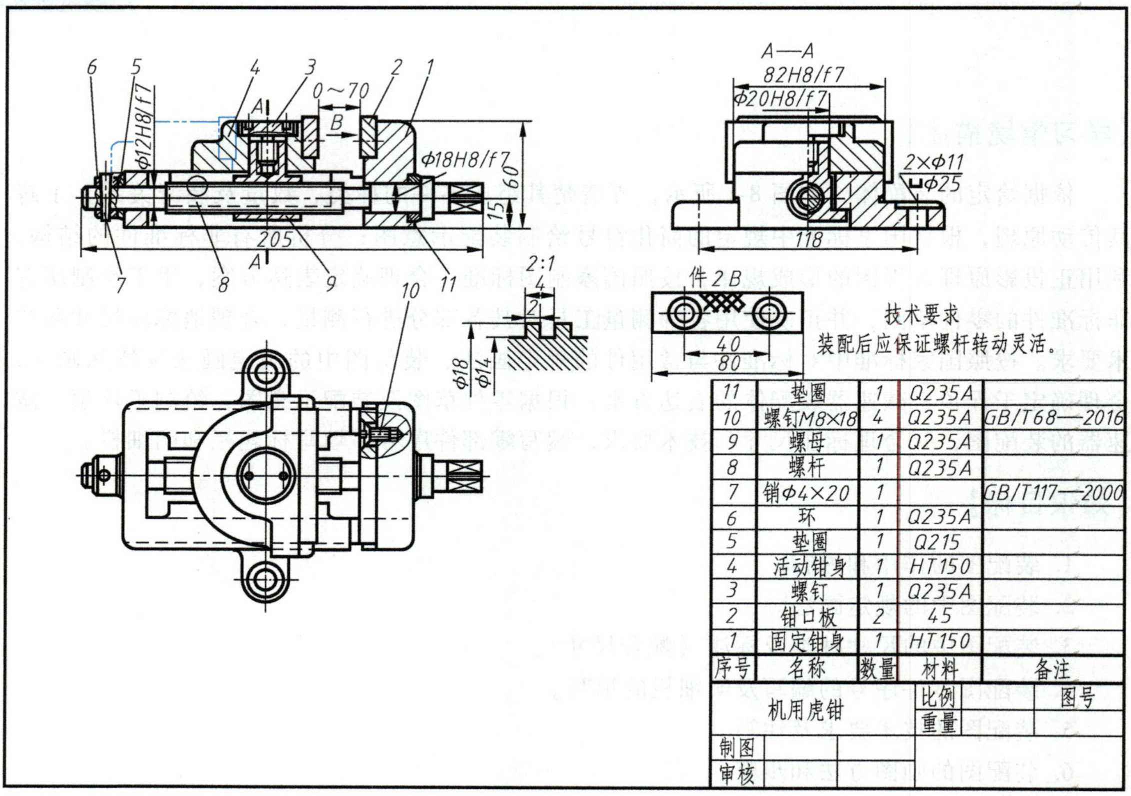

序号	名称	数量	材料	备注
11	垫圈	1	Q235A	
10	螺钉M8×18	4	Q235A	GB/T68—2016
9	螺母	1	Q235A	
8	螺杆	1	Q235A	
7	销Φ4×20	1		GB/T117—2000
6	环	1	Q235A	
5	垫圈	1	Q215	
4	活动钳身	1	HT150	
3	螺钉	1	Q235A	
2	钳口板	2	45	
1	固定钳身	1	HT150	

机用虎钳	比例		图号
	重量		
制图			
审核			

图 8-1 机用虎钳装配体

【素养目标】

1. 培养对工程实际应用进行团结合作、交流与反思的能力。
2. 培养深入社会实践、关注现实问题的使命担当。
3. 培养实事求是、认真钻研的学习态度，勤学好问、积极探索的学习习惯。
4. 传承工匠精神，培养严肃认真的工作态度和一丝不苟的工作作风。
5. 进一步激发学习、掌握机械专业知识及积极参与专业实践的动力与热情，厚植爱国主义情怀，把强国志、报国行自觉融入建设社会主义现代化强国、实现中华民族伟大复兴的奋斗之中。

绘制装配体　学习情境8

工作任务 8.1　绘制千斤顶

【任务描述】

依据给定的千斤顶装配体，如图 8-2 所示，弄清楚其组成零件的种类、数量及装配关系，了解其传动原理，根据国家标准中规定的简化符号绘制装配示意图；分析装配体中所有非标准件的结构，利用正投影原理及视图的形成规律，按照国家制图标准，合理确定表达方案，手工绘制所有非标准件的零件草图，并正确使用各种测量工具对其各部分进行测量，合理标注尺寸和技术要求；按照国家制图标准中对标准件与常用件的规定画法、装配图中的规定画法及特殊画法，合理确定千斤顶装配体的表达方案；根据零件草图和装配示意图，绘制千斤顶装配图，并标注尺寸和技术要求，编写零部件序号，填写标题栏和明细栏。

图 8-2　千斤顶

学习条件及环境要求：机械制图实训室、计算机、绘图软件（三维、二维）、多媒体、千斤顶装配体模型若干、教材、参考书、网络课程及其他资源等。

教学时间（计划学时）：8 学时。

【任务目标】

1. 能够叙述装配图的作用和内容。
2. 能够叙述装配图中的规定画法及特殊画法。
3. 能够叙述装配图中的尺寸种类及标注（配合尺寸）要求，并能够正确标注。
4. 在教师的指导下，能够正确进行装配图零件序号的编写及明细栏的填写。
5. 能够叙述装配图的技术要求，并能够正确注写。
6. 能够手工正确绘制千斤顶装配图。
7. 能够用 CAD 软件绘制千斤顶装配图。

【任务准备】

1. 信息收集

1）千斤顶的结构组成、工作原理和传动路线。
2）装配图的作用和内容。
3）装配图中的规定画法。
4）装配图中的尺寸种类及标注（配合尺寸）要求。
5）装配图零件序号的编写及明细栏的填写。
6）装配图的技术要求及注写。
7）装配图的画图方法和步骤。

8）CAD 绘制装配图的方法和步骤。

2. 工具、材料

千斤顶装配体模型若干、标准图纸（A3）一张、草稿纸（A4）若干张、绘图铅笔（2H、2B）、图板（A3 号）、丁字尺（60mm）、计算机（包括二维、三维 CAD 绘图软件）。

3. 任务分组

学生按 4~6 人一组，明确每组的工作任务，填写分组任务表及学生小组任务分配表。每组及每个学生的任务，可以相同也可以有差异，视具体情况而定。

【引导性学习资料】

一、装配图概述

1. 装配图的作用

任何机器都是由若干个零件按一定的装配关系和技术要求装配起来的。图 8-3 所示为球阀的轴测装配图，由 13 个零件组成。图 8-4 所示为球阀装配图，这种用来表达机器或部件的图样，称为装配图。

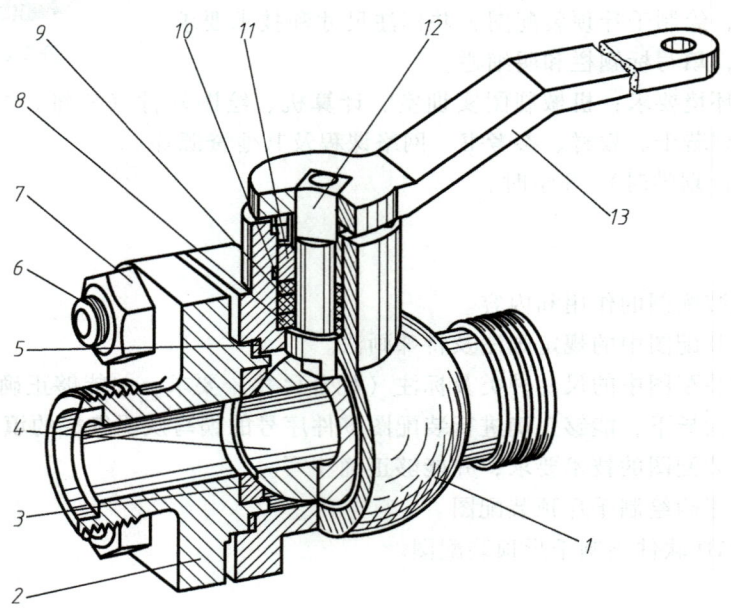

图 8-3 球阀的轴测装配图

1—阀体 2—阀盖 3—密封圈 4—阀芯 5—调整垫 6—螺柱 7—螺母
8—填料垫 9—中填料 10—上填料 11—填料压紧套 12—阀杆 13—扳手

装配图主要表达机器或部件的结构形状、装配关系、工作原理和技术要求等内容。设计时，一般先画出装配图，再根据装配图绘制零件图；装配时，则根据装配图把各零件装配成部件或机器；同时，装配图又是安装、调试、操作和检验机器或部件的重要参考资料。由此可见，装配图是生产中主要的技术文件之一。

装配图根据其用途可以分为生产制造、现场安装及产品销售等多种类型的装配图。其用途不同，在表达方案及尺寸标注时就有不同的侧重，要根据实际工作需求调整表达重点。对于在校学生而言，装配图是表示产品及其组成部分连接、装配关系及技术要求的图样，偏重于生产制造用途。生产制造用装配图，由于有相配套的零件图，除非特殊需要，一般不需要在装配图上针对某个零件细节绘制其断面图、局部放大图和局部剖视图。而现场安装用的装配图则更侧重安装环节，除了标注总体尺寸外，对于底座外形及尺寸、外伸轴长度等都会特别关注。对于产品销售用装配图，则不需要过多反映内部结构及尺寸，往往省略轴承与轴或孔的配合尺寸等。

2. 装配图的内容

（1）一组视图　用一组视图表达机器或部件的工作原理、零件间的装配关系、连接方式，以及主要零件的结构形状。如图8-4所示球阀装配图，主视图采用全剖视，表达球阀的工作原理和各主要零件间的装配关系；俯视图表达主要零件的外形，并采用局部剖视表达扳手与阀体的连接关系；左视图采用半剖视，表达阀盖的外形以及阀体、阀杆、阀芯间的装配关系。

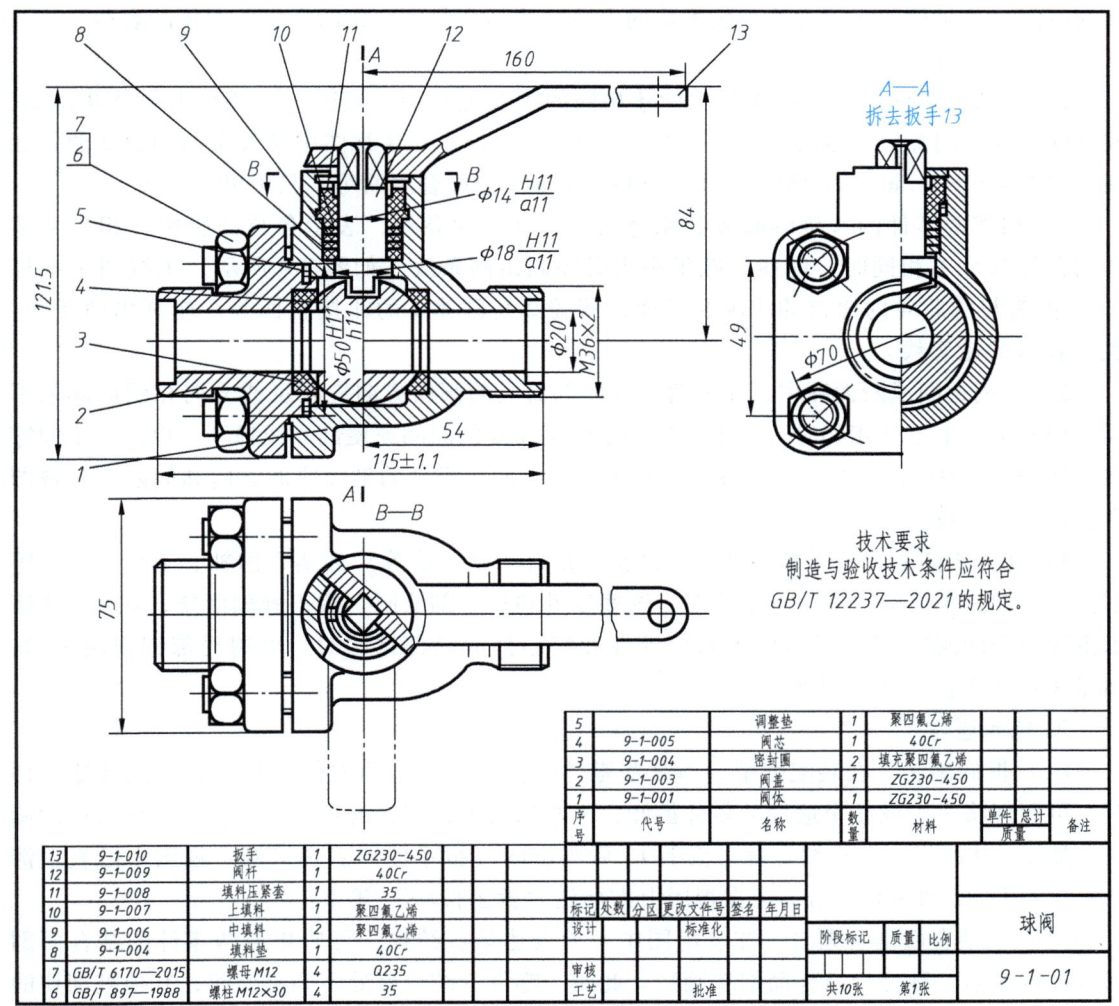

图 8-4　球阀装配图

（2）必要的尺寸 用来标注机器或部件的规格尺寸、零件之间的配合或相对位置尺寸、机器或部件的外形尺寸、安装尺寸及设计时确定的其他重要尺寸等。

（3）技术要求 用来说明机器或部件的装配、安装、调试、检验、使用及维护等方面的技术要求，一般用文字写出。

（4）序号、明细栏和标题栏 在装配图中，为了便于迅速、准确地查找每个零件，对每个零件编写序号，并在明细栏中依次列出零件序号、名称、数量和材料等。在标题栏中写明装配体的名称、图号、比例，以及设计、制图、审核人员的签名和日期等。

二、装配图的表达方法

前面介绍的机件的各种表达方法，在装配图的表达中同样适用。但由于机器或部件是由若干个零件组成的，装配图重点表达零件之间的装配关系、零件的主要形状结构、装配体的内外结构形状和工作原理等，国家标准对装配体的表达方法还做了相应的其他一些规定，画装配图时应将机件的表达方法与装配体的表达方法结合起来，共同完成装配体的表达。

1. 规定画法

1）相邻两零件的接触面或公称尺寸相同的轴孔配合面，只画出一条线表示公共轮廓。间隙配合即使间隙较大也必须画出一条线。如图 8-4 所示，主视图中螺母 7 与阀盖 2 的接触面和注有 $\phi 50H11/h11$、$\phi 18H11/a11$、$\phi 14H11/a11$ 的配合表面等，只画出一条线。

2）相邻两零件的非接触面或非配合面，应画出两条线，表示各自的轮廓；相邻两零件的公称尺寸不相同时，即使间隙很小也必须画出两条线。如图 8-4 所示，主视图中阀杆 12 的榫头与阀芯 4 的槽口的非配合表面，阀盖 2 与阀体 1 的非接触面等，应画出两条线，表示各自的轮廓线。

3）在剖视图或断面图中，相邻两零件的剖面线的倾斜方向应相反或方向相同而间隔不同；如两个以上零件相邻时，可改变第三零件剖面线的间隔或使剖面线错开，以区分不同零件，如图 8-4 中的剖面线画法。在同一张图样上，同一零件的剖面线的方向和间隔在各视图中必须保持一致。

4）在剖视图中，对于标准件（如螺栓、螺母、键、销等）和实心的轴、手柄、连杆等零件，当剖切平面通过其基本轴线时，这些零件均按不剖绘制，即不画剖面线，如图 8-4 所示主视图中的阀杆 12。当需要表明标准件和实心件的局部结构时，可用局部剖视图表示，如图 8-4 中扳手 13 的方孔处。

2. 特殊画法

（1）拆卸画法 在装配图中，当某些零件遮挡住被表达的零件的装配关系或其他零件时，可假想将一个或几个遮挡的零件拆卸，只画出所表达部分的视图，这种画法称为拆卸画法。如图 8-4 所示，左视图是拆去扳手 13 后画出的（扳手的形状在另两个视图中已表达清楚）。应用拆卸画法画图时，应在视图上方标注"拆去件××"等字样。

（2）沿结合面剖切画法 在装配图中，为表达某些结构，可假想沿两零件的结合面剖切后进行投射，称为沿结合面剖切画法。此时，零件的结合面处不画剖面线，其他被剖切的零件应画剖面线。

（3）假想画法 在装配图中，为了表示运动零件的运动范围或极限位置，可采用细双点画线画出其轮廓,如图 8-4 所示的俯视图,用细双点画线画出了扳手的另一个极限位置。

(4) 夸大画法　在装配图中,对于薄片零件、细丝弹簧和微小的间隙等,当无法按实际尺寸画出或虽能画出但不明显时,可不按比例而采用夸大画法画出。如图 8-4 所示,主视图中调整垫 5 的厚度就是采用夸大画法画出的。

(5) 展开画法　为了表达不在同一平面上的空间重叠装配关系,可以假想按其运动顺序进行剖切,然后展开在一个平面上,称为展开画法,如图 8-5 所示。

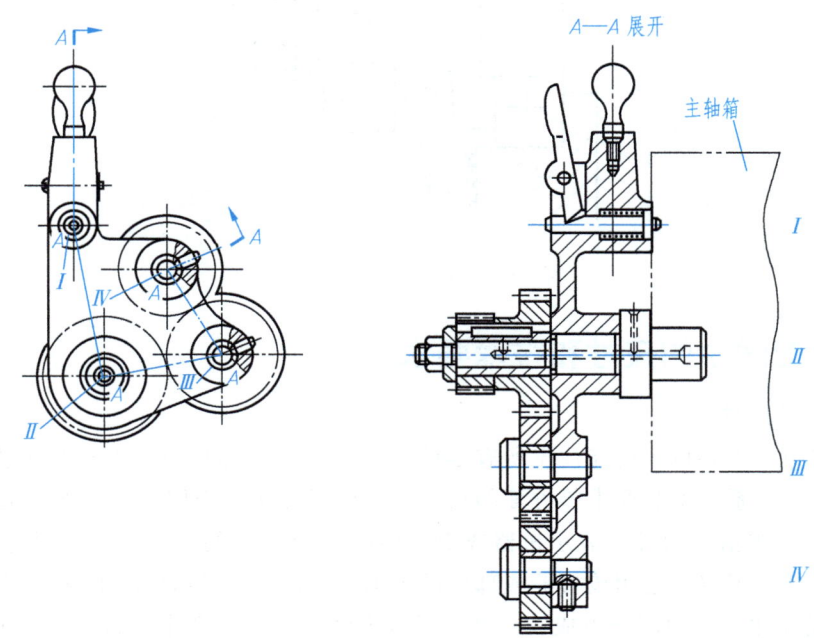

图 8-5　展开画法

3. 简化画法

1) 在装配图中,零件的工艺结构如小圆角、倒角、退刀槽等允许不画出;螺栓、螺母的倒角和因倒角而产生的曲线允许省略,如图 8-6 所示。

2) 在装配图中,若干相同的零件组(如螺纹紧固件组等),允许仅详细地画出一处,其余各处仅以细点画线表示其位置即可,如图 8-6 中的螺钉画法。

3) 在装配图中,滚动轴承按 GB/T 4459.7—2017 的规定,可采用特征画法或规定画法。如图 8-6 中的滚动轴承即采用了规定(简化)画法。在同一张图样中,一般只允许采用同一种画法。

4) 在剖视图或断面图中,如果零件的厚度在 2mm 以下,允许将其涂黑代替剖面符号,如图 8-6 中的垫片即采用了此种表达方法。

总体来说,在选择装配图表达方案时,通常要有一个表达工作原理或者传动路线的全剖视图,还要有一个能反映外部形状特征的视图,再根据实际表达需要,绘制若干个对没有表达清楚部位着重反映的视图。例如,为了表示装配关系或拆装结构等,装配图中还可以用局部视图等方式来表达局部零件之间的装配关系。

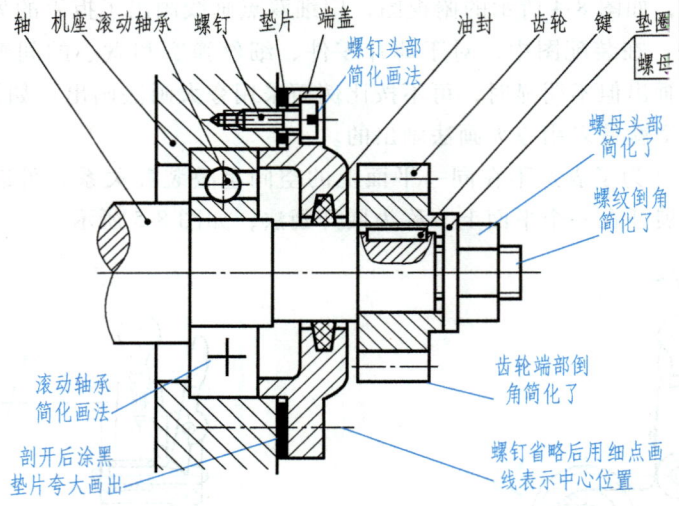

图 8-6 装配图中的简化画法

三、装配图中的尺寸和技术要求

1. 装配图的尺寸标注

在装配图中，不必也不可能注出所有零件的尺寸，只需标注出说明机器或部件的性能、工作原理、装配关系、安装要求等方面的尺寸。这些尺寸按其作用分为以下几类。

（1）性能（规格）尺寸 表示机器或部件性能（规格）的尺寸。这类尺寸在设计时就已确定，是设计、了解和选用该机器或部件的依据，如图 8-4 所示球阀的管口直径 $\phi 20mm$。

（2）装配尺寸 由两部分组成，一部分是各零件间的配合尺寸，如图 8-4 中的 $\phi 50H11/h11$ 等尺寸；另一部分是装配有关零件间的相对位置尺寸，如图 8-4 左视图中的尺寸 49mm。

（3）外形尺寸 表示装配体外形轮廓的尺寸，即总长、总宽和总高。它为包装、运输和安装过程所占的空间大小提供了依据。如图 8-4 中球阀的总长、总宽和总高分别为 115mm±1.1mm、75mm 和 121.5mm。

（4）安装尺寸 机器或部件安装时所需的尺寸，如图 8-4 主视图中的尺寸 84mm、54mm 和 M36×2 等。

（5）其他重要尺寸 它是在设计中确定，又不属于上述几类尺寸的一些重要尺寸，如运动零件的极限尺寸、主体零件的重要尺寸等。

上述五类尺寸，并非在每一张装配图中都必须注全，有时同一尺寸可能有几种含义，如图 8-4 中的尺寸 115mm±1.1mm，它既是外形尺寸，又与安装有关。装配图中的尺寸，应根据装配体做具体分析后进行标注。

2. 配合制选择

基孔制配合的优先配合如图 8-7 所示，基轴制配合的优先配合如图 8-8 所示。基于经济因素，如有可能，配合应优先选择粗框中所示的公差带代号。

3. 技术要求的注写

装配图中一般需要注写以下几方面的技术要求：

基准孔	轴公差带代号																			
	间隙配合						过渡配合				过盈配合									
H6					g5	h5	js5	k5	m5		n5	p5								
H7				f6	g6	h6	js6	k6	m6	n6	p6	r6	s6	t6	u6	x6				
H8			e7	f7		h7	js7	k7	m7				s7		u7					
H8		d8	e8	f8		h8														
H9		d8	e8	f8		h8														
H10	b9	c9	d9	e9		h9														
H11	b11	c11	d10			h10														

图8-7 基孔制配合的优先配合（摘自GB/T 1800.1—2020）

基准轴	孔公差带代号																			
	间隙配合						过渡配合				过盈配合									
h5					G6	H6	JS6	K6	M6		N6	P6								
h6				F7	G7	H7	JS7	K7	M7	N7	P7	R7	S7	T7	U7	X7				
h7			E8	F8		H8	JS8	K8	M8											
h8		D9	E9	F9		H9														
			E8	F8		H8														
h9		D9	E9	F9		H9														
	B11	C10	D10			H10														

图8-8 基轴制配合的优先配合（摘自GB/T 1800.1—2020）

1）装配要求。在装配过程中的注意事项和装配后应满足的要求，如保证间隙、精度要求、润滑和密封的要求等。

2）检验要求。装配体基本性能的检验、试验规范和操作要求等。

3）使用要求。对装配体的规格、参数及维护、保养、使用时的注意事项及要求。

装配图中的技术要求一般注写在明细栏上方或图样右下方的空白处。如图8-4所示的技术要求，注写在明细栏的上方。

四、装配图中的零部件序号、标题栏和明细栏

为了便于读图、进行图样管理和做好生产准备工作，装配图中的所有零部件必须编写序号，并填写明细栏。

1. 零部件序号的编排方法

零部件序号的编排包括：指引线、序号数字和序号排列顺序。

（1）指引线

1）指引线用细实线绘制，应从所指零件的轮廓线内引出，并在末端画一圆点，如图8-9所示。若所指零件很薄或为涂黑断面，可在指引线末端画出箭头，并指向该部分的轮廓，如图8-10所示。

2）指引线的另一端可为直线段终端，也可画成细实线圆或弯折成水平横线，如图8-9

所示。

3) 指引线相互不能相交,当通过有剖面线的区域时,不应与剖面线平行。必要时,指引线可以画成折线,但只允许曲折一次。

4) 一组紧固件以及装配关系清楚的零件组,可采用公共指引线,如图 8-11 所示。

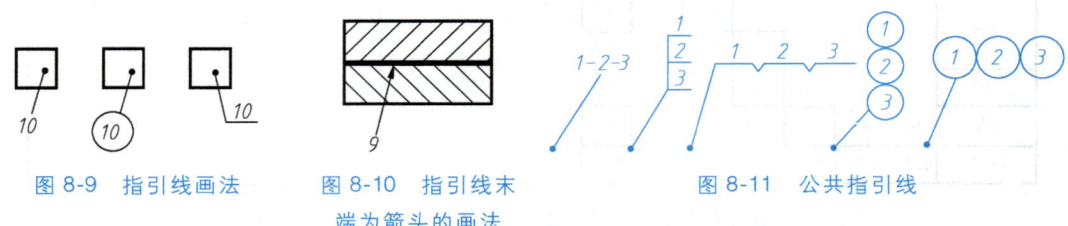

图 8-9　指引线画法　　图 8-10　指引线末端为箭头的画法　　图 8-11　公共指引线

（2）序号数字

1) 序号数字的字号应比图中尺寸数字的字号大一号或两号,但同一装配图中编注序号的形式应一致。

2) 同一装配图中相同的零、部件用一个序号,一般只标注一次。多处出现的相同的零、部件,必要时也可以重复标注。

（3）序号的排列　在装配图中,序号可在一组图形的外围按水平或垂直方向顺次整齐排列,排列时可按顺时针或逆时针方向,但不得跳号,如图 8-4 所示。当在一组图形的外围无法连续排列时,可在其他图形的外围按顺序连续排列。

（4）序号的画法　为使序号的布置整齐美观,编注序号时应先按一定位置画好横线或圆圈（画出横线或圆圈的范围线,取好位置后再擦去范围线）,然后再确定各零、部件轮廓内的适当处,一一对应地画出指引线和圆点。最后检查无误后,再依次填写零件序号。

2. 标题栏

装配图中所使用的标题栏的格式及尺寸与零件图中所使用的标题栏不同,读者可参考图 8-12,或查阅相关标准进行绘制。

3. 明细栏

明细栏是机器或部件中全部零件的详细目录,应画在标题栏上方,当位置不够用时,可续接在标题栏左方。明细栏外框竖线及分栏竖线均为粗实线,明细栏的表头栏（包括横线）也都是粗实线,其余各线均为细实线,其下边线与标题栏上边线重合,长度相等。

明细栏中,零、部件序号应按自下而上的顺序填写,以便在增加零件时可继续向上填写。GB/T 10609.1—2008 和 GB/T 10609.2—2009 分别规定了标题栏和明细栏的统一格式。学校制图作业中的明细栏可采用图 8-12 所示的格式。明细栏"名称"一栏中,除填写零、部件名称外,对于标准件还应填写其规格,有些零件还要填写一些特殊项目,如齿轮应填写 m、z 等参数。标准件对应的国家标准编号应填写在"备注"栏中。

因零件图与装配图之间是有对应关系的,而机械制图国家标准中,对于标题栏内容没有硬性要求,在实际生产中,设计院所或生产企业会根据自己单位的特点制定适用的标题栏内容。为了方便学生学习填写标题栏,对于推荐使用的零件图标题栏都有详细的栏目。这里要明确：零件图是用于指导生产的,其中的"数量"一定是指生产的数量；而装配图明细栏中对应零件的"数量"是指一件该装配体中所需要的此零件的数量。

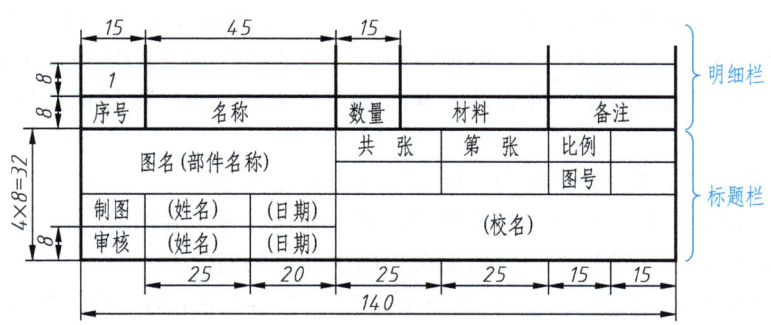

图 8-12 推荐使用的标题栏、明细栏

五、画装配图的方法和步骤

部件是由若干零件装配而成的，根据零件图及其相关资料，可以了解各零件的结构形状，分析装配体的用途、工作原理、连接和装配关系，然后按各零件图拼画成装配图。现以图 8-3 和图 8-4 所示的球阀为例，介绍由零件图拼画装配图的方法和步骤。

1. 了解部件的装配关系和工作原理

对照图 8-3 和图 8-4 进行分析，可以了解球阀的装配关系和工作原理。球阀的装配关系是：阀体 1 与阀盖 2 上都带有方形凸缘结构，用四个螺柱 6 和螺母 7 连接在一起，并用调整垫 5 调节阀芯 4 与密封圈 3 之间的松紧；阀体上部阀杆 12 上的凸块与阀芯上的凹槽榫接，为了密封，在阀体与阀杆之间装有填料垫 8、中填料 9 和上填料 10，并旋入填料压紧套 11。球阀的工作原理是：将扳手 13 的方孔套进阀杆 12 上部的四棱柱，当扳手处于图 8-4 所示的位置时，阀门全部开启，管道畅通；当扳手沿顺时针方向旋转 90°时（图 8-4 俯视图中细双点画线所示位置），阀门全部关闭，管道断流。从俯视图上的 $B—B$ 局部剖视图可看到阀体 1 顶部限位凸块的形状（90°扇形），该凸块用来限制扳手 13 旋转的极限位置。

2. 确定表达方案

装配图表达方案的确定，包括选择主视图、其他视图和表达方法。

（1）选择主视图　一般将装配体的工作位置作为主视图的位置，以最能反映装配体装配关系、位置关系、传动路线、工作原理和主要结构形状的方向作为主视图的投射方向。由于球阀的工作位置变化较多，故将其放置为水平位置，以反映球阀各零件从左到右和从上向下的位置关系、装配关系和结构形状，并结合其他视图表达球阀的工作原理和传动路线。

（2）选择其他视图和表达方法　主视图不可能把装配体的所有结构形状全部表达清楚，应选择其他视图补充表达尚未表达清楚的内容，并选择合适的表达方法。如图 8-4 所示，用前后对称的剖切平面剖开球阀，得到全剖的主视图，清楚地表达了各零件间的位置关系、装配关系和工作原理，但球阀的外形和其他的一些装配关系并未表达清楚。故再选择左视图补充表达外形，并以半剖视进一步表达装配关系；选择俯视图并作 $B—B$ 局部剖视，反映扳手与限位凸块的装配关系和工作位置。

3. 画装配图的步骤

1）确定了装配体的视图和表达方案后，根据视图表达方案和装配体的大小，选定图幅和比例，画出标题栏和明细栏的框格。

2）合理布图，画出各视图的主要轴线（装配干线）、对称中心线和作图基准线。

3）画主要装配干线上的零件，采取由内向外（或由外向内）的顺序逐个画每个零件。

4）画图时，从主视图开始，并将几个视图结合起来一起画，以保证投影准确和防止缺漏线。

5）底稿画完后，检查、描深图线，画剖面线，标注尺寸。

6）编写零、部件序号，填写标题栏和明细栏，并注写技术要求。

7）完成全图后，再仔细校核，准确无误后签名并填写时间。

图 8-13 所示为画球阀装配图底稿的方法和步骤，图 8-4 所示为完成后的球阀装配图。

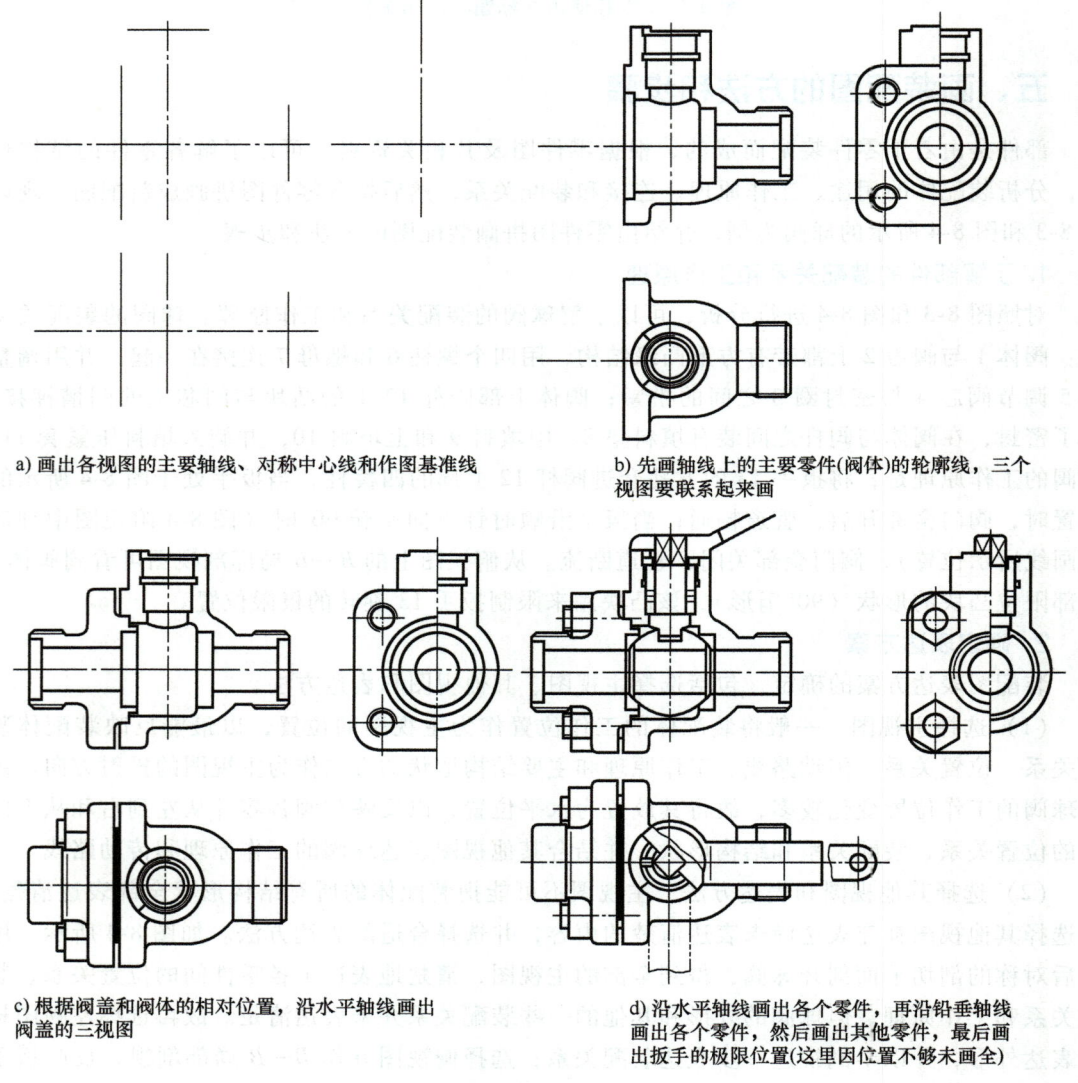

a) 画出各视图的主要轴线、对称中心线和作图基准线

b) 先画轴线上的主要零件(阀体)的轮廓线，三个视图要联系起来画

c) 根据阀盖和阀体的相对位置，沿水平轴线画出阀盖的三视图

d) 沿水平轴线画出各个零件，再沿铅垂轴线画出各个零件，然后画出其他零件，最后画出扳手的极限位置(这里因位置不够未画全)

图 8-13 画球阀装配图底稿的方法和步骤

4. 装配图中的标注

在装配图中要标注配合代号，配合代号用分数形式表示，分子为轴的公差带代号，分母

为孔的公差带代号。装配图中标注配合代号有三种形式,如图8-14所示。

1)标注孔和轴的配合代号,如图8-14a所示。这种注法应用最多。

2)当需要标注孔和轴的极限偏差时,孔的公称尺寸和极限偏差注在尺寸线上方,轴的公称尺寸和极限偏差注在尺寸线下方,如图8-14b、c所示。

3)零件与标准件或外购件配合时,在装配图中可以只标注该零件的公差带代号,如图8-14d所示。

4)配合尺寸查表方法示例:查表确定配合代号 $\phi 60H8/f7$ 中孔和轴的极限偏差值。

根据配合代号可知,孔和轴采用基孔制的优先配合,其中H8为基准孔的公差带代号;f7为配合轴的公差带代号。

① $\phi 60H8$ 基准孔的极限偏差,可由孔的极限偏差表查出。在公称尺寸>50～80mm的行与H的列的交汇处找到0,即孔的下极限偏差为0。$\phi 60mm$ 对应的IT8公差值为0.046mm。所以,$\phi 60H8$ 可写为 $\phi 60^{+0.046}_{0}$。

② $\phi 60f7$ 配合轴的极限偏差,可由轴的极限偏差表查出。在公称尺寸>50～80mm的行与f的列的交汇处找到-0.030mm,即轴的上极限偏差为-0.030mm。$\phi 60mm$ 对应的IT7公差值为0.030mm。所以,$\phi 60f7$ 可写为 $\phi 60^{-0.030}_{-0.060}$。

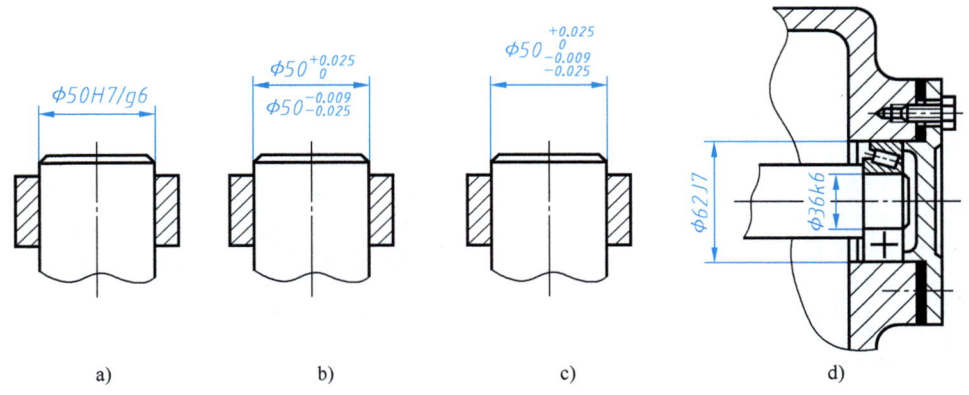

图8-14 装配图中配合代号的标注

六、零件测绘

根据实际零件徒手绘制草图,测量、标注尺寸,并给出必要的技术要求的绘图过程,称为零件测绘。测绘零件的工作常在现场进行。由于条件限制,一般先画零件草图,即以目测比例及尺寸,徒手绘制零件图,然后根据草图和有关资料用仪器或计算机绘制出零件图。

零件测绘对推广先进技术、交流革新成果、改造和维修现有设备都有重要作用和意义,它是工程技术应用型人才必备的制图技能之一。

1. 零件测绘的方法和步骤

(1)分析零件 了解零件的名称、类型、材料及零件在机器中的作用,分析零件的结构、形状和加工方法。

(2)拟定表达方案 根据零件的结构特点,按其加工位置或工作位置,确定主视图的投射方向,再按零件结构形状的复杂程度选择其他视图的表达方案。

（3）绘制零件草图　现以球阀阀盖为例说明徒手绘制零件草图的步骤。阀盖属于盘盖类零件，用两个视图即可表达清楚。球阀阀盖零件草图的绘制步骤如图 8-15 所示。

1）布局定位。在图纸上画出主、左视图的对称中心线和作图基准线，如图 8-15a 所示。布置视图时，要考虑到各视图之间留出标注尺寸的位置。

2）以目测比例画出零件的内、外结构形状，如图 8-15b 所示。

3）选定尺寸基准，按正确、完整、清晰和合理的要求画出所有尺寸界线、尺寸线和箭头。经仔细核对后，按规定线型将图线描深，如图 8-15c 所示。

4）测量零件上的各个尺寸，在尺寸线上逐个填上相应的尺寸数值，如图 8-15d 所示。

5）注写技术要求和标题栏，如图 8-15d 所示。

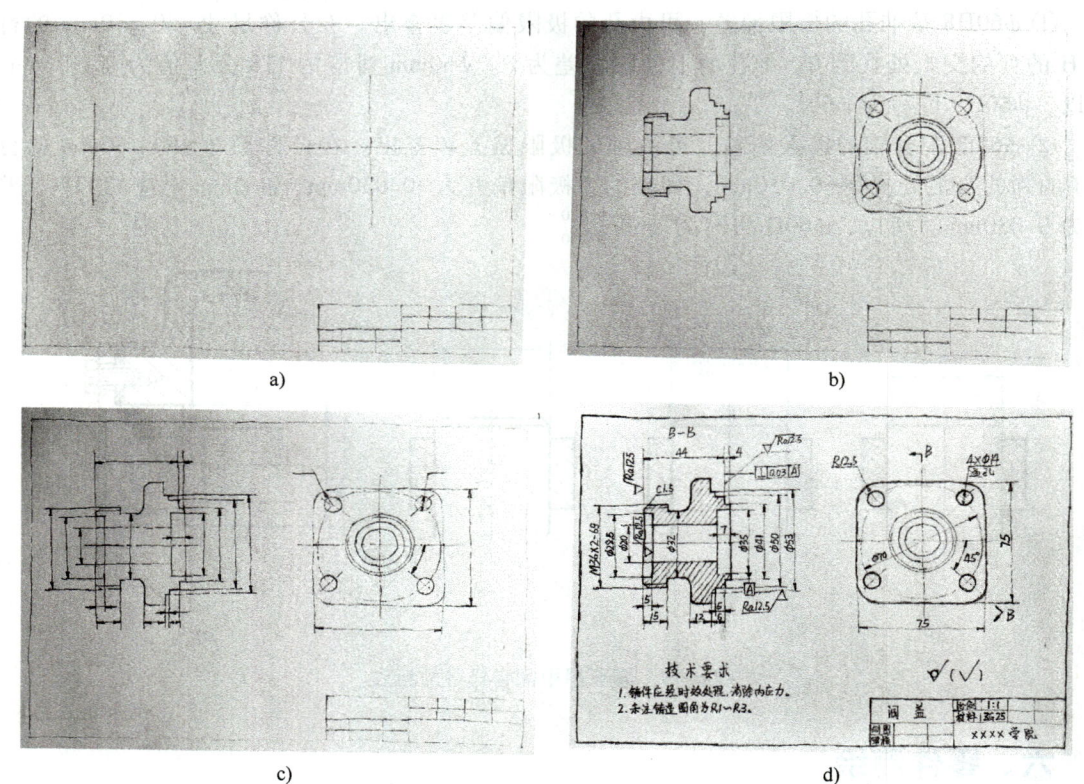

图 8-15　球阀阀盖零件草图的绘制步骤

2. 零件尺寸的测量方法

测量尺寸是零件测绘过程中必要的步骤，零件上的全部尺寸的测量应集中进行，这样可以提高工作效率，避免遗漏。切勿边画尺寸线，边测量，边标注尺寸。

测量尺寸时，要根据零件尺寸的精确程度选用相应的量具。常用金属直尺、内外卡钳测量不加工和无配合的尺寸；用游标卡尺、千分尺等测量精度要求高的尺寸；用螺纹规测量螺距；用圆角规测量圆角；用曲线尺、铅丝及印泥等测量曲面、曲线。图 8-16 所示为测量壁厚的方法，图 8-17 所示为测量曲线及曲面的方法。

3. 零件测绘时的注意事项

1）零件的制造缺陷如砂眼、气孔、刀痕等，以及长期使用所产生的磨损，均不应

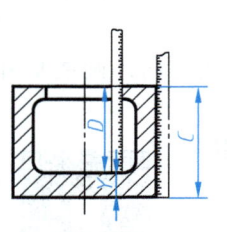 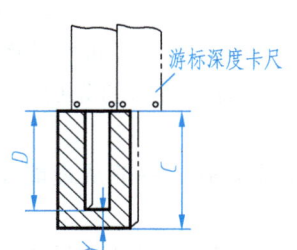 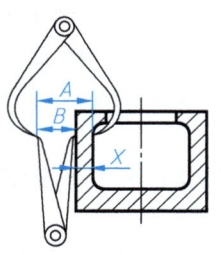 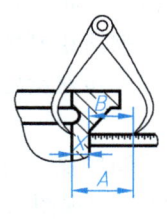

a) 用金属直尺测量壁厚　　b) 用游标深度卡尺测量壁厚　　c) 用内外卡钳测量壁厚　　d) 用外卡钳和金属直尺测量壁厚

图 8-16　测量壁厚的方法

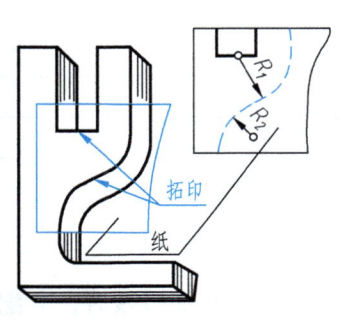 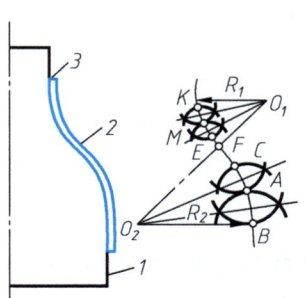 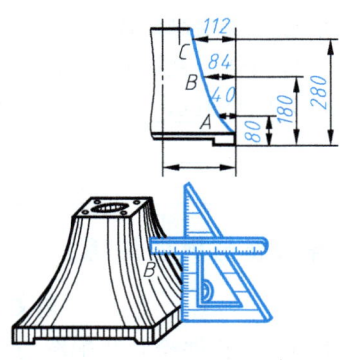

a) 用拓印方法测量曲面　　　　　　b) 用铅丝测量曲线　　　　　　c) 用坐标法测量曲面

图 8-17　测量曲线及曲面的方法

画出。

2）零件上因制造、装配所要求的工艺结构，如铸造圆角、倒圆、倒角和退刀槽等结构，必须查阅有关标准后画出。

3）有配合关系的尺寸一般只需要测出公称尺寸。其配合性质和公差数值应在结构分析的基础上，经查阅有关手册后确定。

4）对螺纹、键槽、齿轮的轮齿等标准结构的尺寸，应将测得的数值与有关标准核对，使尺寸符合标准系列。

5）零件的表面结构（表面粗糙度）、极限与配合、技术要求等，可根据零件的作用参考同类产品的图样或有关资料确定。

6）根据设计要求，参照有关资料确定零件的材料。

【边学边练】

1. 检查所需工具、材料是否齐全；检查工作环境是否干净、整洁。
2. 对给定的千斤顶装配体进行分析，了解其功用、结构组成、工作原理和传动路线。
3. 徒手绘制所有非标准零件的草图，并测量、标注尺寸，注写技术要求，确定材料，填写标题栏。
4. 先确定主视图的投射方向，再根据零件大小确定各个视图的总体尺寸，然后选定绘图的比例及图幅。

5. 清理桌面，铺放并固定图纸，用细实线绘制图纸的边界线、图框线及标题栏的外框线。

6. 根据所绘制图形的尺寸，布局图面，并绘制基准线及重要的图线。

7. 进一步对给定的千斤顶装配体进行分析，确定绘图的先后顺序：从内向外画或从外向内画。

8. 绘制底稿。各部分结构都要三个视图对应着画，一般从最能反映其形状结构特征的视图入手。

9. 检查、描深，编写零件序号，标注尺寸，填写标题栏和明细栏。

10. 使用二维CAD绘图软件绘制千斤顶的装配图，并打印或截图。

11. 使用三维CAD绘图软件创建千斤顶的三维装配模型，并截图打印。

千斤顶测绘指导

请将尺规绘制的图样折叠后粘贴在此处，或将计算机绘图软件绘制的二维或三维图样，截图打印后粘贴在此处。

任务成果展示
___
___

【任务拓展与巩固训练】

用CAD软件绘制装配图的方法和步骤

用CAD软件绘制装配图与手工绘制装配图的方法大体相同，但由于技能考核时，装配图的视图方案、绘图比例和视图数量已经基本确定，所以绘制过程和方法较手工绘图简单。

（1）绘制装配图的方法　一般来说，用CAD软件绘制装配图可以从下述的三种方法中选取：

1）与手工绘图一样，根据零件图的尺寸，按照装配干线，从内到外或从外到内一个零件一个零件地画出它们的图形。

2）利用"文件"命令下的"部分存储"和"并入文件"功能，将待装配零件的视图存盘，再用"并入"的方法将其插入到待画的装配图中。

3）利用"块"功能，将待装配零件的视图定义为块（不必入库），然后利用"平移"命令将其插入到待画的装配图中。

（2）注意事项　初级CAD技能，也即"1+X"机械工程制图职业技能等级（初级），考核装配图的知识点是"根据零件图拼画装配图"。因此，画图时应当注意以下几点：

1）认真阅读试题中给出的文字材料，了解待画装配图的功能、工作原理及运动零件的传动方式。

2）装配示意图是拼画装配图的主要依据，必须认真阅读装配示意图，通过归纳整理确定绘制装配图的方法和步骤。

3）根据试题要求的装配图视图数量，确定待装配零件的视图数量，切忌将试题中所给的零件的视图全部照抄，避免浪费宝贵的考试时间。

4）绘制装配图虽然有"从外到内"和"从内到外"之分，但一般情况下以"从外到内"的方法为首选，即先画出主要的（大的）零件，再画小的零件，以便加快画图速度。

5）零件在装配体中的位置，由其定位面决定，但每个零件的定位面不一定在零件的端部，操作者要通过装配示意图认真分析和查找，以便确定绘制该零件的顺序。

6）具体画图时，应先画图形，再填充剖面线，然后按试题要求标注尺寸、编写零件序号和填写明细栏，最后认真检查全图。

工作任务 8.2　绘制减速器

【任务描述】

依据给定的圆柱齿轮减速器装配体，如图 8-18 所示，弄清楚其组成零件的种类、数量及装配关系，了解其传动原理，根据国家标准中规定的简化符号绘制其装配示意图；分析装配体中所有非标准件的结构，利用正投影原理及视图的形成规律，按照国家制图标准，合理确定表达方案，手工绘制所有非标准件的零件草图，并正确使用各种测量工具对零件各部分进行测量，合理标注尺寸和技术要求；按照国家制图标准中对标准件与常用件的规定画法、装配图中的规定画法及特殊画法，合理确定减速器装配体的表达方案；根据零件草图和装配示意图，绘制减速器装配图，并标注尺寸和技术要求，编写零部件序号，填写标题栏和明细栏。

学习条件及环境要求：机械制图实训室、计算机、绘图软件（三维、二维）、多媒体、单级直齿圆柱齿轮减速器装配体模型若干、教材、参考书、网络课程及其他资源等。

教学时间（计划学时）：12 学时。

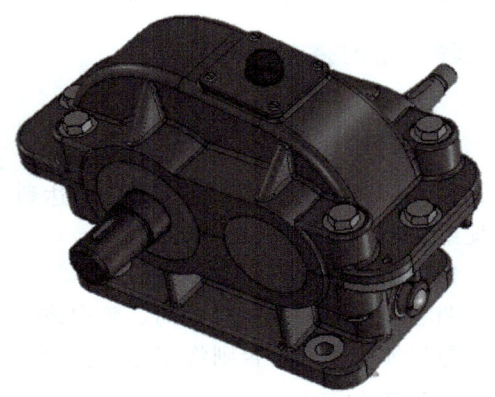

图 8-18　单级直齿圆柱齿轮减速器

【任务目标】

1. 能够叙述装配图的作用和内容。
2. 能够叙述装配图中的规定画法。
3. 能够叙述装配图中的尺寸种类及标注（配合尺寸）要求，并能够正确标注。
4. 在教师的指导下，能够正确进行装配图零件序号的编写及明细栏的填写。
5. 能够叙述装配图的技术要求，并能够正确注写。
6. 能够手工正确绘制减速器装配图。
7. 能够用 CAD 软件绘制减速器装配图。

【任务准备】

1. 信息收集

1）减速器的功用、工作原理和传动路线。
2）装配图中的规定画法。

3）装配图中的尺寸种类及标注（配合尺寸）要求。
4）装配图零件序号的编写及明细栏的填写。
5）装配图的技术要求及注写。
6）装配图的画图方法和步骤。
7）装配图的看图方法和步骤。
8）CAD绘制装配图的方法和步骤。

2. 工具、材料

单级直齿圆柱齿轮减速器装配体模型若干、零件明细表、标准图纸（A1或A2）一张、草稿纸（A4）若干张、绘图铅笔（2H、2B）、图板（A3号）、丁字尺（60mm）、计算机（包括二维、三维CAD绘图软件）。

3. 任务分组

学生按4~6人一组，明确每组的工作任务，填写分组任务表及学生小组任务分配表。每组及每个学生的任务，可以相同也可以有差异，视具体情况而定。

【引导性学习资料】

一、装配结构简介

在绘制装配图时，为保证装配体达到应用的性能要求，又考虑安装与拆卸方便，应注意装配结构的合理性。

1. 接触面的数量和结构

两零件在同一方向（横向、竖向或径向）只能有一对接触面，这样既能保证接触良好，又能降低加工要求，否则将使加工困难，并且不可能同时接触，如图8-19所示。锥面的配合如图8-20所示。

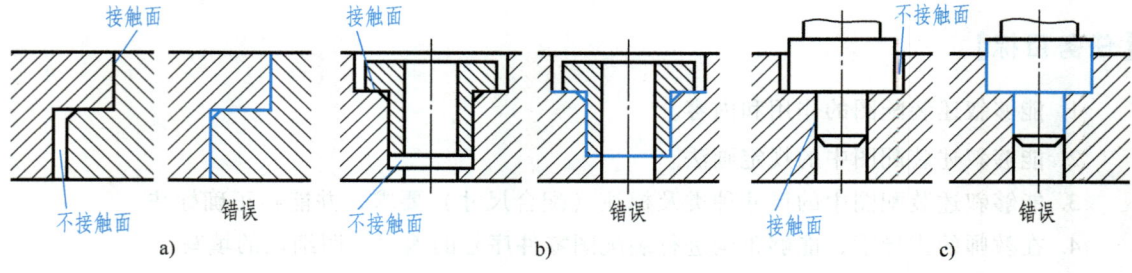

图8-19 接触面的画法

2. 转折处的结构

零件两个方向的接触面应在转折处做成倒角、倒圆或凹槽，以保证两个方向的接触面接触良好。转折处不应加工成直角或尺寸相同的圆角，应孔边倒角或轴上切槽，否则会导致装配时零件无法定位、转折处发生干涉，导致因接触不良而影响装配精度，如图8-21所示。

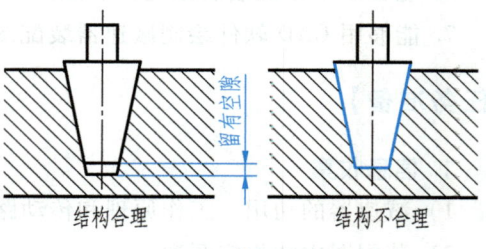

图8-20 锥面的配合

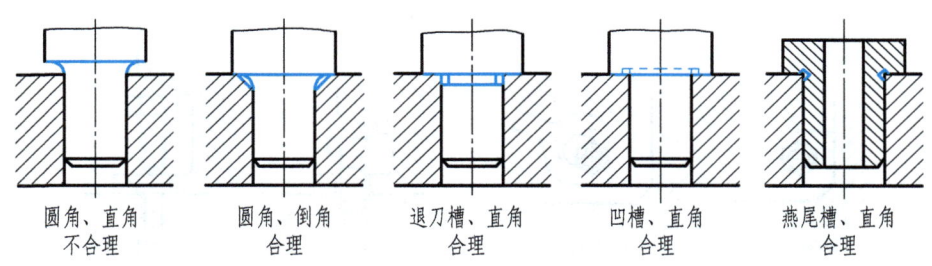

| 圆角、直角 | 圆角、倒角 | 退刀槽、直角 | 凹槽、直角 | 燕尾槽、直角 |
| 不合理 | 合理 | 合理 | 合理 | 合理 |

图 8-21　接触面转折处的结构

3. 螺纹连接的结构

为了保证螺纹旋紧，应在螺纹尾部留出退刀槽或在螺孔端部加工出凹坑或倒角，如图 8-22 所示。为了保证连接件与被连接件间接触良好，被连接件上应做出沉孔或凸台，被连接件上通孔的直径应大于螺孔大径或螺杆直径，如图 8-23 所示。

4. 螺纹防松的结构

螺纹防松的结构主要有双螺母防松、弹簧垫圈防松和开口销防松三种形式，如图 8-24 所示。

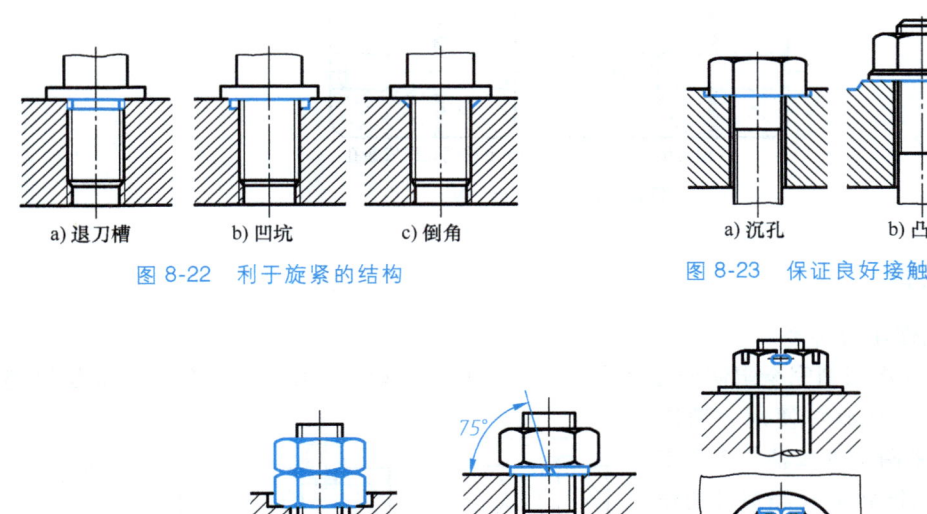

a) 退刀槽　　b) 凹坑　　c) 倒角

图 8-22　利于旋紧的结构

a) 沉孔　　b) 凸台

图 8-23　保证良好接触的结构

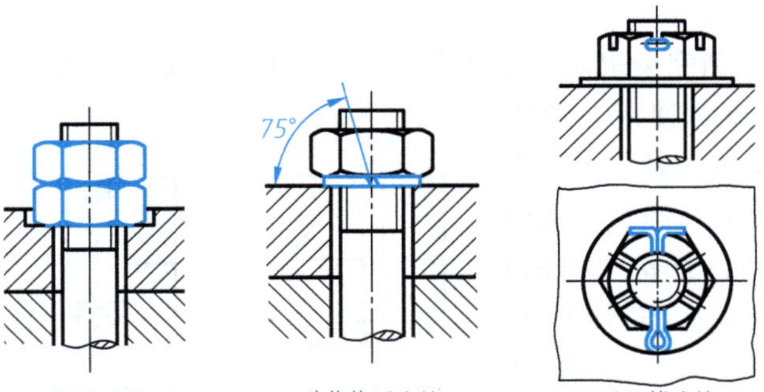

双螺母防松　　弹簧垫圈防松　　开口销防松

图 8-24　螺纹防松的结构

5. 维修、拆卸的结构

当用螺栓连接时，应考虑留有足够的安装和拆卸空间，如图 8-25 和图 8-26 所示。

在用孔肩或轴肩定位滚动轴承时，应考虑维修时拆卸的方便与可能。即孔肩高度必须小于轴承外圈厚度，轴肩高度必须小于轴承内圈厚度，如图 8-27 所示。

为使两零件装配时准确定位及拆卸后不降低装配精度，常用圆柱销或圆锥销将两零件定位，如图 8-28a 所示。为了装配和拆卸的方便，应将销孔做成通孔，如图 8-28b 所示。

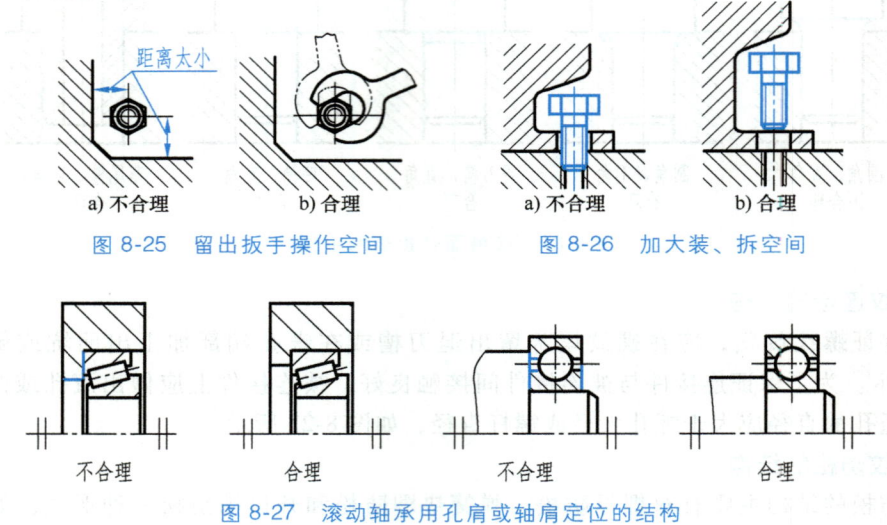

图 8-25 留出扳手操作空间　　　图 8-26 加大装、拆空间

图 8-27 滚动轴承用孔肩或轴肩定位的结构

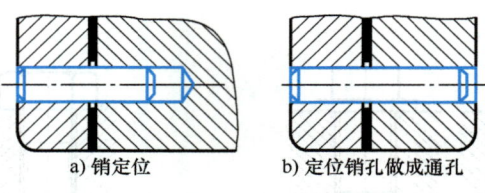

a) 销定位　　b) 定位销孔做成通孔

图 8-28 销定位结构

二、定位销

1. 定位销的作用及种类

销定位,通常指用销完全限制两零件安装平面之间的错动。所以,定位销总是和螺纹连接件合作工作的,且成对使用。销连接,通常指用销将两个轴或轴与带孔零件强制连接,以共同转动(类似键的作用)或移动。连接销特制的多。圆柱销与圆锥销用于定位场合远多于连接场合。而开口销,不是严格意义上的定位销或连接销,大多起防松的作用。销连接的画法如图 8-29 所示。

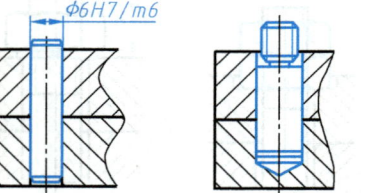

a) 圆柱销装配图画法　b) 螺尾销装配图画法　c) 圆锥销装配图画法

图 8-29 销连接的画法

2. 圆柱销与圆锥销的差异

因直孔工艺性好,所以圆柱销应用较多。锥孔工艺性不够好,但圆锥销重复定位精度比圆柱销高,所以需多次拆卸的场合要用圆锥销。销孔的加工常用铰刀铰制。直孔铰刀与锥孔铰刀如图 8-30 所示。定位柱销与连接锥销的应用如图 8-31 所示。

3. 销孔配作及销的装配过程

销孔配作及销的装配过程如图 8-32 所示。

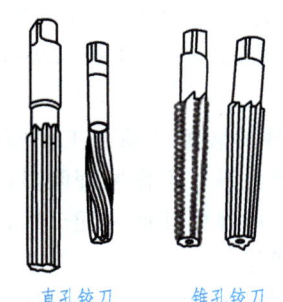

图 8-30　直孔铰刀与锥孔铰刀

定位柱销的应用

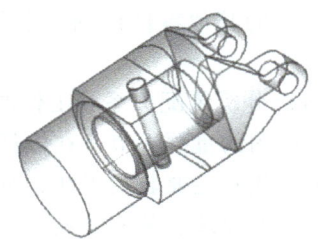

连接锥销的应用

图 8-31　定位柱销与连接锥销的应用

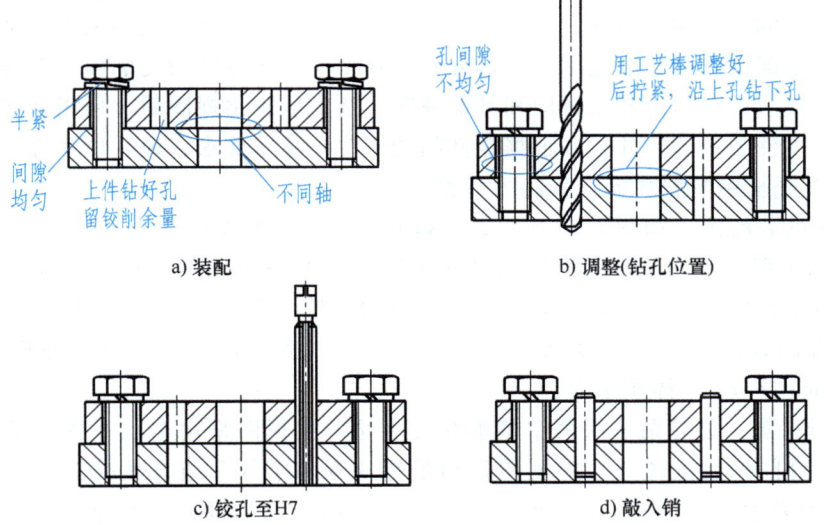

图 8-32　销孔配作及销的装配过程

三、读装配图及由装配图拆画零件图

读装配图的目的是了解装配体的作用和工作原理，了解各零件间的装配关系、拆装顺序及各零件的主要结构形状和作用，了解主要尺寸、技术要求和操作方法。在设计时，还要根据装配图画出零件图。

1. 读装配图及由装配图拆画零件图的方法和步骤

（1）概括了解　读装配图时，首先由标题栏了解该机器或部件的名称；由明细栏了解组成机器或部件中各零件的名称、数量、材料及标准件的规格，估计部件的复杂程度；由画图的比例、视图大小和外形尺寸，了解机器或部件的大小；由产品说明书和有关资料，并联系生产实践知识，了解机器或部件的性能、功用等，从而对装配图的内容及装配体有一个概括的了解。

（2）分析视图　首先找到主视图，再根据投影关系识别其他视图，找出剖视图、断面图所对应的剖切位置。根据向视图或局部视图的投射方向，识别表达方法，从而明确各视图表达的意图和侧重点，为下一步深入读图做准备。

（3）分析零件，读懂零件的结构形状　分析零件，就是弄清每个零件的结构形状及其作用。一般应先从主要零件入手，然后是其他零件。当零件在装配图中表达不完整时，可对有关的其他零件仔细观察和分析，然后再做结构分析，从而确定该零件的内外结构及形状。

（4）分析装配关系和工作原理　对照视图仔细研究机器或部件的装配关系和工作原理，是深入读图的重要环节。在概括了解装配图的基础上，从反映装配关系、工作原理明显的视图入手，找到主要装配干线，分析各零件的运动情况和装配关系；再找到其他装配干线，继续分析工作原理、装配关系、零件的连接、定位及配合的松紧程度等。

（5）由装配图拆画零件图　由装配图拆画零件图是设计过程中的重要环节，也是检验识读装配图和画零件图能力的一种常用方法。拆画零件图前，应对所拆零件的作用进行分析，然后把该零件从与其组装的其他零件中分离出来。分离零件的基本方法是：首先在装配图中找到该零件的序号和指引线，顺着指引线找到该零件；再利用投影关系、剖面线的方向找到该零件在装配图中的轮廓范围。经过分析，补全所拆画零件的轮廓线。有时，还需要根据零件的表达要求，重新选择主视图和其他视图。选定或画出视图后，采用抄注、查取和计算的方法标注零件图上的尺寸，并根据零件的功用注写技术要求，最后填写标题栏。

2. 读装配图及由装配图拆画零件图举例

读齿轮泵的装配图，如图8-33所示，并拆画右端盖8的零件图。

（1）概括了解　齿轮泵是机器中用来输送润滑油的一个部件。对照零件序号和明细栏可知：齿轮泵由泵体、左右端盖、运动零件（传动齿轮、齿轮轴等）、密封零件和标准件等17种零件装配而成，属于中等复杂程度的部件。长、宽、高三个方向的外形尺寸分别是118mm、85mm、93mm，体积不大。

（2）分析视图　齿轮泵采用两个基本视图表达。主视图采用全剖视图，反映了组成齿轮泵的各个零件间的装配关系。左视图采用沿垫片6与泵体7结合面处剖切的画法，通过 $B—B$ 半剖视图表达内外结构，又在吸、压油口处采用局部剖视，清楚地表达了齿轮泵的外形和齿轮的啮合情况。

（3）分析零件，读懂零件的结构形状　从装配图可以看出，泵体7的外形形状为长圆，中间加工成8字形通孔，用以安装齿轮轴2和传动齿轮轴3；四周加工有两个定位销孔和六个螺孔，用以定位和旋入螺钉1（将左端盖4和右端盖8连接在一起）；前后铸造出凸台并加工出螺孔，用以连接吸油和压油管道；下方有支承脚架与长圆连接成整体，并在支承脚架上加工有通孔，用以穿入螺栓后将齿轮泵与机器连接在一起。左端盖4的外形形状为长圆，四周加工有两个定位销孔和六个阶梯孔，用以定位和装入螺钉1（将左端盖4与泵体连接在一起）；在长圆结构左侧铸造出长圆凸台，以保证加工支承齿轮轴2、传动齿轮轴3的孔的几个深度。右端盖8的右上方铸造出圆柱形结构，外表面加工有螺纹，通过此结构与压紧螺母11连接，内部加工成通孔以保证齿轮传动轴伸出，其他结构与左端盖4相似。其他零件的结构形状请读者自行分析。

（4）分析装配关系和工作原理　泵体7是齿轮泵中的主要零件之一，它的空腔中容纳了一对吸油和压油的齿轮。将齿轮轴2、传动齿轮轴3装入泵体后，两侧有左端盖4、右端盖8支承这一对齿轮轴的旋转运动。由销5将左、右端盖定位后，再用螺钉1将左、右端盖与泵体连接，为了防止泵体与端盖的结合面处和传动齿轮轴3伸出端漏油，分别用垫片6和密封圈9、衬套10、压紧螺母11密封。

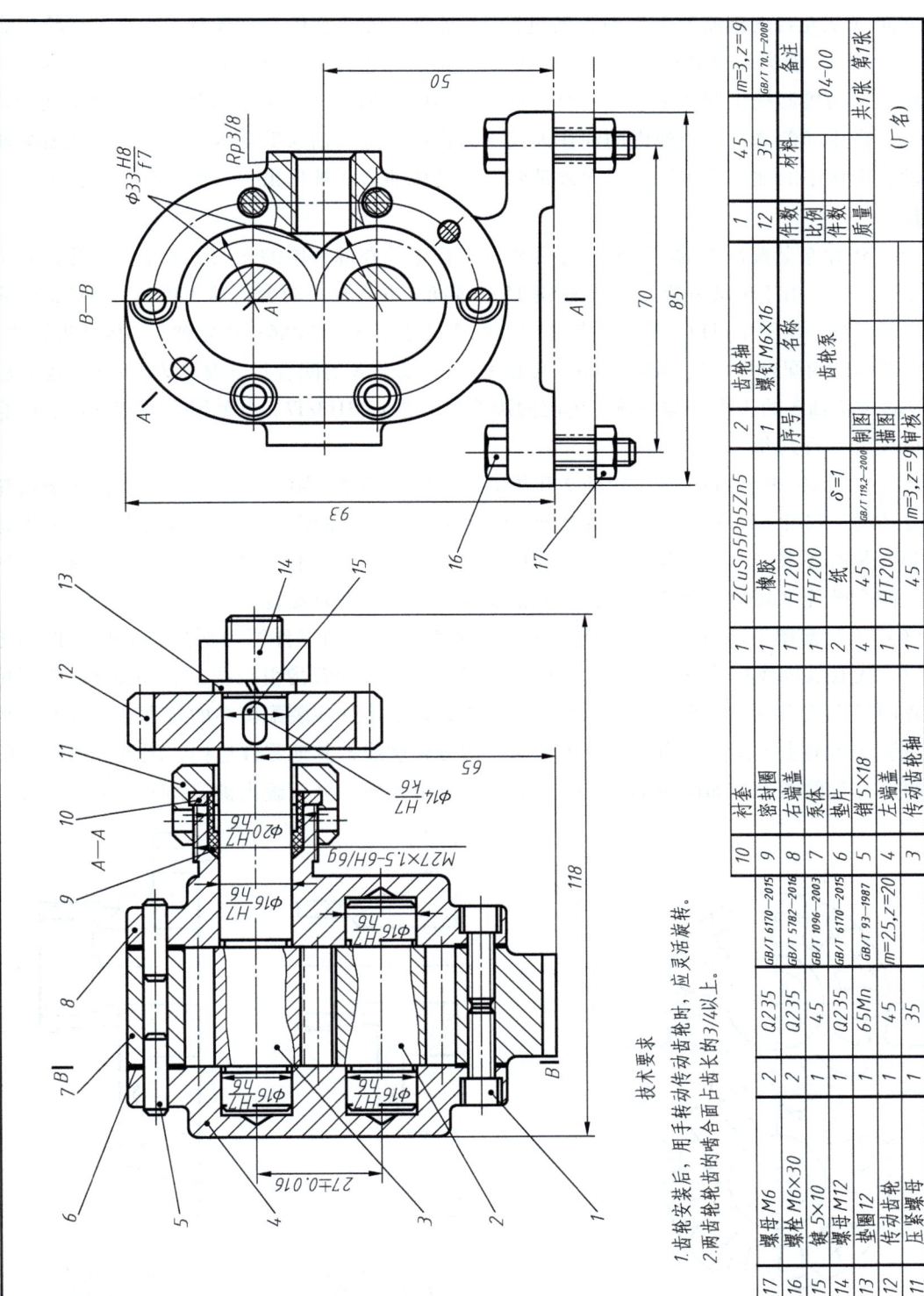

图 8-33 齿轮泵的装配图

齿轮轴 2、传动齿轮轴 3、传动齿轮 12 等是齿轮泵中的运动零件。当传动齿轮 12 沿逆时针方向（从左视图观察）转动时，通过键 15 将扭矩传递给传动齿轮轴 3，通过齿轮啮合带动齿轮轴 2，使齿轮轴 2 沿顺时针方向转动，如图 8-34 所示。齿轮泵的主要功用是通过吸油、压油，为机器提供润滑油。当一对齿轮在泵体中做啮合传动时，啮合区内右边空间的压力降低，产生局部真空，油池内的油在大气压力作用下进入油泵低压区的吸油口。随着齿轮的转动，齿槽中的油不断沿箭头方向被带到左边的压油口而被压出，进而送到机器需要润滑的部位。

（5）齿轮泵装配图中的配合和尺寸分析　根据零件在部件中的作用和要求，应注出相应的公差带代号。由于传动齿轮 12 要通过键 15 传递扭矩并带动传动齿轮轴 3 转动，因此需要定出相应的配合。从图中可以看到，它们之间的配合尺寸是 $\phi14H7/k6$；齿轮轴 2 和传动齿轮轴 3 与左、右端盖的配合尺寸是 $\phi16H7/h6$；衬套 10 与右端盖 8 的配合尺寸是 $\phi20H7/h6$；齿轮轴 2 和传动齿轮轴 3 的齿顶圆与泵体 7 内腔的配合尺寸是 $\phi33H8/f7$。各处配合的基准制、配合类别请读者自行判断。

尺寸（27±0.016）mm 是齿轮轴 2 和传动齿轮轴 3 的中心距，准确与否将直接影响齿轮的啮合传动。尺寸 65mm 是传动齿轮轴轴心线距泵体安装面的高度尺寸。这两个尺寸分别是设计和安装所要求的尺寸。吸、压油口的标记 Rp3/8 表示尺寸代号为 3/8 的 55°密封圆柱内螺纹。两个螺栓之间的尺寸 70mm 表示齿轮泵与机器连接时的安装尺寸。

（6）由装配图拆画右端盖零件图　现以拆画右端盖 8 的零件图为例进行分析。拆画零件图时，先在装配图中找到右端盖 8 的序号和指引线，再顺着指引线找到右端盖 8，并利用高平齐的投影关系找到该零件在左视图上的投影，确定零件在装配图中的轮廓范围和基本形状。在装配图的主视图中，由于右端盖 8 的一部分轮廓线被其他零件遮挡，因此分离出来的是一幅不完整的图形，如图 8-35a 所示。经过想象和分析，可补画出被遮挡的可见轮廓线，

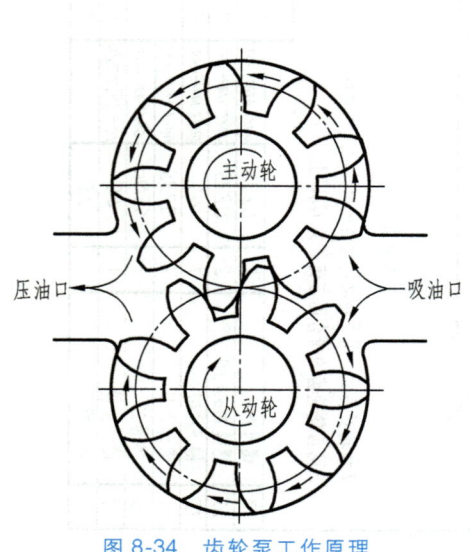

图 8-34　齿轮泵工作原理

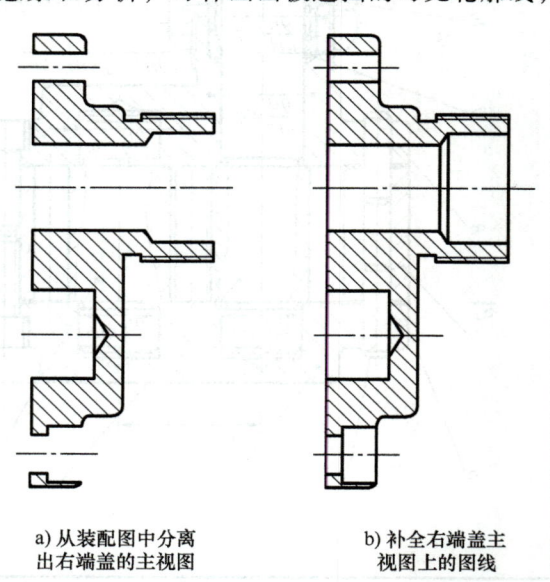

a) 从装配图中分离出右端盖的主视图　　b) 补全右端盖主视图上的图线

图 8-35　由齿轮泵装配图拆画右端盖零件图的过程

如图 8-35b 所示。从装配图的主视图中拆画出的右端盖 8 的图形，反映了右端盖 8 的工作位置，并表达了各部分的主要结构形状，仍可作为零件图的主视图。因为右端盖 8 属于轮盘类零件，一般需要用两个视图表达内外结构形状。因此，当右端盖 8 的主视图确定后，还需要用右视图辅助完成主视图尚未表达清楚的外形、定位销孔和六个阶梯孔的位置等。

图 8-36 是画出表达外形的右视图后的右端盖 8 零件图。在图中按零件图的要求标注出尺寸和技术要求，有关的尺寸公差和螺纹的标记是根据装配图中已有的要求抄注的，内六角圆柱头螺钉孔的尺寸可在有关标准中查找，最后填写标题栏。

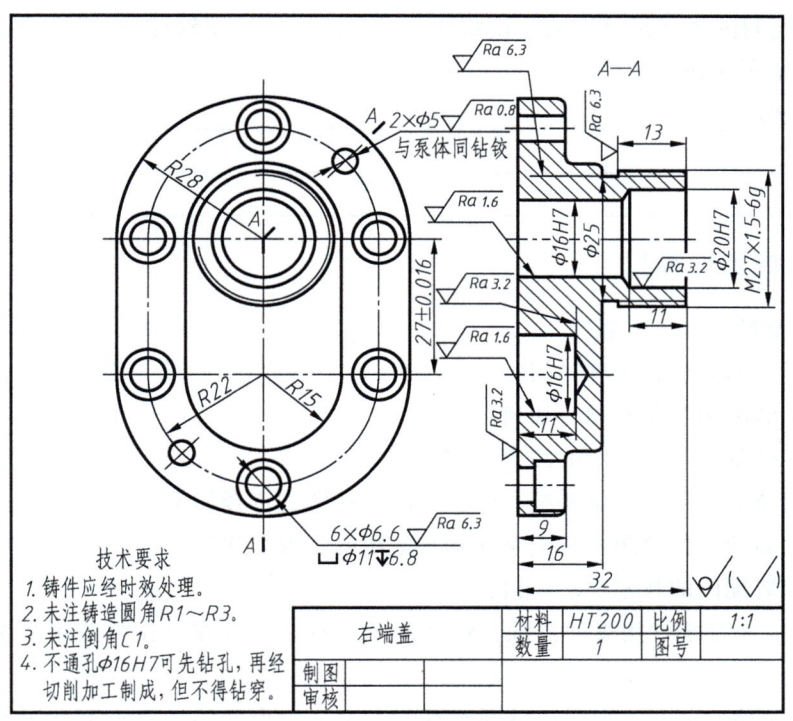

图 8-36　右端盖零件图

【边学边练】

1. 检查所需工具、材料是否齐全；检查工作环境是否干净、整洁。
2. 对给定的减速器装配体进行分析，了解其功用、结构组成、工作原理和传动路线。
3. 徒手绘制所有非标准零件的草图，并测量、标注尺寸，注写技术要求，确定材料，填写标题栏。
4. 先确定主视图的投射方向，再根据零件大小确定各个视图的总体尺寸，然后选定绘图的比例及图幅。
5. 清理桌面，铺放并固定图纸，用细实线绘制图纸的边界线、图框线及标题栏的外框线。

6. 根据所绘制图形的尺寸，布局图面，并绘制基准线及重要的图线。

7. 进一步对给定的减速器装配体进行分析，确定绘图的先后顺序：从内向外画或从外向内画。

8. 绘制底稿。各部分结构都要几个视图对应着画，一般从最能反映其形状结构特征的视图入手。

9. 检查、描深，编写零件序号，标注尺寸，填写标题栏和明细栏。

10. 使用二维 CAD 绘图软件绘制减速器的装配图，并打印或截图。

11. 使用三维 CAD 绘图软件创建减速器的三维装配模型，并截图打印。

请将尺规绘制的图样折叠后粘贴在此处，或将计算机绘图软件绘制的二维或三维图样，截图打印后粘贴在此处。

任务成果展示

【任务拓展与巩固训练】

1. 装配体测绘的有关问题

1）装配测绘的方法、步骤如何？

2）什么是装配示意图？画法如何？

3）绘制零件草图和零件图的注意点如何？

4）由减速器的零件草图画装配草图和装配图视图的选择如何？

5）由减速器的零件草图画装配草图和装配图的步骤如何？

6）减速器装配图的技术要求如何？

① 装配前，全部零件用煤油清洗，箱体内不许有杂物存在。在内壁涂两次不被机油侵蚀的涂料。

② 用涂色法检验斑点。齿高接触斑点不小于 40%，齿长接触斑点不小于 50%。必要时可以研磨啮合齿面，以便改善接触情况。

③ 调整圆锥滚子轴承时所留轴向间隙如下：对于 $\phi 40mm$、$\phi 45mm$，为 $0.05 \sim 0.1mm$。

④ 装配时，剖分面不允许使用任何填料，可涂以密封油漆或水玻璃。试转时，应检查剖分面，各接触面及密封处均不准漏油。

⑤ 箱座内选用 50 号润滑油，装至规定高度。

⑥ 表面涂灰色油漆。

说明：箱体采用铸造剖分式结构。齿轮用油池润滑。轴承润滑时飞溅到箱盖上的油，经箱座油沟、轴承盖豁口流至轴承处。轴承间隙用垫片调节。

7）计算机绘制装配图的方法如何？

8）计算机绘制装配图的步骤如何？

9）如何进行图形的输入与输出？

10）什么是模型空间和图纸空间？什么是模型窗口和布局窗口？

11）如何设置视口及打印输出图样？

2. 双螺母能够防松的原理

双螺母使螺纹副中产生不随外载荷变化的附加压力，且总存在摩擦力矩，可以防止螺母相对螺栓转动。单螺母紧固时，由于机械振动导致压力波动，双螺母紧固时则大为改善。如果向上振动，下面的螺母贴得更紧，反之，如果向下振动，上面的螺母贴得更紧，总载荷始终不变。安装时，里面的螺母先松拧，拧紧外面的螺母则顶紧里面的螺母，故外面的螺母可适当加厚以承受较大的转矩。

（1）对顶防松螺母原理　双螺母防松时产生两个摩擦力面，第一摩擦力面是螺母与被紧固件之间，第二摩擦力面是螺母与螺母之间。安装时，第一摩擦力面的预紧力为第二摩擦力面的80%。在冲击和振动载荷作用时，第一摩擦力面的摩擦力会减小和消失，但同时，第一螺母会被压缩，导致第二摩擦力面的摩擦力进一步加大。螺母松退必须克服第一摩擦力和第二摩擦力，由于第一摩擦力减小的同时第二摩擦力会增大。这样防松效果就会比较好。

双螺母（对顶螺母）的防松效果是普通弹性垫圈的80~90倍。

（2）唐氏螺纹防松原理　唐氏螺纹紧固件也是采用双螺母防松，但是，两个螺母的旋转方向相反。在冲击和振动载荷作用时，第一摩擦力面的摩擦力会减小和消失，第一螺母（右旋）会产生松退趋势，即螺母向左旋转。但是第二螺母（左旋）的旋向与第一螺母的旋向相反。因此第一螺母的松退力直接转换成第二螺母的拧紧力。这样，螺母万万不会松退。

唐氏螺纹的防松效果是普通弹性垫圈的一千多倍，是目前防松效果最好的。关键是这是唯一一种从防松原理上来说不松的防松方式。

【成风化人】

勇于担当，不忘初心

通过对减速器的测绘，你是否知道减速器中既承受转矩又承受弯矩的轴，在支承齿轮中显示着它的担当？你是否见过在农业机械中，软轴将回转运动灵活地传到其他位置，显示着它的担当？你是否见过汽车变速器后桥的轴传递转矩，在变速器和变速驱动桥的相对位置变化下显示着它的担当？担当是什么？担当是一种责任，是一种关键时刻挺身而出的气魄。每个人在不同的环境、不同的阶段、不同的角色中，需要担当不同的责任。首先是自我责任，对自己的行为负责、自尊自爱、不依赖他人。在家庭中，从儿女责任到父母责任，从孝顺父母到教育儿女，孝悌恭敬，立业兴家。在集体中，自觉承担自己的那份工作和义务，实现自我的价值。在社会中，遵纪守法，高标准履职尽责，弘扬正能量。不忘初心、牢记使命，勇于担当，让人生在责任中闪光。

【学习成果与评价反馈】

学生自评（20%）；小组互评（30%）；教师评价（50%）。

小组互评表见表8-1，学习情境总评成绩表见附录。

表 8-1 小组互评表

班级___ 姓名___ 学号___ 工作任务(　　)					
学习情境 8	绘制装配体	配分	得分		
评价项目	评价标准		学生自评 (×0.2)	小组互评 (×0.3)	教师评价 (×0.5)
1　装配体的理解	能够叙述装配体(千斤顶、减速器)的功用、工作原理及结构组成	10			
2　装配图的作用、内容及画法	能够说出装配图的作用、内容及画法,并且能够列出装配图的规定画法、特殊画法及简化画法	10			
3　装配图的表达及画法	能够说出装配图的画图方法和步骤,并能够正确绘制装配图,尤其是装配结构的表达	15			
4　装配图的尺寸标注、零件序号、明细栏及技术要求的注写	能够列出装配图中的尺寸种类,能够正确注写装配图中的尺寸、零件序号、明细栏及技术要求	15			
5　零件的测绘	能够充分考虑零件测绘的注意事项,按照零件测绘的方法和步骤进行零件测绘	10			
6　部件的测绘	能够充分考虑部件测绘的注意事项,按照部件测绘的方法和步骤进行部件测绘	10			
7　工作态度	态度端正,不出现无故缺勤、迟到、早退现象	10			
8　协调能力	与小组成员、同学之间能够顺畅沟通、有效交流,协调工作	5			
9　职业素养	能够做到懂文明讲礼貌,勤俭节约,爱护公共财物及设施、保护环境	10			
10　创新能力	积极思考、善于提问,提出有代表性的问题等	5			
合计		100			

注:本表可根据本学习情境的工作任务的数量复印相同的份数,保证每个工作任务 1 份。

【总结报告】

1. 知识归纳（图 8-37）

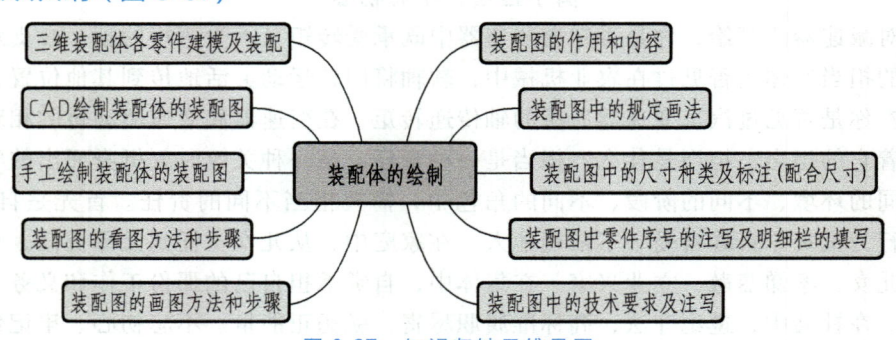

图 8-37　知识归纳思维导图

2. 自我反思

1）本学习情境掌握了哪些知识点？学会了哪些技能？

2）任务完成情况如何？应注意哪些问题？

3）还有哪些知识与技能尚未完全明白？

4）工作过程中有何不足？准备怎么改进？

5）对教学的意见与建议。

附录

附表1　学生分组表

组别	组长	组员
1		
2		
3		
4		
5		
6		

附表2　学生小组任务分配表

班级			组号		指导教师	
组长			学号			
组员	学号	姓名	任务分工			

附表3　学生互评表

班级_____　姓名_____　学号_____

学习情境							
评价项目	分值	评价对象					
		学号					
		姓名					
1　出勤	10	得分					
2　课堂纪律	10						
3　方案准确	10						
4　团队合作	10						
5　组织有序	10						
6　工作质量	10						
7　工作效率	10						
8　工作完成率	10						
9　工作规范	10						
10　成果展示	10						
合计	100						

注：也可为五级分制，即优（90）、良（80）、中（70）、及格（60）、不及格（50）。

附表4 学习情境总评成绩表（学生）

学习情境	工作任务		自我评价	小组互评	教师评价	总评
拆装装配体	工作任务1.1	拆装千斤顶				
	工作任务1.2	拆装减速器				
绘制简单形体	工作任务2.1	抄绘简单平面图形				
	工作任务2.2	抄绘复杂平面图形				
	工作任务2.3	绘制垫块				
	工作任务2.4	绘制支座				
绘制盘盖类零件	工作任务3.1	绘制圆盘				
	工作任务3.2	绘制端盖				
绘制轴套类零件	工作任务4.1	绘制轴套				
	工作任务4.2	绘制从动轴				
	工作任务4.3	绘制齿轮				
	工作任务4.4	绘制键连接				
绘制标准件与常用件	工作任务5.1	绘制螺栓连接组件				
	工作任务5.2	绘制滚动轴承				
	工作任务5.3	绘制弹簧				
绘制箱体类零件	工作任务6.1	绘制千斤顶底座				
	工作任务6.2	绘制减速器箱体				
绘制叉架类零件	工作任务7.1	绘制拨叉				
	工作任务7.2	绘制支架				
绘制装配体	工作任务8.1	绘制千斤顶				
	工作任务8.2	绘制减速器				
总评						

附表 5　普通螺纹的直径与螺距（GB/T 193—2003）　（单位：mm）

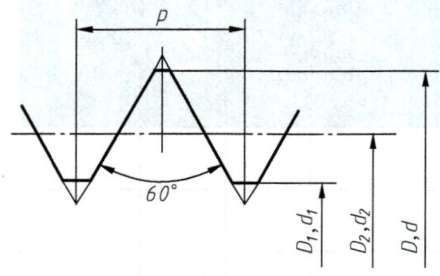

标记示例：
1. 公称直径为 24mm、螺距为 3mm 的粗牙右旋普通螺纹标记：M24
2. 公称直径为 24mm、螺距为 1.5mm 的细牙左旋普通螺纹标记：M24×1.5-LH

公称直径 d, D 第一系列	第二系列	第三系列	螺距 P 粗牙	细牙	公称直径 d, D 第一系列	第二系列	第三系列	螺距 P 粗牙	细牙
3			0.5	0.35			28		2,1.5,1
	3.5		0.6	0.35	30			3.5	(3),2,1.5,1
4			0.7	0.5			32		2,1.5
	4.5		0.75	0.5		33		3.5	(3),2,1.5
5			0.8	0.5			35		1.5
		5.5		0.5	36			4	3,2,1.5
6	7		1	0.75			38		1.5
8			1.25	1,0.75		39		4	3,2,1.5
		9	1.25	1,0.75			40		3,2,1.5
10			1.5	1.25,1,0.75	42	45		4.5	4,3,2,1.5
		11	1.5	1.5,1,0.75	48			5	4,3,2,1.5
12			1.75	1.25,1			50		3,2,1.5
	14		2	1.5,1.25,1		52		5	4,3,2,1.5
		15		1.5,1			55		4,3,2,1.5
16			2	1.5,1	56			5.5	4,3,2,1.5
		17		1.5,1			58		4,3,2,1.5
20	18		2.5	2,1.5,1	60			5.5	4,3,2,1.5
	22			2,1.5,1		62			4,3,2,1.5
24			3	2,1.5,1	64			6	4,3,2,1.5
		25		2,1.5,1		65			4,3,2,1.5
		26		1.5	68			6	4,3,2,1.5
	27		3	2,1.5,1			70		6,4,3,2,1.5

注：1. 优先选用第一系列，其次是第二系列，第三系列尽可能不用。
　　2. M14×1.25 仅用于发动机的火花塞；M35×1.5 仅用于轴承的锁紧螺母。
　　3. 括号内的螺距应尽可能不用。

附表6 孔的极限偏差（GB/T 1800.2—2020） （单位：μm）

公称尺寸/mm	常用及优先公差带（带圈者为优先公差带）											
	A	B	C		D			E		F		
	⑪	⑪	10	⑪	9	⑩	11	8	⑨	10	7	⑧	9
≤3	+330 +270	+200 +140	+100 +60	+120 +60	+45 +20	+60 +20	+80 +20	+28 +14	+39 +14	+54 +14	+16 +6	+20 +6	+31 +6
>3~6	+345 +270	+215 +140	+118 +70	+145 +70	+60 +30	+78 +30	+105 +30	+38 +20	+50 +20	+68 +20	+22 +10	+28 +10	+40 +10
>6~10	+370 +280	+240 +150	+138 +80	+170 +80	+76 +40	+98 +40	+130 +40	+47 +25	+61 +25	+83 +25	+28 +13	+35 +13	+49 +13
>10~14	+400 +290	+260 +150	+165 +95	+205 +95	+93 +50	+120 +50	+160 +50	+59 +32	+75 +32	+102 +32	+34 +16	+43 +16	+59 +16
>14~18													
>18~24	+430 +300	+290 +160	+194 +110	+240 +110	+117 +65	+149 +65	+195 +65	+73 +40	+92 +40	+124 +40	+41 +20	+53 +20	+72 +20
>24~30													
>30~40	+470 +310	+330 +170	+220 +120	+280 +120	+142 +80	+180 +80	+240 +80	+89 +50	+112 +50	+150 +50	+50 +25	+64 +25	+87 +25
>40~50	+480 +320	+340 +180	+230 +130	+290 +130									
>50~65	+530 +340	+380 +190	+260 +140	+330 +140	+174 +100	+220 +100	+290 +100	+106 +60	+134 +60	+180 +60	+60 +30	+76 +30	+104 +30
>65~80	+550 +360	+390 +200	+270 +150	+340 +150									
>80~100	+600 +380	+440 +220	+310 +170	+390 +170	+207 +120	+260 +120	+340 +120	+126 +72	+159 +72	+212 +72	+71 +36	+90 +36	+123 +36
>100~120	+630 +410	+460 +240	+320 +180	+400 +180									
>120~140	+710 +460	+510 +260	+360 +200	+450 +200	+245 +145	+305 +145	+395 +145	+148 +85	+185 +85	+245 +85	+83 +43	+106 +43	+143 +43
>140~160	+770 +520	+530 +280	+370 +210	+460 +210									
>160~180	+830 +580	+560 +310	+390 +230	+480 +230									
>180~200	+950 +660	+630 +340	+425 +240	+530 +240	+285 +170	+355 +170	+460 +170	+172 +100	+215 +100	+285 +100	+96 +50	+122 +50	+165 +50
>200~225	+1030 +740	+670 +380	+445 +260	+550 +260									
>225~250	+1110 +820	+710 +420	+465 +280	+570 +280									
>250~280	+1240 +920	+800 +480	+510 +300	+620 +300	+320 +190	+400 +190	+510 +190	+191 +110	+240 +110	+320 +110	+108 +56	+137 +56	+186 +56
>280~315	+1370 +1050	+860 +540	+540 +330	+650 +330									
>315~355	+1560 +1200	+960 +600	+590 +360	+720 +360	+350 +210	+440 +210	+570 +210	+214 +125	+265 +125	+355 +125	+119 +62	+151 +62	+202 +62
>355~400	+1710 +1350	+1040 +680	+630 +400	+760 +400									
>400~450	+1900 +1500	+1160 +760	+690 +440	+840 +440	+385 +230	+480 +230	+630 +230	+232 +135	+290 +135	+385 +135	+131 +68	+165 +68	+223 +68
>450~500	+2050 +1650	+1240 +840	+730 +480	+880 +480									

常用及优先公差带(带

公称尺寸/mm	G		H						JS			K			M		
	6	⑦	6	⑦	8	⑨	10	⑪	6	⑦	8	6	⑦	8	6	7	8
≤3	+8 +2	+12 +2	+6 0	+10 0	+14 0	+25 0	+40 0	+60 0	±3	±5	±7	0 −6	0 −10	0 −14	−2 −8	−2 −12	−2 −16
>3~6	+12 +4	+16 +4	+8 0	+12 0	+18 0	+30 0	+48 0	+75 0	±4	±6	±9	+2 −6	+3 −9	+5 −13	−1 −9	0 −12	+2 −16
>6~10	+14 +5	+20 +5	+9 0	+15 0	+22 0	+36 0	+58 0	+90 0	±4.5	±7.5	±11	+2 −7	+5 −10	+6 −16	−3 −12	0 −15	+1 −21
>10~14	+17 +6	+24 +6	+11 0	+18 0	+27 0	+43 0	+70 0	+110 0	±5.5	±9	±13.5	+2 −9	+6 −12	+8 −19	−4 −15	0 −18	+2 −25
>14~18																	
>18~24	+20 +7	+28 +7	+13 0	+21 0	+33 0	+52 0	+84 0	+130 0	±6.5	±10.5	±16.5	+2 −11	+6 −15	+10 −23	−4 −17	0 −21	+4 −29
>24~30																	
>30~40	+25 +9	+34 +9	+16 0	+25 0	+39 0	+62 0	+100 0	+160 0	±8	±12.5	±19.5	+3 −13	+7 −18	+12 −27	−4 −20	0 −25	+5 −34
>40~50																	
>50~65	+29 +10	+40 +10	+19 0	+30 0	+46 0	+74 0	+120 0	+190 0	±9.5	±15	±23	+4 −15	+9 −21	+14 −32	−5 −24	0 −30	+5 −41
>65~80																	
>80~100	+34 +12	+47 +12	+22 0	+35 0	+54 0	+87 0	+140 0	+220 0	±11	±17.5	±27	+4 −18	+10 −25	+16 −38	−6 −28	0 −35	+6 −48
>100~120																	
>120~140	+39 +14	+54 +14	+25 0	+40 0	+63 0	+100 0	+160 0	+250 0	±12.5	±20	±31.5	+4 −21	+12 −28	+20 −43	−8 −33	0 −40	+8 −55
>140~160																	
>160~180																	
>180~200	+44 +15	+61 +15	+29 0	+46 0	+72 0	+115 0	+185 0	+290 0	±14.5	±23	±36	+5 −24	+13 −33	+22 −50	−8 −37	0 −46	+9 −63
>200~225																	
>225~250																	
>250~280	+49 +17	+69 +17	+32 0	+52 0	+81 0	+130 0	+210 0	+320 0	±16	±26	±40.5	+5 −27	+16 −36	+25 −56	−9 −41	0 −52	+9 −72
>280~315																	
>315~355	+54 +18	+75 +18	+36 0	+57 0	+89 0	+140 0	+230 0	+360 0	±18	±28.5	±44.5	+7 −29	+17 −40	+28 −61	−10 −46	0 −57	+11 −78
>355~400																	
>400~450	+60 +20	+83 +20	+40 0	+63 0	+97 0	+155 0	+250 0	+400 0	±20	±31.5	±48.5	+8 −32	+18 −45	+29 −68	−10 −50	0 −63	+11 −86
>450~500																	

注:公称尺寸小于1mm时,各级的A和B均不采用。

（续）

圈者为优先公差带）													
N			P			R			S		T		U	X
6	⑦	8	6	⑦	8	6	⑦	8	6	⑦	6	7	⑦	7
−4 −10	−4 −14	−4 −18	−6 −12	−6 −16	−6 −20	−10 −16	−10 −20	−10 −24	−14 −20	−14 −24	—	—	−18 −28	−20 −30
−5 −13	−4 −16	−2 −20	−9 −17	−8 −20	−12 −30	−12 −20	−11 −23	−15 −33	−16 −24	−15 −27	—	—	−19 −31	−24 −36
−7 −16	−4 −19	−3 −25	−12 −21	−9 −24	−15 −37	−16 −25	−13 −28	−19 −41	−20 −29	−17 −32	—	—	−22 −37	−28 −43
−9 −20	−5 −23	−3 −30	−15 −26	−11 −29	−18 −45	−20 −31	−16 −34	−23 −50	−25 −36	−21 −39	—	—	−26 −44	−33 −51 −38 −56
−11 −24	−7 −28	−3 −36	−18 −31	−14 −35	−22 −55	−24 −37	−20 −41	−28 −61	−31 −44	−27 −48	— −37 −50	— −33 −54	−33 −54 −40 −61	−46 −67 −56 −77
−12 −28	−8 −33	−3 −42	−21 −37	−17 −42	−26 −65	−29 −45	−25 −50	−34 −73	−38 −54	−34 −59	−43 −59 −49 −65	−39 −64 −45 −70	−51 −76 −61 −86	−71 −96 −88 −113
−14 −33	−9 −39	−4 −50	−26 −45	−21 −51	−32 −78	−35 −54 −37 −56	−30 −60 −32 −62	−41 −87 −43 −89	−47 −66 −53 −72	−42 −72 −48 −78	−60 −79 −69 −88	−55 −85 −64 −94	−76 −106 −91 −121	−111 −141 −135 −165
−16 −38	−10 −45	−4 −58	−30 −52	−24 −59	−37 −91	−44 −66 −47 −69	−38 −73 −41 −76	−51 −105 −54 −108	−64 −86 −72 −94	−58 −93 −66 −101	−84 −106 −97 −119	−78 −113 −91 −126	−111 −146 −131 −166	−165 −200 −197 −232
−20 −45	−12 −52	−4 −67	−36 −61	−28 −68	−43 −106	−56 −81 −58 −83 −61 −86	−48 −88 −50 −90 −53 −93	−63 −126 −65 −128 −68 −131	−85 −110 −93 −118 −101 −126	−77 −117 −85 −125 −93 −133	−115 −140 −127 −152 −139 −164	−107 −147 −119 −159 −131 −171	−155 −195 −175 −215 −195 −235	−233 −273 −265 −305 −295 −335
−22 −51	−14 −60	−5 −77	−41 −70	−33 −79	−50 −122	−68 −97 −71 −100 −75 −104	−60 −106 −63 −109 −67 −113	−77 −149 −80 −152 −84 −156	−113 −142 −121 −150 −131 −160	−105 −151 −113 −159 −123 −169	−157 −186 −171 −200 −187 −216	−149 −195 −163 −209 −179 −225	−219 −265 −241 −287 −267 −313	−333 −379 −368 −414 −408 −454
−25 −57	−14 −66	−5 −86	−47 −79	−36 −88	−56 −137	−85 −117 −89 −121	−74 −126 −78 −130	−94 −175 −98 −179	−149 −181 −161 −193	−138 −190 −150 −202	−209 −241 −231 −263	−198 −250 −220 −272	−295 −347 −330 −382	−455 −507 −505 −557
−26 −62	−16 −73	−5 −94	−51 −87	−41 −98	−62 −151	−97 −133 −103 −139	−87 −144 −93 −150	−108 −197 −114 −203	−179 −215 −197 −233	−169 −226 −187 −244	−257 −293 −283 −319	−247 −304 −273 −330	−369 −426 −414 −471	−569 −626 −639 −696
−27 −67	−17 −80	−6 −103	−55 −95	−45 −108	−68 −165	−113 −153 −119 −159	−103 −166 −109 −172	−126 −223 −132 −229	−219 −259 −239 −279	−209 −272 −229 −292	−317 −357 −347 −387	−307 −370 −337 −400	−467 −530 −517 −580	−717 −780 −797 −860

附表 7　轴的极限偏差

公称尺寸/mm	a	b		c		d			e		
	⑪	9	⑪	9	⑪	8	⑨	10	7	⑧	9
≤3	−270 −330	−140 −165	−140 −200	−60 −85	−60 −120	−20 −34	−20 −45	−20 −60	−14 −24	−14 −28	−14 −39
>3~6	−270 −345	−140 −170	−140 −215	−70 −100	−70 −145	−30 −48	−30 −60	−30 −78	−20 −32	−20 −38	−20 −50
>6~10	−280 −370	−150 −186	−150 −240	−80 −116	−80 −170	−40 −62	−40 −76	−40 −98	−25 −40	−25 −47	−25 −61
>10~14 >14~18	−290 −400	−150 −193	−150 −260	−95 −138	−95 −205	−50 −77	−50 −93	−50 −120	−32 −50	−32 −59	−32 −75
>18~24 >24~30	−300 −430	−160 −212	−160 −290	−110 −162	−110 −240	−65 −98	−65 −117	−65 −149	−40 −61	−40 −73	−40 −92
>30~40	−310 −470	−170 −232	−170 −330	−120 −182	−120 −280	−80 −119	−80 −142	−80 −180	−50 −75	−50 −89	−50 −112
>40~50	−320 −480	−180 −242	−180 −340	−130 −192	−130 −290						
>50~65	−340 −530	−190 −264	−190 −380	−140 −214	−140 −330	−100 −146	−100 −174	−100 −220	−60 −90	−60 −106	−60 −134
>65~80	−360 −550	−200 −274	−200 −390	−150 −224	−150 −340						
>80~100	−380 −600	−220 −307	−220 −440	−170 −257	−170 −390	−120 −174	−120 −207	−120 −260	−72 −107	−72 −126	−72 −159
>100~120	−410 −630	−240 −327	−240 −460	−180 −267	−180 −400						
>120~140	−460 −710	−260 −360	−260 −510	−200 −300	−200 −450	−145 −208	−145 −245	−145 −305	−85 −125	−85 −148	−85 −185
>140~160	−520 −770	−280 −380	−280 −530	−210 −310	−210 −460						
>160~180	−580 −830	−310 −410	−310 −560	−230 −330	−230 −480						
>180~200	−660 −950	−340 −455	−340 −630	−240 −355	−240 −530	−170 −242	−170 −285	−170 −355	−100 −146	−100 −172	−100 −215
>200~225	−740 −1030	−380 −495	−380 −670	−260 −375	−260 550						
>225~250	−820 −1110	−420 −535	−420 −710	−280 −395	−280 −570						
>250~280	−920 −1240	−480 −610	−480 −800	−300 −430	−300 −620	−190 −271	−190 −320	−190 −400	−110 −162	−110 −191	−110 −240
>280~315	−1050 −1370	−540 −670	−540 −860	−330 −460	−330 −650						
>315~355	−1200 −1560	−600 −740	−600 −960	−360 −500	−360 −720	−210 −299	−210 −350	−210 −440	−125 −182	−125 −214	−125 −265
>355~400	−1350 −1710	−680 −820	−680 −1040	−400 −540	−400 −760						
>400~450	−1500 −1900	−760 −915	−760 −1160	−440 −595	−440 −840	−230 −327	−230 −385	−230 −480	−135 −198	−135 −232	−135 −290
>450~500	−1650 −2050	−840 −995	−840 −1240	−480 −635	−480 −880						

(GB/T 1800.2—2020) （单位：μm）

(带圈者为优先公差带)

	f			g		h					
⑥	⑦	8	5	⑥	5	⑥	⑦	8	⑨	10	⑪
-6	-6	-6	-2	-2	0	0	0	0	0	0	0
-12	-16	-20	-6	-8	-4	-6	-10	-14	-25	-40	-60
-10	-10	-10	-4	-4	0	0	0	0	0	0	0
-18	-22	-28	-9	-12	-5	-8	-12	-18	-30	-48	-75
-13	-13	-13	-5	-5	0	0	0	0	0	0	0
-22	-28	-35	-11	-14	-6	-9	-15	-22	-36	-58	-90
-16	-16	-16	-6	-6	0	0	0	0	0	0	0
-27	-34	-43	-14	-17	-8	-11	-18	-27	-43	-70	-110
-20	-20	-20	-7	-7	0	0	0	0	0	0	0
-33	-41	-53	-16	-20	-9	-13	-21	-33	-52	-84	-130
-25	-25	-25	-9	-9	0	0	0	0	0	0	0
-41	-50	-64	-20	-25	-11	-16	-25	-39	-62	-100	-160
-30	-30	-30	-10	-10	0	0	0	0	0	0	0
-49	-60	-76	-23	-29	-13	-19	-30	-46	-74	-120	-190
-36	-36	-36	-12	-12	0	0	0	0	0	0	0
-58	-71	-90	-27	-34	-15	-22	-35	-54	-87	-140	-220
-43	-43	-43	-14	-14	0	0	0	0	0	0	0
-68	-83	-106	-32	-39	-18	-25	-40	-63	-100	-160	-250
-50	-50	-50	-15	-15	0	0	0	0	0	0	0
-79	-96	-122	-35	-44	-20	-29	-46	-72	-115	-185	-290
-56	-56	-56	-17	-17	0	0	0	0	0	0	0
-88	-108	-137	-40	-49	-23	-32	-52	-81	-130	-210	-320
-62	-62	-62	-18	-18	0	0	0	0	0	0	0
-98	-119	-151	-43	-54	-25	-36	-57	-89	-140	-230	-360
-68	-68	-68	-20	-20	0	0	0	0	0	0	0
-108	-131	-165	-47	-60	-27	-40	-63	-97	-155	-250	-400

公称尺寸/mm	js			k			m			n			p		
	5	⑥	7	5	⑥	7	5	6	7	5	⑥	7	5	⑥	7
≤3	±2	±3	±5	+4 0	+6 0	+10 0	+6 +2	+8 +2	+12 +2	+8 +4	+10 +4	+14 +4	+10 +6	+12 +6	+16 +6
>3~6	±2.5	±4	±6	+6 +1	+9 +1	+13 +1	+9 +4	+12 +4	+16 +4	+13 +8	+16 +8	+20 +8	+17 +12	+20 +12	+24 +12
>6~10	±3	±4.5	±7.5	+7 +1	+10 +1	+16 +1	+12 +6	+15 +6	+21 +6	+16 +10	+19 +10	+25 +10	+21 +15	+24 +15	+30 +15
>10~14	±4	±5.5	±9	+9 +1	+12 +1	+19 +1	+15 +7	+18 +7	+25 +7	+20 +12	+23 +12	+30 +12	+26 +18	+29 +18	+36 +18
>14~18															
>18~24	±4.5	±6.5	±10.5	+11 +2	+15 +2	+23 +2	+17 +8	+21 +8	+29 +8	+24 +15	+28 +15	+36 +15	+31 +22	+35 +22	+43 +22
>24~30															
>30~40	±5.5	±8	±12.5	+13 +2	+18 +2	+27 +2	+20 +9	+25 +9	+34 +9	+28 +17	+33 +17	+42 +17	+37 +26	+42 +26	+51 +26
>40~50															
>50~65	±6.5	±9.5	±15	+15 +2	+21 +2	+32 +2	+24 +11	+30 +11	+41 +11	+33 +20	+39 +20	+50 +20	+45 +32	+51 +32	+63 +32
>65~80															
>80~100	±7.5	±11	±17.5	+18 +3	+25 +3	+38 +3	+28 +13	+35 +13	+48 +13	+38 +23	+45 +23	+58 +23	+52 +37	+59 +37	+72 +37
>100~120															
>120~140	±9	±12.5	±20	+21 +3	+28 +3	+43 +3	+33 +15	+40 +15	+55 +15	+45 +27	+52 +27	+67 +27	+61 +43	+68 +43	+83 +43
>140~160															
>160~180															
>180~200	±10	±14.5	±23	+24 +4	+33 +4	+50 +4	+37 +17	+46 +17	+63 +17	+51 +31	+60 +31	+77 +31	+70 +50	+79 +50	+96 +50
>200~225															
>225~250															
>250~280	±11.5	±16	±26	+27 +4	+36 +4	+56 +4	+43 +20	+52 +20	+72 +20	+57 +34	+66 +34	+86 +34	+79 +56	+88 +56	+108 +56
>280~315															
>315~355	±12.5	±18	±28.5	+29 +4	+40 +4	+61 +4	+46 +21	+57 +21	+78 +21	+62 +37	+73 +37	+94 +37	+87 +62	+98 +62	+119 +62
>355~400															
>400~450	±13.5	±20	±31.5	+32 +5	+45 +5	+68 +5	+50 +23	+63 +23	+86 +23	+67 +40	+80 +40	+103 +40	+95 +68	+108 +68	+131 +68
>450~500															

常用及优先公差带

注：公称尺寸小于1mm时，各级的a和b均不采用。

（续）

（带圈者为优先公差带）											
r			s			t			u		x
5	⑥	7	5	⑥	7	5	6	7	⑥	7	6
+14 +10	+16 +10	+20 +10	+18 +14	+20 +14	+24 +14	—	—	—	+24 +18	+28 +18	+26 +20
+20 +15	+23 +15	+27 +15	+24 +19	+27 +19	+31 +19	—	—	—	+31 +23	+35 +23	+36 +28
+25 +19	+28 +19	+34 +19	+29 +23	+32 +23	+38 +23	—	—	—	+37 +28	+43 +28	+43 +34
+31 +23	+34 +23	+41 +23	+36 +28	+39 +28	+46 +28	—	—	—	+44 +33	+51 +33	+51 +40
						—	—	—			+56 +45
+37 +28	+41 +28	+49 +28	+44 +35	+48 +35	+56 +35	—	—	—	+54 +41	+62 +41	+67 +54
						+50 +41	+54 +41	+62 +41	+61 +48	+69 +48	+77 +64
+45 +34	+50 +34	+59 +34	+54 +43	+59 +43	+68 +43	+59 +48	+64 +48	+73 +48	+76 +60	+85 +60	+96 +80
						+65 +54	+70 +54	+79 +54	+86 +70	+95 +70	+113 +97
+54 +41	+60 +41	+71 +41	+66 +53	+72 +53	+83 +53	+79 +66	+85 +66	+96 +66	+106 +87	+117 +87	+141 +122
+56 +43	+62 +43	+73 +43	+72 +59	+78 +59	+89 +59	+88 +75	+94 +75	+105 +75	+121 +102	+132 +102	+165 +146
+66 +51	+73 +51	+86 +51	+86 +71	+93 +71	+106 +71	+106 +91	+113 +91	+126 +91	+146 +124	+159 +124	+200 +178
+69 +54	+76 +54	+89 +54	+94 +79	+101 +79	+114 +79	+119 +104	+126 +104	+139 +104	+166 +144	+179 +144	+232 +210
+81 +63	+88 +63	+103 +63	+110 +92	+117 +92	+132 +92	+140 +122	+147 +122	+162 +122	+195 +170	+210 +170	+273 +248
+83 +65	+90 +65	+105 +65	+118 +100	+125 +100	+140 +100	+152 +134	+159 +134	+174 +134	+215 +190	+230 +190	+305 +280
+86 +68	+93 +68	+108 +68	+126 +108	+133 +108	+148 +108	+164 +146	+171 +146	+186 +146	+235 +210	+250 +210	+335 +310
+97 +77	+106 +77	+123 +77	+142 +122	+151 +122	+168 +122	+186 +166	+195 +166	+212 +166	+265 +236	+282 +236	+379 +350
+100 +80	+109 +80	+126 +80	+150 +130	+159 +130	+176 +130	+200 +180	+209 +180	+226 +180	+287 +258	+304 +258	+414 +385
+104 +84	+113 +84	+130 +84	+160 +140	+169 +140	+186 +140	+216 +196	+225 +196	+242 +196	+313 +284	+330 +284	+454 +425
+117 +94	+126 +94	+146 +94	+181 +158	+190 +158	+210 +158	+241 +218	+250 +218	+270 +218	+347 +315	+367 +315	+507 +475
+121 +98	+130 +98	+150 +98	+193 +170	+202 +170	+222 +170	+263 +240	+272 +240	+292 +240	+382 +350	+402 +350	+557 +525
+133 +108	+144 +108	+165 +108	+215 +190	+226 +190	+247 +190	+293 +268	+304 +268	+325 +268	+426 +390	+447 +390	+626 +590
+139 +114	+150 +114	+171 +114	+233 +208	+244 +208	+265 +208	+319 +294	+330 +294	+351 +294	+471 +435	+492 +435	+696 +660
+153 +126	+166 +126	+189 +126	+259 +232	+272 +232	+295 +232	+357 +330	+370 +330	+393 +330	+530 +490	+553 +490	+780 +740
+159 +132	+172 +132	+195 +132	+279 +252	+292 +252	+315 +252	+387 +360	+400 +360	+423 +360	+580 +540	+603 +540	+860 +820

参 考 文 献

[1] 宋巧莲. 机械制图与AutoCAD绘图[M]. 2版. 北京：机械工业出版社，2024.
[2] 邢邦圣，张元越. 机械制图与计算机绘图[M]. 4版. 北京：化学工业出版社，2019.
[3] 赵国增，张勇，武秋俊. 机械制图及计算机绘图[M]. 2版. 北京：高等教育出版社，2020.
[4] 钱可强. 零部件测绘实训指导[M]. 3版. 北京：高等教育出版社，2017.
[5] 杨文，程应科，张雪梅. 机械CAD[M]. 北京：航空工业出版社，2020.
[6] 冯桂辰，崔素华. 你不可不知的机械制图200个关键点[M]. 北京：科学出版社，2013.
[7] 胡建生. 机械制图：多学时[M]. 4版. 北京：机械工业出版社，2020.
[8] 李学京，刘炀. 机械制图和技术制图国家标准实用问答[M]. 北京：中国标准出版社，中国质检出版社，2015.
[9] 蒋继红，姜亚南. 机械零部件测绘[M]. 2版. 北京：机械工业出版社，2018.
[10] 闫文平. 机械制图教学工作页[M]. 北京：机械工业出版社，2019.
[11] 李小琴. 工程制图与CAD[M]. 北京：机械工业出版社，2017.
[12] 钱可强. 机械制图习题集[M]. 5版. 北京：高等教育出版社，2018.
[13] 赵云龙，金莹，孙艳萍. 机械制图项目教程[M]. 北京：机械工业出版社，2018.
[14] 张明明，刘飞飞. 机械制图：简明版[M]. 北京：高等教育出版社，2022.
[15] 胡建生. 机械制图：多学时[M]. 5版. 北京：机械工业出版社，2023.